# 全过程工程咨询
## 实践与探索

彭 冯 陈天伟 柯 洪 陈锦华 编著

中国建筑工业出版社

图书在版编目（CIP）数据

全过程工程咨询实践与探索/彭冯等编著．—北京：中国建筑工业出版社，2021.9
ISBN 978-7-112-26504-6

Ⅰ.①全… Ⅱ.①彭… Ⅲ.①建筑工程—咨询服务—研究 Ⅳ.①F407.9

中国版本图书馆CIP数据核字（2021）第171936号

本书以一种全新的架构形式系统阐述建设项目全过程工程咨询的基础理论、相关政策和实际案例，旨在帮助工程咨询企业应对全过程工程咨询发展中的诸多问题。内容共分为三篇，即全过程工程咨询关键路径篇、政策分析篇和案例解读篇。

首先，本书前两篇从基础理论和相关政策展开，分析不同专业全过程工程咨询企业现状，界定全过程工程咨询的内涵并识别路径，继而归纳出发展全过程工程咨询的三个关键路径。识别出的三大核心路径既是本书想要强调的亮点所在，也是贯穿全书的主线。其次，从中国实际出发探讨政策环境影响，从政策工具、政策内容两个方面对我国2017～2020年的全过程工程咨询政策展开分析和评价，提出工程咨询企业推行全过程工程咨询的合理化建议，助力其对接政策的风向标。书中第三篇注重与前两篇的理论衔接呼应，从实务方面详细介绍了4个精选的全过程工程咨询案例，采取专家随点随评的方式进行解读，拆解项目难点，总结服务亮点，便于读者在实操中更好地理解与运用理论知识。

希望通过本书的出版，为广大工程咨询企业开展全过程工程咨询业务提供全面的指引和实操指南。

责任编辑：朱晓瑜　张智芊
责任校对：刘梦然

# 全过程工程咨询实践与探索
彭冯　陈天伟　柯洪　陈锦华　编著

\*

中国建筑工业出版社出版、发行（北京海淀三里河路9号）
各地新华书店、建筑书店经销
逸品书装设计制版
北京市密东印刷有限公司印刷

\*

开本：787毫米×1092毫米　1/16　印张：22½　字数：428千字
2021年9月第一版　2021年9月第一次印刷
定价：79.00元
ISBN 978-7-112-26504-6
（37954）

版权所有　翻印必究
如有印装质量问题，可寄本社图书出版中心退换
（邮政编码 100037）

# 前 言

目前，工程咨询在我国已步入发展阶段，工程咨询行业和企业均取得了一定成就。对于建筑行业而言，工程咨询就如同夯实的平地为建筑保驾护航，但随着我国市场化改革和建筑业的快速发展，工程建设过程中的咨询服务也需要不断地进行技术的优化以及模式的改进。2017年2月，国家首次在政策层面提出了全过程工程咨询这一新的管理模式。全过程工程咨询模式具有咨询服务覆盖面广、强调智力性输出、强调项目全生命周期联系与综合、强调各阶段与各专业集成化管理等特点。开展全过程工程咨询服务是国家大力推动、适应国家建筑业改革发展需要的重要举措，是与国际工程咨询服务业发展潮流相一致、能有效促进我国建筑业健康发展、提高建设工程发展水平的具体措施。全过程工程咨询的提出为创新工程咨询服务和管理模式提供了一种全新的思路，对现代工程咨询服务体系的建立和完善具有十分积极的作用。

与此同时，国家推行全过程工程咨询服务，令原有工程咨询服务市场面临重大的挑战。国家的相关政策中均明确提出：鼓励投资咨询、招标代理、勘察等企业，采取联合经营、并购重组等方式发展全过程工程咨询。对工程咨询企业而言，相当于提供了重新洗牌的机会，在这场工程咨询服务供给侧结构性改革中，挑战与机遇不期而至。近年来，我国固定资产投资规模缩小，项目前期工作量减少，工程咨询行业增速持续放缓，竞争正不断加剧，这就要求工程咨询企业做好转型创新和资源整合，为工程建设全生命周期提供更好的智力服务。

本书以一种全新的架构形式系统阐述建设项目全过程工程咨询的基础理论、相关政策和实际案例，旨在帮助工程咨询企业应对全过程工程咨询发展中的诸多问题。内容共分为三篇，即全过程工程咨询关键路径篇、政策分析篇和案例解读篇。首先，本书的前两篇从基础理论和相关政策展开，分析不同专业全过程工程咨询企业现状，界定全过程工程咨询的内涵并识别路径，继而归纳出发展全过程工程咨询的三个关键路径。识别出的三大核心路径既是本书想要强调的亮点所在，也是贯穿全书的主线。其次，从中国实际出发探讨政策环境影响，从政策工具、政策内容两个方面对我国2017~2020年的全过程工程咨询政策展开分析和评价，提出工程咨询企业推行全过程工程咨询的合理化建议，助力其成为对接政策的风向标。书中第三篇注重与前两篇的理论衔接呼应，从实务方面详细介绍了4个精选的全过程工程咨询案例，采取专家随点随评的方式进行解读，拆解项目难点，总结服务亮点，便于读者在实操中更好地理解与运用理论知识。希望通过本书的出版，为广大工程咨询企业开展全过程工程咨询业务提供全面的指引和实操指南。

本书编写分工如下，第一篇：冯玉伟、何有恒、鹿晓乐；第二篇：陈俐慧、李芷莹、苏夕沛；第三篇第九章：刘砚珉、秦书娟、韩松；第三篇第十章：陈颂武、徐国建、季旭；第三篇第十一章：宗恒恒、李金玲、赵静；第三篇第十二章：潘俊超、刘凤路、樊华、雷晓凡。本书获得了天津理工大学管理学院研究生赵鑫、赵海、张舒同学的大力支持。

由于编者水平有限，在本书编写过程中难免有误，请各位读者不吝赐教，提出宝贵意见。最后，衷心地向参与本书审核的所有专家表示感谢！

# 目 录

## 第一篇 关键路径篇

**第一章 工程咨询的发展历程及成果** ·················· 3
  第一节 工程咨询的发展历程 ························· 3
  第二节 工程咨询的发展成果 ························· 6
**第二章 全过程工程咨询的推广及困境** ················ 11
  第一节 全过程工程咨询的驱动因素 ················· 11
  第二节 推广全过程工程咨询面临困境 ··············· 16
  第三节 传统工程咨询企业面临的困境 ··············· 21
**第三章 全过程工程咨询的内涵界定及发展路径识别** ···· 36
  第一节 全过程工程咨询的内涵界定 ················· 36
  第二节 全过程工程咨询的发展路径识别 ············· 40
**第四章 发展全过程工程咨询的关键路径** ·············· 49
  第一节 策划先行，提升项目价值 ··················· 49
  第二节 构建信息集成平台，实现全过程工程咨询业务整合 ······ 68
  第三节 整合组织和产业链，实现综合性管理优化 ····· 81

## 第二篇 政策分析篇

**第五章 全过程工程咨询政策文本分析概述** ············ 95
  第一节 全过程工程咨询政策文本分析的必要性 ······· 95
  第二节 全过程工程咨询政策文本分析的研究内容 ····· 98

## 第六章　全过程工程咨询政策文本分析理论与方法 …… 102
### 第一节　政策文本分析对象的界定 …… 102
### 第二节　政策文本分析的理论基础 …… 105
### 第三节　政策文本的分析方法 …… 109

## 第七章　基于政策工具视角的全过程工程咨询政策文本量化分析 …… 116
### 第一节　政策数据库建立及文本预处理 …… 116
### 第二节　政策工具三维分析框架构建及文本编码 …… 118
### 第三节　政策工具三维分析框架应用结果评价分析 …… 121

## 第八章　政策内容视角下全过程工程咨询政策文本核心关切点分析 …… 134
### 第一节　核心政策文本的识别 …… 134
### 第二节　政策核心关切点的识别 …… 137
### 第三节　全过程工程咨询政策核心关切点分析 …… 147

# 第三篇　案例解读篇

## 第九章　以"投资管控"为核心的某综合办公楼大厦工程项目全过程工程咨询 …… 179

## 第十章　以"全周期项目管理"为核心的综合性文化场馆工程项目全过程工程咨询 …… 216

## 第十一章　以"策划先行"为核心的某农村供水管网建设工程PPP项目全过程工程咨询 …… 252

## 第十二章　以"施工阶段项目管理"为核心的某金融区新金融工程项目全过程工程咨询 …… 308

附　录 …… 342
参考文献 …… 351

# 第一篇
# 关键路径篇

第一章　工程咨询的发展历程及成果
第二章　全过程工程咨询的推广及困境
第三章　全过程工程咨询的内涵界定及发展路径识别
第四章　发展全过程工程咨询的关键路径

对比国外工程咨询发展历程，以英国DBB分阶段分专业的管理模式、美国EPC"一站式"服务模式为例，我国的工程咨询目前虽已进入快速发展阶段，工程咨询行业及企业在规模上取得了巨大成就，但近几年随着宏观经济增速换挡、经济结构转型升级、行业增长速度逐步下降，致使传统工程咨询企业面临各自发展困境。为能实践出新时代适合中国工程咨询业发展之路、探索变革工程咨询的服务模式，国家颁布了一系列政策，试图拉动发包人对项目建设多样化的需求，加之众多咨询企业面临严峻的市场形势，为求生存发展，必然要开辟新的市场，工程咨询逐步转向对涵盖工程建设项目前期策划、方案设计、后期运营维护、项目管理咨询的全过程工程咨询模式迈进。

针对我国目前工程咨询"借EPC集成之形，施DBB分责之实"的现状，本书通过梳理政策文件以及相关文献对全过程工程咨询的内涵界定及路径识别，归纳出发展全过程工程咨询的三个关键路径，即采用技术集成、组织集成协同优化全过程工程咨询产业链，以保障发包人需求导向目标的实现（一个目标，两个基本点）。

策划先行是我国经济速度型向质量型的转变、科学决策的必然要求，强调通过策划为发包人解决实际需求、提升咨询服务附加值。

信息集成平台是现代技术发展的产物，通过现代技术手段获取原始材料和信息，收集数据更加快捷和准确，保证策划价值向后延伸，为咨询行业的发展提供便利条件。

组织和产业链整合，需对项目实施管理过程的同时提供各类咨询服务，在管理过程中实现各类业务整合统一、优势互补，注重"领头羊竞争效应"带动行业发展，培育企业核心竞争力，实现综合性管理优化。

# 第一章 工程咨询的发展历程及成果

## 第一节 工程咨询的发展历程

### 一、国际工程咨询行业发展历程

工程咨询业的产生与发展同社会分工息息相关。产业是社会分工的产物，它随着社会分工的产生而产生，并随着社会分工的发展而发展。工程咨询产生于18世纪末19世纪初的第一次工业革命，它是近代工业化的产物。1818年英国土木工程师协会成立，标志着工程咨询业的产生。1904年丹麦国家咨询工程师协会成立，标志着工程咨询业的名称正式应用。到20世纪初的第二次产业革命，国际建筑业已发展到一定阶段，1955年国际咨询工程师联合会成立，标志着国际工程咨询业的成熟。国外的工程咨询行业在多年的历程中呈阶段性发展，主要分为个体咨询、合伙咨询、综合咨询三个阶段；20世纪50年代信息技术的产生和发展掀起了第三次科技革命的高潮，促进了工程咨询业的进一步演进，企业也是由小到大、由单项咨询到多项咨询。随着项目规模增大、技术复杂程度上升、项目参与主体增多以及项目管理精细化程度不断提高，全过程工程咨询业务在市场竞争中逐渐形成[1]。英国和美国是全球工程咨询行业发展最早的两个国家，在世界100家国际工程咨询设计公司排名中，美国和英国的咨询公司也占据了主要位置，通过分析这两个国家的100多年的咨询业发展史，以此展望我国工程咨询行业未来的发展方向。

（1）英国工程咨询业

英国建筑业的体系非常庞大、复杂和多样化，在工程项目管理中一般有以下参与方：发包人、咨询工程师、承包人。在传统模式中发包人和承包人是直接雇佣的关系，咨询工程师只是担任设计者的角色。这种模式中，设计者和承包人缺乏协调和沟通的弊端便显现出来[2]。

随着社会经济的进一步发展，工程项目规模变大，技术越来越复杂，对项目管理专业能力的需求越来越强烈，又因为工程师最了解工程，因此，发包方首先聘请工程师作为雇主代表来监督、检查承包方的工作。发包方提供设计方案、工程师监督指导、承包方主要负责施工和某些局部设计等任务的情况，形成"发包方、承包方、工程师"的"三角关系"（DBB模式），因而形成发包方/工程师/承包方三足鼎立，也称其为"三角模式"，其中对应最著名的合同条件为1999年版的FIDIC红皮书。这种模式的设计宗旨是期望通过明确划分项目参与三方的权、责、利来提高项目效益[3]。

（2）美国工程咨询业

美国现代咨询业非常发达，其咨询营业额居全球首位。美国工程咨询行业通过一些大工程项目的实施，培养出了一批有丰富实践经验的专家，这些专家成为最早的咨询业从业人员[4]。而随着美国市场经济的发展，项目体量的增大，分标段平行发包模式下，发包方的合同管理界面增多，交易成本陡增，发包方开始将采购、设计工作集成到总承包方，进而形成设计—采购—施工集成（EPC）模式，是工程总承包模式之一，是指公司受发包方委托，按照合同约定对工程建设项目的设计、采购、施工、试运行等实行全过程或若干阶段的承包（图1-1所示），并实行总价合同，承包方对所承包工程的质量、安全、费用和进度负责，实现项目管理效率的改善[5]。也称交钥匙工程，付款与结算按约定总价及程序执行，一般不再审核。EPC的基础是合作，合作的前提是信任，故EPC是基于信任的集成范式，信任表现为双方不利用对方的漏洞。美国工程咨询行业迅速依托EPC优势，在设计咨询的主导下通过集成技术，尤其是信息集成管理技术，使工程咨询业务形成无缝连接一体化服务，覆盖广大市场。

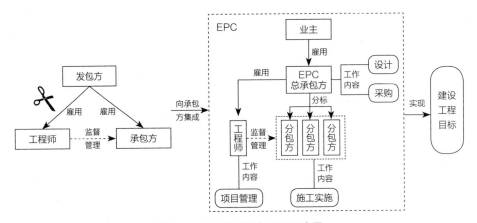

图1-1　DBB模式转向EPC示意图

资料来源：自行绘制

工程咨询服务的国际头部企业，如ARCADIS（成立于1997年）、AECOM（成立于1990年）等，其发展的特点是运用专业技术优势和资本手段，通过兼并重组等延长产业链形成"一站式"服务；通过多元化拓展业务范围、区域范围，满足客户多样化的需求，积累实力逐渐发展为国际工程咨询服务公司。

例如，英国ARCADIS（凯谛思）作为国际大型工程顾问公司，以项目的全生命周期或整个资产周期的资产回报率最大化为服务目标，继续推进其创新和数字化战略的核心业务驱动快速发展，已经完成了符合国内当下推行的"全过程工程咨询"产业链整合，并已经内化为企业内部的价值链，是国际上的标杆企业。凯谛思项目的每个阶段的所有过程都将由其子公司组成"最佳团队"统一执行完成，也就是一支团队管到底。为发包人提高绩效和优化决策，实现数据价值的最大化；通过整合深厚的资产知识，结合先进的分析能力，帮助发包人提高运营的可靠性，提供全过程一系列的解决方案，包括企业资产管理、资产投资规划和资产绩效管理——可以从最早期的战略规划阶段一直沿用到运营交付阶段。

美国AECOM成立于1990年，2018年营业额近202亿美元，成为《财富》500强公司之一，是世界上最大的专业技术和管理支持服务公司。AECOM英文名称是Architecture（建筑设计）、Engineering（工程）、Construction Management（施工管理）、Operations（营运）和Maintenance（维修保养）五个单词的首字母。正如名字所取含义，AECOM为客户提供规划、咨询、建筑设计、项目管理等"一站式"服务，通过品牌形成开拓市场，通过组织重构、集成技术形成企业的核心能力。

## 二、国内工程咨询行业发展历程

国内的咨询业起步晚，工程咨询业服务体系的雏形形成于新中国成立后的"一五"时期，工程咨询行业在我国市场化发展还不到三十年，与发达国家上百年的发展历史相比还处于相对落后的阶段。在我国，工程咨询行业的发展大致可以分为三个阶段：

（1）萌芽阶段。从"一五"时期到改革开放，当时我国的投资决策体制沿用苏联的模式，采用"方案研究""建设建议书""技术经济分析"等类似可行性研究的方法，取得了较好的效果，并由此成立了一批工程设计院以担任大量的工程设计任务及项目前期工作。但当时的诸如此类的咨询工作都是在政府指令性计划下完成的，还不能形成一个独立产业。

（2）形成阶段。改革开放后至20世纪90年代初期，是我国真正意义上的工程咨询业体系形成的阶段。其中1982年8月由原国家计委组建的中国国际工程咨询公司，1983年原国家计委要求重视投资前期工作，明确规定把项目可行性研究纳入基本建设程序,随后各省、自治区、直辖市、计划单列市相继成立了由计委归口管理的41家省级工程咨询公司。1985年我国政府又决定对项目实行"先评估、后决策"的制度,规定大中型重点建设项目和限额以上技术改造项目,都必须经过有资格的咨询公司的评估。为适应改革形势的需要,各地勘察设计单位扩大业务范围,增加了可行性研究的内容。在20世纪80年代我国工程咨询机构大体上包括两个部分,绝大部分是诞生在当时的计划经济体制下的勘察设计单位,其次是依托各级计经委等部门或建设银行等金融机构而成立的各类工程咨询服务公司。

(3)发展阶段。自进入20世纪90年代以来,尤其是在1990年7月成立了中国建设工程造价管理协会及1992年底成立了中国工程咨询协会,1994年国家颁布了《工程咨询业管理暂行办法》以后,我国工程咨询的产业化进程不断加快,工程咨询市场逐步发育,行业的业务范围也渐渐多样化,随着产业的进一步分工,出现了以工程造价咨询为主的咨询公司以及工程监理公司,与此同时,国外工程咨询机构开始大力开拓中国市场,在中国设立办事处或合资合作公司,国内工程咨询业也开始尝试进入国际市场。进入20世纪90年代后期及新世纪的初期,尤其是我国2001年加入WTO后,随着政府机构改革、科研设计单位的全面转制及各类工程咨询单位脱钩改制、工程咨询市场的进一步开放,我国工程咨询业的发展进入一个全面迎接国际竞争的时代[6]。

与国际工程咨询服务内容相比,我国工程咨询企业提供的服务较为单一,且现行的工程咨询提供的投资咨询、勘察设计、招标代理、监理、造价咨询等服务内容分别由不同的单位负责,工程建设大多局限于传统的DBB模式,即由发包人分别选择不同专业的公司,分阶段负责项目不同的管理内容,对项目进行切段分割管理,切段分割管理的依据是根据各发包人与专业单位所属体制不同进行的[7]。由此可见我国工程咨询对项目的全过程、全生命周期未形成成熟的体系。目前,推行全过程工程咨询模式,实为向发包人提供咨询服务,而分阶段分专业的管理模式致使各方缺乏信任基础,无法发挥信息集成、组织整合的优势,故实为借EPC集成之形,施DBB分责之实。因此,我国目前更需要探究适合当下发展的全过程工程咨询之路,实现咨询行业的继往开来、与时俱进。

## 第二节　工程咨询的发展成果

自我国工程咨询行业加入WTO后,一些国外工程咨询企业开始在我国设立合资企业或独资企业，带来先进的咨询和管理理念。同时，一些有实力的国内工程咨询企业开始借鉴国际经验，整合产业链上下游资源，逐步扩展服务范围，培养全过程工程咨询服务能力。在党中央、社会各界的共同努力下，我国工程咨询不断发展壮大，取得了一系列辉煌成就，先就工程咨询行业和工程咨询单位两个方面进行叙述。

## 一、工程咨询行业发展成果

我国工程咨询行业自诞生以来就面临着空前的发展机遇，并且随着国家工程咨询制度的日益完善有着更加广阔的发展空间。根据国家统计局发布数据，如图1-2显示：工程咨询行业是典型的投资驱动型行业，2020年虽受新冠疫情影响，固定资产投资增长速度有所回落，但从我国全社会固定资产投资在建规模来看，其体量极其巨大。

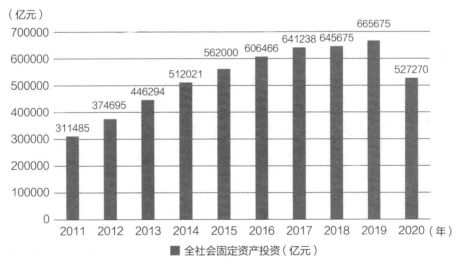

图1-2　2011～2020年中国全社会固定资产投资

资料来源：国家统计局

工程咨询行业的市场规模与国家固定资产投资规模密切相关。随着固定资产投资规模的快速增加，工程项目数目增多，带动了包括工程咨询行业在内的众多工程技术服务业的发展。此外，伴随工程咨询行业政策的逐步完善、城镇化进程的不断加快以及行业技术水平的不断进步，工程咨询行业处于有利的发展环境之中，其市场规模增长迅速。根据以往经验假定，如图1-3所示，国家每投入1万亿元固定资产投资就需要投资100亿～150亿元的工程咨询支出，2018年我国工程咨询行业的市场需求规模达到7878亿元。

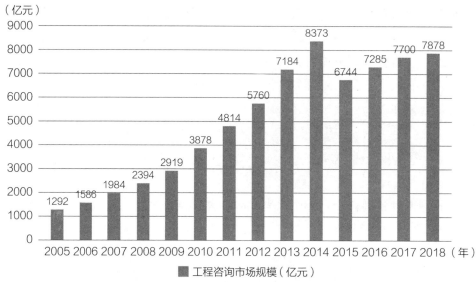

图1-3 2005～2018年我国工程咨询行业市场规模情况

资料来源：智研咨询

## 二、工程咨询单位发展成果

2019年，《国家发展改革委 住房城乡建设部关于推进全过程工程咨询服务发展的指导意见》（发改投资规〔2019〕515号）对企业从事全过程工程咨询业务作出明确规定，凡符合规定条件的单位均有资格承担全过程咨询业务。至此，全过程工程咨询业务在全国范围内铺开，为探究我国咨询行业的发展成果，可通过工程咨询单位的发展成果辅助阐述。

（1）区域分布

分地区来看，北京、广东、四川工程咨询企业数量均超过了1000家，东部地区工程咨询企业数量占据了国内绝大部分市场份额，其中华东地区截至2019年11月，工程咨询企业数量3995家。截至2019年11月我国工程咨询企业区域分布如图1-4所示。

（2）全国试点企业

据统计，至今共有17个省（或自治区、直辖市）公布了全过程工程咨询试点企业名单。按照发布时间从早到晚排序，依次为：四川省、宁夏回族自治区、广东省（深圳）、福建省、湖南省、广西壮族自治区、江苏省、山东省、贵州省、河南省、浙江省、重庆市、吉林省、陕西省、安徽省、黑龙江省、内蒙古自治区。共发布试点企业数量为1344（表1-1），加上住房和城乡建设部早先发布的40个，共计1384家。

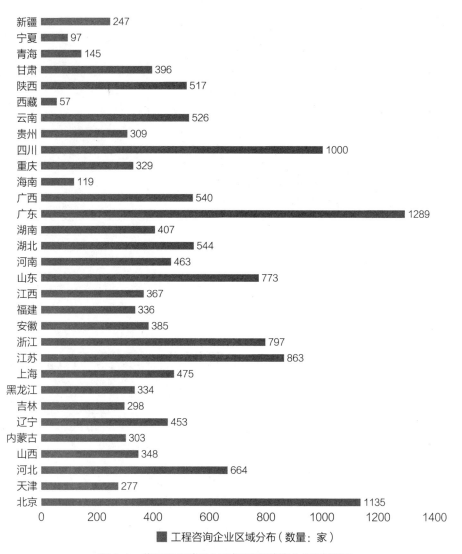

图1-4 截至2019年11月我国工程咨询企业区域分布

资料来源：智研咨询

17省开展全过程咨询试点时间及企业数量　　　表1-1

| 省份 | 第一批试点时间 | 第一批试点企业数量 | 第二批试点时间 | 第二批试点企业数量 | 新增试点时间 | 新增试点企业数量 | 合计 |
|---|---|---|---|---|---|---|---|
| 四川省 | 2017.7.17 | 33 | 2018.4.27 | 84 | | | 117 |
| 宁夏回族自治区 | 2017.7.24 | 3 | 2018.4.9 | 34 | | | 37 |
| 广东省（深圳） | 2017.10.25 | 26 | 2018.8.10 | 28 | 2019.7.8（2020.5.11） | 23（73） | 150 |
| 福建省 | 2017.10.31 | 22 | | | | | 22 |

续表

| 省份 | 第一批试点时间 | 第一批试点企业数量 | 第二批试点时间 | 第二批试点企业数量 | 新增试点时间 | 新增试点企业数量 | 合计 |
|---|---|---|---|---|---|---|---|
| 湖南省 | 2017.12.22 | 30 | | | | | 30 |
| 广西壮族自治区 | 2018.1.1 | 23 | 2020.1.17 | 32 | | | 55 |
| 江苏省 | 2018.2.14 | 231 | | | | | 231 |
| 山东省 | 2018.3.19 | 63 | 2018.12.6 | 143 | 2019.11.20 | 56 | 262 |
| 贵州省 | 2018.5.8 | 32 | | | | | 32 |
| 河南省 | 2018.7.25 | 50 | | | | | 50 |
| 浙江省 | 2018.9.7 | 47 | | | | | 47 |
| 重庆市 | 2018.10.31 | 39 | | | | | 39 |
| 吉林省 | 2018.11.15 | 20 | | | | | 20 |
| 陕西省 | 2018.11.23 | 20 | 2019.3.7 | 70 | | | 90 |
| 安徽省 | 2019.1.22 | 8 | 2019.5.28 | 49 | | | 57 |
| 黑龙江省 | 2020.7.9 | 31 | 2020.8.31 | 19 | | | 50 |
| 内蒙古自治区 | 2020.11.18 | 55 | | | | | 55 |
| 总计 | | 733 | | 459 | | 152 | 1344 |

资料来源：住房和城乡建设部及各省、市、自治区住房和城乡建设厅。

从工程咨询行业来看，我国发展全过程工程咨询市场潜力巨大，发展稳步前进。全过程工程咨询本质属于工程咨询的范畴，是贯穿项目全生命周期的咨询服务。随着"一带一路"倡议、制造业"2025"发展战略的实施，国内经济建设和对外开放市场的发展将突破现有的经济发展模式，全过程工程咨询这一成熟的国际通行模式将成为工程咨询行业发展的必然趋势。鼓励发展全过程工程咨询是对工程建设全过程项目管理理念的深化，也将促进我国工程咨询行业的转型升级。

从工程咨询单位来看，能实施全过程工程咨询的企业覆盖面广且数量庞大，各试点企业对全过程工程咨询的服务模式和监管方式还需要行业内不断的探索和实践，结合自身特点，根据全过程工程咨询服务的实际需要，加强和完善企业组织机构和人员结构，构建企业的核心竞争力，培育既能提供综合性的多元化服务，成长为具备相应能力的全过程工程咨询企业。

# 第二章 全过程工程咨询的推广及困境

## 第一节 全过程工程咨询的驱动因素

### 一、政策环境驱动

《国务院办公厅关于促进建筑业持续健康发展的意见》(国办发〔2017〕19号)明确提出要"培育全过程工程咨询。鼓励投资咨询、勘察、设计、监理、招标代理、造价等企业采取联合经营、并购重组等方式发展全过程工程咨询,培育一批具有国际水平的全过程工程咨询企业"。这是中央文件中首次明确提出"全过程工程咨询"这一概念。

同年5月印发的《工程勘察设计行业"十三五"规划》(建市〔2017〕102号)也提出要"培育全过程工程咨询",并针对不同规模和实力的勘察设计企业发展全过程工程咨询给出了方向和建议:大型企业向工程公司或工程顾问咨询公司发展;中小型企业向具有较强专业技术优势的专业公司发展;鼓励有条件的企业以设计和研发为基础,以自身专利及专有技术为优势,拓展装备制造、设备成套、项目运营维护等相关业务,逐步形成工程项目全生命周期的一体化服务体系[8]。

国家不断发文,指导和推动全过程工程咨询的发展,给工程咨询的转型升级提供了重要的政策支撑。截至目前,国家层面关于全过程工程咨询的主要推动性文件如表2-1所示。

全过程工程咨询的主要推动性政策文件(国家层面)　　　　表2-1

| 序号 | 文件名称 | 发布日期 | 发布单位 | 核心要点 |
| --- | --- | --- | --- | --- |
| 1 | 《住房和城乡建设部关于加快新型建筑工业化发展的若干意见》(建标规〔2020〕8号) | 2020年8月 | 住房和城乡建设部 | 大力发展以市场需求为导向、满足委托方多样化需求的全过程工程咨询服务,培育具备勘察、设计、监理、招标代理、造价等业务能力的全过程工程咨询企业 |

续表

| 序号 | 文件名称 | 发布日期 | 发布单位 | 核心要点 |
|---|---|---|---|---|
| 2 | 《国家发展改革委 住房城乡建设部关于推进全过程工程咨询服务发展的指导意见》（发改投资规〔2019〕515号） | 2019年3月 | 国家发展和改革委员会、住房和城乡建设部 | 全面促进全过程咨询服务发展 |
| 3 | 《关于征求推进全过程工程咨询服务发展的指导意见（征求意见函）》（发改投资规〔2019〕515号）、《建设工程咨询服务合同示范文本（征求意见函）意见的函》（建市监函〔2018〕9号） | 2018年3月 | 中华人民共和国住房和城乡建设部建筑市场监管司 | 推进全过程工程咨询服务发展 |
| 4 | 《住房城乡建设部关于加强和改善工程造价监管的意见》（建标〔2017〕209号） | 2017年9月 | 住房和城乡建设部 | 积极培育具有全过程工程咨询能力的工程造价咨询企业 |
| 5 | 住房城乡建设部关于开展《全过程工程咨询试点工作的通知》（建市〔2017〕101号） | 2017年5月 | 住房和城乡建设部 | 培育全过程工程咨询，开展全过程工程咨询试点 |
| 6 | 住房城乡建设部关于印发《工程勘察设计行业"十三五"规划》的通知（建市〔2017〕102号） | 2017年5月 | 住房和城乡建设部 | 培育全过程工程咨询勘察设计企业发展建议 |
| 7 | 《住房城乡建设部关于印发建筑业发展"十三五"规划的通知》（建市〔2017〕98号） | 2017年4月 | 住房和城乡建设部 | 改革工程咨询服务委托方式 |
| 8 | 《国务院办公厅关于促进建筑业持续健康发展的意见》（国办发〔2017〕19号） | 2017年2月 | 国务院办公厅 | 培育全过程工程咨询 |

资料来源：自行绘制

各个地方也在为推动全过程工程咨询提供政府指引。2020年10月9日湖南省住房和城乡建设厅《关于推进全过程工程咨询发展的实施意见》（湘建设〔2020〕91号）对全过程工程咨询发展时间线进行规划：2020年，政府投资、国有资金投资新建项目全面推广全过程工程咨询；2021年，政府投资、国有资金投资新建项目全面采用全过程工程咨询，社会投资新建项目逐步采用全过程工程咨询；2025年，新建项目采用全过程工程咨询的比例达到70%以上，全过程工程咨询成为前期工作的主流模式，培育一批具有国际竞争力的工程咨询企业，培养与全过程工程咨询发展相适应的综合型、复合型人才队伍。

政策文件是行业发展的重要指导，我国为开展全过程工程咨询服务合理制定的全过程工程咨询相关政策，为促进其健康发展提供了良好的政策环境，是适应国家建筑业改革发展需要的重要举措。

## 二、外部市场需求驱动

《国家发展改革委 住房城乡建设部联合印发关于推进全过程工程咨询服务发展的指导意见》(发改投资规〔2019〕515号)中指出,改革开放以来,我国工程咨询服务市场化、专业化快速发展,形成了投资咨询、招标代理、勘察、设计、监理、造价、项目管理等咨询服务业态。随着我国固定资产投资项目建设水平逐步提高,为更好地实现投资建设意图,发包人在固定资产投资项目决策、工程建设、项目运营过程中,对综合性、跨阶段、一体化的咨询服务需求日益增强。这种需求与现行制度造成的单项服务供给模式之间的矛盾日益突出[9]。因此,有必要创新咨询服务组织实施方式,大力发展以市场需求为导向、满足发包人多样化需求的全过程工程咨询服务模式,可以帮助发包人解决如下的长期痛点。

(1) 合理转移项目建设管理风险

政府投资及国有资金建设项目,既要高效完成建设,又要面临层层审计。某些特殊情况下,发包人很难自证其清,项目往往面临一定的决策和审计风险。引入全过程工程咨询模式是重要的风险管理手段,发包人可将建设管理相关风险通过合同方式合理转移给全过程工程咨询企业,通过风险转移策略提升项目建设的管理水平。而选择拥有丰富建设管理经验的全过程工程咨询模式,则发挥了其全过程工程咨询的专业能力和优势,进一步提升了建设效率和项目品质。

(2) 消除临时组建项目管理机构的弊端

不少政府投资项目仍采用临时机构进行项目建设管理的模式,这种模式下存在人员专业化程度低、管理体系不健全、管理手段与管理方法落后、项目结束人员分流困难、管理效率低、造价虚增、工期延长、安全风险大等诸多弊病。作为管理细节繁多、界面复杂、专业性强的建设管理工作,引入全过程工程咨询模式将有效消除临时性管理机构带来的各种弊病。

(3) 消除发包人身陷多边博弈的困境

传统模式下,发包人与多个咨询企业分别签订合同,各个咨询企业彼此互不管辖但又相互牵扯,形成项目多边博弈格局。项目建设过程中极易发生合同纠纷,发包人不得不亲自上场与各方博弈,还要协调各方责任主体之间的关系,过程苦不堪言。全过程工程咨询模式下,发包人可专注于项目定位、功能需求分析、投融资安排、项目建设重要节点计划、运营目标等核心工作,简化合同关系,问责全过程工程咨询企业,从多边博弈的困境中抽身。

（4）完善并保全项目信息资产

传统模式下，众多咨询企业的碎片化服务使项目信息形成"孤岛"，建设全过程无法形成完整的信息链。项目建设周期中，如出现核心管理岗位变动，往往造成决策及管理信息流的断裂或缺失，使建设全过程的项目信息资产无法保全。全过程工程咨询模式下，项目信息流成为全过程工程咨询的核心线索，全过程工程咨询企业在项目总控的过程中不断延伸、补充、丰富项目信息流，最终形成建设全过程完整的项目信息链，并作为建筑产品完整性的一部分交付给发包人[10]。

综上所述，全过程工程咨询模式可以覆盖建设全过程，对各阶段工作进行系统整合，并可通过科学、先进的限额设计、优化设计、BIM全过程咨询、精细化全过程管理等多种手段降低"三超"风险，进而节省投资，提升项目质量、降低发包人主体责任风险及项目管理风险，为发包人消除了建设管理中的诸多痛点，成为发包人项目建设的得力助手，实现项目投资价值的最大化。目前，各学者对发包人采用全过程工程咨询模式所带来的优势研究如表2-2所示。

各学者对于发包人采用全过程工程咨询模式带来的优势探究　　　表2-2

| 序号 | 学者 | 年份 | 代表观点 |
| --- | --- | --- | --- |
| 1 | 尹贻林 | 2020年 | 进入互联网时代后，提供集成化解决方案满足发包人一揽子目标的需求日益凸显，全过程工程咨询就是这种提供一揽子解决方案的集成项目管理的最佳方式 |
| 2 | 张军英 | 2020年 | 全过程工程咨询将为客户带来诸多利好，可以总结为"三降四升"。"三降"指降低人工成本、降低决策风险、缩短总体工期；"四升"指提升设计质量、提升施工质量、提高投资效率、提高运营效益 |
| 3 | 丁士昭 | 2019年 | 全过程工程咨询解决建设与运营的分离，充分发挥投资效益，实现项目全生命周期的增值，为委托人创造更大价值 |
| 4 | 李明安 | 2019年 | 推进全过程工程咨询，有利于改变我国工程咨询行业"碎片化"的现状，整合资源，提升工程咨询服务质量，满足发包人在项目技术、经济、管理和组织方面的咨询需求 |
| 5 | 王宏海 | 2019年 | 与碎片化工程咨询服务相比，全过程工程咨询和建筑师负责制对发包人项目有明显优势，有助于实现建设发包人"质量优、成本省、工期短、能防腐"的项目目标 |
| 6 | 严玲 | 2018年 | 全过程工程咨询以需求为核心，为客户提供咨询服务，实现系统的最优化，在各阶段中配备合理的人力、技术和信息资源，并能够根据客户的要求和具体条件提供个性化的咨询服务 |

资料来源：自行绘制。

从各学者对全过程工程咨询所持态度可见，整合能力强的全过程工程咨询可以满足发包人多样化的需求。工程咨询企业应根据自身的优势和特点积极延伸服务内容，以策划为先导，以投资管控为主线，以为项目增值的理念全方位地开展全过程工程咨询，满足发包人的需求。

## 三、企业内部转型升级驱动

目前，现有的工程咨询市场一直建立在多种经济所有制形式并存、以公有制投资为主的公开市场模式上，形成工程咨询（投资）、勘察设计、工程监理、招标代理与造价等咨询企业相互独立的各种组合业态。为保证工程咨询企业在同行业竞争中优势，工程咨询企业需以全过程工程咨询服务为支撑，在项目的投资建设中通过项目实施过程中不同阶段的信息集成，利用价值管理的工具和手段，为发包人提供专业性的咨询服务产品，对项目利益相关者的各种不同利益诉求进行有机的统一，才能确保项目的科学性、合理性和经济性，顺应市场发展的自然选择。工程咨询企业需把握以下几点影响市场经济发展中的重要环境因素，早日制定转型战略。

（1）经济因素。我国经济的快速、健康发展是在以工程投资建设投资为基础的同时，增加了工程投资建设规模，而工程投资建设规模的增加则促进了工程咨询行业营业额的增长。

（2）社会文化因素。近年来，社会各界对工程咨询行业的态度较之以前有所改善和转变，逐渐认识到工程咨询的重要性。

（3）技术及信息因素。计算机信息技术与工程咨询技术的结合，产生了多种工程咨询和工程预算应用软件，其推广与应用在很大程度上提高了项目投资决策分析的工作质量和工作效率，更加确保工程咨询结论的客观、公正、科学、合理，能够较大程度的降低投资风险。

因此，工程咨询企业为了企业内部转型升级，开始纷纷进行全过程工程咨询的探索。首先，依据行业标准和规范，结合自身业务特点，逐步完善企业的质量管理制度，确保工程咨询成果的质量达到行业标准和规范的要求；其次，通过全过程工程咨询的技术集成管理来推动企业的发展，应用现代数据管理技术建立适应企业的数据库管理系统，借助先进的信息管理手段，加强对本企业内外信息的综合管理；最后，通过全过程工程咨询的组织整合有效解决投资项目各利益相关者之间由于投资建设项目建设周期长、投资金额大、资源消耗多等特征引发的矛盾冲突，使项目各参与方逐渐认识到工程咨询企业所提供的技术服务具有重要价值，提升行业投资、融资、设计、经济、项目管理、试运营等一体化能力，确保咨询服务的高质量和高效率。

## 第二节 推广全过程工程咨询面临困境

### 一、政策不统一、不稳定

我国的全过程工程咨询相关政策存在界面不清晰的问题，缺少统一的管理制度和职业规范等文件，致使不当行为缺乏合理约束，难以对各参与方形成有力控制。因此，地方政策不统一是全过程工程咨询政策推广所面临的首要障碍，直接影响着政策的适用性和可行性。以全过程工程咨询服务的业务范围和资质要求为例，阐述目前工程咨询行业面临的困境。

全过程工程咨询服务包括项目前期的决策、设计、招标、施工和运营维护等整个生命周期的规划、设计、组织、管理、技术和经济等方面的咨询服务，其服务形式多样化。既可以组织打包为整个项目提供一条龙的咨询服务，也可以仅提供项目若干阶段的不同的咨询服务，或只为项目的某一专业咨询提供跨阶段的咨询服务。咨询单位仅就项目全过程中的若干内容或阶段提供服务的，也可纳入全过程工程咨询的范畴。因此，咨询单位在承接全过程工程咨询项目时，合同项目的业务范围、资质要求等内容应当进行清晰的界定。例如，如果业务范围界限不清，则在具体提供服务的过程中会难以区分服务内容的变更或是服务范围外的新增内容，这也直接关系到风险分配管理和合同价款调整。然而目前，社会上关于全过程工程咨询的理解不尽相同，各省政策文件业务范围及资质要求也尚未明确统一，如表2-3所示。

全过程工程咨询相关政策中对业务范围及资质要求的相关规定分析表　　表2-3

| 省份 | 文件名称 | 发布日期 | 发布单位 | 业务范围 | 资质要求 |
| --- | --- | --- | --- | --- | --- |
| 湖南 | 《关于推进全过程工程咨询发展的实施意见》（湘建设〔2020〕91号） | 2020年8月 | 湖南省住房和城乡建设厅 | 政府投资、国有资金投资新建项目应采用全过程工程咨询模式组织建设。发包人应根据实际需求委托工程咨询企业提供包含投资咨询、招标代理、勘察、设计、监理、造价、项目管理等咨询业务的全过程工程咨询服务，自主确定全过程工程咨询的组合方式 | 深化工程咨询领域供给侧结构性改革，大力支持工程勘察、设计、监理、造价等企业重组融合，鼓励资质增项。鼓励注册工程师持有多项资格，持有多种资格的注册工程师应注册同一家企业 |

续表

| 省份 | 文件名称 | 发布日期 | 发布单位 | 业务范围 | 资质要求 |
|---|---|---|---|---|---|
| 浙江 | 《全过程工程咨询服务标准》DB33/T 1202—2020 | 2020年6月 | 浙江省住房和城乡建设厅 | 全过程工程咨询服务由项目建设管理和一项或多项的项目专项咨询组成的咨询服务，包括项目建设管理和项目专项咨询两部分内容 | 建设项目全过程工程咨询的受托方，且具有国家现行法律规定的与工程规模和委托服务内容相适应的工程勘察、设计、监理、造价咨询等资质的单位 |
| 山东 | 《关于在房屋建筑和市政工程领域加快推行全过程工程咨询服务的指导意见》（鲁建建管字〔2019〕19号） | 2019年10月 | 山东省住房和城乡建设厅、山东省发展和改革委员会 | 发包人可以通过招标或者直接委托的方式选择一家咨询单位（或联合体）开展全过程工程咨询服务。全过程工程咨询业务包含依法必须招标的勘察、设计、监理等内容的，应当招标 | 鼓励投资咨询、招标代理、勘察、设计、监理、造价、项目管理等企业联合经营、并购重组，培育一批高水平的咨询单位。鼓励发包人选择具备全牌照、全资质的咨询单位开展全过程工程咨询服务。对有资质要求的咨询服务业务，咨询单位自有资质范围内的业务应当自行完成，资质范围外的业务根据合同约定另行委托，并对委托的业务负总责 |
| 广西 | 关于印发《广西全过程工程咨询试点工作方案》的通知（桂建发〔2018〕2号） | 2018年2月 | 广西壮族自治区住房和城乡建设厅 | 全面整合工程建设过程中所需的前期咨询、招标代理、造价咨询、工程监理及其他相关服务等咨询服务业务，引导发包人将全过程的项目管理咨询服务委托给一家企业，为项目建设提供涵盖前期策划咨询、施工前准备、施工过程、竣工验收、运营保修等各阶段的全过程工程项目管理咨询服务 | 开展全过程工程咨询服务的企业宜具备与所承担工程规模相符的工程设计、工程监理、造价咨询两项及以上的甲级资质，或具备单一资质且年营业收入在行业排名全区前三名的企业 |
| 江苏 | 关于印发《江苏省开展全过程工程咨询试点工作方案》的通知（苏建科〔2017〕526号） | 2017年10月 | 江苏省住房和城乡建设厅 | 试点项目的全过程工程咨询业务可以发包给同时具有相应设计、监理、招标代理和造价咨询资质的一家企业或具有上述资质的联合体；也可以发包给一家具有相应资质的企业，并由该企业将不在本企业资质业务范围内的业务分包给其他具有相应资质的企业 | 从事全过程工程咨询企业应当具有相应的资质、雄厚的专业力量、优秀的工作业绩、良好的信誉和社会责任，具有相应的财务和风险承担能力，并建立健全工程咨询服务管理体系。优先考虑具有相应工作经验和业绩的企业 |

续表

| 省份 | 文件名称 | 发布日期 | 发布单位 | 业务范围 | 资质要求 |
|---|---|---|---|---|---|
| 广东 | 《广东省全过程工程咨询试点工作实施方案》(粤建市〔2017〕167号) | 2017年8月 | 广东省住房和城乡建设厅 | 把全过程工程咨询作为优先采用的建设工程组织管理方式，将项目建议书、可行性研究报告编制、总体策划咨询、规划、勘察、设计、监理、招标代理、造价咨询、招标采购及验收移交等全部或部分业务委托给一个单位 | 承担全过程工程咨询服务的单位应具有与工程规模和委托工作内容相适应的工程咨询、规划、勘察、设计、施工、监理、招标代理、造价咨询等一项或多项资质 |
| 福建 | 关于印发《福建省全过程工程咨询试点工作方案》的通知(闽建科〔2017〕36号) | 2017年8月 | 福建省住房和城乡建设厅、福建省发展和改革委员会和福建省财政厅 | 全过程工程咨询服务内容包括但不限于项目决策策划、项目建议书和可行性研究报告编制、项目实施总体策划、项目管理、报批报建管理、勘察及设计管理、规划及设计优化、工程监理、招标代理、造价咨询、后评价和配合审计等工程管理活动 | 鼓励前期工程咨询、工程设计、工程监理、招标代理、造价咨询等大型综合性企业承担全过程工程咨询服务业务 |
| 四川 | 关于印发《四川省全过程工程咨询试点工作方案》(川建发〔2017〕11号) | 2017年7月 | 四川省住房和城乡建设厅 | 以工程设计、工程监理、工程造价及工程咨询等为主体，各自延伸业务领域作为全过程工程咨询试点的突破口 | 承担全过程工程咨询的企业应当具有与工程规模和委托工作内容相适应的工程咨询、工程设计、工程监理、造价咨询等工程建设类两项及以上的资质 |

数据来源：自行绘制

由表2-3可看出，目前根据部分省市出台文件规定，对于全过程咨询的业务范围并没有明确的界定，对于开展全过程咨询企业的资质要求，也没有强制性限制。多数文件鼓励开展全过程咨询企业重组融合、资质增项，且部分省市甚至对于具有单一资质企业也放宽限制，允许其开展全过程咨询服务。然而资质规定政策上的怪圈使企业面临很大的困惑，申报资质要有业绩要求，没有资质则无法承接项目，不准承接项目就无法取得业绩。

另外，对于全过程工程咨询的相关政策也存在不稳定性，以资质管理政策为例。工程咨询企业数量众多，但行业集中度较差的原因之一，可能也是因为一些行业资质被住房和城乡建设部接连取消，行业门槛降低，对企业正常生产经营造成干扰。例如，2014年12月6日起，住房和城乡建设部停止受理建筑智能化、消防设施、建筑装饰装修、建筑幕墙资质申请；2018年9月住房和城乡建设部发布《关于修改〈建筑工程施工许可管理办法〉的决定》(中华人民共和国住房和城乡建设部令第42号）中"发包人申请领取施工许可证，应当具备下列条件"删除了第七项原内容为"按照规定应当委托监理的工程已委托监理"监理的要求；2019年11月，《国务院关于在自由贸易试验区开展"证照分离"改革全覆盖试点的通知》（国发〔2019〕25号）明确在各自由贸易区取消工程造价咨询资质取消审批。2021年4月1日，国家发展和改革委员会令第42号发布了《关于废止部分规章和行政规范性文件的决定》，正式废止《中央投资项目招标代理资格管理办法》《国家重大建设项目招标投标监督暂行办法》，标志着招标代理资质已被全部取消。2021年5月，国务院发布《国务院关于"证照分离"改革进一步激发市场主体发展活力的通知》（国发〔2021〕7号），取消了工程造价咨询企业的资质审批制度。由此可见，国家在维持工程勘察、工程设计、施工、工程监理等资质标准框架基本不变的同时，按照"能减则减、能并则并"的原则，大幅压减企业资质类别和等级。对可由市场自主选择、行业自律进行调节的企业资质类别予以取消。对部分专业划分过细、业务范围相近、市场需求较小的企业资质类别予以合并，减少了资质层级。

## 二、固有市场需求习惯制约

受投资需求的制约，在建设领域中，工程咨询与工程建造一直处于独立经营状态。即使是投资建设一体化的企业（如房地产企业、国有大中型集团等），其内部的工程咨询（设计、监理等）与工程建造（施工）也有很多是单独经营，并非同时服务于同一个工程或项目。因此，市场对工程咨询的需求一直建立在分阶段工程咨询的基础之上。发包人习惯了分别采购不同阶段的工程咨询，也为此制定出不同阶段的管理制度、配备了不同阶段的管理部门和管理人员。这种分阶段式管理的最大障碍就是一个工程实施到下一个阶段后就无法或难以对上一阶段的工作成果进行较大的修改，而可能造成工程投资和建设的巨大浪费，甚至有的项目因修改建设成本较高、直接放弃后续投资，造成项目的中断，也不利于工程建设总工期的缩短。

我国推行全过程工程咨询的一个主要目的就是为了解决当下工程咨询服务方式分阶段、碎片化问题。但就目前全过程工程咨询的开展情况来看，大多企业提供的全过程咨询服务并没有很好地解决上述问题。企业走上简单的扩大经营范围、叠加与组合不同咨询服务内容的常规扩张之路，形成规模加大而非真正的资源整合条件下体现技术、管理先进性的企业合并与联合。咨询各方在项目中的业务和工作关系进行简单加和，相关利益主体多从自身视角开展业务，依然存在各自为战、目标不一、信息不畅等情况。同样，各方工程质量安全、进度控制、成本管理等方面的责任未能统筹考虑，使得本质上并未改变"各扫门前雪"的状况，难以发挥咨询各方的协同效应。企业不但不能在全工程咨询服务中得到应有的价值提升，甚至会阻碍全过程工程咨询服务业的良性发展。

## 三、咨询人员素质难以胜任多业务需求

工程咨询行业是一种以高智力密集为显著特征的智力型产业，它以专业的信息、知识、技能和经验为资源，帮助发包人分析论证项目，提供建议和方案，以降低风险和提高收益水平。因此，咨询人员素质的高低决定咨询业务的成败，而在现实工作中存在以下人员问题桎梏咨询行业的发展：

（1）咨询人员知识经验储备不足。现代咨询要求咨询人员具备兼顾深度和广度的"T"形知识结构、一专多能的复合型人才。咨询人员首先应该精通咨询业务所属领域的专业知识，成为本行的专才，这是进行咨询活动的基础。同时，咨询人员还应有广博的知识，应该懂得与咨询工作密切相关的管理、法律、信息科学等方面的知识，这是当代科学技术发展、自然科学和社会科学交流融合所带来的要求。而且咨询人员只有将知识和实践经验相结合，才能够提供高质量的咨询服务。在咨询活动中经常会遇到从未见过的问题和突发状况，这时，就需要咨询人员用丰富的经验去解决。而我国咨询人员的整体学历水平普遍较低，高水平、高技术、高素质的学者型研究型人才不多，专家型人才更少，这是制约我国咨询业发展的主要因素。

（2）咨询人员的结构不合理。主要表现为咨询机构中人员的专业结构不完善，不同学科之间人员构成和搭配不够合理，造成多学科、跨行业立体交叉和整体协作的攻关能力不强。分别独立经营的工程咨询企业和施工企业，使得建设过程中不同阶段的人才流动性受到了较大的制约。在工程咨询和工程施工之间，形成了一个无形的人才流动的壁垒（高端技术管理人才更多的聚集于收入较高的领域，如设计与投资方），使得熟知整个工程建设全过程各阶段的通用型人才极为缺乏，对全过程工程咨询的业务开展起到了一定的阻滞效应，不利于全过程工程咨询业务的迅速建立和快速发展。

（3）培养模式无法适配人才应具备的能力。首先，目前很多工程院校并没有关于全过程工程咨询的课程和专业，导致院校教育同工程需求严重脱节，从而导致人才培养基础和支撑的不牢靠。其次，针对工程咨询专业技术人员，没有形成以工程咨询的学科建设为基础，开展分批次的在职教育，使技术人员的业务水平和业务能力还有所差距。另外，目前我国咨询机构的考核机制并不完善，咨询人

员的责、权、利不明确，个人权益和前途不能得到保障，咨询成果不被重视，致使优秀咨询人才难以引进和留用。也无法形成以专业水平为基础、以实绩进步为保证的良性循环，全过程工程咨询人才队伍建设还有相当长的一段路要走。

## 第三节　传统工程咨询企业面临的困境

　　第二节主要阐述了工程咨询行业在推广全过程工程咨询所面临的困境，我国的咨询行业由不同类型的咨询企业构成，通过现状分析及文献梳理分别探究其各自企业目前面临的困境，将理论与实践相结合，意在找出企业发展的"短板"，争取补短板强弱项，坚持问题导向，知不足而后进。有助于咨询企业消除制约发展的障碍，而且有利于充分挖掘发展的潜力和后劲，实现现有劣势向后发优势的转化。

　　按照行政性资质管理划分，我国对投资建设项目的决策与实施始终执行分阶段式的管理，工程咨询行业通常分为两大类别。一类是由国家发展和改革委员会对投资建设项目前期决策阶段的论证和评估实施行政性管理，即工程咨询（投资）；另一类是由国家环境保护部、住房和城乡建设部、商务部、人力资源和社会保障部等政府部门分别对本部门职能范围内的单位资质和职业资格实施行政性管理，如投资建设项目的勘察设计、工程监理、工程造价咨询及工程招标代理均由住房和城乡建设部实施行政性管理。

　　首先，是由国家发展和改革委员会颁发工程咨询资质的企业或事业单位，主要为投资项目前期论证和评估等提供咨询服务，从业人员以咨询工程师（投资）为准入资格。此类称之为"工程咨询（投资）机构"；其次，是由住房和城乡建设部、环保部等政府部门颁发资质的工程咨询机构，包括投资建设项目的勘察设计、工程监理、工程造价咨询及工程招标代理等，从业人员也分别设置了相应的准入资格，如注册监理工程师、注册造价工程师、注册建筑师以及招标师等[11]。本书为解决传统工程咨询长期处于的窘境必要对主要构成全过程工程咨询的企业，即工程咨询（投资）机构、工程勘察设计、招标代理、工程监理、造价咨询五大类企业，结合现实情况进行逐一困境分析，以期企业更快调整经营结构，谋划转型升级。

### 一、工程咨询（投资）机构面临的困境（前期决策优势无法延伸至后期管理）

　　根据《国家发展改革委　住房城乡建设部关于推进全过程工程咨询服务发展

的指导意见》(发改投资规〔2019〕515号),"大力发展以市场需求为导向、满足委托方多样化需求的全过程工程咨询服务模式。特别是要遵循项目周期规律和建设程序的客观要求,在项目决策和建设实施两个阶段,着力破除制度性障碍,重点培育发展投资决策综合性咨询和工程建设全过程咨询……"可见,全过程工程的"全"又被分成两个阶段,其中明确了要"充分发挥投资决策综合性咨询在促进投资高质量发展和投资审批制度改革中的支撑作用"以及"政府投资项目要优先开展综合性咨询"。

本书采用文献勾选法对工程咨询(投资)机构在转型中具体存在的问题进行筛选,梳理出目前企业面临的主要困境,如表2-4所示。

工程咨询(投资)机构存在问题的相关文献统计　　　表2-4

| 序号 | 存在问题 | 陈晓军 | 肖红亮 | 蒋 娜 | 朱晓杰 | 马飞 | 合计 |
|---|---|---|---|---|---|---|---|
| 1 | 企业前期策划优势无法延伸 | √ | √ |  |  | √ | 3 |
| 2 | 工程咨询项目经理人才稀缺 | √ | √ |  |  | √ | 3 |
| 3 | 市场开拓力度不足 |  | √ |  | √ |  | 2 |
| 4 | 业务所需资质还未完善 | √ | √ |  |  |  | 2 |
| 5 | 协调审批流程繁杂 |  |  | √ | √ |  | 2 |
| 6 | 工程技术应用未创新 |  |  |  | √ |  | 1 |

由表2-4可知,工程咨询(投资)机构主要存在企业前期策划优势无法延伸、工程咨询项目经理人才稀缺这两个方面的问题,详细说明如下。

(一)企业前期策划优势无法延伸

目前,我国政府投资建设项目前期工作主要环节包括项目规划建设方案、项目建议书、项目可行性研究等,工程咨询(投资)机构需接受发包人委托,就投资项目的市场、技术、经济、生态环境、能源、资源、安全等影响可行性的要素,结合国家、地区、行业发展规划及相关重大专项建设规划、产业政策、技术标准及相关审批要求进行分析研究和论证,为发包人提供决策依据和建议。我国政府近年来为适应新时代要求,以深化"放管服"改革为抓手,投资审批制度深入推进,强制性中介服务范围逐步缩小。我国正在积极推动政府投资管理重心从事前审批转向过程服务和事中事后监管,这就需要建立与之相适应的全过程工程咨询服务体系。但目前我国全过程工程咨询的开展大多利用工程勘察设计的优势,向下融合施工单位实现"交钥匙"工程,缺乏可行性研究、项目策划等统筹咨询模式工程建设全生命周期的技术服务,工程咨询(投资)机构无法扬长避短、利用企业前期策划能力和创新技术积累优势开展"咨询管理总包"组织服务模式,没能与"交钥匙"设计施工单位一起共同开展建设项目的全过程工程咨询服务,被割裂的服务内容自然也无法节约投资成本、缩短项目工期、提高服务质量,这在一定程度上增加了投资风险[12]。

(二)工程咨询项目经理人才稀缺

《国家发展改革委 住房城乡建设部关于推进全过程工程咨询服务发展的指导意见》(发改投资规〔2019〕515号)提出的"投资决策综合性咨询服务可由工程咨询(投资)单位采取市场合作、委托专业服务等方式牵头提供,或由其会同具备相应资格的服务机构联合提供。鼓励纳入有关行业自律管理体系的工程咨询单位开展综合性咨询服务,鼓励咨询工程师(投资)作为综合性咨询项目负责人。"这无疑也增加了工程咨询(投资)机构项目经理所需资质,除了需具备执有注册咨询工程师(投资)、注册造价工程师和其他注册工程师证书,项目经理还应该能够具备全过程工程咨询各环节专业管理能力,具备统筹考虑影响项目可行性的各种因素的能力和决策论证协调性的业务能力。

## 二、勘察设计企业面临的困境(在工程项目中的主导作用未充分体现)

工程勘察设计是工程建设的重要环节,是提高工程项目投资效益、社会效益、环境效益的重要因素。根据住房和城乡建设部数据显示,2019年全国共有23739个工程勘察设计企业参加了统计,与上年相比增加了2.4%。其中,工程勘察企业2325个,占企业总数9.8%;工程设计企业21327个,占企业总数89.8%。随着我国宏观经济稳步发展,在基建保持稳定的情况下,我国工程勘察设计行业规模整体扩大,但是受到宏观经济下行压力加大的影响,行业增速有所下滑。2019年全国具有勘察设计资质的企业营业收入总计64200.9亿元,如图2-1所示。其中,工程勘察收入986.9亿元,与上年相比增加了7.9%;工程设计收入5094.9亿元,与上年相比增加了10.5%;工程总承包收入33638.6亿元,与上年相比增加了29.2%;其他工程咨询业务收入796.0亿元,与上年相比增加了21.1%。从业人员463.1万人,营业利润2803.0亿元。

目前,工程勘察设计行业依赖于投资拉动的传统规模扩张来创造价值的模式已经无法满足需求,从长远来看,工程勘察设计企业要思考的问题是产业价值链和产品附加值的提升,从而实现向高附加值的转型。"价值增长"是《中国勘察设计》杂志社联合天强TACTER盘点出"2019年工程勘察设计行业发展十大关键词"的榜首之词。如何应对勘察设计企业面临产业链中服务附加值低的现状还需

图2-1　2011～2019年中国工程勘察设计行业营业收入统计情况

资料来源：中商产业研究院大数据库

进一步剖析，本书采用文献勾选法对勘察设计企业在转型中具体存在的问题进行筛选，梳理出目前企业面临的主要困境，如表2-5所示。

勘察设计企业存在问题的相关文献统计　　　　表2-5

| 序号 | 存在问题 | 易明 | 李妮 | 韩冬 | 宋云超 | 乐志豪 | 周茂刚 | 董玲 | 王章虎 | 杨欣 | 顾青 | 合计 |
|---|---|---|---|---|---|---|---|---|---|---|---|---|
| 1 | 设计主导服务功能不突出 | √ | √ | √ | √ |  | √ |  | √ |  | √ | 8 |
| 2 | 发展模式未与国际全面接轨 | √ |  | √ | √ |  | √ | √ | √ |  |  | 6 |
| 3 | 科技创新能力有待提高 | √ | √ | √ | √ |  |  | √ |  |  | √ | 6 |
| 4 | 人力资源结构不够完善 | √ |  |  | √ | √ | √ |  |  |  |  | 4 |
| 5 | 服务意识观念有待转变 |  |  |  |  |  | √ |  | √ | √ | √ | 4 |
| 6 | 融资能力和金融平台缺乏 | √ |  |  | √ |  |  |  | √ |  |  | 3 |

资料来源：自行绘制。

由表2-5可知，勘察设计企业主要存在设计主导服务功能不突出、发展模式未与国际全面接轨、科技创新能力有待提高这三个方面的问题，详细说明如下。

（一）设计主导服务功能不突出

根据文献勾选法可得，工程项目中未充分实现其设计主导作用是桎梏勘察设计企业的主要原因。建筑设计是发包人决策的重要依据，在很大程度上决定了全过程咨询的结果。依据2017年10月7日国务院对《建设工程勘察设计管理条例》

第二次修正，其中第二十八条规定："建设单位、施工单位、监理单位不得修改建设工程勘察、设计文件；确需修改建设工程勘察、设计文件的，应当由原建设工程勘察、设计单位修改。经原建设工程勘察、设计单位书面同意，建设单位也可以委托其他具有相应资质的建设工程勘察、设计单位修改。修改单位对修改的勘察、设计文件承担相应责任。"在实际施工过程中，大多数发包人要求的变更，由发包人书面提出变更申请递交设计单位，设计单位答复后以"工程变更通知单"的形式反馈回来，监理方及施工方依据变更单进行监理及施工。由施工单位提出的变更，则由施工单位以工程联系单等书面形式提出后递交监理审查，监理方签署意见后交发包人，发包人方签署意见后由发包人方联系设计单位，最后由设计单位出具变更单。随后的程序还是依据变更单联系施工及监理。由此可见设计单位在项目中的"龙头"地位以及所需承担责任重大，但传统设计企业的建设意图由各方"分体式"的表述方式，使得工程项目从源头上就存在大量的"错、漏、碰、缺"，致使后期产生的变更增多、工期延误、建筑质量受到影响等，对追责主体无法明确，追责范围无法划分，造成发包人疲于协调，各干系方内耗加大，项目利益受损，成为勘察设计企业模式发展的瓶颈。

（二）发展模式未与国际全面接轨

相较于国际上建筑设计公司通常可以向发包人提供"一条龙"的全过程工程咨询服务或根据发包人需要提供阶段的"菜单式"咨询，我国的建筑设计企业一般只完成建筑、结构、给水排水、电气、空调通风、供气以及外场市政配套综合管线等传统意义上的常规设计，未通过整合外部资源以及自身已有的设计管理经验和能力，未将专项设计内容管理起来，许多专业还需要在确定施工单位后进行深化设计，包括消防系统、空调系统、虹吸排水系统等，而幕墙、泛光照明、弱电智能、景观绿化、精装修工程则不在其设计范围内，我国的建筑设计企业还交付给发包人的施工图实质上是"毛坯图"，还需要在确定施工单位后进行深化设计。这就需要发包人后续还要花费极大的精力去完善所有图纸的内容和深度，否则就无法准确把握造价、开展招投标工作，也难以避免施工过程中出现因图纸变更带来的索赔。设计工作的未做全、做深、做精，也就无法为发包人提供高附加值服务[13]。目前，在石油、化工、冶金等领域已有一批勘察设计企业成功转型为具有一定的国际化设计水平和工程总承包能力的工程公司，但大部分中小企业停留在成本驱动型发展模式中，以低成本的竞争方式占据市场，无法以勘察设计为主进行两头延伸，成为提供特色产品和服务的工程公司或者咨询公司，距离成为能提供工程建设全过程服务的工程公司还有相当长的一段路要走。

## （三）科技创新能力有待提高

在工程项目的投资中，设计环节占比非常小，面对发展环境的新变化，为实现工程勘察设计企业高质量持续发展，勘察设计企业的科技创新需不断加强，积极做好新技术研发和应用工作，大力推动精心设计与精细设计，及时跟踪三维协同设计、BIM、云计算、物联网等新兴信息技术发展态势，提高信息化手段与技术创新的融合度，构建基于核心技术和服务能力的竞争优势。其中，BIM技术作为让建筑业发展成为一个信息化、自动化、智能化产业的重要推动力，要着力发展两点：标准化（BIM的基础）、信息化（BIM的核心）。标准化就是信息模块化，将一个个零散的数据分类打包，再利用信息化促进建筑完成各方（发包人、设计方、施工方、运维方）的信息交换。若设计模型信息可以流转至施工方或者运维方，施工方和运维方支付设计部分费用，则可激发设计单位应用BIM正向设计的动力。所谓BIM正向设计就是项目从草图设计阶段到交付全部成果都是由BIM三维模型版本，设计直接呈现在BIM三维空间，然后通过三维模型直接出图，保证了图纸和模型的一致性，减少了施工图的错漏碰缺，提高了设计的完成度，减少二维的设计盲区，让模型服务后期施工成为可能，但目前还是很多设计单位做BIM只是辅助二维设计，比如翻模。"正向"要考虑结构计算模型与设计模型的衔接，并以空间关系为侧重的BIM反映电气逻辑等技术问题。

## 三、招标代理企业发展现状面临的困境（专业受限、范围狭窄）

经过近20年的摸索，招标投标制度已作为一般工程承发包的主要形式，作为一种富有竞争性的采购方式、市场经济的重要调节手段，形成优胜劣汰的市场机制。招标代理企业在发包人的委托下，遵循公平、公正、公开的原则，然后通过相关的专业人士对发包人进行相应的服务。建筑工程的招标代理是招标人和投标人之间的纽带，而且还是政府规范和控制建筑工程招标的主要手段。但当下的建设工程招标投标环节暴露出不少问题，给整个建筑行业的良性发展带来了巨大影响[14]。例如2018年11月，宜春职业技术学院就总投资16.5亿元的新校区项目公开招标代理机构，在现场9家投标机构竞争中，一家招标代理公司出人意料地投出1分钱的超低价并中标。低价中标在《中华人民共和国招标投标法》第四十一条规定，中标人的投标应"能够满足招标文件的实质性要求，并且经评审的投标价格最低；但是投标价格低于成本的除外"。即"经评审的最低价"排除了低于成本的投标价，并非真正意义上的"最低价中标"，在恶意低价中标的游戏规则下,不但会引发工程质量问题,还会影响整个建筑行业发展。

2021年4月1日,中华人民共和国国家发展和改革委员会令第42号,发布了《关于废止部分规章和行政规范性文件的决定》,正式废止《中央投资项目招标代理资格管理办法》,4月1日起正式施行。这标志着中央投资项目招标代理资格的彻底取消,也意味着招标代理资质已被全部取消。本次废止的与招投标相关的规章还有《国家重大建设项目招标投标监督暂行办法》(国家发展计划委令2002年第18号),这是对招标投标行业的一项重要改革,是放开招标代理行业准入门槛,进一步推进简政放权,加强事中、事后监管。从事招标代理,尤其是从事单一招标代理业务的企业面临着市场萎缩、服务需求变化等一系列的挑战。本书采用文献勾选法对招标代理企业在转型中具体存在的问题进行筛选,梳理出目前企业面临的主要困境,如表2-6所示。

招标代理企业存在问题的相关文献统计　　　　表2-6

| 序号 | 存在问题 | 刘仁和 | 于海涛 | 金楠 | 宋云超 | 蔡乔 | 陈继文 | 黄俊莉 | 单宏兰 | 马菊美 | 荆贵锁 | 合计 |
|---|---|---|---|---|---|---|---|---|---|---|---|---|
| 1 | 业务范围狭窄 | √ | √ | √ | √ | √ | √ | √ | √ |  | √ | 9 |
| 2 | 准入门槛降低使竞争日益激烈 | √ |  |  | √ |  | √ |  | √ | √ | √ | 6 |
| 3 | 全流程电子化招标投标的冲击 | √ | √ |  | √ |  | √ |  |  |  | √ | 5 |
| 4 | 组织结构未能适应变革 | √ |  |  | √ | √ |  |  |  | √ |  | 4 |
| 5 | 科技创新能力有待提高 |  | √ |  |  |  | √ | √ | √ |  |  | 4 |
| 6 | 融资能力和金融平台缺乏 |  |  |  | √ | √ |  |  |  |  |  | 2 |

资料来源:自行绘制。

由表2-6可知,招标代理企业转型中主要存在业务范围狭窄、准入门槛降低使竞争日益激烈、全流程电子化招标投标的冲击等方面问题,下面将详细阐述这三方面的问题。

(一)业务范围狭窄

从全过程工程咨询服务链条来讲,招标代理的形式化、流程化致使其业务范围相对狭窄,已经不能满足现阶段招标人对工程建设方面专业技术咨询的需求。实际工作中,大多数招标代理机构同质化竞争惨烈。从结构上看,2019年招标代理机构的工程造价咨询收入在营业收入总额中占比最高,达18.12%;工程招标代理收入占营业收入总额的7.13%;工程监理收入占营业收入总额的13.43%;工程项目管理与咨询服务收入占营业收入总额的5.17%;其他收入占营业收入总额的56.15%（图2-2）。由此可见，招标代理企业主营业务是由招标代理、监理、造价咨询、项目管理与咨询四大板块构成，其业务范围已经有明显扩宽，但仍需积极开展，增加服务类型。

图2-2 2015～2019年全国工程招标代理机构营业收入分布情况（单位：亿元）

资料来源：住房和城乡建设部（前瞻产业研究院整理）

（二）准入门槛降低使竞争日益激烈

目前，工程招标代理机构数量众多，行业集中度较差，主要原因可能是行业门槛值较低，大多数招标工作内容较为简单，进入较为容易。部分大型建筑开发企业、大型国有建设单位都组建了专门的招投标部门，这些单位均采用自行招标而不委托招标代理企业，因此在很长一段时间内，招标人只是需要有能力的招标代理企业帮其办理招标流程，以期在最短的时间内拿到施工许可证，进而顺利施工，对于这种单项招标代理业务通常由少数几个人甚至一两个人即可完成，而这样的组织结构形式不能很好地适应全过程工程咨询业务的需要。

（三）全流程电子化招标投标的冲击

国家目前正在推进全流程的电子化招投标平台建设，电子招标投标是以互联网为介质，以招标业务流程为基础，实现招标投标各参与主体在线进行项目采购交易的电子商务活动。其实质是各参与主体的网络协同作业，这将对传统的招标投标行业带来重大冲击。从2017年10月开始，浙江省的政府采购项目从采购单位申报确认书开始到合同备案很多环节均可在政采云平台上完成。一方面，随着电子化招标采购的快速发展，"购买标书"这一过程逐步从线下购买纸质招标文件发展为在线下载电子招标文件，各级财政主管部门均明确提出电子招标文件逐步免费，可见电子招标文件免费下载将是招标投标行业未来发展的趋势，标书的收入将会归零。另一方面，电子招标投标系统在提高招标代理效率的同时，也使原来不太懂招标采购业务流程的电子商务企业和其他大型财团、行业头部企业的采购部门也可以轻松开展招标采购业务。由此，导致只能从事程序性招标代理服务并且市场占有率较低的招标代理企业将面临很大挑战[15]。

## 四、工程监理企业发展面临的困境（赋予权利与取费极不对等）

根据住房和城乡建设部数据显示，监理行业的整体发展状态普遍比较良好，2019年工程监理企业全年营业收入5994.48亿元，与上年相比增长38.94%，其中工程监理收入1486.13亿元，与上年相比增长12.26%（图2-3）。近几年为推进全过程工程咨询，国家先后颁布一系列文件及政策来引导监理企业改革的方向。截至2020年4月底，已先后有广州、北京、成都、天津、上海、厦门、山西等省、市出台了相关规定，明确"部分工程可不实行工程建设监理"，强制监理制度转变为全面市场化的进程不断加快。

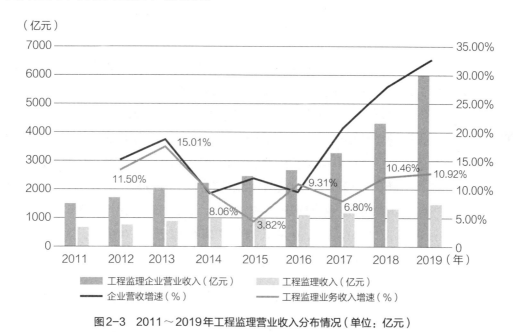

图2-3　2011～2019年工程监理营业收入分布情况（单位：亿元）

资料来源：住房和城乡建设部（前瞻产业研究院整理）

当前，在建筑工程监理行业的发展过程中仍然存在很多问题，受这些问题的影响，监理工作在具体开展过程中的职能作用很难真正有效地落实，还会对整个监理行业的发展造成严重的阻碍和负面影响。本书采用文献勾选法对工程监理企业在转型中具体存在的问题进行筛选，梳理出目前工程监理企业面临的主要困境，如表2-7所示。

工程监理企业存在问题的相关文献统计　　　　表2-7

| 序号 | 存在问题 | 黄丽盆 | 陈中山 | 程先文 | 赵红 | 陈安林 | 乔涵 | 郝振利 | 叶浩宇 | 王亚奎 | 张晓玲 | 合计 |
|---|---|---|---|---|---|---|---|---|---|---|---|---|
| 1 | 前瞻咨询服务无法发挥最大价值 | √ | √ | √ |  | √ | √ | √ | √ | √ | √ | 9 |
| 2 | 取费偏低经济效益差 | √ | √ |  | √ |  |  |  |  | √ | √ | 6 |
| 3 | 法律赋权大但实际处罚无权问责 |  |  | √ | √ |  | √ | √ | √ | √ |  | 6 |
| 4 | 部分监理人员专业素养不足 | √ |  |  | √ | √ |  | √ |  | √ |  | 5 |
| 5 | 缺乏规范的市场 |  |  | √ | √ | √ |  |  |  |  | √ | 4 |
| 6 | 对监理制度认知程度较低 | √ | √ |  |  |  |  | √ |  |  | √ | 4 |

由表2-7可知，工程监理企业转型中主要存在前瞻咨询服务无法发挥最大价值、取费偏低经济效益差、法律赋权大但实际处罚无权问责等方面问题，下面将从三个不同方面阐述使监理行业陷入服务困境的因素。

(一) 前瞻咨询服务无法发挥最大价值

目前，大多监理企业业务主要为施工阶段的现场监督来保证监理工作，发包人所需的项目投资前期研究、准备性服务、执行服务和技术援助等，都是工程监理企业所不熟悉的领域，因此服务工作前瞻性大打折扣，监理的工作也由国家最初倡导的工程咨询属性逐渐成为现场监督型劳务监理，没有独有的技术或管理优势，核心竞争力不强，服务附加价值降低，监理企业的发展受限，从而使监理行业的社会地位下降。2019年工程监理企业承揽合同额8500.94亿元，与上年相比增长44.02%。其中工程监理合同额1987.47亿元，与上年相比增长3.67%，增速明显减缓（图2-4），当前监理企业的人均年产值在12万～20万元，远低于建筑业咨询和设计的收费（30万～100万元）。

(二) 取费偏低经济效益差

与国外的咨询公司相比，我国监理取费低下。欧洲发达国家的工程咨询业取费一般是工程总造价的3%～5%，我国监理业取费仅为工程建筑安装费的1%～2%[16]。监理取费低的现状使得监理人员的数量和质量不能满足监理工作的需求，监理人员不到岗，工作积极性低、成效差，业务水平及工作态度有待提高等问题，直接制约着工程监理工作整体水平的提高，从而使得工程监理经济效益与社会效益较差的状况，制约并延缓监理行业与国际接轨的进程。

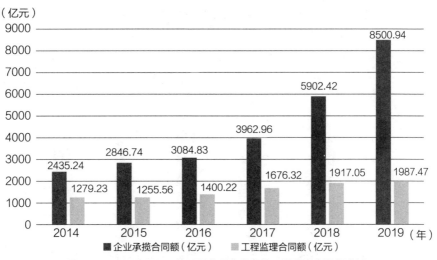

图2-4 2014～2019年工程监理企业承揽工程监理合同额分析

数据来源：住房和城乡建设部（前瞻产业研究院整理）

### （三）法律赋权大但实际处罚无权问责

目前，我国大多数的工程建设监理企业所从事的业务，多是原来各地工程质量监督站和各地技术质量监督局所行使的政府行政管理职能的延伸，建设监理企业这种表面上看法律赋予的权力似乎很大，但在实际工程监理过程中处于面对施工企业的具体违规问题又无权进行处罚的尴尬处境。安全事故已经成为监理企业最大的风险，它的风险性已经明显超过了质量责任的风险。特别是在事故责任的追究过程中，对监理企业问责随意性很大，处罚依据又各不相同；在监理企业承担风险、承担责任义务明显增大的情况下，权利却并没有体现；现行的法律法规不全，或者虽有规定但原则性强、可操作性差，导致监理企业安全责任范围模糊不清，这些情况目前都困惑着监理企业，也阻碍着监理企业的规范和发展。

## 五、造价咨询企业发展现状面临的困境（投入与产出不匹配）

随着经济建设的快速发展，以及投资体制改革的逐步深化，工程造价咨询业发展异常迅速。一方面，建筑领域的市场化，客观上促使发包人、承包人等利益主体都需要工程造价咨询企业以第三方的身份为其提供客观公正的服务。而且，工程建设项目的日益复杂，工程造价的合理确定，要考虑的因素日益增多，要及时调整方案才能实现造价的有效控制。根据2019年工程造价咨询统计公报数据显示：从2014年以来的利润总额情况来看，2016年行业利润增幅较大，达75.41%，随后增速开始回落，2018年受行业整体下滑的影响，利润也随之降低，完成利润总额204.94亿元,同比下降19.71%(图2-5),2019年实现利润总额210.81亿元,比上年增长2.9%。

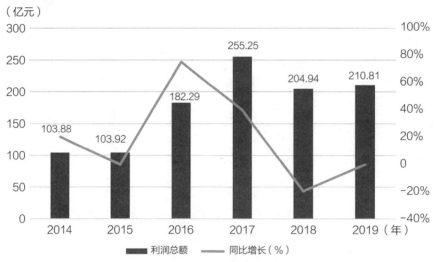

图2-5　2012～2019年中国工程造价咨询行业利润总额情况

数据来源:住房和城乡建设部2019年工程造价咨询统计公报

本书采用文献勾选法对造价咨询企业在转型中具体存在的问题进行筛选,梳理出目前造价咨询企业面临的主要困境,如表2-8所示。

造价咨询企业存在问题的相关文献统计　　表2-8

| 序号 | 存在问题 | 史学仿 | 廖礼平 | 张兴旺 | 南文秀 | 鲁吉乐 | 刘学军 | 朱豪 | 竹隰生 | 王锦标 | 杨红燕 | 合计 |
|---|---|---|---|---|---|---|---|---|---|---|---|---|
| 1 | 主营业务缺乏核心竞争力,任务导向不满足发包人需求 |  | √ |  | √ | √ | √ | √ | √ | √ |  | 7 |
| 2 | 行业营业收入增速放缓,服务附加值低,限制发展 | √ | √ | √ |  | √ | √ |  | √ |  |  | 6 |
| 3 | 职业技能水平总体偏低,人员培训方案很不合理 |  | √ | √ | √ | √ |  | √ | √ |  |  | 6 |
| 4 | 市场行为不规范,企业无序竞争 | √ | √ |  | √ | √ |  | √ |  |  |  | 5 |
| 5 | 法律地位不明确,行业管理体制不完善 |  | √ | √ |  | √ |  |  |  | √ |  | 4 |
| 6 | 信誉度较低 | √ |  |  | √ |  |  |  |  | √ |  | 3 |

(一)主营业务缺乏核心竞争力,任务导向不满足发包人需求

从造价咨询行业分阶段的业务收入分析(表2-9)不难看出,工程造价咨询产

业链被人为割裂为前期决策阶段、中期实施阶段、后期竣工验收后阶段等单个环节。多数的造价咨询服务还停留在算量环节，即便正处于快速发展的全过程造价咨询也仅占行业收入的27.9%，且目前基本仍处于施工阶段旁站式全过程跟踪审计咨询，传统的"五算"仍占据行业收入的58.8%。前期决策阶段咨询业务所占比例太低，仅为8.6%。前期咨询策划阶段基本决定了工程造价的百分之七八十，是全过程工程咨询服务最基础的阶段，只有通过策划、可研、扩初等才能系统表述发包人的投资意图，这个阶段投入比例过低会导致工程咨询企业接受发包人委托后，无法及时根据工程咨询合同编制全过程工程咨询实施规划，了解项目最新概况，明晰咨询范围，确立组织形式，导致具体工作流程可操作性差。从2019年造价咨询企业统计公报的数据可看出，造价咨询企业仍以传统的预结算为主，还处于算量套价、合同管理阶段，仍在以低技术含量的预结算编审服务作为主营业务和主要利润支撑点，普遍缺乏核心竞争力，没有差异化市场竞争优势，无法完全满足项目发包人需求。

2019年工程造价咨询业务收入各阶段分布情况　　　　　表2-9

| 序号 | 各阶段咨询业务 | 收入情况（亿元） | 所占比例（%） |
|---|---|---|---|
| 1 | 前期决策阶段咨询业务 | 76.43 | 8.6 |
| 2 | 实施阶段咨询业务 | 184.07 | 20.6 |
| 3 | 竣工结（决）算阶段咨询业务 | 340.67 | 38.2 |
| 4 | 全过程工程造价咨询业务 | 248.96 | 27.9 |
| 5 | 工程造价经济纠纷鉴定和仲裁咨询业务 | 22.33 | 2.5 |
| 6 | 其他工程造价咨询业务 | 20.01 | 2.2 |

数据来源：中商产业研究院大数据库。

与造价咨询服务费走势不同，随着发包人自身造价管理水平的提升，发包人的服务需求逐年提升，发包人对质量、进度的要求不断提高。工程造价咨询产业的服务对象逐渐高端化，工程造价咨询的需求向全生命周期管理发展，即横向转移为向前要求融资咨询，中段要求项目管理，向后要求价值评估和设施管理及运维。

（二）行业营业收入增速放缓，服务附加值低限制发展

随着目前国内固定资产投资增速的放缓，造价咨询企业间的竞争日益加剧。企业间同质化现象较为严重，大量企业为竞争同一工程，均以相同的组织形式、相近的管理方式、相似的生产水平开展，因此造价咨询行业总体集中度不高，缺

少大品牌，难以达成规模经济和集成利润的同步效应[17]。而且造价咨询服务附加值低，现阶段的造价咨询服务价格，与10年前同类型项目相比，没有明显的变化，如图2-6所示。

图2-6　2012～2019年造价咨询企业人均营业收入

数据来源：住房和城乡建设部2019年工程造价咨询统计公报

造价咨询企业没有从公司层面进行数据的收集、整理、分析，直至有效利用。造价信息资源的加工还停留在初加工阶段，大量的信息资源浪费，如市场价格信息、概预算、清单编制信息等并没有进一步加工整理形成更有价值的指标或指数数据[18]。由此可见，造价咨询企业难点还在于无法将技术、经济、管理和信息进行整合，企业并未理解到提供的咨询服务不再是单一的阶段，只提供间断的咨询服务，无法借助现代科技手段认识到新市场的新特点、实现整体升级，致使行业服务附加值低下。在形成的造价咨询行业的微笑曲线中，服务过程代表的是造价咨询的全过程；附加值是由经济主体生产出来的产品价值，和企业的利润成正比；抛物线左边端口是技术，抛物线后边端口是信息，抛物线底部是服务过程，目前需提升技术才能使传统工程咨询企业微笑曲线向右上移动，即提升服务附加值[19]（图2-7）。

（三）职业技能水平总体偏低，人员培训方案不合理

从造价咨询企业总体从业人员情况来看，2016～2019年，我国工程造价咨询企业总体从业人员和专业技术人员的规模均逐年上升，但专业技术人员占总体从业人员的比例却连年下降。2019年，我国工程造价咨询企业总体从业人员共有586617人，比2018年增长9.2%。其中专业技术人员355768人，比2018年增长2.6%，增长速度比总体从业人员增速低6.6个百分点；专业技术人员占总从

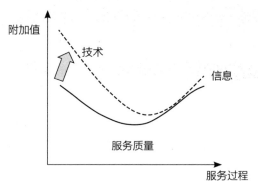

**图2-7 造价咨询企业转型微笑曲线变化图**
数据来源：硕士论文

业人员的60.60%，比2018年下降4个百分点（图2-8）。可见造价咨询企业职业技能水平总体偏低，面临着高端技术人才供给乏力的风险。

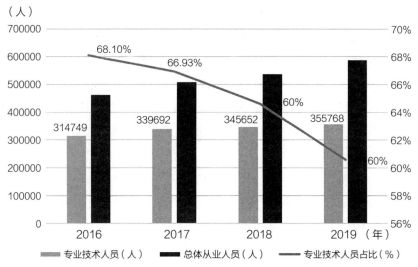

**图2-8 2016～2019年我国工程造价咨询行业从业人员规模及占比情况**
数据来源：住房和城乡建设部（前瞻产业研究院整理）

目前，相比于外资造价咨询企业已通过多年积累，拥有了先进的内部管理体制及企业级的强大数据资源库，能够实现项目造价的快速估算、指标查询、全方位数据分析，国内的咨询机构现阶段水平还具有一定差距，从业人员素质远不能与行业发展的需要相对等，这也是造成从业人员职业化水平总体偏低的主要原因。而且，现在工程造价从业人员的工作量、工作压力普遍较大，造价人员的收入与所完成的工作量不成正比，因此不管是企业还是个人，都不愿意花更多的时间和精力去参加培训。这在一定程度上阻碍了造价从业人员专业综合素质的提升，也不利于造价咨询企业新业务领域工作面的拓宽[20]。

# 第三章 全过程工程咨询的内涵界定及发展路径识别

## 第一节 全过程工程咨询的内涵界定

### 一、政策对全过程工程咨询的内涵界定

"全过程"的概念最早出现在项目管理中。2004年建设部印发的《建设工程项目管理试行办法》(建市〔2004〕第200号)的通知中就有对工程项目管理业务范围做出了明确的划分,列举了工程项目管理在前期策划、项目设计、施工前准备、施工、竣工验收和保修各个阶段的具体工作。这个定义已经清晰地列举了全过程工程咨询应该以项目管理为重要抓手。在实践中,国际上的工程咨询公司很早就从事全过程工程咨询的业务,我国一些大型的工程咨询企业在前几年就把"全过程工程咨询"作为企业的战略目标。

《国务院办公厅关于促进建筑业持续健康发展的意见》(国办发〔2017〕19号)是国家层面首次提出"全过程工程咨询"概念,旨在适应发展社会主义市场经济和建设项目市场国际化需要,提高工程建设管理和咨询服务水平,保证工程质量和投资效益。此文的发布,无疑给国内的工程咨询行业打了一针"兴奋剂"。之后在部分试点省份出台的文件中,有对全过程工程咨询定义和服务的进一步解释。本书通过对关于全过程工程咨询定义的政策文件进行解读分析,发现不同文件对全过程工程咨询定义的侧重点不同,有些偏重于业务范围的描述,有些偏重于管理职能的界定,有些偏重于组织模式构建等,如表3-1所示。

由此可见,住房和城乡建设部发布的关于全过程工程咨询的文件中,都未对全过程工程咨询作出明确定义。但通过以上政策分析,目前关于全过程工程咨询的内涵最主流和常见的说法,是将工程咨询(投资)、勘察、设计、招标代理、监理、造价等业务捆绑打包后,交由一家具有综合能力的单位完成。其中对"全过程工程咨询"的内涵表述,有例如《住房和城乡建设部关于印发工程勘察设计行业发展"十三五"规划的通知》(建市〔2017〕102号)中采用以美国为代表的

全过程工程咨询的定义（政策层面） 表3-1

| 序号 | 文件名称 | 发布日期 | 发布单位 | 全过程工程咨询定义 | 侧重内容 |
|---|---|---|---|---|---|
| 国家政策文件 ||||||
| 1 | 《国家发展改革委 住房城乡建设部关于推进全过程工程咨询服务发展的指导意见》(发改投资规〔2019〕515号) | 2019年3月 | 国家发展和改革委员会、住房和城乡建设部 | 在项目决策和建设实施两个阶段，着力破除制度性障碍，重点培育发展投资决策综合性咨询和工程建设全过程咨询，为固定资产投资及工程建设活动提供高质量智力技术服务，全面提升投资效益、工程建设质量和运营效率，推动高质量发展 | 管理职能 |
| 2 | 《工程咨询行业管理办法》(2017年第9号令) | 2017年11月 | 国家发展和改革委员会 | 采用多种服务方式组合，为项目决策、实施和运营持续提供局部或整体解决方案以及管理服务 | 业务范围 |
| 3 | 住房城乡建设部关于印发《工程勘察设计行业发展"十三五"规划》的通知(建市〔2017〕102号) | 2017年5月 | 住房和城乡建设部 | 积极利用工程勘察设计的先导优势，拓展覆盖可行性研究、项目策划、项目管理等工程建设全生命周期的技术支持与服务，提高工程项目建设水平。鼓励企业采取联合经营、并购重组等方式发展全过程工程咨询，培育一批具有国际水平的全过程工程咨询企业 | 组织模式构建 |
| 4 | 《关于印发住房城乡建设部建筑市场监管司2017年工作要点的通知》(建市综函〔2017〕12号) | 2017年2月 | 住房和城乡建设部建筑市场监管司 | 试点开展全过程工程咨询服务模式，积极培育全过程工程咨询企业，鼓励建设项目实行全过程工程咨询服务。总结和推广试点经验，推进企业在民用建筑项目提供项目策划、技术顾问咨询、建筑设计、施工指导监督和后期跟踪等全过程服务 | 业务范围 |
| 5 | 国务院办公厅《关于促进建筑业持续健康发展的意见》(国办发〔2017〕19号) | 2017年2月 | 国务院办公厅 | 鼓励投资咨询、勘察、设计、监理、招标代理、造价等企业采取联合经营、并购重组等方式发展全过程工程咨询，培育一批具有国际水平的全过程工程咨询企业 | 业务范围 |
| 地方政策文件 ||||||
| 6 | 山东省住房和城乡建设厅、山东省发展和改革委员会《关于在房屋建筑和市政工程领域加快推行全过程工程咨询服务的指导意见》(鲁建建管字〔2019〕19号) | 2019年10月 | 山东省住房和城乡建设厅、山东省发展和改革委员会 | 全过程工程咨询服务是指在项目投资决策、工程建设、运营管理过程中，为建设单位提供的涉及经济、技术、组织、管理等各有关方面的综合性、跨阶段、一体化的咨询服务。按照项目投资决策和建设程序的要求，在项目决策和建设实施两个阶段，重点培育发展投资决策综合性咨询和工程建设全过程咨询 | 管理职能 |

续表

| 序号 | 文件名称 | 发布日期 | 发布单位 | 全过程工程咨询定义 | 侧重内容 |
|---|---|---|---|---|---|
| 7 | 关于印发《陕西省全过程工程咨询服务导则（试行）》《陕西省全过程工程咨询服务合同示范文本（试行）》的通知（陕建发〔2019〕1007号） | 2019年1月 | 陕西省住房和城乡建设厅 | 全过程工程咨询是指采用多种形式，为项目决策阶段、施工准备阶段、施工阶段和运维阶段提供部分或整体工程咨询服务，包括项目管理、决策咨询、工程勘察、工程设计、招标采购咨询、造价咨询、工程监理、运营维护咨询及BIM咨询等服务 | 业务范围 |
| 8 | 关于印发《江苏省全过程工程咨询服务合同示范文本（试行）》和《江苏省全过程工程咨询服务导则（试行）》的通知（苏建科〔2018〕940号） | 2018年12月 | 江苏省住房和城乡建设厅 | 全过程工程咨询是对工程建设项目前期研究和决策以及工程项目实施和运行（或称运营）的全生命周期提供包含设计在内的涉及组织、管理、经济和技术等各有关方面的工程咨询服务 | 管理职能 |
| 9 | 《关于印发全过程工程咨询工作试行文本的通知》（湘建设〔2018〕17号） | 2018年2月 | 湖南省住房和城乡建设厅 | 全过程工程咨询，是指建设单位在项目建设过程中将工程咨询业务整体委托给一家企业，由该企业提供项目策划、可行性研究、环境影响评价报告、工程勘察、工程设计、工程监理、造价咨询及招标代理等工程咨询服务活动 | 业务范围 |

数据来源：自行绘制。

EPC模式，即"一站式"全过程工程咨询；也有例如《国家发展改革委 住房城乡建设部关于推进全过程工程咨询服务发展的指导意见》（发改投资规〔2019〕515号）中将全过程拆分为项目决策和建设实施两个阶段，项目决策发展"综合性工程咨询"，建设实施完成"全过程工程咨询"，对"全过程工程咨询"的内涵表述相当于采取了以英国为代表的DBB模式，即"分段式"全过程工程咨询。

## 二、行业学者对全过程工程咨询的内涵界定

自《国务院办公厅关于促进建筑业持续健康发展的意见》（国办发〔2017〕19号）出台，业内对"全过程工程咨询"的理解也不太统一。如2017年同济大学工程管理研究所所长丁士昭教授受住房城乡建设部委托，在同济大学和上海工程咨询协会组建了课题组，研究成果《全过程工程咨询的概念和核心理念》刊登于《中国勘察设计》杂志2018年第9期，其中对全过程工程咨询的概念作出如下解释："全过程工程咨询是对工程建设项目前期研究和决策以及工程项目实施和运营的全生命周期提供包含规划和设计在内的涉及组织、管理、经济和技术等各有

关方面的工程咨询服务。"就目前情况来看，关于全过程咨询的内涵是什么？行业学者对此仍有多种解读，围绕全过程工程咨询的探讨也一直在持续。本书列举几种代表性观点如表3-2所示。

全程工程咨询内涵（行业层面） 表3-2

| 序号 | 作者 | 年份 | 全过程工程咨询内涵 | 侧重内容 |
|---|---|---|---|---|
| 1 | 程瑞雅 | 2020年 | 全过程工程咨询从范围上涉及工程建设项目的全寿命周期，从内容上体现为管理、经济和技术等方面交互的咨询服务，从作用上更注重工程项目投资的增值性、管理体系的科学性和协调的高效性，从目的上蕴含建设项目目标的实现 | 价值提升 |
| 2 | 彭华洲 | 2020年 | 全过程工程咨询是在工程项目全生命周期内，咨询企业向委托方提供多样化的工程咨询服务，服务内容包括项目设计规划、管理、技术工艺、施工等方面，灵活采取多种组织方式，向委托方提供具有高度参考价值的局部/整体解决方案 | 管理职能 |
| 3 | 汪才华 | 2020年 | 全过程工程咨询，是指涉及建设工程全生命周期内的策划咨询、可行性研究、工程设计、招标采购、投资控制、工程监理、项目管理、合同法务、中期评估和绩效评价等各个阶段、各个类别的管理服务 | 业务范围 |
| 4 | 冯辉 | 2020年 | 全过程工程咨询就是运用系统工程学和管理工程学原理，发挥整合管理的优势，为建筑业提供一体化咨询和一站式服务的现代管理咨询服务。这种服务需要运用一定的理论和方法、计算机信息技术，对构成系统的各专业（例如质量、安全、进度、成本、采购、风险、人力资源等）进行分析、预测、评估，最后进行整合管理，从而使该系统达到最优 | 管理职能 |
| 5 | 张江波 | 2019年 | 全过程工程咨询并非简单地将传统的设计、监理、造价、招标代理、BIM建模等业务进行叠加，更不是"跑报建手续"，而是需要站在发包人的角度对项目建设的全过程进行组织重塑和流程再造，以项目管理为主线、以设计为龙头、以BIM为载体，将传统做法中的多个流程整合为一个流程，在项目起始阶段及早定义，项目实施各阶段提供无缝隙非分离的技术服务 | 流程再造 |
| 6 | 胡勇 | 2019年 | 全过程工程咨询既包括工程管理类的活动，也包括设计等生产类活动，涉及建设工程全生命周期内的策划咨询、前期可研、工程设计、招标代理、造价咨询、工程监理、施工前期准备、施工过程管理、竣工验收以及运营保修等各阶段的管理服务 | 业务范围 |
| 7 | 丁士昭 | 2018 | 全过程工程咨询的定义包括两个概念，一是服务的时间范畴，即全过程工程咨询是对工程建设项目前期研究和决策以及工程项目实施和运营的全生命周期；二是服务范围，即全过程工程咨询提供包含设计和规划在内的涉及组织、管理、经济和技术等各有关方面的工程咨询服务 | 时间、业务范畴 |

数据来源：自行绘制。

相较于政策层面的侧重于对业务范围进行界定，行业学者更多地从管理职能或者为全过程工程咨询服务增值的角度重新表述，旨在希望提升咨询服务能力和水平，通过为工程建设和运行增值的效果体现其自身的市场价值。

## 三、本书对全过程工程咨询的内涵界定

本书认为，目前我国处于全过程工程咨询发展的探索期，工程咨询（投资）、勘察、设计、招标代理、监理、造价等咨询企业专业间职能分离和碎片化的存在，必然会在相互拼接搭建过程中发生碰撞和错位，出现空白和重复，反射到工程项目中就是资源的浪费和效率的损失，使全过程工程咨询不能实现服务最优。因此，本书提出，全过程工程咨询的核心不是项目生命周期"全"与"不全"的问题，更不是多专业多范围的工程集成的表象，而是真正从全局视角出发，识别出使咨询服务附加价值最大化的核心路径（下一节重点说明），通过实现关键路径以谋求发展。即全过程工程咨询的内涵：立足项目核心是以策划先行为导向满足发包人需求，以技术集成和组织集成两个基点作为支撑和保障，分别通过构建信息化管理平台与整合全过程产业链实现咨询服务附加值的提升，如图3-1所示。这样在项目的全生命周期内，各专业间不再是割裂并行关系，而是协同融合关系，以一个相互贯通、相互依存、不可分割的整体统一服务于工程建设项目，这才是国家推行全过程工程咨询的最终目的。

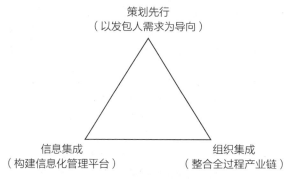

图3-1　全过程工程咨询三大核心路径的内容及关系

数据来源：自行绘制

## 第二节　全过程工程咨询的发展路径识别

### 一、路径一：策划先行为核心——以发包人需求为导向

全过程工程咨询改变了传统工程咨询业务的分离，将以任务为导向的各阶段任务工作转换为以发包人需求为导向的整体性咨询服务。在此背景下，策划就成

了开展全过程工程咨询服务的首要工作，对未来项目的实施起到指导和控制作用，是开展全过程工程咨询服务的行动纲领和指南。策划先行就需要研究系统中的信息流的走向，将各阶段形态及所需完成的任务梳理清楚，通过策划内容及策划方法或工具将各阶段紧密衔接，通过整体性的服务提升各阶段对应工作的高效开展，各阶段咨询工作之间可以实现互补与反哺，有利于项目整体的沟通协调和核心价值的提升。

近几年，国家和地方颁发了多项政策指导文件，从明确投资决策环节的统领作用，到落实勘察设计单位责任、重视"前策划–后评估"闭环制度，为树立全过程咨询模式下"策划先行"的理念营建了良好的政策环境，如表3-3所示。

关于推动策划先行的意见　　　　　　　　　　　　表3-3

| 序号 | 文件名称/论文名称 | 发布日期/发表时间 | 发布单位/出版单位 | 政策意见 |
|---|---|---|---|---|
| 1 | 深圳市住房和建设局《关于做好我市建设工程施工图审查改革工作的通知》（深建规〔2020〕9号） | 2020年6月 | 深圳市住房和建设局 | 要求建设单位对工程勘察、设计的质量安全管理负首要责任，勘察单位和设计单位对工程勘察、设计的质量安全管理负主体责任。明确建设、勘察、设计单位实行项目负责人制度，其中建设单位项目负责人代表建设单位全面负责工程项目建设全过程管理，勘察、设计单位项目负责人代表勘察、设计单位负责工程项目勘察、设计质量和安全管理，对勘察、设计质量和安全承担主要责任，并对本专业勘察、设计质量和安全负责 |
| 2 | 住房和城乡建设部《关于完善质量保障体系提升建筑工程品质的指导意见》（国办函〔2019〕92号） | 2019年9月 | 住房和城乡建设部 | 加强工程设计建造管理。贯彻落实"适用、经济、绿色、美观"的建筑方针，指导制定符合城市地域特征的建筑设计导则。建立建筑"前策划、后评估"制度，完善建筑设计方案审查论证机制，提高建筑设计方案决策水平。加强住区设计管理，科学设计单体住宅户型，增强安全性、实用性、宜居性，提升住区环境质量。严禁政府投资项目超标准建设，严格控制超高层建筑建设，严格执行超限高层建筑工程抗震设防审批制度，加强超限高层建筑抗震、消防、节能等管理。创建建筑品质示范工程，加大对优秀企业、项目和个人的表彰力度；在招标投标、金融等方面加大对优秀企业的政策支持力度，鼓励将企业质量情况纳入招标投标评审因素 |
| 3 | 《国家发展改革委　住房城乡建设部关于推进全过程工程咨询服务发展的指导意见》（发改投资规〔2019〕515号） | 2019年3月 | 国家发展改革委、住房和城乡建设部 | （1）大力提升投资决策综合性咨询水平。投资决策环节在项目建设程序中具有统领作用，对项目顺利实施、有效控制和高效利用投资至关重要。鼓励投资者在投资决策环节委托工程咨询单位提供综合性咨询服务，统筹考虑影响项目可行性的各种因素，增强决策论证的协调性。综合性工程咨询单位接受投资者委托，就投资项目的市场、技术、经济、生态环境、能源、资源、安全等影响可行性的要素，结合国家、地区、行业发展规划及相关重大专项建设规划、产业政策、技术标准及相关审批要求进行分析研究和论证，为投资者提供决策依据和建议。<br>（2）设计单位在民用建筑中实施全过程咨询的，要充分发挥建筑师的主导作用 |

续表

| 序号 | 文件名称/论文名称 | 发布日期/发表时间 | 发布单位/出版单位 | 政策意见 |
|---|---|---|---|---|
| 4 | 《建筑策划与设计》 | 2016年4月 | 中国建筑工业出版社 | 建筑策划的基本方法，重点在于全局性的思路拓展，建筑策划不仅局限于单体建筑的策划研究，它也逐渐延展到城市设计的策划和城乡规划的整体策划，系统化思路的拓展会带来一些新的方法。建筑策划是以物质空间为基础，涵盖从投资、政策、设计、施工、营销、运营等全产业链系统化的思考研究。这个过程需要思路和理念的创新，工具和方法的与时俱进 |
| 5 | 《建筑学名词2014》 | 2014年3月 | 科学出版社 | 建筑策划是在建筑学领域内，建筑师根据总体规划的目标设定，从建筑学的科学角度出发，为达成总体规划的既定目标，对建筑设计的条件、环境和相关因素进行分析，从而为建筑设计提供科学的、逻辑的、优化的设计依据 |

数据来源：自行绘制。

由此可见，全过程工程咨询中涉及的策划内容是为实现全过程工程咨询的目的，即尽最大可能满足发包人需求。全过程工程咨询是建立在当前经济模式多元化发展形势下的市场需求，并以政府投资项目需求为主。随着国家经济战略的展开，新的经济刺激计划也在不断增进之中，不同主体投资的项目越来越多、单个项目的投资额越来越大、项目的功能越来越复杂、涉及的专业技术领域越来越广、发包人的需求也越来越多样化。在策划实施过程中，从事工程咨询服务的企业要充分发掘发包人的真正需求，越早介入越好。由于咨询方都是专业人员，具备专业的知识、技能和经验，而且对于项目的理解与发包人也会有所不同，及早介入不仅能将发包人的长期战略贯彻到项目中，而且能够提供专业的意见，及时对项目策划过程中出现的偏差进行纠正。逐渐培育出一定数量的具备专业、高效、全面并在国际上具有竞争优势的全过程工程咨询企业，既可以应对全过程工程咨询的国内与国际需求，同时也是增强国家软实力的一种体现。

## 二、路径二：技术集成为支撑——构建信息化管理平台

全过程工程咨询的发展顺应了以发包人需求为主导趋势的经济时代，因此更需要应用先进的信息技术及信息化平台来整合各方资源，打通企业内外部数据通道，融合各专业各阶段的信息数据，为及时最大限度地满足发包人实际需要而进行咨询工作提供有效支撑。全过程工程咨询涉及建设项目多个阶段，牵涉到众多参建单位和政府主管部门，与传统咨询模式相比，全过程工程咨询更加注重设立高效科学的信息管理组织，建立及时有效的信息传递和交易平台，制定程序和方

法，辅以有关工具，配备专业信息管理工程师，及时收集、整理和筛选信息。在此基础上统计、分析、预测，最终反馈给相关方，以确保信息的真实性、内容的完备性、传递的通畅性、查阅的便捷性和数据的价值性。项目各参与方能全面、细致、准确掌控项目的执行情况，以此做出决策并高效协调相关方，简化交易过程，缩短交易时间，以提高各方的工作效能。

随着政府深化改革的持续推进，建筑行业正处于深度的变革之中，"ABCD"（AI人工智能、BIM技术、云计算、大数据）等新兴技术正在改变着工程行业未来的发展。新时期建设建筑行业的主要特征和标志之一是工程建设管理进入到信息化、网络化、智能化、标准化及大数据和人工智能的新阶段。近年来，国家陆续发文要将技术手段的升级和信息化的建设作为重要切入点，助力全过程工程咨询的开展，以顺应建筑业的发展，如表3-4所示。

各类文件关于推动建筑业信息化发展的意见　　　　表3-4

| 序号 | 文件名称 | 发布日期 | 发布单位 | 政策意见 |
| --- | --- | --- | --- | --- |
| 1 | 《中共中央关于制定国民经济和社会发展第十四个五年规划和二〇三五年远景目标的建议》 | 2020年10月 | 中国共产党第十九届中央委员会第五次全体会议 | 发展数字经济，推进数字产业化和产业数字化，推动数字经济和实体经济深度融合，打造具有国际竞争力的数字产业集群。加强数字社会、数字政府建设，提升公共服务、社会治理等数字化智能化水平。建立数据资源产权、交易流通、跨境传输和安全保护等基础制度和标准规范，推动数据资源开发利用。扩大基础公共信息数据有序开放，建设国家数据统一共享开放平台 |
| 2 | 《国家发展改革委 住房城乡建设部关于推进全过程工程咨询服务发展的指导意见》（发改投资规〔2019〕515号） | 2019年3月 | 国家发展改革委、住房和城乡建设部 | 工程咨询企业应以建筑信息建模技术为核心，综合集成地理信息系统、物联网、大数据、人工智能等现代信息技术，为委托方提供数字化整体解决方案 |
| 3 | 《关于加强和改善工程造价监管的意见》（建标〔2017〕209号） | 2017年9月 | 住房和城乡建设部 | 大力推进共享计价依据编制。各级工程造价管理机构要完善本地区、本行业人工、材料、机械价格信息发布机制，探索区域价格信息统一测算、统一管理、统一发布模式，提高信息发布的及时性和准确性，为工程项目全过程投资控制和工程造价监管提供支撑 |
| 4 | 《关于印发工程造价事业发展"十三五"规划的通知》（建标〔2017〕164号） | 2017年8月 | 住房和城乡建设部 | 按照政府主导，企业发包人、行业协会参与的原则，构建高效的工程造价信息化建设协同机制。完善各级政府工程造价信息化建设，整合全国及地区造价信息资源，建立并逐步完善包括指数指标、要素指标、典型工程案例等在内的工程造价数据库。加强工程造价信息化技术研究，加快工程造价信息化标准体系建设，统一工程交易阶段造价信息数据交换标准，实现互联互通和跨部门信息协同 |

续表

| 序号 | 文件名称 | 发布日期 | 发布单位 | 政策意见 |
|---|---|---|---|---|
| 5 | 《国务院办公厅关于促进建筑业持续健康发展的意见》（国办发〔2017〕19号） | 2017年2月 | 国务院办公厅 | 加快推进建筑信息模型（BIM）技术在规划、勘察、设计、施工和运营维护全过程的集成应用，实现工程建设项目全生命周期数据共享和信息化管理，为项目方案优化和科学决策提供依据，促进建筑业提质增效 |
| 6 | 《2016~2020年建筑业信息化发展纲要》（建质函〔2016〕183号） | 2016年8月 | 住房和城乡建设部 | 全面提高建筑业信息化水平，着力增强BIM、大数据、智能化、移动通信、云计算、物联网等信息技术集成应用能力，推进信息技术与企业管理深度融合 |

数据来源：自行绘制。

建筑业发展全过程工程咨询要重视信息化建设，应立足全过程咨询的服务范围和服务阶段，建立整个行业的信息化平台，对于不同专业应设置各专业的信息化以及资源共享和交换平台。为发包人提供满足需求的咨询服务，工程咨询企业应选择合适的技术标准并整合原始数据等资源，借助这些数据资源面向整个建筑项目生命周期，创建项目信息、价格信息以及设计政策法规等信息库，实现对全过程工程的监管，以发挥大数据以及BIM技术的优势。由于全过程工程咨询服务过程中会产生大量数据，这些数据具有较强的参考价值，工程咨询企业应大力引进各种信息技术，建立企业数据库以及信息平台等，以提升现阶段的工作效率，有利于提升企业核心竞争力，促进企业转型升级。因此，企业要加强信息化建设，建立完整的咨询服务数据方案，以便于促进全过程工程咨询服务发展。

## 三、路径三：组织集成为保障——整合全过程产业链

工程咨询责任主体众多，且各阶段工作内容由不同主体分别完成，因此造成了工程咨询服务的制度性分割，形成了被专业人士称之为传统工程咨询的组织模式——工程咨询服务"碎片化"模式（图3-2）。新时期建设建筑行业另一个主要特征和标志是工程建设组织模式进入到全过程工程咨询新阶段。实施全过程工程咨询就是为了将各阶段联系整合，改变"碎片化"的服务现状。2019年3月23日，《国家发展改革委 住房城乡建设部关于推进全过程工程咨询服务发展的指导意见》（发改投资规〔2019〕515号）中肯定了发包人的多样需求，提倡多种形式的全过程工程咨询形态，在符合法律法规及相关政策规定的前提下，工程咨询

企业可以根据自身的需要兼并重组或采取整合外包的形式，弥补自身专业资质、专业技术人员的不足，或利用各自专业优势组成联合体承接业务实施工程建设全过程咨询（图3-3）。

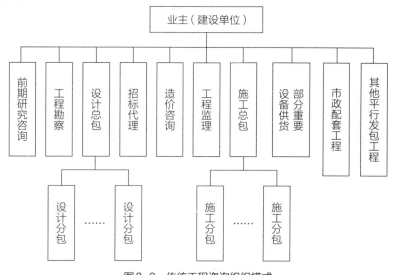

图3-2 传统工程咨询组织模式

数据来源：文献参考

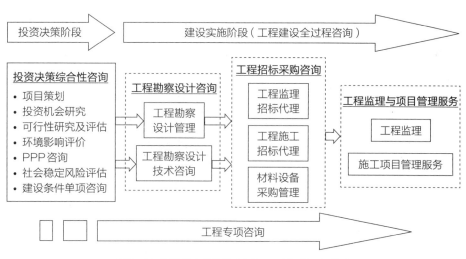

图3-3 515号文提倡的全过程工程咨询组织模式

数据来源：《国家发展改革委 住房城乡建设部关于推进全过程工程咨询服务发展的指导意见》（发改投资规〔2019〕515号）

国家及地方为整合全过程工程咨询组织颁布的关于推进工程建设组织模式改革意见的各类文件如表3-5所示。

各类文件关于推进工程建设组织模式改革的意见　　　　表3-5

| 序号 | 文件名称 | 发文日期 | 发文单位 | 政策意见 |
|---|---|---|---|---|
| 1 | 浙江省人民政府办公厅《关于推动浙江建筑业改革创新高质量发展的实施意见》（浙政办发〔2021〕19号） | 2021年3月 | 浙江省人民政府办公厅 | 支持专项咨询企业通过联合经营、并购重组等方式向全过程工程咨询企业转型，加快培育一批涵盖房建市政、交通、水利等领域和投资决策、建设实施、运维维护等阶段的全过程工程咨询企业。对有效提高工程质量、缩短工期、节省投资的全过程工程咨询单位，鼓励建设单位按产生效益的一定比例予以奖励 |
| 2 | 《国家发展改革委 住房城乡建设部关于推进全过程工程咨询服务发展的指导意见》（发改投资规〔2019〕515号） | 2019年3月 | 国家发展改革委、住房城乡建设部 | 工程建设全过程咨询服务应当由一家具有综合能力的咨询单位实施，也可由多家具有招标代理、勘察、设计、监理、造价、项目管理等不同能力的咨询单位联合实施。由多家咨询单位联合实施的，应当明确牵头单位及各单位的权利、义务和责任 |
| 3 | 关于印发《陕西省全过程工程咨询服务导则（试行）》《陕西省全过程工程咨询服务合同示范文本（试行）的通知》（陕建发〔2019〕1007号） | 2019年1月 | 陕西省住房和城乡建设厅 | 全过程工程咨询有"1+N"、一体化和联合体三种服务形式：<br>1."1+N"形式。由一家具备咨询、勘察、设计、监理、造价等至少一项资质的咨询企业承担建设项目管理及一项或多项专业咨询服务。"1"是指项目管理，服务范围包括建设项目决策、施工准备、施工、运维四个阶段中的一个或多个阶段，由建设单位自主确定。"N"是指专业咨询服务的一项或多项。<br>2.一体化形式。由一家咨询企业承担全过程工程咨询服务，咨询企业应具备国家法律法规要求的相应资质。<br>3.联合体形式。由两家或两家以上咨询企业组成联合体承担全过程工程咨询服务，联合体咨询企业应具备国家法律法规要求的相应资质 |
| 4 | 江苏省住房和城乡建设厅关于印发《江苏省全过程工程咨询服务合同示范文本（试行）》和《江苏省全过程工程咨询服务导则（试行）》的通知（苏建科〔2018〕940号） | 2018年12月 | 江苏省住房和城乡建设厅 | 全过程工程咨询可采用以下组织模式：<br>1.采用一体化全过程工程咨询提供商，以某一家企业作为集成化服务提供商。<br>2.采用联合体形式，多家工程咨询机构基于项目签订联营合同，以一家作为牵头企业。<br>3.采购局部解决方案，由业主或业主委托的一家咨询单位负责总体协调，由多家咨询单位分别承担各自的咨询服务 |

续表

| 序号 | 文件名称 | 发文日期 | 发文单位 | 政策意见 |
|---|---|---|---|---|
| 5 | 宁夏回族自治区《全过程工程咨询试点工作方案》的通知（宁建（建）发〔2018〕31号） | 2018年4月 | 宁夏回族自治区住房和城乡建设厅 | 积极鼓励试点企业并购、重组，其相应资质按照名称变更办理；积极帮助试点企业合作、参股、延伸产业链；积极支持试点企业补齐资质、资格短板，扩展资质种类、扩大注册人才队伍 |
| 6 | 《关于印发湖南省全过程工程咨询试点工作方案和第一批试点名单的通知》（湘建设函〔2017〕446号） | 2017年12月 | 湖南省住房和城乡建设厅 | 积极鼓励试点企业并购、重组，其相应资质按照名称变更办理；积极帮助试点企业合作、参股、延伸产业链；积极支持试点企业补齐资质、资格短板，扩展资质种类、扩大注册人才队伍 |
| 7 | 山西省人民政府办公厅《关于促进建筑业持续健康发展的实施意见》（晋政办发〔2017〕135号） | 2017年10月 | 山西省人民政府办公厅 | 鼓励企业通过联合经营、并购重组等方式，整合工程建设所需的工程咨询、招标代理、勘察设计、造价咨询、监理等上下游产业链相关服务业务，推动咨询企业向全过程工程服务企业转型，培育一批具有全国先进水平的全过程工程咨询企业 |
| 8 | 《关于印发四川省全过程工程咨询试点工作方案的通知》（川建发〔2017〕11号） | 2017年7月 | 四川省住房和城乡建设厅 | 全面整合工程建设过程中所需项目策划、勘察设计、工程监理、招标代理、造价咨询、后期运营及其他相关咨询服务等业务，创建在现有法律法规框架下实施全过程工程咨询的新型管理制度 |
| 9 | 《国务院办公厅关于促进建筑业持续健康发展的意见》（国办发〔2017〕19号） | 2017年2月 | 国务院办公厅 | 鼓励投资咨询、勘察、设计、监理、招标代理、造价等企业采取联合经营、并购重组等方式发展全过程工程咨询，培育一批具有国际水平的全过程工程咨询企业 |

数据来源：自行绘制。

2020年4月27日国家发展改革委、住房和城乡建设部颁布的《房屋建筑和市政基础设施建设项目全过程工程咨询服务技术标准（征求意见稿）》提出了两种组织模式：全过程工程咨询业务宜由一家具有相应资质和能力的工程咨询单位承担（单一体全过程工程咨询模式），也可由若干家具有相应资质和能力的工程咨询单位以联合体式承担（联合体全过程工程咨询模式）。前者可以概括为"一体化"形式，后者则对应着"联合体"形式。此外，广东、陕西等地还试点了"1+N"形式，未对工程咨询单位设置较高门槛，以最大限度调动全过程工程咨询服务机构的积极性，且能够通过市场手段促进工程咨询行业充分发展；与此同时也强调了全过程工程咨询的集成属性，以某一企业作为服务提供商或联合体牵头者，旨在构建完整的全过程工程咨询服务机构责任体系。

根据全过程工程咨询所涉及的业务范围，其服务内容可简单表述为"1+N+X"：

全过程咨询企业负总责就是项目管理责任的"1",自行完成自有资质证书许可范围内的业务就是"N",可将自有资质证书许可范围外的咨询业务依法依规择优委托给具有相应资质或能力的单位就是"X","+"平台,通过对建设项目全方位与各阶段相结合进行信息化的过程集成管理,通过专业化和数据化的形式完成协调管理服务[21]。

因此,发展全过程工程咨询要逐步推进工程建设组织模式的调整,全面整合工程建设过程中所需的各种咨询服务业务,把各环节、各阶段的咨询服务看成是一个有机整体,可促进全过程工程咨询产业链的高度融合,实现项目建设全过程的投资、进度、质量目标的规划和管理。对于工程咨询单位,通过全过程工程咨询组织整合,可使咨询资质和业务能力更高效组合优化,有效提高投资决策水平、提升工程质量、节省投资、缩短工期;同时,责任明晰的项目全过程工程咨询服务可充分调动工程咨询企业的积极性,多环节多专业无缝对接,提高咨询服务质量。

# 第四章 发展全过程工程咨询的关键路径

在国家、市场、行业都在稳步推进的全过程工程咨询大势之下，传统工程咨询企业面对各自的困境，如何寻求共同发展的关键路径是解决目前整个咨询行业附加值偏低的现状的首要问题。本书认为解决的关键应从第三章第二节识别出的全过程工程咨询三个路径入手，着力推进全过程工程咨询前瞻性、科学性、创新性，发展全过程工程咨询的关键路径其核心内容可概括为"一个核心，两个基本点"。

"一个核心"即以发包人需求导向为核心。这一核心的确立，充分体现了全过程工程咨询的本质要求，策划先行提升项目价值是解决现阶段全过程工程咨询市场以任务为导向而产生的各种矛盾的有效途径。

"两个基本点"即采用技术集成、组织集成协同优化全过程工程咨询的业务和模式，以保障需求导向目标的实现。首先，全过程工程咨询是技术集成性服务，特别是各类工程咨询企业如何进行整合海量的项目信息是行业发展的基石，所以构建信息集成平台是综合考虑全过程业务关系、实现各参建方整体协调、达到项目整体最优的必经之路。次之，我国工程建设项目大多局限于传统的DBB模式，切段分割管理导致的"碎片化"现状亟须变革，将工程各阶段重新进行组织整合，才能进一步解放生产力，提高管理效率，使全过程工程咨询的产业链优势得到充分发挥。

本章将围绕发展全过程工程咨询的三个关键路径分节进行表述，以期能为全过程工程咨询行业高质量发展提供新思路。

## 第一节 策划先行，提升项目价值

全过程工程咨询的策划大致可分为整体与部分的两方面表述：从整体而言，策划是针对整个工程项目的决策和实施，进行组织、管理、经济和技术等方面的可行性科学分析和论证，对建设活动的总体战略进行运筹规划；从部分而言，策划可依据全过程工程咨询包含的决策阶段、设计阶段、招标阶段、施工阶段、竣工验收阶段、运营维护阶段等阶段进行划分，为达到各阶段策划的目的及内容，采取一系列方法及工具，使策划更合理、更有序、更科学。

## 一、总体策划

（1）策划目的

总体策划是全过程工程咨询策划的整体表述，是一种前瞻性的思维过程，是对未来结果的一个预判和提前应对措施，对项目的开展及结果都有重要的指导性意义；也是专家集体智慧的集成，能对项目进展过程中可能会遇到的重点和难点进行比较准确的预判，从而帮助管理者提高决策的准确性。

全过程工程咨询的提出，对工程咨询企业各阶段的策划能力提出了更高的要求。全过程工程咨询只有通过策划先行指导，才能根据已经掌握的信息推测发展趋势，分析需要解决的项目各阶段过程中的变化，充分实现发包人的建设意图，为发包人提供增值服务，实现产业链价值最大化。

（2）策划内容

通过梳理和研究国内外文献对全过程工程咨询这一概念的解释，从全过程工程咨询企业的角度出发，对总体策划作如下定义：工程咨询单位根据发包人的总体目标要求，通过调查研究和收集资料，在充分获取信息的基础上，针对工程项目的决策和实施，或决策和实施中的某个问题，进行组织、管理、经济和技术等方面的可行性科学分析和论证，对建设活动的总体战略进行运筹规划，对建设活动的全过程作预先的考虑和设想[22]。

对总体策划的定义进行分解，可得出总体策划工作的如下几个关键信息：

① 策划的对象：工程项目。

② 策划的目标：发包人的总体目标要求。

③ 策划的手段：科学分析和论证。

④ 策划的内容：决策和实施。

⑤ 策划的结果：预先的考虑和设想。

对上述关键词进行整理和分析，我们可以得出以下结论：总体策划工作主要是对决策和实施两个方面进行的总体考虑和设想。决策主要对应项目前期决策阶段，其策划工作可称为项目策划；实施主要对应项目建设实施阶段，其策划工作可称为管理策划。

项目策划是参照相关政策法规，结合内外部条件及自身发展状况为保障项目进度、成本、质量等主要目标的实现而制定的决策性策划；管理策划是在决策的基础上将项目目标转化为管理目标，通过建立管理系统，不断完善管理制度，为保证项目顺利进行而制定的一系列实施方案。

1）项目策划

项目策划的主要内容包括方案策划、时间策划、成本策划、项目组织策划、项目采购策划等。

①方案策划。方案，即项目的建设方案，主要包括建筑功能、建设规模和建设标准三个方面的内容。

②时间策划。时间，即项目的进度。对于全过程工程咨询企业而言，需要积累大量同类或类似项目的经验数据，结合发包人的进度需求，进行整体项目的进度策划并形成总控进度计划，以指导和约束各单项或单位工程、各项关键工作的实施。

③成本策划。成本，即项目的建设投资，是指技术方案按拟定建设规模（分期实施的技术方案为分期的建设规模）产品方案，建设内容所需的投入资金。对于全过程工程咨询企业而言，需要积累大量同类或类似项目的经验数据，对整个项目投资进行估算，并且实施融资方案的设计及有关的经济评价。

④项目组织策划。项目组织，即工程项目管理组织。其方案主要涉及项目的建设管理模式，包括工程项目管理的组织结构和项目建设的工作流程组织。作为全过程工程咨询企业，要想做好项目组织策划，必先解决好"哪种类型的管理组织更利于工程项目的建设管理"以及"组织之间如何分级、如何授权"两个关键性的问题。

⑤项目采购策划。项目采购包括工程类采购、货物类采购和服务类采购。作为全过程工程咨询企业，若要做好项目采购策划，必须重点关注采购对象、各方需求、政策规定、进度计划及项目实际特点等几个方面的工作，如图4-1所示。

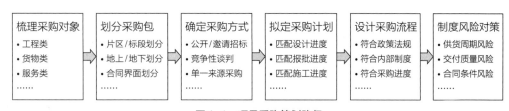

图4-1 项目采购策划路径

数据来源：文献参考

2）管理策划

管理策划是全过程工程咨询企业实施项目管理前所进行的策划，指对项目实施的任务分解和分项任务组织工作的策划，是保障项目策划能顺利付诸实施而形成的具有可行性、可操作性和指导性的实施方案。在明确任务后，管理策划的内容主要包含组织及资源策划、制度及流程策划、方法及措施策划、信息管理策划等。

①组织及资源策划。对于全过程工程咨询企业而言，此处的组织和资源涵盖了全过程工程咨询企业以及与企业保持密切合作的外部专业资源、社会资源等。主要解决"哪种类型的组织更利于开展全过程工程咨询服务工作""组织内部如何分级、分工及授权""要想做好全过程工程咨询服务工作，如何匹配资源（包括内部资源及外部资源）"三个关键性的问题。

基于不断深入的试点工作，各级政府出台的指导意见指出："应由综合能力较强的工程咨询企业实施全过程工程咨询服务，或多家各具优势的咨询企业联合实施，更好整合资源并制定支撑策划方案"；由此可见，工程咨询企业做好资源整合的工作，并根据不同的全过程工程咨询业务，有针对性地制定支撑策划方案，可提高项目投资效率、提升企业核心竞争力。

②制度及流程策划。制度及流程的策划是明确在项目管理过程中各项任务或工作实施时，各方均应遵守的办事规程或行动准则、操作流程或步骤，以确保任务和工作按计划要求达到预计的目标。

制度及流程的策划工作需要根据项目的特点及各方的工作职责划分，形成项目的各项标准化管理制度，包括各项工作的标准管理流程（如安全、质量、投资、进度等方面的管理流程）、审批流程、信息上报备案流程，以及配套的监督、检查、考核、奖惩制度等。

③方法及措施策划。项目管理是管理学的一个分支学科，指在项目活动中运用专业的知识、技能、工具和方法，使项目能够在有限资源限定条件下实现或超过设定的需求和期望。项目管理是以实现项目既定目标为宗旨的，其工作方法和措施是实现项目目标的保障，有助于提高项目管理工作的效率，提升项目管理服务的质量。方法及措施的策划工作需要根据项目的特点及各方的工作职责划分，形成项目管理的各项具有针对性的工作方法及措施。

④信息管理策划。信息管理的过程包括信息收集、信息传输、信息加工和信息储存，需要做到及时和准确。工程建造过程中存在海量的工程信息，包括设计、管理、施工、审批等。大型项目往往还存在投资界面、合同界面、管理界面、技术界面复杂，参建单位多，项目组织协调困难等。由此可能带来大量的信息不对称及各种不利于工程建设和运营的隐患。因此，需要采用先进的信息管理手段，建立合理有效的信息管理制度，确保信息收集、传递、处理的及时性，形成数字化档案，进行数字化移交。

（3）策划方法及工具

总体策划需通过数据的收集、实地考察，以及组织、技术、经济的分析与论证，要对策划的预期结果进行全方面分析，判断提出的策划构想是否可行，或是否需要对策划内容进行调整，把建设意图转换成定义明确、系统清晰、目标具体且富有策略性思路的系统活动，因此就必须要借助于能体现出策划的科学性和完整性的一些策划工具。目前，总体策划常用的方法/策划工具如表4-1所示。

策划工具在一定意义上可以作为衡量策划实践发展水平的标志，在全过程工程咨询引导下，运用策划工具能够更加高效的梳理项目各阶段任务，分析委托人需求，明确项目总体目标，积极开展策划，帮助提升各阶段工作的高效开展。

总体策划常用的方法/工具  表4-1

| 序号 | 类别 | 名称 | 定义 | 作用 |
|---|---|---|---|---|
| 1 | 项目策划工具 | 台账管理 | 包括计划台账、合同及付款台账、变更及签证洽商台账、动态成本监测表、收方台账、成本优化台账、无效成本台账、索赔管理台账等 | 随时掌握项目的进展情况，及时进行纠偏处理 |
| 2 | | 层次分析法 | 指将一个复杂的多目标决策问题作为一个系统，将目标分解为多个目标或准则，进而分解为多指标（或准则、约束）的若干层次，通过定性指标模糊量化方法算出层次单排序（权数）和总排序，以作为目标（多指标）、多方案优化决策的系统方法 | 可以将人们的主观判断用数量形式来表达和处理，是一种定性和定量相结合的分析方法 |
| 3 | | 时序分析法 | 运用概率统计中时间序列分析原理和技术，利用时序系统的数据相关性，建立相应的数学模型，描述系统的时序状态，以预测未来 | 通过分析时间序列的发展过程、方向和趋势，预测将来时域可能达到的目标 |
| 4 | | 模糊综合评价法 | 利用模糊数学的原理和知识，对受多种因素影响的方案进行综合评比的一种决策方法 | 利用数学原理，在较多备选方案中选出较优的一个 |
| 5 | | 盈亏平衡分析 | 根据产品的业务量（产量或销量）、成本、利润之间的相互制约关系的综合分析，用来预测利润，控制成本，判断经营状况的一种数学分析方法 | 盈亏平衡分析可以对项目的风险情况及项目对各个因素不确定性的承受能力进行科学判断，为投资决策提供依据 |
| 6 | | SWOT分析法 | SWOT分析法，即态势分析，就是将与研究对象密切相关的各种主要内部优势、劣势和外部的机会和威胁等，通过调查列举出来，并依照矩阵形式排列，然后用系统分析的思想，把各种因素相互匹配起来加以分析，从中得出一系列相应的结论，而结论通常带有一定的决策性 | 用系统的思想将这些似乎独立的因素相互匹配起来进行综合分析，使得项目计划的制定更加科学全面。做到扬长避短、趋利避害 |

续表

| 序号 | 类别 | 名称 | 定义 | 作用 |
|---|---|---|---|---|
| 7 | 管理策划工具 | 全过程集成档案管理 | 作为一种集管理与服务一体化的系统性工作，通过运用多种方法对现存的档案进行深度开发和利用 | 加强前端文件的掌控力度，强化档案文件的全过程管理，建立企业数据云盘中心，辅助决策 |
| 8 | | 组织结构图 | 把企业组织分成若干部分，并且标明各部分之间可能存在的各种关系。这里所说的各种关系包括上下级领导关系（组织机构图）、物流关系、资金流关系和资料传递关系等 | 可以显示其职能划分的合理性，以确保任务是否顺利完成 |
| 9 | | 工作分解结构（WBS） | 以可交付成果为导向，对项目要素进行的分组，它归纳和定义了项目的整个工作范围，每下降一层代表对项目工作的更详细定义 | WBS是一个描述思路的规划和设计工具，清晰地表示各项目工作之间的相互联系。展现项目全貌，详细说明为完成项目所必须完成的各项工作，并定义了里程碑事件，可以作为项目状况的报告工具 |
| 10 | | 甘特图 | 又称为横道图、条状图，即以图示的方式通过活动列表和时间刻度形象地表示出任何特定项目的活动顺序与持续时间 | 直观表明计划何时进行，进展与要求的对比。便于管理者弄清项目的剩余任务，评估工作进度 |
| 11 | | 任务跟踪表 | 对每项任务进行系统编号，及时查看跟踪任务进度情况 | 对于任务进行情况及时收集掌握，便于掌控进度处理的突发情况 |
| 12 | | 工程信息化管理平台 | 指在工程管理的各个环节层次和各个方面，全面采用现代信息技术特别是网络技术，通过对信息的采集、加工、共享、传递、开发和深度利用，使项目各种资源设施得到更有效合理的配置和利用，使项目内外部的信息沟通更加方便、流畅和快捷，使项目的运作流程更加规范，提高决策能力和风险的预见能力，从而提高整个工程项目管理的水平 | 降低项目和组织间信息不对称风险，有利于项目信息的检索和项目人员的管理。"信息透明度提高"以及"信息流扁平化"有利于建设项目参与方之间的信息交流和协同工作 |

数据来源：自行绘制。

下面阐述全过程工程咨询各阶段策划的内容和工具方法，即接受发包人的委托，从项目前期机会研究介入，进行整个项目的策划工作，包括决策阶段的策划、设计阶段的策划、招标阶段的策划、施工阶段的策划、竣工验收阶段的策划、运营维护阶段的策划。

## 二、决策阶段策划

（1）策划目的

在全过程工程咨询项目整个周期中，决策阶段的前期工作具有决定性的意义，对于建设项目的影响重大。在这一阶段，工程咨询人员要清楚地认识到使用者直接和潜在的所有需求，通过技术经济分析，将需求转化为设计方案，确定合理的建设规模，测算实现效益最大化的方案。

（2）策划内容

全过程工程咨询决策阶段的策划，需根据使用者需求，对项目进行可行性研究论证、投资及融资策划。具体策划内容包括：调查研究、规划设计、方案比选、制定融资方案、编制可行性研究报告、环境影响评估、风险评估、实施策划等。

可行性研究作为前期工作核心和重点，在整个项目周期中发挥着极其重要的作用。项目可行性研究是项目投资决策的依据；投资实体和审批部门主要依据可行性研究提供的评价结果，确定项目是否进行投资和如何进行投资，是项目发包人的决策性文件；可行性研究是设计任务书编制过程中的重要依据，也是进行初步设计和工程建设管理工作中的重要环节。可行性研究需要对拟定中的项目系统分析和综合论证，判断项目的可行性，是否值得投资，要进行反复推敲，寻求最佳方案，规避项目方案变动造成物力、财力、人力的巨大浪费和时间的延误，以确保决策的质量和深度。所以，必须做好项目的可行性研究相关的策划工作。

① 拟定切实可行的投资估算编制工作计划。该工作计划的制定可以使决策投资估算编制中需要完成的工作不遗漏；使需要重点进行的工作能够提早安排进行；使决策投资估算的编制工作时时处于可控状态，使之能够按时高质的完成。

② 根据决策阶段重点要解决的问题进行方案比选，即项目方案比较与选择，是寻求合理的经济和技术决策的必要手段，也是投资项目评估工作的重要组成部分。根据确定拟建项目要达到的目标，提出若干个有价值的投资方案；通过方案比选，选出最佳投资方案；最后对最佳方案进行评价，以判断其可行程度。项目方案比选所包含的内容十分广泛，既包括技术水平、建设条件和生产规模等的比选，同时也包括经济效益和社会效益的比选，同时还包括环境效益的比选。因此，进行投资项目方案比选时，可以按各个投资项目方案的全部因素，进行全面的技术经济对比，也可仅就不同因素进行局部的对比，计算比较经济效益。

③ 拟定风险管理方案科学应对紧急情况。在整个项目中，决策阶段策划存在的不确定因素也比较多，项目可塑性也比较强，改造项目的机会也比较多，并且进行改造的时候，成本也往往会比较低，所以，在前期策划若是能够做好风险管理，能够增加项目的收益。在这个阶段中，咨询人员需要告知发包人在这个时期做好风险管理的重要性，并且及时做好风险的管理，选择主动的策略，能够更好地控制整个工程。

(3)策划方法及工具

在项目决策阶段,相关企业应针对项目管理决策建立系统、完善的制度,对项目决策所承担的职责加以明确,落实相应的要求。因此,决策阶段的策划方法及工具主要是在对项目的经济技术进行细致、系统论证的基础上做方案优化比选,得出结论意见和改进措施。目前,常用几种策划法及工具如表4-2所示。

**决策阶段策划常用的方法/工具** 表4-2

| 序号 | 名称 | 定义 | 作用 |
|---|---|---|---|
| 1 | 标杆管理 | 标杆管理是为改善绩效而对最佳实践进行识别和引进的一个策划工具 | 标杆管理的深层含义是不仅要模仿进行项目策划,更重要的是要在模仿中找到适应自身的创新突破,达到与标杆对象趋同的效果 |
| 2 | 项目进度计划表 | 在项目执行开始之前,项目经理会根据对项目范围、资源等的估算,确定计划的结束日期是否可以实现,并建立一个项目进度表草案。然后经过与项目团队成员和关键项目干系人的沟通、协调,最终修改确定项目进度表 | 通过创建完整的项目进度表,可以使项目人员对实现项目目标所需完成的各项工作有一个完整的了解。可以帮助项目人员理解项目的主要约束、依赖关系,建立关键项目里程碑和活动顺序 |
| 3 | 决策树 | 决策树是以方框和圆圈为结点,并由直线连接而成的一种像树枝形状的结构,其中方框代表决策点,圆圈代表机会点;从决策点画出的每条直线代表一个方案,叫作方案枝,从机会点画出的每条直线代表一种自然状态,叫作概率枝 | 决策树是概率分析的一个分支,它利用从一个机会点的不同方案的比较,选择其一,然后再与其他机会进行比较,最终确定方案;在工程项目的可行性研究阶段对于经济效益、生态效益进行量化,从而为项目决策提供了一个全新的思路 |
| 4 | 需求分析 | 需求分析报告主要内容包括规划背景分析、以往规划的适应性分析或执行情况总结、必要性和紧迫性分析 | 需求分析是本着客观、公正、科学的原则,提出项目目标系统和业务逻辑模型,描述系统功能和性能需求,确定系统总体架构,以作为项目建议书、可行性研究及初步设计工作的基础 |

数据来源:自行绘制。

## 三、设计阶段策划

(1)策划目的

设计阶段策划的作用是将决策阶段获得的项目的功能需求、人的行为、运营模式乃至形式逻辑的大众化普适性表达等问题转化为具体的空间构想和技术构想,并以此指导后续的建筑方案设计。在建筑设计开始前,建筑师以追求建设合理性为目标,对设计任务书和设计要求进行清晰、有逻辑的界定。

（2）策划内容

①项目设计任务书是全过程工程咨询项目设计阶段重要的策划内容，其合理性直接影响着全过程工程咨询的过程和最终设计方案的质量。首先，项目设计任务书既要满足发包人所提出的要求，又要满足对设计文件进行初步编制的要求；其次，保证所设计项目方案与现行规定相符；再次，组织专家审核项目设计任务书；最后，视情况对设计任务书进行优化，保证实施方案能够合理、充分地反映双方诉求的处理方案。常用的策划步骤是综合利用文本处理与数据挖掘技术，以风险为导向归纳出任务书的评价指标，以期建立起一个初步的任务书评价体系，再根据指标确定要抽取的关键词，其次，整理待评价要素清单，最终识别与判定风险指标。

②进行设计概算的编制与审核。设计概算编制的建设项目、建设内容、建设规模、建设标准等应符合已批准的可行性研究报告或立项批文，编制内容应全面、费用构成完整、计算合理，且应控制在批准的投资估算范围内。设计概算的编审应与同时期的类似工程项目投资进行对比，以确定设计概算是否在类似工程的合理造价范围内；同时也要对各单项工程和主要单位工程的技术经济指标进行分析，并与规划批复文件、可行性研究批复文件、建设标准等对比分析，分析出差异原因。咨询企业可通过参加设计文件审查会议提出相关经济合理性的建议。

③对限额设计进行经济分析。初步设计阶段和施工图设计阶段的限额应根据决策阶段的投资估算与设计概算以及目标成本确定。咨询企业应按照项目实施的内容和标准进行投资分析和投资分解，进行方案预设计，确定限额设计分解目标和关键控制点，编制限额设计指标书。限额设计分解目标应根据项目的投资目标，按照不同的费用项目和合同口径进行分解，并制定可实现的目标值。咨询企业应实时监控设计方案造价情况，重点关注对造价影响较大的关键部位，一旦出现造价超限情况，需进行设计优化调整测算分析，直至满足限额要求。

④对设计方案经济进行分析与优化。在初步设计阶段，采用合理有效的经济评价指标体系和分析方法的对单项工程或单位工程设计进行多方案经济比选，并提交优化设计造价咨询报告。在施工图设计阶段，应对工程设计文件所采用的标准、技术方案、工程措施等的技术经济合理性进行全面分析，并提出设计优化建议报告。

（3）策划方法及工具

全过程工程咨询提倡要充分发挥设计的主导地位，统筹协调进行组织整合。设计阶段是工程造价控制的关键环节，对工程造价的影响可高达80%，因此，设计阶段的策划有着极其深刻的作用，设计阶段的策划工具随着互联网技术的发展也逐渐改善发展成为能影响社会经济、组织结构、工具管理和交互对象（发包人、设计方、施工方）生产效率的战略力量。目前，常用的设计阶段策划方法及工具如表4-3所示。

设计阶段策划常用的方法/工具　　　　表4-3

| 序号 | 名称 | 定义 | 作用 |
| --- | --- | --- | --- |
| 1 | 价值工程 | 价值工程是指重于功能分析，力求用最低的寿命周期总成本，生产出在功能上能充分满足用户要求的产品、服务或工程项目，从而获得最大的经济效益的有组织的策划工具 | 在全过程工程咨询项目的设计阶段中，利用价值工程对方案设计进行经济比较，对不合理的设计提出意见，运用价值工程原理，对方案实行科学决策，对工程设计进行优化，使设计项目的产品质量，也就是产品最终价值体现在经济效益和社会效益中 |
| 2 | 可施工性分析 | 将施工知识和经验最佳地应用于项目的设计中，以实现项目的总体目标。由项目管理的主要人员和专家组成可施工性研究小组，进行施工知识和经验系统的集成和优化，并最佳地应用于项目的设计阶段 | 设计阶段导入可施工性分析程序，使有经验的施工专家尽可能早地参与项目，将施工经验和方法融入设计过程，探讨优化设计方案，将保障项目施工的方便性、安全性、高效性和低成本性，从而降低工程造价、提高项目投资效益 |
| 3 | 利益相关者分析 | 利益相关者分析可用于项目管理过程中，项目交付成果可能会影响某人或组织，同时这些人或组织会作出相应行动来影响项目的推进 | 项目管理中，利益相关者分析的目的就是找出这些人或组织，制定沟通策略，从而使其利于项目的推进。通过利益相关者图或者利益矩阵来指明组织与利益相关者之间的不同类型 |
| 4 | 方案测算 | 通过严谨的数据分析对多方案进行经济性比选的过程 | 可在参与方案阶段为测算工作提供经济数据；对多方案的建筑规划条件进行测算评估；根据测算目的，提供其他方案供发包人比选；根据项目开发进度计划，编制项目资金流量表；对方案图纸中不合理提出成本建议 |
| 5 | 限额设计指标对比 | 通过分析项目的指标，并与同行的限额设计指标对比，制定适合于各发包人的限额成本指标 | 合理确定和有效控制建设工程造价，其目的不仅在于把项目投资在批准的造价限额内，更重要的是在于合理使用人力、物力、财力，取得最大的投资效益 |
| 6 | 建造标准对比 | 在内容上实现与先进标准的全覆盖，对各项技术要求和指标上进行对比，确保项目目标向先进水平看齐，对提升项目竞争力具有重要现实意义 | 进行产品调研，通过合理配置成本投放，限制结构性成本，对敏感性成本加大投放，形成项目溢价 |
| 7 | 对标调研 | 找到同类型的先进企业，对建设项目的建造成本、产品配置标准、界面交付标准等指标与对方企业进行对比，调研分析 | 为项目查找问题、理清思路、明确方向，推动项目发展的可持续性和稳定性，夯实价值创造基础 |
| 8 | 合理化建议 | 合理化建议可以改善提案、创造性思考，旨在鼓励广大员工能够直接参与各专业管理，下情上达，让员工能够与企业的管理者保持经常性的沟通 | 合理化建议制度可以在工程项目一些方面发现常见的错误做法以及发挥集体智慧举出正确的做法及措施，以及列出可能会对成本造价产生的影响 |

数据来源：自行绘制。

## 四、招标阶段策划

（1）策划目的

在现代社会激烈的商业经济竞争中，招标失败必然导致招标人在经济资源上的损失，因而充分做好全过程工程咨询招标阶段策划的论证和酝酿工作，加强对风险分析、合同策略制定、中标原则的确定、合同价格的确定方式、招标文件编制等关键工作过程的质量控制，将有力地保证招标活动的顺利进行。

（2）策划内容

对招标活动进行事先的计划和准备就是招标策划。招标策划的内容包括落实开展招标采购活动的条件、调研潜在供方市场、分析招标项目的采购要求、标段划分、编制进度计划、编制评标办法、合约策划等。

① 落实开展招标采购活动的条件。履行项目审批手续和落实资金来源是招标项目进行招标前必须具备的两项基本条件，满足采购单位或部门的立项发包、招标采购的审核审批等相关规定，也是开展招标活动的重要前提。

② 调研潜在供方市场。潜在供货方市场调研是为了了解有能力且有意愿参与招标采购项目的潜在投标人的竞争状况，包括潜在投标人的数量、规模实力、人员资质、技术装备、供货业绩等。

③ 采购要求。招标项目的采购要求一定要清晰明确、适宜合理。采购要求包括供货范围及边界、技术条件等内容。

④ 标段划分是建设工程招标阶段的一个重要环节，应根据工程建设各方面的条件和要求，综合考虑工程建设管理和技术、经济等因素，充分论证后做出的安排。标段策划是将整个项目任务和工作分解为若干标段，通过分标和任务的委托，保证项目总目标的实现，可明确地、灵活地对项目目标实施控制，便于项目承包。项目的分标方式也决定了项目组织结构的基本形式，对整个项目实施过程有重大影响。

⑤ 编制进度计划。招标采购进度计划以招标策划作为起始时间，以合同签订作为终止时间，进度计划时间的确定以招标采购项目的供货时间为基准，并考虑招标采购活动可能出现的风险而预留出一定的富余时间。

⑥ 编制评标办法。评标办法是招标人在遵守招标投标法律法规的前提下，根据招标采购项目的特点编制的用于评标委员会评价投标人提交的投标文件的规则、方法和程序。评标办法要明确评标工作内容、初步评审的标准、详细评审所采用的方法（经评审的最低投标价法、综合评估法或法律、行政法规规定的其他

评标方法)。

⑦合约策划。在建筑工程项目的招标投标阶段必须进行相关的合约策划，策划的目标是通过合约保证工程项目总目标的实现，必须反映建筑工程项目战略和企业战略，反映企业的经营指导方针和根本利益。合约的策划决定着项目的组织结构及管理体制，决定合约各方面责任、权力和工作的划分，所以对整个项目管理产生根本性的影响。发包人通过合约委托项目任务，并通过合约实现对项目的目标控制。合约是实施工程项目的手段，通过策划确定各方面的重大关系，无论对发包人还是对承包人，完善的合约策划可以保证合约圆满地履行，克服关系的不协调，减少矛盾和争议，顺利地实现工程项目总目标。合约策划是协助招标人编制初步合约规划，并在施工图阶段完善细化合约规划。建筑工程合约策划的重点内容包括风险分担方式与合同计价方式。从工程整体效益的角度出发，选择不同合同形式下合理的风险分担方式，建立合同风险分担模型，为全面风险管理打下基础，保证工程项目的顺利进行。选择对应的合同约定计价方式要综合考虑很多因素，例如项目类型、资金来源、资信条件、付款方式等，要依据实际因素的不同进行选择，从而避免索赔以及索赔事件发生后如何挽回损失。

（3）策划方法及工具

招标策划阶段要把招标活动中的各项工作任务，运作程序加以研究分析，将各项招标工作充分准备就绪，才能实现预定的招标目标，保证项目投资、进度、质量控制目标的实现，保证工程项目建设的圆满成功。招标策划还要建立工程资料管理制度，选派专人负责资料的管理工作，高效完成收集、编制和传递资料的工作，按照项目要求标识并存档。采用信息技术对资料、档案和文件进行电子备份，并在此基础上采用纸质形式对其进行再次备份，避免资料丢失。工程项目中常用的招标阶段策划方法及工具如表4-4所示。

招标阶段策划常用的方法/工具 表4-4

| 序号 | 名称 | 定义 | 作用 |
| --- | --- | --- | --- |
| 1 | 招标工作进度计划 | 招标采购进度计划以招标策划作为起始时间，以合同签订作为终止时间，进度计划时间的确定以招标采购项目的供货时间为基准 | 编制进度计划就是确定项目工作的起始和结束日期。在确定项目的进度之前，编制项目进度计划的过程常常必须反复进行 |
| 2 | 对比分析 | 对比分析法是把客观事物加以比较，以达到认识事物的本质和规律并做出正确的评价。通常是把两个相互联系的指标数据进行比较，从数量上展示和说明研究对象规模的大小、水平的高低、速度的快慢，以及各种关系是否协调 | 通过对照核准的项目报告，可以确定招标方式、招标范围、组织形式等；通过查阅公司相关管理规定，确定拟招标的项目是否履行公司规定的审批手续 |

续表

| 序号 | 名称 | 定义 | 作用 |
|---|---|---|---|
| 3 | 界面划分 | 在工作中,严格规范化的工作区域、工作内容、限定职责等范围界定。通常会以书面或表格形式明确出来 | 制定出清晰、合理的工作界面划分表,并体现在合同中,让各单位能够明确自身职责,将有力促进项目的顺利开展,避免或减少在施工阶段产生扯皮推诿等不良现象 |
| 4 | 实地调研 | 实地调研是相对于案头调研而言的,是对在实地进行市场调研活动的统称,是指由调研人员亲自搜集第一手资料的过程 | 调研潜在供货市场,可以采用实地调研,到已知的具备供货能力的潜在投标人处进行技术交流,对技术装备、人员资质、供货业绩等做实地了解 |
| 5 | 网络搜索（Web搜索） | Web搜索是指采用自动或半自动的方式,遵循一定的策略在Web上搜集和发现信息。主要包括制定搜索策略、对网页超链接结构进行分析、评价Web信息资源的质量、分析信息资源的内容以及计算Web信息资源与搜索查询的相关程度等 | 通过网络搜索或电话咨询,了解潜在投标人的情况及其他公司、组织或人员对其的评价 |
| 6 | 计算机逻辑运算 | 逻辑运算又称布尔运算,用等式表示判断,把推理看作等式的变换。这种变换的有效性不依赖人们对符号的解释,只依赖于符号的组合规律 | 可提高合同管理人员的工作效率,使其适应国际化管理模式,利用计算机逻辑运算管理等关键技术手段,提升办公的自动化程度,全面提升项目的综合管理水平,降低项目管理成本 |

数据来源：自行绘制。

## 五、施工阶段策划

（1）策划目的

施工阶段策划,即在全过程工程咨询项目中为了达到特定的管理目标,借助一定的科学、合理的方法和手段,在施工前期制订项目管理目标、指标以及实现的方案和措施的过程。这一阶段策划的主要任务是进行投资控制、质量控制、进度控制、安全控制、合同管理、信息管理、组织协调等。

（2）策划内容

施工阶段策划主要是为实现上述策划任务进行预见性的安排,可降低工程成本,规避重大风险,实现项目管理目标。

① 为实现投资控制的策划

需通过有效的投资控制策划工作和具体的投资控制措施,在满足进度和质量的前提下,力求使项目建设的实际投资不超过计划投资。例如编制项目资金使用计划,编制建安工程费用资金使用计划时,应与施工合同约定的计划工期和工程款的支付周期或支付节点、竣工结算款支付节点相符，根据合同划分和金额的调整、发包人的资金状况，适时调整项目资金使用计划；实行工程造价动态管理，建立计量台账，对建设项目进行施工阶段造价跟踪、分析、纠偏、调控的动态管理工作，并编制工程造价动态管理分析报表和报告。

② 为实现质量控制的策划

为满足工程的质量要求，获取经济效益，使整个工序活动处于正常的良性状态，工程咨询企业需进行审查施工组织及人员、施工机械设备；会同试验检测单位验收构配件或设备；关键工序的签认；参与质量事故的处理及交通安全隐患的排查等工作。因此必须采用一系列的策划来确保质量控制的方法和手段，达到工程合同、设计文件、规程规范的标准。建立健全质量保证体系作为事先预防控制的重要策划内容，主要从落实各级技术责任制、施工组织设计的施工方案审查制度、严格的奖罚制度、技术复核制度和技术交底制度、"三级"检查制度、资料收集管理制度等方面把关工程质量。

③ 为实现进度控制的策划

工程咨询企业需协助承包人编制施工进度计划，确定整个工程及各分项分部工程的开竣工日期、施工顺序及施工进度安排。定期检查承包方进度安排的执行情况，可按"三循环滚动"的控制方法来对施工进度进行检查，即以周保月、以月保季、以季保年；建立及时反应的信息反馈系统，应做好考核、工程进度动态信息反馈工作，采用信息化手段实施施工项目进度管理，以便及时准确地了解工程进度情况，实现每日一跟踪、每日一调整的实时动态管理，通过工程例会将进度调整信息反馈至施工作业班组，同时提供给管理层，为领导决策和项目宏观管理协调提供依据。

④ 为实现安全控制的策划

项目建设中的安全控制，一要坚决杜绝人的不安全行为，即严格按照规程、规范组织施工，确保人身、设备安全；二要坚决杜绝物的不安全状态，即建设项目的本身性能要安全可靠，实现项目设计意图，做到长周期、安全稳定运行；三是要做到文明施工。为实现安全控制，首先就要健全安全保证体系，主要包含检查承包人的安全管理规章制度、对施工人员安全教育计划、安全交底安排、安全技术措施费用的使用计划、制定每月施工现场的安全检查、检查承包人生产安全事故应急救援预案的制定情况、针对重点部位和重点环节制定的工程项目危险源监控措施和应急预案等。

⑤ 为实现合同管理的策划

施工阶段的合同管理主要是进行合同履约过程动态管理、合同纠偏与协调、合同变更与中止管理、合同争议处理等环节进行科学管理工作。谈判策划实质上是对合同的工作范围、技术要求、验收标准、合同进度、价格及付款条件、违约责任等内容进行磋商，这是施工阶段合同管理策划的重点内容。出于各方利益的考虑，双方都可能在某些敏感问题上形成立场的对峙和态度的反复。谈判一般都要分为若干个阶段，每个阶段又分几条线同时进行，如提出报价（技术、商务）反复磋商、重要问题的一揽子处理、双方高层协商确定价格、合同条款的最终确定等。谈判策划制定时，工程咨询企业应对报价作反复研究和分析，逐渐理解双方的报价内容和报价的策略，调整谈判目标和策略，尽量缩小双方的差距。

⑥为实现信息管理的策划

工程咨询公司在发包人的授权权限内，需与项目各参与方保持密切沟通交流，对项目质量、进度、安全管理等多种内容进行收集、加工、整理、储存、传递与应用等一系列工作，最终反馈于项目进展，形成有章可循的管理机制，实现全方位的信息管理。因此，工程咨询单位需要及时收集各参与方的工作联系单、工程量签证单、工程量确认单等，可以保障项目的有序进行，使决策者能及时地获得相应的信息，以便于做出正确的决策，也方便日后资料的查找、借阅，为开发新项目提供数据参考。

⑦为实现组织协调的策划

组织协调就是联结、联合、调和所有活动及力量，其目的就是促使各方协同一致，调动一切积极因素，以实现预定目标，协调工作贯穿整个项目建设的全过程中。工程咨询公司需根据实际需求，预见在项目进展过程中可能出现的矛盾和问题，制定沟通与协调计划，加强工程例会制度、施工现场值班管理制度等制度建设，明确原则、内容、对象、方式、途径、手段和所要达到的目标。并针对不同情况及时调整沟通计划，制定行之有效的应对策略。其中因工程建设场地真实状况与建设图纸不匹配、规划细节把控不足等情况而造成工程出现变更的情况，倘若工程变更相关工作的处理不规范和不科学，则会导致工程参与各方的利益严重受损，建立健全的工程变更流程尤为重要。工程咨询企业需组织工程项目的所有参与方一同进行探讨，全面论证其品质、安全、建设周期等环节开展的机制以及收益，形成规范化的会议记录，通过相关工作人员签字确认，确保工程变更内容与工程建设图纸，形成同样的合法效力。若工程发生重大或较大变更时，需做好资料收集、整理工程变更签证管理工作，对合同中的所有条款进行逐一深入解析，尽量减少对发包人不利的任何索赔机会，从合同上保护发包人利益，协助发包人审查、评估施工单位提出的索赔，更好地规避因合同纠纷与风险。

(3)策划方法及工具

施工阶段的策划方法与工具同项目的安全、进度、成本等目标的实现息息相关。建筑工程施工阶段的策划工作考虑的是否充分、周全，对整个施工过程是否能够顺利进行起到重要的作用[23]。全过程工程咨询项目中常用的施工阶段策划方法及工具如表4-5所示。

施工策划常用的方法/工具　　　　　　　　　表4-5

| 序号 | 名称 | 应用范围 | 定义 | 作用 |
| --- | --- | --- | --- | --- |
| 1 | 项目资金使用计划表 | 成本管理 | 由于工程施工体量大，施工周期长，资金需求量大的特点，为保证工程按期完成，必须有足够的资金保障。需要根据资金管理有关制度，结合本工程的实际情况，制订该项目资金管理办法 | 妥善进行资金管理，防止出现资金链断裂等恶性事件的发生 |
| 2 | 潜在失效模式与后果分析（FMEA分析方法） | 安全质量 | 是一种来确定潜在失效模式及其原因的分析方法 | 发现、评价项目过程中潜在的失效及其后果，并找到能够避免或减少这些潜在失效发生的措施 |
| 3 | 工作分解结构（WBS） | 计划合同 | 以可交付成果为导向对项目要素进行分组，它归纳和定义了项目的整个工作范围，每下降一层代表对项目工作的更详细定义 | 合同结构策划就是在对项目周期内的全部工作进行分解的基础上，根据项目的特点及发包人的要求，将所有工作包转化为相应的合同，并且对每个合同的承包范围进行定义 |
| 4 | 模糊决策理论 | 确立管理目标 | 根据产品的业务量（产量或销量）、成本、利润之间的相互制约关系的综合分析，用来预测利润，控制成本，判断经营状况的一种数学分析方法 | 可以在建筑策划决策的不同环节使用，将许多的模糊目标用模糊的语言描述，之后用模糊方法给其赋予一个隶属度、分析问题、制定方案和选择方案的环节 |
| 5 | 责任分配矩阵 | 设置施工组织机构 | 是一种将所分解的工作任务落实到项目有关部门或个人，并明确表示出他们在组织工作中的关系、责任和地位的一种方法和工具 | 责任分配矩阵是用来明确每个工作包中"谁负责、谁配合、谁审核、谁审批"的工具，是落实人员和任务责任的有效工具 |
| 6 | 博弈论 | 谈判策划 | 博弈论是指研究多个个体或团队之间在特定条件制约下的对局中利用相关方的策略，而实施对应策略的理论 | 谈判磋商具有竞争或对抗性质的行为成为博弈行为，在这类行为中，参加斗争或竞争的各方各自具有不同的目标或利益。为了达到各自的目标和利益，各方必须考虑对手的各种可能的行动方案，并力图选取对自己最为有利的方案 |

数据来源：自行绘制。

### 六、竣工验收阶段策划

(1) 策划目的

工程项目的竣工验收阶段是全面考核工程建设成果、检查工程是否符合设计要求和标准，质量是否达标的重要环节。出于落实竣工管理程序和职责的考虑，工程咨询企业首先应明确相应的策划内容，可帮助厘清对外关系，清算债务、债权，制定的规定和标准将直接影响建设项目能否投入使用、能否发挥投资效益，工程质量的好坏对于企业能否健康持续发展起着重要作用[24]。

(2) 策划内容

在竣工阶段中，工程项目的各专业施工基本完成，并具备了基本功能，在此阶段，工程咨询企业策划的主要工作内容是协商发承包双方，对需要进行功能试验的工程项目，落实好人员的分工和时间，协助编制工程项目竣工验收计划，以便在进行验收工作过程中发现问题后有章可循、对症下药，同时可以明确各方的责任，及时处理存在的问题。确保竣工验收所涉及的程序、要求、条件和标准，均应当与国家标准相符。工程咨询企业应根据项目结算管理制度、项目实施情况以及工程合同、货物采购合同、服务采购合同的约定编制或审核结算，根据合同实施过程中所发生的实际情况及合同的有关规定办理竣工结算，应对工程结算编审方法的正确性，编审范围的完整性，计价依据的正确性、完整性和时效性，工程计量与计价的准确性负责；开展建设项目工程部分的竣工决算编制工作，并应与财务部门密切配合，进行数据核对，做到决算费用不重不漏、数据闭合。

(3) 策划工具

待竣工验收阶段上述工作告一段落后，工程咨询企业应联合发包人对竣工决算进行编制和实施，竣工决算所反映的内容应以投资效果、建设费用和资产价值为主。为提高竣工验收阶段审核的可靠性，应选择合适的策划方法及工具，如表4-6所示。

### 七、运营维护阶段策划

(1) 策划目的

为保证已建成项目按设计要求及目标正常运行，为项目使用者提供良好的舒适度、健康度体验，为项目所有者产生相应效益，运营维护阶段的监管与及时改

竣工验收阶段策划常用的方法/工具　　　　　　　表4-6

| 序号 | 名称 | 定义 | 作用 |
|---|---|---|---|
| 1 | 对比审核法 | 通过对预结算资料的总结与分析，可以对同类工程的造价找出一定的规律，进而得到不同地区、不同结构形式和不同用途工程的单方造价指标以及工料消耗指标等，根据指标来分析对比审核对象，就可以得到与投资规律不符的项目，再对其进行重点审计，完成工程造价预结算的审核过程 | 在对比审核法中，常用的方法有：①单方造价指标法：是通过对比同类项目的每平方造价，分析判断造价的准确与否。②专业投资比例：分析各专业工程在总造价中占据的比例。③分部工程比例：分析各分部工程在总造价中占据的比例。④工料消耗指标：分析建筑工程每平方米主要材料的耗用量[25] |
| 2 | 分组计算审核法 | 就是对预结算中的项目，根据彼此间的关联性，分成若干个小组，然后审核同组中某一数据，来代表小组审核结果的一种方法 | 在分组计算审核方法中，需先对建筑工程整体进行分组，分成若干不同的分项工程，再根据内在联系，对相邻项目进行兵卒，通过对一个分项工程数量的审查，就能够对同组中其他分项工程的准确性进行判断，完成工作造价预结算的审核，其优点是工作效率高、工作量小[26] |
| 3 | 筛选法 | 筛选法是通过查找出分项工程的基本数值，即单位面积的工程量、价格和用工等数据，以此为基础，制成相应的单方基本值表，通过基本值与预算值的对比，来判断预结算的合理与否 | 当预算建筑标准不适合获取的基本值时，需要进行相应调整。此种审核方法的优点是简便易懂、审查效率高、易于执行，但存在较大的差错率[27] |
| 4 | 建筑信息模型（BIM）技术 | 建筑信息模型（BIM）不是简单地将数字信息进行集成，而是一种数字信息的应用，并可以用于设计建造、管理的数字化方法 | BIM技术在施工阶段可以有如下多个方面的应用：3D协调/管线综合、支持深化设计、场地使用规划、施工系统设计、施工进度模拟、施工组织模拟、数字化建造、施工质量与进度监控、物料跟踪等 |

数据来源：自行绘制。

进尤为重要。在覆盖运维阶段代表性工作内容的前提下，策划一套完整翔实、准确高效的运维评价标准体系，将致力于加强对现有项目运营维护工作的督促力度，减少建筑相关运维人员查找自身工作不足所花费的时间。

（2）策划内容

项目在运营维护阶段的主要策划内容是绩效评价。制定适合项目的标准运营评价标准体系，并以此作为依据，构建的项目运营维护管理的特点分别进行考察与量化打分，公平公正地管理和评价项目运营情况。视情况对工程绩效进行评价，可供选择的评价方法包括定量结合定性、结果结合过程等。

绩效评价原则如下：一是分级分类。预算部门、财政部门、工程咨询企业以评价对象所表现出的特点为依据，分类展开绩效评价；二是科学规范。参照规定程序,采用定性分析结合定量分析的方式,完成绩效的评价;三是关联性。根据产出绩效和具体支出,对绩效进行评价,获得可以反映二者关系的评价结果;四是公开公正。绩效评价必须做到客观、真实,通过依法公开的方式接受各界监督。

绩效评价内容包括预期产出、预期效应等。其中预期产出是指所提供的公共服务和产品数量;预期效应是指环境效益、经济效益和社会效益,以及不同效益所带来的影响。绩效评价程序如下:确定评价对象,下达通知,确定评价人员及方案,收集并核实相关资料,形成结论,撰写报告。

(3)策划工具

要对某类性质的全过程工程咨询项目进行绩效评价,并进行总结,就要结合该类项目的特有特点,识别项目运营阶段绩效指标,建立一套全面的项目运营阶段绩效指标体系,再构建具体的项目运营阶段绩效评价模型。在此基础上,通过建立的评价模型对项目进行具体地绩效评价。其中,首要策划的内容就是构建运营阶段绩效指标体系,具体方法如表4-7所示。

运营维护阶段策划常用的方法/工具　　　　表4-7

| 序号 | 名称 | 定义 | 作用 |
| --- | --- | --- | --- |
| 1 | 专家意见法 | 专家意见法是借助专业人士的意见获得预测结果的方法。通常采用函询或现场深度访谈的方式进行,在反复征求专家意见的基础上,经过客观分析和多次征询,逐步使各种意见趋于一致 | 有助于专家们交换意见,通过互相间的启发,可以弥补个人意见的不足,通过内外信息的交流与反馈,进而将产生的创造性思维活动集中于预测对象,在较短时间内得到富有成效的创造性成果,为决策提供预测依据 |
| 2 | 实地调研法 | 实地调研是相对于案头调研而言的,是对在实地进行调研活动的统称,是指由调研人员亲自搜集第一手资料的过程 | 通过对项目运营维护情况进行实地考核,并进行数据收集整理。收集方式有现场检查、资料核查和外部调查,有效保障了绩效考核指标的真实性和代表性 |
| 3 | 文献研究法 | 文献研究法主要指搜集、鉴别、整理文献,并通过对文献的研究形成对事实的科学认识的方法 | 能用以研究不可能或不容易接近的研究对象、文献的真实性强、文献研究过程简便易行且费用低、研究结果可靠性强 |

数据来源:自行绘制。

## 第二节　构建信息集成平台，实现全过程工程咨询业务整合

### 一、集成管理理论引入全过程咨询服务的缘由

（1）集成管理的含义

集成管理是一种全新的管理理念及方法，将两个或两个以上具有公共属性要素的集合过程和集合结果所实施的管理、控制工作。集成管理强调各集成要素必须发挥协同作用，以发挥整合的集成作用，加强一体化产生的影响；集成效应原理就是指集成体功效大于各单项要素功效的简单叠加。集成元素高度集成，使所有元素有机地组合在一起，最终的集成将产生新的功能，从而产生最大的效益。集成管理是项目需求和发展的产物，通过集成和集中安装、部署、管理和更新系统有助于策略的实施，优化资源，有助于降低管理和支持成本。

（2）集成管理的特征

① 协同性。集成管理强调各集成要素在发挥作用时必须协同一致，才能发挥集成的整体功能，实现集成放大效应；其次，集成管理的综合性也要求各要素具有协同性，如并行工程要求研究开发、计划、生产、销售及售后服务等一系列生产经营活动的有效协调合作。

② 综合性。集成管理中的要素多种多样，不但可以是人工、材料、机械等管理对象的集成，也可以是管理手段、信息技术、管理过程的集成，甚至是组织内部与组织外部要素的集成。如从建设项目要素集成管理来看，既可以对造价、工期、质量三要素进行两两集成，也可以进行三要素的集成。

③ 整体优化性。集成管理的目的为整体优化，促使不同要素之间的联合和统一，形成优势互补的整体结构，提高要素的整体功能，从而提高组织的管理水平。如产业链管理可以克服传统建设项目普遍存在的各阶段工作脱节的现象，从而实现产业链的整体优化，从而达到节约成本、提高质量、缩短冗余工期的目的。

④ 泛边界性。集成管理对集成要素的配置从企业的某个部门或层级扩展到多个部门或层级，从本企业扩展到各参与企业，打破了各要素的原有管理界面，使得组织内部的要素管理和组织外部的要素管理形成交叉和融合，进而整合并优化配置了组织内外部的要素。

（3）全过程工程咨询建设项目的集成管理

工程项目集成管理是指以项目的全生命周期为对象，是一项具有系统性、整

合性和全局性的综合项目管理工作，项目集成管理基于项目各个方面的既定"配置关系"，进行全面性的管理。全过程工程咨询是信息密集型的服务，快速为发包人提供一致性、高质量的咨询服务，要求工程咨询企业实施集成管理。全过程咨询业务的集成管理是指工程咨询企业在业务实施的各个阶段，集成与项目各参与方相关的知识，对工程咨询进行有效的管理。信息集成是全过程咨询业务的集成管理的重点，是综合考虑项目建设全过程中各阶段的衔接关系及各参建方之间的影响关系，对海量项目信息进行整合，使各参建方实现整体协调，项目实现整体最优[28]。工程咨询企业建立全过程信息集成平台，促进公司与项目组之间、项目组与其他参与方成员间的信息与知识共享；此外，各阶段的咨询人员利用全过程信息集成平台进行信息交流和沟通，可使后面阶段的信息较好地反映到前面各阶段，将全过程咨询业务实施过程中收集的信息，进行知识化处理后录入公司知识库，用于以后的类似项目，使与控制相关的知识得以积累和继承。

信息集成平台的信息来源包括项目外部和项目内部两个层次。项目外部的信息主要来源于项目的利益相关者、价格信息与历史数据等，内部信息来源于项目各阶段完成后所产生的信息。全过程工程咨询信息集成平台录入发包人等项目利益相关者需求，可保证各阶段咨询人员都可获得最原始的需求信息，避免需求信息在各阶段依次传递时出现信息失真，造成咨询成果不满足发包人需求；后面各阶段可简单方便、真实地获得前面阶段的造价资料与信息，项目部所有人员利用信息集成平台进行信息交流和沟通，可使后阶段的信息较好地反映到前面各阶段，实现信息前移。全过程工程咨询各阶段信息集成平台的信息来源如图4-2所示。

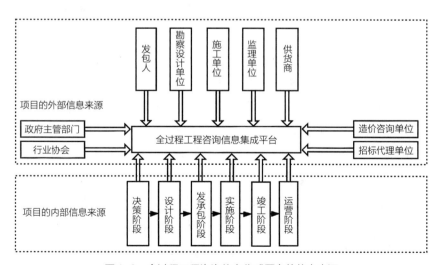

图4-2　全过程工程咨询信息集成平台的信息来源

数据来源：自行绘制

## 二、BIM技术引入全过程工程咨询服务中的应用价值

（1）BIM的基本内涵

建筑信息模型（Building Information Model），简称BIM技术，是在计算机辅助设计（CAD）等技术基础上发展起来的多维建筑模型信息集成管理技术，是传统的二维设计建造方式向三维数字化设计建造方式转变的革命性技术，BIM不再像CAD一样只是一款软件，而是一种管理手段，是实现建筑业精细化、信息化管理的重要工具。

根据《建筑信息模型应用统一标准》GB/T 51212—2016的术语释义，BIM可以指代"Building Information Model""Building Information Modeling""Building Information Management"三个相互独立有彼此关联的概念。

"Building Information Model"是建设工程（如建筑、桥梁、道路）及其设施的物理和功能特性的数字化表达，可以作为该工程项目相关信息的共享知识资源，为项目全生命期内的各种决策提供可靠的信息支持。

"Building Information Modeling"是创建和利用工程项目数据，在其全生命期内进行设计、施工和运营的业务过程，允许所有项目相关方通过不同技术平台之间的数据在同一时间利用相同的信息。

"Building Information Management"是使用模型内的信息支持工程项目全生命期信息共享的业务流程的组织和控制，其效益包括集中和可视化沟通、更早进行多方案比较、可持续性分析、高效设计、多专业集成、施工现场控制、竣工资料记录等。

（2）BIM在工程项目信息管理领域的推广

BIM是通过信息化技术来使整个工程建设变得更加符合大数据时代发展的新型技术，全过程工程咨询是通过工程的紧凑连接以及集中管理工程的各个阶段，两者的关系非常密切，两者都是为了方便工程管理以及提高施工效率所存在的。基于此，国家为保证BIM在工程项目信息管理领域发挥优势，截至目前，发布的有关BIM国家级标准的政策文件如表4-8所示。

（3）BIM在全过程工程咨询领域的应用优势

在全过程工程咨询项目中，项目负责人需要对项目实施各个阶段统筹管理，并对各个工作界面合理管控。随着项目的不断进展，信息数量逐级增长，在整个实施过程中的沟通与协调工作量异常庞大。针对全过程工程咨询项目，采用BIM技术形成的三维数字化模型，可以使整个工程各参与方及其他相关人员在短时间

有关BIM国家级标准的政策文件　　　　　　　表4-8

| 序号 | 文件名称 | 实施日期 | 发布单位 | 政策意见 |
|---|---|---|---|---|
| 1 | 《制造工业工程设计信息模型应用标准》GB/T 51362—2019 | 2019年10月 | 住房和城乡建设部 | 是制造工业工程设计领域第一部信息模型应用标准，主要参照国际IDM标准，面向制造业工厂，规定了在设计、施工、运维等各阶段BIM具体的应用，内容包括这一领域的BIM设计标准、模型命名规则、数据怎么交换、各阶段单元模型的拆分规则、模型的简化方法、项目怎么交付及模型精细度要求等 |
| 2 | 《建筑信息模型设计交付标准》GB/T 51301—2018 | 2019年6月 | 住房和城乡建设部 | 该标准含有IDM的部分概念，也包括设计应用方法。规定了交付准备、交付物、交付协同三方面内容，包括建筑信息模型的基本架构（单元化）、模型精细度（LOD）、几何表达精度（Gx）、信息深度（Nx）、交付物、表达方法、协同要求等。另外，该标准指明了"设计BIM"的本质，就是建筑物自身的数字化描述，从而在BIM数据流转方面发挥了标准引领作用。行业标准《建筑工程设计信息模型制图标准》JGJ/T 448—2018是本标准的细化和延伸 |
| 3 | 《建筑工程设计信息模型制图标准》JGJ/T 448—2018 | 2019年6月 | 住房和城乡建设部 | 提供一个具有可操作性的，兼容性强的统一基准，以指导基于建筑信息模型的建筑工程设计过程中，各阶段数据的建立、传递和解读，特别是各专业之间的协同，工程设计参与各方的协作，以及质量管理体系中的管控等过程 |
| 4 | 《建筑信息模型分类和编码标准》GB/T 51269—2017 | 2018年5月 | 住房和城乡建设部 | 该标准与IFD关联，面向建筑工程领域，规定了各类信息的分类方式和编码办法，这些信息包括建设资源、建设行为和建设成果。对于信息的整理、关系的建立、信息的使用都起到了关键性作用 |
| 5 | 《建筑信息模型施工应用标准》GB/T 51235—2017 | 2018年1月 | 住房和城乡建设部 | 规定在施工过程中该如何使用BIM应用，以及如何向他人交付施工模型信息，包括深化设计、施工模拟、预加工、进度管理、成本管理等方面 |
| 6 | 《建筑信息模型应用统一标准》GB/T 51212—2016 | 2017年7月 | 住房和城乡建设部 | 对建筑工程信息模型在工程项目全寿命周期的各个阶段建立、共享及应用进行统一规定，包括模型的数据要求、模型的交换及共享要求、模型的应用要求、项目或企业具体实施的其他要求等 |

数据来源：自行绘制。

内对整体取得直观的了解。运用BIM技术在三维数字化模型中集成各类工程信息，从而保障信息数据的准确性、有效性、一致性。BIM与全过程工程咨询服务的契合点如下：

①可视化。利用数字化模型的三维可视化特点，通过多视角审视和虚拟漫游手段，实现工程问题前置，进而完成错误排查和设计优化的工作。可视化的结果不仅可以用来效果图的展示及报表的生成。另外，数字化模型以一种所见即所

得的方式表达设计方案意图，使项目的设计、建造、运营过程中的沟通、讨论、决策都在可视化的状态下进行，有效提高了工程参建各方间的沟通效率。

②协同性。BIM技术可以让各参与方在同一个BIM平台下协同工作，各参与方通过统一的BIM模型来进行各自的工作，可以清楚看到本阶段或本专业的工作状况与成果。同时，利用多方协同与联动性让项目各参与方随时进行编辑与修改，达成模型的统一。建立以BIM应用为载体的项目管理信息化，加强从建筑物建设开始到拆除的全生命周期管控，提升全过程工程咨询一体化的生产效率，提高整个建筑的质量、缩短工期、降低建造成本，建筑信息模型将给一体化管理以及建筑行业的管理带来全方位的改革。

③互用性。在BIM应用过程中，越来越频繁地使用了"数据"，并且对"数据"的利用率也逐步提高。在常规的设计中，数据是附着在CAD图纸中的信息，在现阶段的BIM设计中，因为软件的不成熟、平台的多元化等多种原因的作用下，在实际情况中，往往是施工单位、造价单位使用BIM技术，较大幅度地降低了BIM技术的运用效果。目前，由设计单位也开始提取这些附着的数据，转化为各种需要的形式进行使用，实现"正向设计"。另外，专业之间的数据也不再阶段式地进行流通，各专业的数据可以实时传递，使得专业间的协作更加紧密，设计方案的整体性更强[29]。

## 三、基于BIM信息集成平台的构建与整合

通过对建设项目全生命周期的信息管理，有效的组织和追踪项目全生命周期的各类信息，建立各阶段信息共享机制，保证信息正确、高效共享，避免"信息孤岛"、信息失真现象，以顺利实现咨询目标。全过程工程咨询业务信息具有异构、离散、海量、复杂、专业和文档化等特性，减少信息不对称的发生和信息传递过程中的流失，进而实现信息共享。要达成这一目标，往往需要从建设项目全生命周期的角度出发，建立一个基于BIM技术的工程信息集成平台，项目各参建单位可定义工程流程，有机的集成、管理和共享项目各个阶段的工程信息，从而实现项目全生命周期的工程信息集成管理。

（1）BIM信息集成平台的优势

①可视化方案检查论证与设计优化。通过BIM技术进行三维浏览，能够实现拟建项目的可视化，在项目可行性研究与设计管理阶段，BIM咨询团队采用BIM建模软件通过搭建BIM模型进行的数值分析与计算、方案设计与初步设计阶段的方案论证与优化、设计过程中变更方案的推敲与比选，可进行及时方案改

进并避免不合理项。BIM咨询团队在开展项目设计管理过程中，有效利用BIM软件开展施工图深化，包含建筑净高分析、管线碰撞检测等。由于不同专业、不同系统之间会有各种管线交错穿插，在进行项目机电安装过程中很容易将各管线交叠处重复，形成施工变更，导致项目成本陡增。BIM咨询团队有效利用BIM技术的可视化功能进行管线碰撞检测，并及时发现设计漏洞反馈给设计单位，将施工管理工作前置化。

②项目进度的及时跟进与全面掌握。团队通过BIM平台工期模拟系统，直观展现项目实施进度与工期计划，通过计算与分析，合理安排实施进度与资源需求情况；同时，BIM信息集成平台通过有组织的信息更新，使各参建方能够在任何时间、任何地点获得所需要的项目信息，集成了项目全生命周期中的各类数据信息和成果文件，解决了建设项目现场数据信息管理中数据丢失的问题，实现信息的实时交流和共享，保证信息的准确和完备，改进信息沟通质量，提高信息交流的效率，及时、准确反映项目的实施情况，提升全过程造价咨询质量；BIM信息平台的信息集成打破了时间和空间的限制，解决了各阶段信息断层问题，改善了管理界面，使各自为政的信息系统通过平台实现共享，让信息在各阶段、各参建方基于同一平台的信息传递，进而实现全过程的工程信息管理无障碍沟通。

③BIM信息集成平台建立过程是对全过程数据的积累、扩展、集成和应用的过程，它是对项目建设过程中各参建方所产生技术信息、管理信息及外部信息、内部信息的收集、加工整理、存储，满足各参建方对海量信息的需求。在全过程工程咨询的要求下，工程咨询企业需建立项目全生命周期管理的建筑信息化模型，搭建BIM信息集成平台进行流程管理和实现信息共享，更关键的是要利用平台来生成工程建设全生命周期的真实数据，逐渐完成项目大数据的积累和应用。应建立在项目全生命周期的角度来推广应用，全方位运营建设BIM信息集成平台，使BIM信息集成技术成为调动项目沟通、协调、管理的工作关键工具。

（2）信息集成平台框架的构建

本书构建了基于BIM技术的全过程工程咨询服务信息集成平台框架（图4-3），以明晰信息集成平台的运行，其逻辑框架分为：基础数据层、模型层、功能模块层[30]。

①基础数据层。信息集成平台数据库是数据层数据存储、交换、应用的基础，全过程工程咨询服务信息管理系统的数据层包括行业标准与规范条例数据库、全过程工程咨询单位数据库、BIM数据库。行业标准与规范条例数据库包括建筑设计标准、城乡规划管理技术规定、工程测量规范等对工程项目定量或定性规范的指标信息，如定额库、取费标准库。项目类型不同、所在地点不同，标准

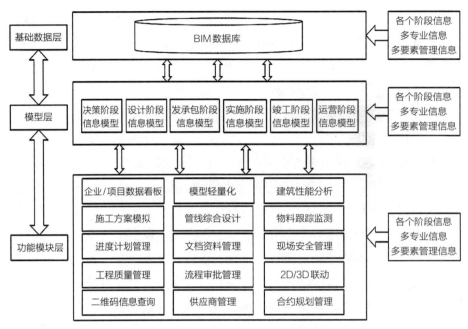

图4-3 基于BIM信息集成平台的框架

数据来源：文献参考

规范也可能不同，因此需要因地制宜选择合适的标准规范；全过程工程咨询单位数据库包括企业内部自有的标准、技术工法以及经济技术指标，包括企业内部管理的和核心信息数据和对外交流的公共信息数据；BIM数据库包括基本信息和扩展信息，基本信息是构架参数、工程量等用数字、图表进行的几何、物理特性描述，扩展信息是不同技术水平、管理水平及原始文件的经济模型数据。各数据库在项目启动初始建立，并随着工程咨询服务业务的开展逐步多样化、体系化。数据层采用IFC格式作为通用标准保证管理平台和各BIM软件之间的信息共享。通过IFC格式标准能够实现使用非BIM软件对建筑进行设计和计算。同时模型系统对IFC格式不能支持的软件系统进行扩展补充，保证各功能模块和BIM模型之间的信息交换。

②模型层。模型层是基于IFC、IDM和IFD三大标准的基础建筑信息模型。包括立项决策阶段用于场地分析和方案经济测算的投资决策模型、由全过程工程咨询单位设计人员或外聘设计方在勘察设计阶段建立的设计模型，以及在设计模型基础上修改完成的施工模型、竣工模型和运营管理模型，还包括用于解决某个专项问题的安全信息模型、风险信息模型等。BIM模型作为信息的载体，它的创建、修改伴随着项目信息的集成、共享，是整个信息管理系统的核心部分。

③功能模块层。在全过程工程咨询项目的各阶段，各参与方运用不同的

BIM软件开展各项BIM功能应用，项目参与方根据自身的集成管理信息需求，通过BIM软件分析数据，得到新信息录入到BIM数据库中，各参与方能够实现信息共享。全过程工程咨询项目各参与方将建设过程中各目标要素、各专业、各阶段信息存储到基础数据层中，在基础数据层中对所获取全过程工程咨询项目的信息进行分类、编码、标准化处理，并集中存储在统一的BIM基础数据库中。项目各参与方从BIM基础数据库中提取需要的信息数据，根据项目阶段划分，生成决策阶段、设计阶段、发承包阶段、实施阶段、竣工阶段、运营阶段的BIM模型。全过程工程咨询项目各参与方从基础模型层中提取需要的BIM模型信息，运用BIM软件进行相关数据信息处理和功能应用。全过程工程咨询BIM信息集成平台对于不同阶段、不同专业、不同要素的信息收集、处理、共享具有重要意义。

（3）全过程工程咨询BIM信息集成平台的功能模块

BIM信息集成平台，能够帮助发包人实现对建筑工程全生命周期的监管；及时、透明、全面地让发包人、全过程工程咨询单位、施工单位掌握项目情况；目前，国内外有一大批BIM管理平台软件，其功能各有侧重，需要全过程工程咨询团队根据发包人的需求以及项目实际情况合理选择或在现有平台基础上进行二次开发。本书认为，为了满足全过程工程咨询的需求，BIM信息集成平台为实现其功能，至少需要具备以下基本模块[31]。

①BIM模型管理模块。BIM模型管理模块是集成平台的核心模块之一，BIM团队的主要操作都是基于BIM模型，BIM模型管理模块包括模型创建、模型修改、不同专业间模型合模、模型本身标准化的管理和模型版本的管理。将模型上传平台，平台支持BIM模型浏览、漫游、属性查看、剖切、测量、过滤、查询统计数量等各种操作，经过轻量化处理的模型，普通网页即可轻松浏览。3D模型和2D（CAD）平面同时显示功能，点击2D构件，3D模型可快速定位。模型的创建和修改满足各专业之间的模型，能够通过一定的格式互相兼容，BIM模型中可以附加上构建的尺寸参数、材质、类别、制造商信息等。模型合模可实现实时各个专业之间的模型互通，实现各参与方在模型中定位构件和调整自身设计成果。全过程工程咨询各参与方因所在地区的不同，模型创建与应用标准也有差异，需要各参与方进行模型规范化、标准化的检查。BIM模型管理模块的用例如图4-4所示。

②用户管理模块。根据全过程工程咨询中各参与方的工作需要，在用户功能上，应设置用户创建、权限管理、设计管理操作等模块，根据项目实施流程，保障了各参与方的权益，BIM用户管理模块的用例如图4-5所示。

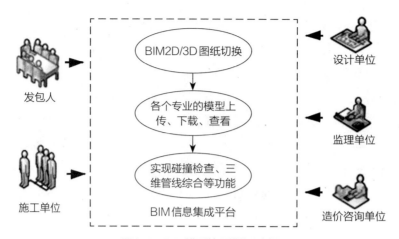

图4-4 BIM模型管理模块用例图

数据来源：文献参考

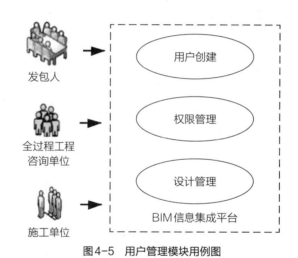

图4-5 用户管理模块用例图

数据来源：文献参考

③模型与现场应用管理。为实现全过程工程咨询单位对项目进行进度管理、成本管理、质量管理、安全管理，BIM平台设置模型与现场应用管理模块，发挥BIM技术在现场实施管理的优势。

a）建筑性能分析。为提高建筑物的性能，应用BIM软件对建筑物的可视度、日照、采光、通风、暖通等性能进行专项模拟分析，得到专项性能分析报告，并上传BIM管理平台，实现共享，有利于各参与方分析建筑的舒适度。

b）施工方案模拟。模拟任意时间段的实体场地工况，多视口按需展示模型，计划进度和实际进度对比，直观查看项目进展，可进行资金、资源的动态模拟，形成分布曲线，便于进行资料资源的安排和调配。

c）进度计划管理。通过手机端拍照、分享、评论、上传，对施工生产任务进行过程跟踪，对影响项目进度的问题及时反馈，供决策层决策、处理，保证进度按计划进行。

d) 成本管理。实施阶段的请款申请、付款、结算审核、设备材料价格审核、设计变更，根据全过程工程咨询单位既定的管理模式进行定制化流程配置，通过系统进行在线成本管理，可以将各项流程与BIM模型进行关联。通过模型反查数据在线审核，确认成本管理中各项内容的详细数据，提升精细化管理水平。

e) 质量安全管理。利用移动端发现安全隐患问题进行整改命令发布，支持设置限定整改时间，支持与BIM模型进行联动，再结合视点保存功能分享二维码，将传统的纸质问题结合BIM模型进行快速定位，大大提高安全问题治理效率。有利于项目管理者分析问题，掌握项目质量安全状况，提前排查隐患。

f) 物料跟踪监测。通过手机端对装配式等预制构件进行跟踪，参建各方可以实时获知当前预制件所处阶段，并进行进度偏差分析以及Web端进行完工工程量自动汇总统计，完成对预制件，从加工到施工吊装完毕整个流程的进度、成本、质量、安全管理。

g) 现场设备管理。通过扫描二维码，可以对上级操作进行登记，查阅检修记录，从而确保安全作业。对项目现场的设备从入场到退场进行跟踪，包括入场登记、设备留底、台班运转、维修保养、报废处置等，设备设施一旦出现问题，可以及时进行维护记录，进一步剖析问题产生的因素以及问题出现的概率。

BIM模型与现场应用模块的用例如图4-6所示。

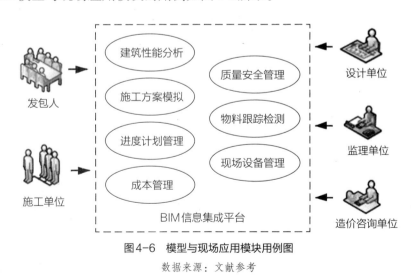

图4-6 模型与现场应用模块用例图

数据来源：文献参考

④ 图纸与变更管理。在全过程工程咨询项目中不可避免会出现一系列的变更，主要有模型本身相关专业的变更、施工工艺的变更、合同条款的增减、设计

变更等，如何有效地管理变更显得至关重要，当变更发生时，相关人员要及时做出处理，在BIM管理平台上实现变更申请与变更审核，可以提高工作效率，BIM图纸与变更管理模块的用例如图4-7所示。

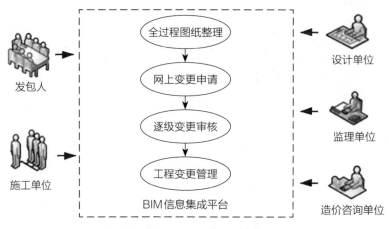

图4-7　图纸与变更管理模块用例图

数据来源：文献参考

⑤文档管理。文档资料管理是平台中必不可少的环节，可以实现文档资料共享。文档管理模块也需要按照权限设置，各参与方将各自工作生成的文件和图纸进行存档，提前设置好竣工文档目录，用于存储项目管理相关的各种资料，如工作周报、CAD或PDF电子图、视频文本图片等，BIM文档中模块的用例如图4-8所示。

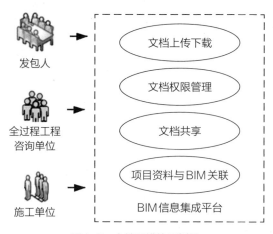

图4-8　文档理模块用例图

数据来源：文献参考

⑥工作协调模块。工作协调模块分为协同工作模块和信息交流模块两方面，协同工作模块主要是解决项目地域和空间不便的问题，工作协调模块结合项目办

公软件，当项目需要发布通知、参与方汇报工作时，实现远程在线视频会议，在线讨论可以及时地解决项目中出现的突发问题。信息交流模块是指参与方可以通过系统进行实时的交流与沟通，使参与方更准确快速的针对信息做决策，不会因时间和地理位置上的不同而受到影响，通过利用现代的大数据技术与网络技术，实现多种交流方式，BIM工作协调模块的用例如图4-9所示。

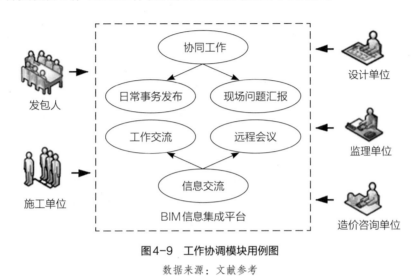

图4-9 工作协调模块用例图

数据来源：文献参考

⑦流程管理模块。流程审批管理模块可以将工程中的纸质签字流程保存在BIM信息集成平台上，生成流程图。流程定制与构件挂接，点击模型查看该部位以往的工作流程及资料。根据业务流程，文档与信息在不同参与方之间传递，有利于各参与方做出决策，使信息数据按照流程有效传递，节约了大量时间，业务流程的自动化有助于各参与方能够掌握项目的实时变动情况，实现项目的顺利开展，根据信息实时跟进进度，BIM流程管理的用例如图4-10所示。

⑧企业资源库。基于BIM和管理数据形成分析图表及最新动态，可以辅助全过程工程咨询企业项目管理。单个项目流程、文档、项目进度、物资管理，多个项目工程地域分布、业务量统计对比分析、供应商管理库，工程咨询企业各项目负责人还可以共享项目的标准、规范制度等，比如模型创建的标准化族库、构件命名标准、建模标准、企业定额库。BIM企业资源库模块的用例如图4-11所示。

⑨合约规划管理。多个合同主体信息与建筑信息模型集成，便于集中查阅、管理，便于履约过程跟踪。同时将建筑信息模型与合同清单集成，可实时跟踪项目收支状况，对比和跟踪合同履约过程信息，及时发现履约异常状态。BIM合约规划管理的用例如图4-12所示。

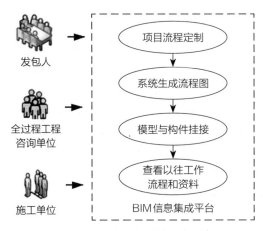

图4-10 流程管理模块用例图

数据来源：文献参考

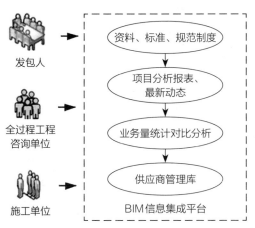

图4-11 企业资源库模块用例图

数据来源：文献参考

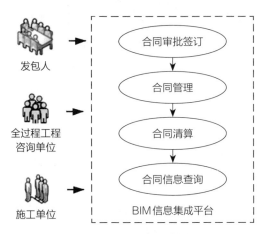

图4-12 合约规划管理模块用例图

数据来源：文献参考

## 第三节　整合组织和产业链，实现综合性管理优化

我国工程咨询服务由于国家体制问题、政府部门分割导致工程咨询（投资）、勘察设计、招标代理、工程监理、造价咨询等业务肢解，工程咨询市场被强行碎片化，无法提供全寿命周期统一贯穿的服务，所以工程技术质量安全、管理组织效率、社会和经济效益等最优化无法实现。因此，可以贯穿项目全寿命周期、整合产业链的咨询服务形式——全过程工程咨询，是行业的发展大势所向，针对工程咨询企业如何进行组织和产业链的整合，本书将从全过程工程咨询的组织管理模式、牵头单位、培育核心企业三大方面进行研究并分别阐述，以期对解决工程咨询服务"碎片化"问题有所贡献。

### 一、全过程工程咨询组织管理模式分析

全过程工程咨询是一种"综合咨询"的概念，全过程工程咨询是要确保发包人对项目建设具有一定的参与度和必要的掌控、监督力度，又能充分利用咨询公司的技术力量，把工程建设绝大部分业务工作承担起来，极大解脱了发包人的管理事务。本书第三章第二节提到，目前全过程工程咨询组织模式根据咨询企业的规模、实力、技术力量、业务特点进行划分可大致分为两类：单一体全过程工程咨询模式、联合体全过程工程咨询模式。这两种组织模式在现实工程实践中各有其优势与劣势。

① 单一体全过程工程咨询模式分析。该模式要求发包人将全过程工程咨询服务委托给一家实力较强的综合性咨询机构承担，由该咨询机构提供集成化咨询服务。这种模式的好处是实施全过程咨询服务的为同一机构，便于内部协调和管理，有利于提高服务的质量和效果。对已经取得了勘察、设计、监理、造价等资质的咨询单位，在人才具备的情况下，可直接进入其他工程咨询行业。但是，即使实力较强的咨询机构在具体咨询过程中，也很难具备全部完成所有咨询业务的资质或能力，应按相关政策要求，依法将自身不具备资质的业务分包给具有资质的单位实施。但是，咨询机构资质范围内的业务不得分包。该咨询机构对咨询服务范围内的所有咨询业务负责，包括分包出去的业务。项目单位通过合法途径选择全过程工程咨询机构并签订全过程工程咨询合同，该咨询机构不得与施工单位具有利益关系。单一体全过程工程咨询的组织模式如图4-13所示。

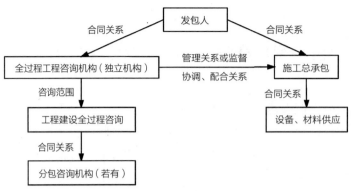

图4-13 单一体全过程工程咨询组织模式图

数据来源：文献参考

②联合体全过程工程咨询模式。该模式要求发包人将全过程工程咨询业务委托给具有不同资质范围与业务特长的咨询机构组成的联合体，该联合体由牵头人统一与项目单位对接相关事宜。联合体各成员之间应签订联合体协议，明确各成员的咨询服务范围、权利、义务与责任，在发生相关风险的情况下，联合体各成员应向项目单位承担连带责任。在此过程中，需要联合体牵头人具备强大的组织协调能力，有效地整合联合体各方咨询团队，集合各方优势力量，取长补短，保障信息的有效沟通。即使组成联合体，也不一定完全确保具备咨询业务所需的全部咨询资质。这个取决于项目单位在选取咨询机构的过程中，是否要求联合成员具备业务所需要的全部资质。对于联合体成员不具备的资质，应按相关政策要求，依法将自身不具备相关资质的业务分包给具有资质的咨询机构实施。但通过合同方式的联营，相对比较松散，本身也存在着一些缺陷，诸如内部各企业间的差异难以协调，企业凝聚力不强，容易出现相互扯皮、效率低下的状况[32]。联合体全过程工程咨询组织模式如图4-14所示。

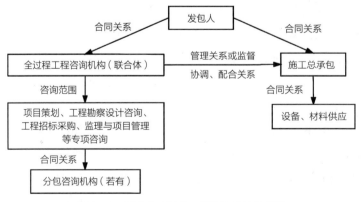

图4-14 联合体全过程工程咨询组织模式图

数据来源：文献参考

通过以上分析，总结出这两种全过程工程咨询组织模式的优缺点，可得表4-9。

**全过程工程咨询组织模式的优缺点对比表**　　　　表4-9

| 全过程工程咨询组织模式 | 优点 | 缺点 |
| --- | --- | --- |
| 单一体全过程工程咨询组织模式 | （1）能够更加充分进行集约化管理，保障信息共享，项目单位仅需要与一家咨询机构对接，有效降低各个咨询板块业务之间的沟通成本，提高整体咨询效率。更加有效地统筹前期策划、造价咨询、招标采购、工程设计等关键环节，根据咨询范围优化项目组织结构并简化合同关系，提早做好项目统筹规划整合各阶段的咨询服务内容。<br>（2）从咨询机构的角度，通过单一承揽全过程工程咨询业务，可以提高市场影响力，形成强大的品牌效应，有利于后续市场的开发 | （1）目前，市场上完全具备一体化全过程工程咨询的机构并不多，做不到充分竞争。单一咨询机构很难做到资质范围内的所有咨询业务能力全部达到业内顶尖水平。这种情况下，很有可能完成不好该项咨询业务。<br>（2）在业务资质不完善的情况下，该咨询机构必须将不具备资质的相关业务分包给其他咨询机构，因分包所产生的风险，该咨询机构必须承担连带责任 |
| 联合体全过程工程咨询组织模式 | （1）发包人可以根据咨询服务范围对潜在咨询机构提出全面要求，充分利用各联合体成员的内部优质资源，选择各种优质资源进行业务整合，从而实现各种资源之间的优势互补。<br>（2）发包人在对咨询机构选择时，已经充分考虑咨询业务所需要的资质要求，可有效降低后期因咨询机构不具备相关咨询资质而分包的风险，有效降低发包人的管理成本 | （1）一般联合仅仅针对单个建设项目建立，很难具有可持续性。联合体之间不存在从属关系，尤其在咨询界面划分不明确或利益分配存在问题的情况下，容易形成互相推诿的局面，造成管理混乱，各方面的协调成本较高。<br>（2）将增加发包人管理的难度。从咨询机构的角度来说，联合体参与的咨询项目不利于形成强大的品牌效应 |

数据来源：文献参考。

综上，两种全过程工程咨询组织模式各自有优缺点，发包人与工程咨询机构应根据建设项目实际需要，在符合全过程咨询需求与政策符合性方面寻求合适的平衡点。

## 二、不同主体牵头全过程工程咨询的特性分析

目前，国内的工程咨询企业规模不大，大部分难以独立开展全过程工程咨询服务，需要联合其他企业进行全过程工程咨询，然而，不同企业经营业务范围不同，擅长领域也不同，这要求全过程工程咨询牵头单位根据联合企业各自的优势进行组织，开展咨询工作，不同主体牵头全过程工程咨询服务内容比较分析如表4-10所示。

不同主体牵头全过程工程咨询服务内容比较表　　　　表4-10

| 咨询服务内容 | 工程咨询（投资）机构 | 设计企业 | 招标代理企业 | 工程监理企业 | 造价咨询企业 |
|---|---|---|---|---|---|
| 项目决策 | √ | √ | × | × | × |
| 前期策划 | √ | √ | × | × | × |
| 报建报批 | √ | × | √ | √ | × |
| 招标采购 | × | × | √ | √ | √ |
| 质量监督 | × | × | × | √ | × |
| 投资控制 | × | × | × | √ | √ |
| 进度控制 | × | × | × | √ | × |
| 安全管控 | × | × | × | √ | × |
| 验收咨询 | × | × | × | √ | × |
| 运维管理 | × | × | × | × | × |

目前，全过程工程咨询由谁来牵头，业界众说纷纭。

工程咨询（投资）机构认为，工程咨询涉猎专业知识面广，兼具有获知投资信息早、研究行业政策透彻、熟悉审批流程等天然优势。项目前期工作周期长、涉及主管部门多、覆盖专业范围广的项目，工程咨询（投资）机构开展全过程工程咨询会有较大的优势。

设计行业认为，设计阶段影响投资一般在85%以上，设计师更有能力来管控项目，而且国外的EPC一般称为"交钥匙工程"，在总价包干的情况下，由设计师牵头负责，因此应由设计单位牵头。

监理行业认为，全过程工程咨询体现了质量、进度、安全、投资、现场综合性管控，监理行业的"四控制、两管理、一协调"基本与此契合，现场服务是全过程工程咨询必要的内容，也是监理行业服务的特色，因此应由监理单位牵头。

造价行业认为，项目管理最终体现在费用上，项目管控好坏最终体现在"少花钱，多办事"，因此应由造价咨询单位牵头。

下面，本书将针对这四种主要的争议进行逐一探讨。

（一）工程咨询（投资）机构牵头的全过程工程咨询

（1）工程咨询（投资）机构牵头的全过程工程咨询的优势

①工程咨询（投资）机构能够发挥工程咨询政府决策优势，提高全过程工程建设项目投资效益。目前，我国政府投资建设项目前期工作主要环节包括项目

规划建设方案、项目建议书、项目可行性研究、初步设计、项目概算、施工图设计、项目预算和施工招标八个阶段，在项目实施的前期工作中，规划建设方案、项目建议书、项目可行性研究前三个阶段在整个项目前期阶段用时最长，决定了整个工程建设项目大的决策方向，体现了政府的投资需求和意图，这三个阶段涉及的业务恰恰是工程咨询（投资）机构的核心业务，这给工程咨询（投资）机构能够深入了解政府或其他发包人的实际需求提供了充分条件。而且，工程咨询（投资）机构的前身多是顺应我国投资体制改革，贯彻经济决策的科学化、民主化而成立的归口发改系统管理的事业单位，从成立伊始就是投资体制改革的产物，是决策科学化民主化过程的参与者，是工程建设领域的决策参谋和投资顾问。现如今，工程咨询（投资）机构和发改部门管理事业单位的相关工作有着紧密的联系。因此，工程咨询（投资）机构作为全过程工程咨询牵头单位，能够在投资决策环节发挥项目建设程序的统领作用，能够更好地实现建设方案全过程各环节的建设，对项目顺利实施、有效控制和高效利用投资至关重要，从而提高全过程工程建设项目投资效益，进一步实现深化投融资体制改革，提升我国投资决策科学化水平。

②工程咨询（投资）机构具备作为建设项目全过程工程咨询牵头单位的政策体系优势，能够加快激发工程咨询机构的市场活力和社会创造力。党的十九大报告进一步提出了对深化行政体制改革、转变政府职能作出的重要部署。我国政府近年来为适应新时代要求，以深化"放管服"改革为抓手，投资审批制度深入推进，强制性中介服务范围逐步缩小，我国正在积极推动政府投资管理重心从事前审批转向过程服务和事中事后监管，这就需要建立与之相适应的全过程工程咨询服务体系。目前，在具备全过程工程咨询能力的各单位中，工程咨询（投资）行业已先行一步，取消资格认定管理制度，国家部委也相继发布了《工程咨询行业管理办法》（2017年第9号令）和《工程咨询单位资信评价标准》（发改投资规〔2018〕623号），能够加快激发工程咨询机构的市场活力和社会创造力，工程咨询（投资）机构应充分考虑整合其相关资质的可行性，优先建立起以政府监管、信用约束、行业自律为主要内容的管理服务体系，具备作为建设项目全过程工程咨询牵头单位的政策体系优势，能够进一步加快政府部门职能转化及审批制度的实质性改革。

（2）工程咨询（投资）机构牵头的全过程工程咨询的劣势

工程咨询（投资）机构是归口发改部门管理的事业单位，大多开展工程设计板块业务时间不长，且工程设计常处在服务于项目前期咨询需求的从属地位，技术水平都是开展全过程工程咨询的短板；工程咨询（投资）机构的组织机构设置多按专业分工设置业务部室，既负责完成咨询业务，又负责开拓市场，此类模式对于服务周期短、收费较低项目的开发较为适用。但是，全过程工程咨询服务通常服务周期较长，合同金额较大，前期需要专门的市场开拓人员跟踪服务。工程咨询（投资）机构没有统一的市场开拓部门，全过程工程咨询业务的市场开拓力度略显不足[33]。

（二）设计企业牵头的全过程工程咨询

（1）设计企业牵头的全过程工程咨询的优势

通过设计企业牵头融合工程监理、项目管理、造价咨询、招标代理等其他专项咨询，可明确各方责任界面，建立一体化的责任体系，减少咨询业务界面之间的漏洞；统筹组织项目管理、工程设计、造价咨询、招标代理、工程监理、其他专项咨询等咨询业务相关的联络会议、工程月度例会、专题协调会等，建筑师团队人员全程参与，并协助共享会议信息；建筑师及其团队常驻现场，及时根据现场反馈信息，指导现场施工，并提供共享的信息平台和建立高效的信息交流机制。设计企业牵头的全过程工程咨询运作模式优势如下：

① 设计与招标、造价集成。在设计过程中充分地考虑采购与造价对设计的制约，为发包人提供"带造价的设计文件"，即在设计交付文件中，直接增加相应的招标、造价文件。一方面，设计咨询人员需充分发挥专业顾问作用，落实一体化文件编制、招投标指导工作，推进设计工作与招标采购工作的融合。另一方面，造价咨询与管理的成果体现在限额设计的成果中，利用限额设计对工程造价进行主动控制和动态管理。

② 设计与施工管理融合。在设计过程中充分地考虑施工技术和工艺对设计成果的影响，开展设计工作时利用对施工现场、施工图纸等熟悉的优势，由"施工导向型思维"引导的设计全融合管理能有效地减少设计变更与二次设计，提升设计效率与设计稳定性。利用可施工性分析手段，实现项目各阶段有效结合，为项目实施过程中的质量、安全、进度目标提供有效保障。

③ 设计与运维管理融合。在设计过程中充分考虑产品的使用与维护，利用价值工程理论对方案优化和深化，从建设项目的使用功能出发，重点分析建筑功能设置，并结合建筑设计的特殊性，研究其针对各项设计条件的可实现性，对设计规范、规程、标准的符合性，及对国家、地区各项相关标准、规定的服从性等。在功能研究的基础上，对实现这些功能和使用要求的经济成本进行估算。在建筑设计中，价值（功能/造价）的合理性需要设计管理者在分析过程中，结合项目类型、类似工程经验，对设计功能价值比进行判断，帮助发包人决策，从而确定最优方案并完成深化，使其成为满足设计深度要求并满足下部工作要求的设计

方案成果[34]。

(2) 设计企业牵头的全过程工程咨询的劣势

从市场上看，目前全过程工程咨询项目主要集中在政府投资项目，在没有合适取费文件的前提下，无法在工程费用中列支管理费用。以致在实际实施过程中，大多只是在原有各部技术服务收费基础上简单叠加，无项目管理费用，造成管理工作成本难以消化，需由设计企业垫付管理成本，导致原技术服务利润下降，造成设计企业需要增加管理服务。设计企业不愿承接利润收益较低的全过程工程咨询项目，而更愿意从事分项的技术服务；而且，设计人员项目统筹能力不足，现设计从业人员大多为苏式建筑教育体系中培育产生。苏式体系以社会分工逻辑出发，将建筑分为多个技术工种断面进行培养，使各专业人员专业性强的同时，其统筹工程的复合能力较弱。

(三) 工程监理企业牵头的全过程工程咨询

(1) 工程监理企业牵头的全过程工程咨询的优势

① 大多数工程监理企业体制机制灵活，市场适应能力强。我国工程监理制度借鉴了国外工程管理制度、标准和体系，是在中国特色社会主义市场经济环境下发展起来的产物。大多数工程监理企业成立二十年左右，一些企业通过体制机制改革，产权结构清晰，经营模式灵活多变，组织管理模式高效，在未来通过联合经营、资产重组等方式，可以快速响应市场需求变化、整合优质资源，具备成为智力密集型、技术复合型、管理集约型的全过程工程咨询企业的体制机制上的有利条件。

② 工程监理企业在开展现场的全过程工程咨询服务工作时具有一定的优势。工程监理企业在工程实施建设过程中，长期在第一实施现场工作，现场经验相当丰富；对于施工阶段质量控制、进度控制、造价控制、合同管理、信息管理、组织协调、履行安全生产职责等方面的应用，已经有了一定的认识和高度。尤其是大型工程监理企业在业务范围及人员机构上原本就具有招标代理、造价咨询的实际能力及相应的资质[35]。

(2) 工程监理企业牵头的全过程工程咨询的劣势

目前，工程监理企业普遍缺乏适合全过程工程咨询的专业人才，尤其是擅长方案设计、市场调研、经济评价、投资估算、融资管理等的复合型人才严重缺失。由于监理企业的薪酬待遇在工程建设行业普遍偏低，很难吸引高素质人才加盟。这导致工程监理人员入行门槛低、人员素质参差不齐，从而对工程监理企业牵头全过程工程咨询造成了一定的影响；目前，只有少数工程监理企业开发和应用工程项目管理信息系统，基础数据积累不足，技术与管理仍然停留在依靠经验的层面上，对项目执行过程中存在的风险预计不足，应对风险的规划措施不全面，难以得到发包人的全面授权。

（四）造价咨询企业牵头的全过程工程咨询

（1）造价咨询企业牵头的全过程工程咨询的优势

①国家政策鼓励调动造价咨询企业牵头的积极性。《国家发展改革委　住房城乡建设部关于推进全过程工程咨询服务发展的指导意见》（发改投资规〔2019〕515号）中明确指出鼓励发包人根据咨询服务节约的投资额对咨询单位予以奖励，造价咨询企业在节约建设资金、控制投资方面有专业优势，该意见的出台对于提高造价咨询企业参与全过程工程咨询业务的积极性起到重要的推动作用。

②以投资控制为主线的全过程造价咨询已经被多数发包人所接受。工程造价的形成本身就具有动态性和全过程性，造价工程师的工作和工程造价管理也与建设项目的全过程紧密衔接，从前期投资估算、初步设计概算到施工图预算、招标控制价再到合同价、结算价等，这条以投资控制为主线的全过程造价咨询是造价行业参与全过程咨询工作的核心着力点。目前，已经形成了一批初具全过程造价咨询服务能力的造价企业，通过他们的实践和推广，全过程造价控制在全过程工程咨询的重要作用已经逐步被社会广泛认可，为牵头全过程工程咨询企业积累了优势。

（2）造价咨询企业牵头的全过程工程咨询的劣势

目前，基本仍处于施工阶段旁站式全过程跟踪审计咨询，大量专业人员在不同项目中机械重复着类似而单一的流水作业，导致造价咨询企业提供产品和服务附加值低、没有市场主导权；相当一批工程造价咨询企业是由会计师事务所或个体工作室发展而来，缺乏规范的现代公司治理体系。传统守旧的管理思维、僵化经营理念使这批工程造价咨询企业缺乏创新和开拓的精神，未能敏锐洞察市场走向、把握新兴领域市场商机，不敢尝试互联网线上线下结合的经营和执业方式，没有资源整合、共享共赢的理念和格局。

## 三、培育全过程工程咨询核心企业

《国务院办公厅关于促进建筑业持续健康发展的意见》（国办发〔2017〕19号）中提出，培育全过程工程咨询的来源为造价、招标代理、监理、设计、勘察、投资咨询等企业。在政策的引导下，上述企业通过联合经营、并购重组方式，形成具备全过程工程咨询职能的工程项目管理公司或集团，准备进入市场，但具备足够抗风险能力、技术能力能参与国际工程竞争的大型综合性咨询公司的数量仍需提高。值得研究的是，大量上述企业如何结合专业特点，舍小逐大，精准市场定位，紧跟全过程工程咨询服务的时代需求，本书结合各类企业甲级资质等级条件进行分析。表4-11为工程咨询（投资）、勘察设计、招标代理、工程监理、造价咨询各类企业资质最高等级资本金及主要技术力量要求汇总。

全过程咨询企业来源最高资质等级汇总表　　　　　表4-11

| 企业类型 | 资本金 | 技术人员数量 | 高级及注册人员数量 | 职责范围 | 项目阶段 | 必需的注册执业资格类型 |
|---|---|---|---|---|---|---|
| 工程咨询（投资） | ≥500万 | ≥60 | ≥18 | 投资咨询 | DM | 注册咨询工程师（投资） |
| 勘察设计 | ≥6000万 | ≥500 | ≥200 | 工程设计项目管理 | DM+PM | 注册设计类工程师、建造师、监理工程师 |
| 招标代理 | ≥200万 | ≥20 | ≥10 | 工程招标 | PM | 注册造价工程师 |
| 工程监理 | ≥600万 | — | ≥65 | 工程监理 | PM | 注册监理工程师、造价工程师、建造师、建筑师、结构工程师或其他勘察设计工程师 |
| 造价咨询 | ≥100万 | ≥20 | ≥10 | 造价咨询 | DM+PM | 注册造价工程师 |

要培育全过程工程咨询企业，结合企业来源及其从业范围和技术力量要求，由表4-11可知：

（1）从资本金及专业技术力量方面比较，结合各类企业发展全过程工程咨询业务所需技术人员储备及存量，勘察设计及工程监理企业具备明显的开展全过程工程咨询服务所需的资金和技术力量优势；工程咨询（投资）、招标代理、造价咨询企业由于业务范围的局限性，发展全过程工程咨询服务在资本金及专业技术力量方面则存在一定劣势。

（2）结合各类企业在工程管理全寿命周期不同阶段的工作职责方面对比可知，勘察设计、造价咨询企业在实施阶段都具备良好的基础，但大多缺乏注册咨询工程师（投资），要开展全过程工程咨询服务，需整合决策阶段的业务。从各类企业注册PM执业资格人员的全面性对比可知，工程监理企业阶段现场管理经验上的优势明显。

综上，工程咨询（投资）、勘察设计、招标代理、工程监理、造价咨询等工程咨询企业应结合专业优势，主动融通，紧跟全过程工程咨询发展大势：

（1）延伸服务范围，向全过程化发展。全过程工程咨询的服务范围涵盖了项目的全生命周期，承担全过程工程咨询的企业可以根据委托方意愿、自身服务能力、资质等承担其中的一项或多项专业工程咨询服务。在推动"全过程工程咨询"过程中，工程咨询企业应重点关注自身能力如何高效地匹配市场需要，研究全过程工程咨询的主要服务模式和产品组合形式，基于自身基础条件、比较优势和核心服务能力，审时度势，从中发现和明确服务价值和产品定位，确定企业发展方向，逐步创造条件形成全过程、全方位、多元化的咨询服务能力，从碎片化咨询向全过程咨询转变。

（2）拓展经营资质，向综合化发展。全过程工程咨询的服务内容包括项目策划、工程设计、工程监理、招标代理、造价咨询和项目管理等工程技术及管理活动，对应到工程咨询、设计、监理、招标代理和造价等各类企业资质及个人执业资格。考虑到工程咨询企业直接转型为全过程工程咨询企业的现实难度较大，建议在开展全过程工程咨询服务业务的前期，采用联合体的形式打开市场、积累业绩。此外，国家鼓励全过程工程咨询试点企业通过并购重组、控股等方式拓展业务范围，向全过程工程咨询企业转型。因此，在积累了一定的工程业绩和经验后，可按照"合作、互惠、互赢"的原则，通过企业参股、合作、并购、重组等方式来延伸产业链，进一步拓展工程项目咨询管理的业务资质，最终覆盖建设全过程，实现从专业咨询向综合咨询的转变，并真正成为工程领域系统服务的主体。

（3）强化管理创新，向精细化发展。工程咨询企业应以发包人需求为导向，加强企业责任体系管理、知识库管理、标准化服务管理及动态绩效管理等的创新，并创建项目管理办公室（PMO）。与传统的咨询企业总工办不同，PMO更像是企业的资源中心与创新中心，承担过程管理、资源管理、风险管理、创新管理和协同管理等功能。作为企业资源中心，PMO利用数据中心和相关协同软件，评估项目的收益及优先级，并为项目配备合适的项目经理和团队，在项目进展过程中，建立PMO的专属沟通渠道，承担项目的绩效监控职能，并为项目成员提供与项目相关的技术资料和数据。作为企业创新中心，PMO提取项目管理最佳实践，优化项目管理流程，树立标杆项目，组织专门团队或选择合作伙伴研究与创新新兴咨询业务，创造和维护知识产权，从而达到创新目的。PMI（中国）2019年调研数据显示，超八成的PMO帮助组织提升了项目成功率。

（4）加强BIM应用，向信息化转型。当前信息化技术在工程项目实施及管理中的应用越来越广泛，BIM技术作为一种先进的工程新技术，在开展全过程服务过程中有着天然的优势，在投资决策、勘察设计、招标投标、施工、竣工结算、运营维护等不同建设阶段，通过多种技术手段的综合运用，提升工程建设全过程效率，有效控制并缩短工期，降低建造成本，为全过程工程咨询价值的增值提供强大的技术保障，打造企业全过程工程咨询服务的核心竞争力。

（5）打造人才梯队，向复合型发展。全过程工程咨询是高智力的知识密集型活动，工程咨询企业应树立"人才第一"的观念，按照全过程工程咨询业务对从业人员的内在要求，加强企业内部技术提升、管理人员的培训与再教育，培养一批懂投资管控、懂设计与施工建设、懂项目管理、懂沟通协调、懂风险管控等的综合性全过程工程咨询人才。同时，工程咨询企业还应加强与科研机构、高等院校、相关企业建立稳定的合作关系，不定期邀请外部专家开展全过程工程咨询培训和交流，同时注重对高端技术专家、特色专业人才、复合型人才的引进，建立人才储备，以满足发包人的各方面咨询需要。此外，人力资源管理应加强文化建设，全面构建以价值贡献为导向，嵌入科学评价激励体系，为高能员工提供更加开阔和开放的自我实现平台，有效提升高端复合型人才的满意度和积极性，达到吸引人才、利用人才的目的，打造"高端化+通才化"的人才梯队[36]。

# 第二篇
# 政策分析篇

第五章　全过程工程咨询政策文本分析概述
第六章　全过程工程咨询政策文本分析理论与方法
第七章　基于政策工具视角的全过程工程咨询政策文本量化分析
第八章　政策内容视角下全过程工程咨询政策文本核心关切点分析

2017年，国家在政策中首次明确了"全过程工程咨询"这一理念，政府投资工程将带头推行全过程工程咨询，鼓励非政府投资项目和民用建筑项目积极参与。伴随着政策的颁布，多个试点地区陆续开展全过程工程咨询。2019年，《国家发展改革委 住房城乡建设部关于推进全过程工程咨询服务发展的指导意见》（发改投资规〔2019〕515号）文件（以下简称"意见"）对国家层面试点实践进行经验总结，从以投资决策综合性咨询促进投资决策科学化、以全过程工程咨询推动完善工程建设组织模式、鼓励多种形式的全过程工程咨询服务市场化发展、优化全过程工程咨询服务市场环境四个方面，介绍了《意见》提出的主要政策措施。这也标志着我国"全过程工程咨询"的政策文件逐步走向完善，全过程工程咨询已然成为未来工程咨询企业发展的风向标。

全过程工程咨询实施主体是工程咨询企业以及项目相关参与方，从本质上来看，推动全过程工程咨询就是推动工程咨询企业开展全过程工程咨询以及业主接受全过程工程咨询服务模式，因此相关参与方实施全过程工程咨询的主动性决定了全过程工程咨询的效果。在国家各项政策的指引下，工程咨询企业以全过程工程咨询为发展的突破口，大胆尝试。然而由于不少工程咨询企业对推行全过程工程咨询的紧迫性认识不足，对全过程工程咨询相关政策、具体要求不甚了解，在机构建设、制度建设、人才培育等方面与实施全过程工程咨询的要求尚存在较大差距，全过程工程咨询服务管理能力亟待提高。另外，近年来政策文本分析的应用领域愈发广泛，而大多数学者忽视了政策这一因素对工程咨询企业的驱动及扶持作用，导致以政策文本分析为切入点分析全过程工程咨询的研究略显单薄。目前，我国全过程工程咨询处于发展起步阶段，政策作为外部驱动力，对营造一个好的全过程工程咨询发展环境起到非常重要的作用。

鉴于此，本篇打破固有思维，创新研究视角，从政策工具、政策内容两个方面对我国2017~2020年的全过程工程咨询政策展开政策分析和评价研究，深入解析政策意图。首先，依托政策工具建立三维分析框架，评价政府在政策制定过程中政策工具的应用情况，把握政策的走向和趋势，为政策体系的完善和工程咨询企业的发展提供思路，推进全过程工程咨询模式在我国的发展；其次，在政策工具分析的基础上，基于政策内容对全过程工程咨询政策进行核心关切点识别及分析，深度挖掘政府在制定过程中的侧重点并加以归类总结，结合各地相关规定，综合分析后对工程咨询企业的全过程工程咨询服务给出合理建议，指导其更好地利用政策开展实践，以期解决工程咨询企业对全过程工程咨询实施力度不足的问题。

# 第五章　全过程工程咨询政策文本分析概述

## 第一节　全过程工程咨询政策文本分析的必要性

### 一、政策文件对工程咨询行业的影响

推动建设工程组织和管理方式向全过程工程咨询模式变革，是国家实施产业改革的历史性举措，是国家层面关于工程咨询行业改革转型的顶层设计[36]。全过程工程咨询的提出为工程咨询服务和管理模式的创新提供了一种新的思路，符合国家高质量发展和国际化发展的政策导向，更符合目前市场对项目建设一体化咨询管理的需求。推行全过程工程咨询既体现出建筑行业的持续进步，也完全满足"一带一路"倡议对国内工程咨询行业的现实需求。全过程工程咨询已成为建筑业力推的方向之一，是工程咨询模式的一大亮点、热点，近年来逐渐受到了国家的重视。事实上从1984年开始到2017年，国家发展和改革委员会（原国家发展计划委员会）就通过发布10多个文件，对什么是工程咨询做出解释。随后各地方政府相关部门紧跟政策脚步，也纷纷出台意见，引导企业开展覆盖工程全生命周期的一体化项目管理咨询服务，与此同时全过程工程咨询的相关问题正逐渐成为社会和工程咨询行业探讨的重点。在这样的背景下，相关政策的出台成为全过程工程咨询发展的有效推动力。国家陆续出台了关于推行全过程工程咨询的一系列相关政策文件，鼓励和引导工程咨询企业形成全过程、全方位、多元化的具有国际竞争力的咨询服务，各试点省市也制定了工作方案，探索全过程工程咨询管理制度和组织模式。2017年是我国推行全过程工程咨询的起步年，此后，我国对全过程工程咨询的推广速度呈现不断加快的趋势，尤其体现在政策出台的方面，数量大幅增加，发展态势火热，出台政策的主体不仅涉及国务院、住房和城乡建设部、国家发展改革委及下属部门如建筑市场监管司等政策制定机构，同时也囊括各省、市、自治区等的相关部门，政策文本以意见、通知等为主要形式。据不完全统计，截至2021年3月发布的全过程工程咨询政策数量已达到200多个。分析政策的发布情况，不难看出当前全过程工程咨询发展呈现政策利好局

面，政策制定主体呈现多元化、复杂性的特点，政策的覆盖面越来越丰富，政策内容越来越具体。由此可见国家推动工程咨询行业变革所展现出的强烈决心，以政策导向为培育全过程工程咨询提供保障与方向指引。

根据相关政策文件的指引，发展以市场需求为导向、能满足业主的多样化需求的全过程工程咨询是政策倡导之举，其对工程咨询行业、社会的发展均具有深远的影响。本书在第一篇（第一章第二节）用图1-3呈现了2005～2018年我国工程咨询行业的市场规模，通过比较，能够看出政策的陆续颁布，对于市场产生了一定的推动作用。随着政府对全过程工程咨询的重视及业主对于这种新组织管理模式的接受，必将带来市场规模的进一步扩大和业务数量的增加。

我国工程咨询行业的发展在很大程度上依赖于我国政策的调控和政策环境的推动，具有十分明显的政府主导型特征。这种政府主导型的发展模式，是我国工程咨询行业快速发展的根本原因。政策的引导可以给予企业方向的规划与指导，让企业少走弯路。企业行为转变的动力主要有政策影响、技术驱动力、市场需求驱动力、竞争驱动力。而政策影响是其中最重要的驱动力，技术、需求、竞争驱动力通过政府主导力发挥相应的作用[37]。在国家各项政策的推动和指引下，工程咨询行业将全过程工程咨询作为发展的突破口，设计、招标代理、勘察等相关企业都认真响应，从战略上讨论怎样根据自身企业特征完成向全过程工程咨询企业的转型，一些企业还通过实际行动积极参与有关试点项目的全过程工程咨询工作，进行了大胆的尝试和试验。但工程咨询企业并没有出现预期的联合、并购、重组浪潮，项目各方对这一咨询模式的接受程度不高。其原因主要是全过程工程咨询模式尚处于发展起步阶段，我国出台的文件均是稳步推进、试点推进中，具体规范不明朗，对全过程工程咨询服务的开展领域、建设主体的建议提及不多，且仅是提倡和鼓励[38]，部分企业对这一模式缺乏深入了解，在开展全过程工程咨询的方式方法和职责划分上，未有清晰思路，尚未完全发挥应用效能。从当前的市场现状来看，目前工程咨询市场仍然较为分裂割据，行业的分散度仍较高，市场秩序也有待规范。从全社会对工程咨询行业的认知来看，有许多咨询服务在实施的过程中只是为了响应政策要求，工程咨询公司服务的价值无法得到真正体现，各类投资主体普遍较为忽视工程咨询能为项目带来的价值[39]。工程咨询企业向全过程工程咨询业务转型，不仅要适应市场发展，还要响应政策倡导。因此，工程咨询企业应主动把握国家政策导向，了解全过程工程咨询的热点问题，全面领会国家和地方政府颁布的相关方针、政策、规定、标准和规范，并且贯彻落实到实践中。依据企业的基本现状，明确发展目标及主要举措，对全过程工程咨询的发展方向进行不断探索，使其能够适应市场需求以及相应的政策，形成与多元化工程咨询市场需求相适应的多领域、多层次的核心竞争力。

## 二、政策文本分析对工程咨询企业的意义

我国工程咨询企业的国际地位和话语权明显不足，在2019年度ENR"国际工程设计企业225强"的名单中，只有21家中国内地企业，榜单前十名均为欧美企业，这10家企业海外营收达到了336.67亿美元，而中国只有12家企业进入前100名，海外营收为43.98亿美元，与欧美企业相比差距明显。为探究全过程工程咨询在我国的研究现状，本书将中文文献作为调查的对象，选取期刊论文为样本，以"全过程工程咨询"为关键词，同时考虑到全过程工程咨询是从2017年正式提出的，故筛选文献的时间区间设为2017年至2020年，在中国知网（CNKI）上检索相关文献，搜集到的文章共计923篇，以年限分布为依据可得到图5-1，从图中可看出，与全过程工程咨询相关的文献发表数量呈现出逐年上升的趋势，尤其是2019年发文量大幅增加，表明在学术研究方面全过程工程咨询正处在发展较快的阶段。

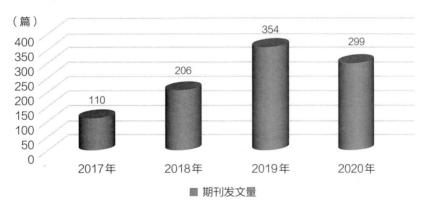

图5-1　2017～2020年以"全过程工程咨询"为关键词的期刊发文量

资料来源：自行绘制

梳理现有文献的研究内容发现，国内学者普遍从理论和实践角度对全过程工程咨询应用中可能存在的问题进行了深入剖析，集中从以下两个方面对全过程工程咨询展开研究：①对不同专业咨询企业开展全过程工程咨询问题的探讨。如对设计咨询企业开展全过程工程咨询业务进行研究；基于《关于促进工程监理行业转型升级创新发展的意见》（建市〔2017〕145号），对监理企业发展全过程工程咨询服务进行研究；利用工程造价的专业知识，对造价咨询企业参与全过程工程咨

询进行研究。②对全过程工程咨询的实操问题进行研究，如基于虚拟组织理论研究全过程工程咨询的组织架构及运行机制；从风险分担视角出发，运用模型建立全过程工程咨询服务的报酬计取方案；以BIM技术为基础，对全过程工程咨询中多方信息的集成管理进行研究。另外，大部分全过程工程咨询类书籍也是将理论与实践结合，侧重于对理论的介绍和案例的分析。尽管学者对于全过程工程咨询的研究比较丰富，但对国家和地方性全过程工程咨询政策文本的相关研究鲜有涉及，忽视了政策制定主体的关键作用和重要意义。在有关全过程工程咨询政策的研究中，方法也较为单一，普遍采用定性分析、简单的政策解读等方式，带有较强的主观性，缺乏一定的可信度，定量研究及二者相结合的方式运用的较少。

全过程工程咨询政策作为全过程工程咨询开展的外在基础，是一个较为复杂的政策体系，该政策体系的主要功能是为企业打造良好环境。全过程工程咨询政策正确的制定和推广无疑对工程咨询企业起到了至关重要的扶持作用，但如果政策工具的使用与全过程工程咨询发展路径不匹配，以及政策之间出现的缺失、冲突和过溢等，制定的政策与工程咨询企业的发展不适应，均会对工程咨询企业造成影响。这其中政策的制定主体无疑发挥了较大的作用，然而目前大多数研究对此部分恰恰忽略，导致对于全过程工程咨询政策内容的研究较少。而政策文本分析法是政策分析领域应用广泛且成熟的一种方法，可以透过文本显性话语考察政策话语运作本质，将其运用于全过程工程咨询政策文本的量化和分析研究，可在一定程度上填补全过程工程咨询研究的空白，创新全过程工程咨询的研究角度。针对当前全过程工程咨询在我国推进过程中存在的业务范围界定模糊、简单任务叠加、碎片化明显、牵头单位存在争议、酬金计取不够明晰等问题，为引导工程咨询企业适应政策，本书采用政策文本分析法，通过不同的视角探索隐含于政策文本中的政策意图，帮助工程咨询企业全面了解政策对开展全过程工程咨询提出的要求，总结核心政策的指导思想，界定出我国现阶段突出强调的全过程工程咨询政策内容以及预测未来政策的发展方向，厘清全过程工程咨询的重点、难点，为企业战略决策的调整提供分析方法，解决企业发展转型的困境，从而提高企业与全过程工程咨询的适配度。

## 第二节　全过程工程咨询政策文本分析的研究内容

根据研究侧重点和研究逻辑的不同，公共政策文本的研究路径可以分为以下五类：语义学与语法学路径、语用学路径、政策内容路径、文献计量路径和社会网络路径[40]。其中，政策内容路径通常要解决的政策研究问题是：政府针对某一政策问题采用了哪些政策工具和政策工具组合？这些研究在收集某一具体领域政策文本的基础上，根据政策工具的相关理论，对政策文本中的特定表述进行编码，将其提取为不同的政策工具类别，再通过简单的频次统计刻画出这一领域中政策工具的基本使用情况，通过分析政策工具类型、变化和组合，从而发现政府使用政策工具的内在规律，为进一步的政策效果评估奠定基础[41]。而文献计量路径的分析重点是通过对公共政策文本主题词进行文本聚类分析，反映政策主题热点及变化，描述政策注意力。基于此，本书中全过程工程咨询政策文本分析的研究内容涉及两方面：一方面，结合我国全过程工程咨询特定的政策环境，明确政府在推行全过程工程咨询模式的整个过程中承担的责任和采用的必要政策工具，分析现阶段政策工具的运用情况，探究政策工具的不同着力点，从而明确政府制定政策的过程中可能存在的薄弱环节。另一方面，在深入研究各地区的全过程工程咨询政策的同时，识别出我国不同时段政策高频主题词的变化，探索全过程工程咨询政策的演进过程和政策发展趋势，助推工程咨询企业把握其中的核心关切点，对未来的政策走向进行预判，使其能够积极应对市场环境等各方变化。

## 一、全过程工程咨询政策工具的分析

全过程工程咨询政策是指国家和地方政府为进一步促进全过程工程咨询发展而制定的政策措施，是由一系列政策单元组合而成的，目标实现程度依赖于政策工具的选择，分析框架表现为各种政策工具的组合，因此，对全过程工程咨询政策研究需求对政策工具进行基础分析。政策工具作为政府颁布和推行政策的重要手段，是协调政策主体、政策客体以及政策环境之间的关系以有效达成政策目标的活动方式。每一种政策工具都是一个制度、程序、政治和经济关系方面平衡的复合体，工具的选择倾向实际上反映了政策的价值导向，它们塑造了政府行动的特征。政策工具是连接目标和结果的纽带，是将政策制定者的价值选择转化为政策执行者的具体行动的路径和机制，公共政策实施离不开有效、适当的政策工具，如果政策工具选择不当，那么政策目标就会在政策实施过程中走向"独木桥"，造成政策实施偏差，无法实现政策目标[42]。虽然政策工具本身具有客观性，但参与政策过程的行为者对其理解方式，以及为发挥某项政策工具的作用而采取的实现政策目标的战略等，却仍然可能存在极大的差异。现实中常出现这样的状况：政府选择、采用的是最佳的政策工具，以实现有效的管理，结果却遭遇挫败。其中一个主要原因是决策者将政策工具看成单一的实体，并从相对孤立的状态来考察其效能。这种思维倾向将某些政策工具与其他的政策工具完全分离开来加以考虑。公共政策执行的真谛是选择一种政策工具，便需要选择另一种或多种政策工具来调节前一种工具所造成的影响，没有一种政策工具能单独发挥作用，良好的政策工具组合能够弥补单个工具应用的缺陷。政策主体在制定和执行政策时，必须依据政策间的客观关系将它们有机结合起来，以形成政策合力，在功能上实现互补，发挥理想的政策效应[43]。

每种政策工具都有其适用性，都有其优势和不足，不同工具之间会相互关联，相互影响。尽管政策制定主体综合使用多类政策工具，但政策工具与全过程工程咨询发展路径不匹配，文件之间存在相互冲突，或政策出现缺失等现象的发生，都会使得政策的总体实效大大降低，影响全过程工程咨询政策的有效推进，无法从根本上推动全过程工程咨询政策目标的实现。政策工具的科学选择、匹配及优化组合，对于促进全过程工程咨询政策目标的有效实现具有非常重要的作用，因此有必要对政策内部要素组合配置的合理性进行分析。在政策工具视角下通过政策的统计学维度来明确现阶段全过程工程咨询政策结构和体系，研究全过程工程咨询政策制定中政策工具的具体表现形式、呈现出的分配特征和不同着力点，为不同类型政策工具及其使用力度提供调整建议以使政策工具的使用满足工程咨询企业不同发展阶段的需求。只有政策工具恰当、功能互补，工具之间处于平衡的状态，并最大化发挥其实际效用，才能引导我国全过程工程咨询良性发展，从而加速工程咨询企业的转型进程。同时根据政策工具传递的信息可以帮助工程咨询企业综合解读政府对发展全过程工程咨询所采取的态度，分析政府行为，从整体上把握政策的趋势和走向，使我国工程咨询企业工作的开展更具有针对性和有效性。

## 二、全过程工程咨询政策内容的分析

政策体系是复杂的，这种复杂性不仅体现在政策工具、政策目标的多样性，还体现在政策内容的多样性。从政策内容与政策工具的关系来说，政策工具与政策内容之间的联系非常紧密，政策工具是政府为制定某特定的政策内容而使用的[44]，政策中的特定条款内容会被与之匹配的政策工具所代表。政策本身也是政策工具，政策工具的运用是政策制定过程的必要环节[45]，所以从某种意义上讲对政策工具的研究也是对政策内容的研究。由于政策内容并不是关系数据或数值型数据，因此要从政策文本中识别出具有一定区分性、代表性的政策内容，不能单纯地对文本内容进行统计分析，而需要对具体政策内容进行更深层次的挖掘，深入解读。政策内容能够在一定程度上反映政府的政策导向和行为动机，表达政策意图，体现政策本质，故全过程工程咨询现有政策中的内容制定，核心关切点也是值得多数工程咨询从业者重点关注的要素。

在政策的制定环节中，决策者把政策内容作为需要考虑的要素。政策内容是公共政策的内核，它决定着公共政策的类别与方向。为了帮助工程咨询企业了解全过程工程咨询政策的侧重点，把握未来的发展趋势，进一步明确在现行政策下应如何开展全过程工程咨询业务，本书从政策内容视角出发，界定我国现阶段所突出强调的全过程工程咨询政策内容，揭示政策的概貌，了解政策主旨。通过深入挖掘和描述政策文本的核心关切点，提取具有代表性的内容，从中总结目前全过程工程咨询对相关核心问题的具体规定，分析工程咨询企业实施这一新型组织管理模式所面临的各种问题和挑战，在此基础上对工程咨询企业提出合理化建议，以期指导其更好地进行实践。

# 第六章 全过程工程咨询政策文本分析理论与方法

## 第一节 政策文本分析对象的界定

### 一、政策文本分析范围

当下,日趋复杂化的工程建设工作的管理依旧是粗放式的,基于降低成本、减少能耗及提高效率等方面的考虑,业主和承包商都更希望能在建设过程中采用精细化的管理模式。同时,"一带一路"倡议的政策实施对工程咨询行业的国际化提出了新的要求。基于此,相比于各阶段相互割裂的传统工程咨询模式,从项目全生命周期视角出发的全过程工程咨询模式逐步演化为更为有效的工程咨询模式。

2017年2月,《国务院办公厅关于促进建筑业持续健康发展的意见》(国办发〔2017〕19号),首次明确提出要培育全过程工程咨询;2017年5月,住房和城乡建设部印发《关于开展全过程工程咨询试点工作的通知》(建市〔2017〕101号),选择8省(市)及40家企业开展全过程工程咨询试点,助力全过程工程咨询的发展;2019年3月,《国家发展改革委 住房城乡建设部关于推进全过程工程咨询服务发展的指导意见》(发改投资规〔2019〕515号)(以下简称《意见》),进一步规范了全过程工程咨询。从全过程工程咨询在我国发展的整个时间序列上来看,政府发布的一系列鼓励模式应用、推进试点工作实施、规范项目运作的法律、法规均可以统称为全过程工程咨询政策。从制定全过程工程咨询政策的主体上看,出台全过程工程咨询政策的主体不仅涉及国家政府及其下属的各部委等相关政策制定机构,还涉及各省、市、自治区等地方性政府及其相关部门,这与我国政府各层的职能划分密切相关。

政策是国家政权机关、政党组织和其他相关组织为了实现自身所代表的阶级利益或意志,以权威形式标准化地规定在一定的历史时期内,应达到的目标、遵循的行动准则、完成的确切任务、采用的工作形式、采取的一定步骤或具体措施。本书界定的政策范围,一方面从政策文本分析的时间上看,界定在

2017～2020年期间；另一方面本书从政府的角度出发，分析的全过程工程咨询政策不仅包括国家层面的政策，还包含地方性的政策，即发文机关既有中共中央、国务院、国务院组成部门及其直属（特设）机构（事业单位）和国务院部委管理的国家局等，也有各省、市、自治区等地方性政府及其相关部门。鉴于此，本书以2017～2020年的全过程工程咨询国家及地方政策为政策文本来源，进行政策文本分析。

## 二、政策文本分析对象

### （一）政策分析内涵界定

政策分析又称政策评价或政策评估，是第二次世界大战后在西方尤其是美国首先兴起的一个跨学科、综合性的新研究领域，1951年斯坦福大学出版社出版的由美国政治学家Daniel Lemer和Harold D. Lasswell主编的《政策科学：范围和方法的新近发展》一书被人们誉为公共政策分析诞生的标志[46]，基于此，学术界开始了对政策分析研究领域的探索。美国知名政策分析专家William N. Dunn在其1981年出版的《公共政策分析：导论》一书中认为："政策分析是一门使用各种研究和论证方法，帮助政治组织解决政策问题的社会科学学科。"美国学者Carl V. Patton在其1986年出版的《政策分析与计划的基本方法》一书中认为："政策分析是关于备选政策方案（计划或项目）的技术和经济的可行性、政治的可接受性、执行战略和政策选择结果的系统评估。"美国知名的系统分析与政策分析专家Edward S. Quade在其1989年出版的《公共政策分析》（第三版）一书中认为："政策分析是应用研究的一种形式，旨在获得对社会技术问题更深刻的了解，并提出更好的解决方法，以帮助决策者选择最优的行动方案。"

可以看出，国外学者对于政策分析内涵界定的研究多是基于政策分析的目的、内容及方法论等视角展开的，国内学者亦是如此。北京大学陈庆云教授认为公共政策分析的目的是为了解决各类政策问题，分析内容包括政府所制定的相应政策的性质、产生原因及实施效果[47]。北京大学张金马教授认为政策分析有两种代表性的观点，一种是政治学意义上的广义的政策分析，一种是系统分析基础上的狭义的政策分析，且张金马教授支持将狭义的政策分析作为政策研究与政策科学的方法论内容，即政策分析可以认为是基于政策、政策目标之间的关系，在各种备选方案中确定一个能最大限度地实现该目标的最优方案的过程。厦门大学陈振明教授认为公共政策分析的对象是社会政治生活中的政策领域，即现实的政策实践、政策系统及政策过程，目标是端正人类社会发展方向，改善公共决策系统，提高公共政策制定质量[46]。综上所述，本书将政策分析界定为运用科学的分析标准和方法，对政策制定、实施、调整、终结的全过程进行全方位的评价，其目的在于优化政策制定质量和改善政策执行质量。

（二）政策分析内容界定

政策分析作为政策过程中的一个核心环节，是公共政策活动过程中的一个基本维度，影响着公共政策活动的进程与效果。在政策过程中，政策制定和政策实施均是政策分析应该包括的内容，若仅对政策实施后的效果进行评价，可能会忽略政策制定内容的自身情况，主要包括内容是否合理、对于政策执行者来讲是否具备可行性等，若仅对政策制定内容进行分析，可能会忽略政策实施的效果情况，主要包括政策是否有效等。本书通过文献勾选法对已有政策分析相关研究的分析内容进行概述，具体情况如表6-1所示。

政策分析研究文献的分析内容　　　表6-1

| 内容 | 人员 | 文献 | | | | | | | | | 合计 |
|---|---|---|---|---|---|---|---|---|---|---|---|
| | | 白彬[48] | 陈晓峰[49] | 王薇[50] | 顾智鹏[51] | 徐瑛[52] | 史慕华[53] | 杨超[54] | 王美华[55] | 敖雪妮[56] | |
| | 分析对象 | 创业拉动就业政策 | 体育产业政策 | 新能源汽车产业发展政策 | 粮食目标价格政策 | 民办教育分类管理政策 | 大学生就业政策 | 大气污染治理政策 | PPP国家政策 | 网络信息安全管理政策 | |
| 分析内容 | 政策制定 | √ | √ | √ | | √ | √ | √ | √ | √ | 8 |
| | 政策实施 | | | | √ | | | | √ | | 2 |

资料来源：自行绘制。

由表6-1可知，从分析对象上来看，政策分析研究已经被广泛应用于各个政策领域，从分析内容上来看，现有研究多侧重于政策制定，虽然也有研究对政策实施进行分析，但数量偏少。本书将政策分析内容界定为对政策制定阶段的分析，由于只有政府具有政策调整和政策终结的权力，本书局限于对政策调整和政策终结相关信息的掌握，无法精确地对这两个阶段展开详尽的分析。同时，全过程工程咨询在我国还处在发展起步阶段，现在对政策实施效果进行全面的分析为时尚早。基于以上考虑，本书仅针对政策过程中的政策制定加以分析，以飨读者。政策制定是从明确政策问题到发布政策的整个过程，在政策制定过程中会对政策工具和政策文本等相关内容加以考虑，在进行政策分析时主要是基于政策文本对政策工具的表现形式、政策内容加以研究。

## 第二节 政策文本分析的理论基础

### 一、公共政策理论

从公共政策的社会表现形态上分析,公共政策表现为静态的文本——政府关于公共领域政治措施组成的文本的总和,也就是一定的政治实体——政府关于公共领域政治决策的结果,如措施、方针、法律、规定、规划、准则、计划、方案、纲要、条例、细则等用文本的形式表达出来而形成的。从公共政策的本质目的上来讲,各种形式的公共政策都具有一致性的目的性特征。在现实的公共政策实践中,不同的公共政策涉及各自不同的领域,有各自不同的目标,解决不同的政策问题,但都有一个一致性的目的性特征,即在不同的主体之间分配公共利益或社会价值。公共政策是公共领域与社会领域、社会政治活动的形式与结果,任何公共政策都必然体现作为政策权威主体的国家和政府的权力意志,按照国家意志来分配公共利益[57]。从公共政策的思维模式上来讲,公共政策不同于经济学、管理学等社会科学,其价值不是在发现社会运行中的"规律"上,而是通过协调社会矛盾与社会冲突,重构或变革社会关系和社会结构[57]。

在形成公共政策文本的过程中,公共政策主体往往把公共政策所表达的实质性内容隐含在不同格式的合法化的文本中,通过人们对文本的理解和遵守而达到自己的目的。所以,政策分析需要对不同的政策文本进行解释乃至解构,以挖掘出文本背后所隐含的实质性内容,即政策目标和价值原则。基于此,本书从公共政策理论出发,将分析对象界定为全过程工程咨询政策,来强调政策分析对于完善全过程工程咨询政策制定质量的重要作用。对全过程工程咨询政策进行分析的首要目标就是改善政策的制定质量,通过相应的具体措施来有力实现政策的预定实施效果。政策分析的规范体系是实现政策预定目标的关键路径之一,其主要内容即包括:①基于政策工具视角对政策文本进行量化分析;②基于政策内容视角对政策的核心关切点进行挖掘。

### 二、公共政策过程理论

公共政策过程是指从政策问题提上议程、形成政策选择、做出政策决定、实施政策内容、评估和反馈政策效果、政策修正及政策终结等一系列政策循环周期的总和[58]。公共政策的决策者不仅需要考虑如何提高政策的制定质量，还需要关注好的政策如何才能得到切实有效的实施、政策如何进行及时有效的反馈和修正等问题，这些都是政策过程理论最为核心的内容所在。政策研究者们对于政策过程各阶段划分的研究已经取得了较为丰富的成果，Harold D. Lasswell最早提出了公共政策决策过程的七阶段理论，将公共政策活动划分为情报、建议、规定、行使、运用、评价及终止七个环节[59]。美国学者James E. Anderson将政策过程划分为问题形成、政策方案制定、政策方案通过、政策实施及政策评价五个阶段。张金马教授认为政策过程包括政策制定、政策合法化、政策执行、政策评估及政策终结五个阶段。另外还有一些学者从自身所研究的专业问题出发，基于简化分析考虑，将政策过程划分为政策制定和政策执行两大阶段。

政策过程理论将具有复杂性、抽象性及高度概括性等特点的政策过程分解为简要的多个详细具体阶段，虽然政策研究者们对于政策过程阶段的划分各有不同，但均将政策分析作为政策过程中的一大重要过程阶段。在政策过程理论的基础上，公共政策分析通常被视为整个政策系统运行过程中的一个重要环节，是对公共政策的效益、效率、价值和风险做出的综合评价或判断。

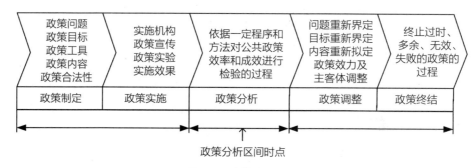

图6-1　政策过程阶段

资料来源：自行绘制

由图6-1可知，政策分析大致处于政策制定、政策实施之后，政策调整、政策终结之前的位置。本书根据公共政策过程理论，对政策制定阶段的政策过程内容进行评价。从政府推行全过程工程咨询模式的出发点来看，目的是解决传统咨询模式各阶段相互割裂、项目信息沟通不畅、咨询服务效率整体偏低的问题。因此，为实现这一政策目标，政策制定时所采取的政策工具和政策内容的核心关切点与政策目标是否契合以及实践方式是否有效便成为关键所在。

### 三、政策工具理论

政策工具是政府将政策意图转变为政策执行的中介环节[60]，是政府实现政策目标的手段和措施。政策工具研究的核心问题是如何将政策意图转变为管理行为，将政策理想转变为政策现实[61]。工具性的研究可以看作是公共政策领域采取的一个方向，具体表现为政策决策者或者公共组织有目的地影响社会过程的方式。当代公共政策领域的工具性研究的动力主要来自公共管理和社会实践层面的需要，各国政府的公共管理职能逐渐扩展，所需应对的政策实施问题也变得越来越复杂。在此大背景下，政策工具理论的应用对于政策过程质量的改善具有重要的意义。

学者们对于政策工具的研究主要集中在政策工具的概念、性质、类型划分、选择标准及应用效果评价等相关主题上，虽然自20世纪80年代以来，有关政策工具的研究已经开始流行，但至今不同学者对于政策工具概念的描述仍未有统一说法。澳大利亚知名的政治学家和公共行政学家Owen E. Hughes认为政策工具是"政府的行为方式，是通过某种途径用以调节政府行为的机制"[62]。复旦大学朱春奎教授从政策目标和政策行动的视角进行思考，认为政策工具就是政策目标和政策行动之间的联结机制[63]。陈振明教授将政策工具定义为各种主体尤其是政府为了实现和满足公众的公共物品和服务的需求所采取的各种方法、手段和实现机制[64]。上海交通大学顾建光教授认为政策工具是被决策者以及实践者所采用来实现一个或者多个政策目标的手段[65]。不难看出，尽管不同领域的政策工具千差万别，但从工具性的特征上而言还是有着某种共性，即实现政策目标的手段。

本书根据政策工具理论，将全过程工程咨询政策工具界定为政策制定者所采用以实现全过程工程咨询政策制定目标的实现机制。全过程工程咨询是2017年以来国家为完善工程建设组织模式而大力推广的建筑业改革措施之一，通过使用全过程工程咨询政策工具，政策制定主体能将政策理想更好地转变为政策现实。因此，本书将基于政策工具视角的全过程工程咨询政策文本量化分析作为政策分析的一大重要方面，对政府未来制定和调整相关政策具有借鉴意义，对全过程工程咨询从业者的实践工作具有指导意义。

### 四、文本挖掘理论

文本挖掘涉及统计学、自然语言处理、可视化技术等多个学科领域的知识和技术，是依靠数据挖掘技术，从大规模的文本数据中提取出分散在文本中，事先未知的、可以理解的有用知识，同时利用抽取的知识对信息进行组织的过程，在此过程中能够从中发现潜在的、可能的数据形式、内在关系、规律及发展趋向等。用户可以凭借文本挖掘技术和工具从大量文本中获取有效的信息，从而可以处理和分析信息。文本挖掘的一般过程如图6-2所示。

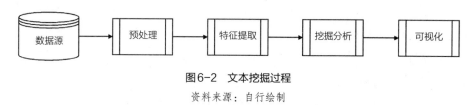

图6-2 文本挖掘过程

资料来源：自行绘制

其中，预处理是对文本数据源进行标准化处理，选取有效信息，通过分词，使其成为结构化数据，进而通过特征提取，对文本结构化数据进行量化，形成形式化数据，从而可以进行挖掘分析，得到可视化的知识模型。

针对中文分词，现在出现了很多分词的算法，如最大匹配法、最优匹配法、机械匹配法、逆向匹配法、双向匹配法等，总体而言分词方法可分为三大类：基于字典、词库匹配的分词方法，基于词频度统计的分词方法和基于知识理解的分词方法。其中基于字典、词库匹配的分词方法主要根据与词典的匹配度、汉语语法等来分词，算法包括机械匹配法、最优匹配法等。该方法的优点是简便、效率高，但是此类方法局限性较大。由于汉语语言博大精深，机械式的分词会受到词库和规则的限制，很难实现理想的海量文本分词。基于词频度统计的分词方法就是根据对文本中字、词的频度统计，实现基于共现的分词处理，因为这个方法是以文本情景的信息为基础的进一步分词，所以与相对机械的第一类分词方法相比，它更具有实用价值。

特征提取是提取文本中的特征词并进行量化，词频是文本最基本的特征值。在描述文本向量时一般会利用向量空间模型，向量维度包含分词和词频统计得出的特征项，为了提高文本处理的效率，进一步提升分类、聚类等算法的精度，会通过特征提取进行降维。利用特征项可以有效标记目标文本的内容从而将它与其他文本区分开，同时特征项数量有一定限制，易实现在文本中的分离，特征提取通常会根据所选择的特征评估函数计算特征的评分值，并按照评分值的高低进行特征排序，从而提取出排序靠前的特征作为特征项。当前较流行的特征提取算法包括词频算法、TF-IDF算法、文档频次算法等。其中TF-IDF算法是词频TF与逆文档频率IDF的乘积，词频即特征词在文本中出现的次数，逆文档频率IDF即总文本数与包含该特征词的文本数之比的对数，能体现该特征词有效区分目标文本的能力。

主要的文本挖掘方法有文本总结、文本关联分析、文本分类、文本聚类等。文本总结是从文本中抽取关键信息，对文本进行摘要式总结。文本关联分析是基于文本的关键词，找出文档间的关联关系，即通过关键词关联规则对文本进行挖掘。文本分类分析是通过事先确定的分类集合，自动对文档中具有相似特征的关键词进行分类。文本聚类分析则是在没有事先确定好类别的情况下，自动将文本集合划分成不同类别的过程。

本书将政策内容视角的全过程工程咨询政策文本量化分析作为政策分析的另一个主要内容，基于文本挖掘的技术方法，利用定量分析与定性分析相结合的方式，详细研究全过程工程咨询政策制定阶段的核心关切点，进而对工程咨询企业如何响应政策进行探讨。

## 第三节　政策文本的分析方法

### 一、政策文本分析法

本书政策分析篇的核心内容分为两个部分：①基于政策工具视角对全过程工程咨询政策文本进行量化分析；②基于政策内容视角对全过程工程咨询政策文本的核心关切点进行挖掘。针对这两大核心内容，本书拟采用政策文本分析法进行分析。

政策文本分析集合了对法律法规、政府规章和政府公文等多种文本进行分析的方法，主要参考了多样复杂的学科背景和理论知识。政策文本分析法主要包括以下三种：①定性分析，多为话语语义分析，即从某一视角对文本中的词语进行解读分析；②定量分析，通过识别文本中出现次数较多的词语，将其定义为关键词或核心词，进而不断挖掘文本背后隐含的信息；③综合分析，此方法集合了定性分析与定量分析，除了对政策文本进行主观定性分析外，还包括定量研究以及对未来政策趋势的研判。本书主要采用以定量分析为主、定性分析为辅的政策文本综合分析方法，对全过程工程咨询政策分过程分维度进行评价。三种政策文本分析方法如表6-2所示。

由表6-2可知，全过程工程咨询政策文本定量分析方法主要包括：①文本挖掘法。首先搜集政策文本，建立原始数据库，借助文本挖掘软件对数据库中的政策内容进行分析。文本挖掘法比较常见的方法为词频分析法，即对文本内容中的

政策文本分析方法的种类　　　　　　　表6-2

| 序号 | 政策文本分析法 | | | 方法要点 | 典型应用软件 |
|---|---|---|---|---|---|
| 1 | 定性分析 | | | 话语语义分析 | Multimodal Video |
| 2 | 定量分析 | 文本挖掘法 | 词频分析法 | 高频词统计以识别关键词 | ROSTCM |
| | | | 社会网络分析法 | 网络节点关系、结构分析 | Gephi、Ucinet、Netminer |
| | | 文本计量分析法 | 内容分析法 | 基于文本内容的类目量化统计 | Nvivo |
| | | | 引文分析法 | 揭示数量特征和内在规律的信息计量 | Citespace、Pajek |
| | | | 统计分析法 | 统计文本构成要素 | Tableau、SPSS、Excel |
| 3 | 综合分析 | | | 定量和定性相结合 | — |

资料来源：自行绘制。

高频词汇或短语进行挖掘，这在一定程度上能够反应文本的主题，判断该政策文本的关注热点和演化趋势；②文本计量分析法。这一方法是对政策文本进行多维度要素的量化统计，若某一维度的政策数量或政策内容分析单元越多，则该维度的政策效用越强。这一方法的优点是通过对政策文本的多维度整理，能够清晰地反映政策发布情况。

定性分析方法的应用主要体现在对全过程工程咨询政策文本语义的阐释方面，通过对政策内容的分析，挖掘各政策文本的核心关切点。因此，本书采用定量分析为主、定性分析为辅的综合文本分析方法作为政策分析的有效手段，是详细描述全过程工程咨询政策制定阶段核心内容的有效佐证。

## 二、基于政策工具视角的全过程工程咨询政策文本量化分析方法

（一）分析方法

**1. 政策工具三维分析框架**

政策制定过程中，政策工具反映的是政府采取措施来实现政策目标的方式。从政策工具的视角对全过程工程咨询政策进行分析，有助于理解政府在政策制定时的内在意图以及对全过程工程咨询的关注重点。政策工具分析框架的构建包括两个方面：①政策工具的选择；②分析维度的确定。

（1）政策工具选择

在政策工具类型的划分上，不同的学者有着不同的看法，具体情况如表6-3所示。

政策工具类型划分　　　　　表6-3

| 序号 | 学者 | 划分标准 | 划分类型 |
|---|---|---|---|
| 1 | Owen E. Hughes[66] | 政府为实现其职能所采用的工具手段 | 政府供应、生产、补贴和管制四种政策工具 |
| 2 | Michael Howlett[67] | 政府干预程度的强弱 | 自愿型工具、混合型工具、强制型工具 |
| 3 | Zegveld、Rothwell[68] | 政策影响的不同层面 | 供给型工具、需求型工具、环境型工具 |
| 4 | 陈振明[69] | 政策工具的市场化和社会化 | 市场化工具、工商管理技术、社会化手段 |
| 5 | 顾建光[70] | 使用方式的不同 | 管制类工具、激励类工具、信息传递类工具 |
| 6 | 王辉[60] | 政府强制程度的高低和政策工具功能的差异性 | 强制类工具、市场类工具、引导类工具、自愿类工具 |
| 7 | 徐媛媛[71] | 政府进行政策执行所必须投入的资源 | 管制性政策工具、经济性政策工具、信息性政策工具、动员性政策工具、市场化政策工具 |

资料来源：自行绘制。

由表6-3可知，政策工具类型的划分标准与划分结果不尽相同。本书的分析对象是我国全过程工程咨询政策，虽然可借鉴的对我国全过程工程咨询政策工具进行提炼归类的研究文献甚少，但对同为国家大力推广、为完善工程建设组织模式的其他措施的政策工具问题进行分析的文献较多，如PPP[55, 72, 73]、EPC[74]等，这些文献大多数都借鉴了应用广泛的Zegveld和Rothwell对于政策工具类型的划分，即供给型、需求型和环境型三类。本书通过对我国全过程工程咨询政策内容的初步研读发现，政策对全过程工程咨询的发展具有推动、拉动和间接影响的效用，与Zegveld和Rothwell的思想较为契合。因此，本书将政策工具划分为供给型、需求型和环境型三类，按照政策工具的应用步骤对政策条款进行有规则的归类，进而对政策工具的应用情况和相关问题进行评价。

（2）分析维度确定

政策工具多维分析框架即以政策工具维度为基本维度（X维），对所研究的政策的特性进行多维度开发。本书通过对全过程工程咨询政策进行整理分析，建立政策工具三维分析框架，除政策工具维度（X维）外，还考虑全过程工程咨询项目阶段维度（Y维）和全过程工程咨询关键路径维度（Z维）。从遵循建设项目周期规律来看，《意见》指出要"在项目决策和建设实施两个阶段，着力破除制度性障碍，重点培育发展投资决策综合性咨询和工程建设全过程咨询"，全过程工程咨询不同阶段的核心任务有着较大差异，适用各阶段的政策内容也必然不同，因此对政策适用各阶段的情况进行分析是有意义的，故而除政策工具基本维度外,还应对政策适用的全过程工程咨询项目阶段进行分析。从提升产业链价值的措施来看,全过程工程咨询为改善传统咨询行业各专业相互割裂、服务效率不高等问题,主要包括三大关键路径:①策划先行提升项目价值;②信息集成构建全咨平台;③组织整合优化全咨产业。通过在分析框架中引入Z维度,对政策内容与三大关键路径联系的紧密程度进行分析,能够明晰现阶段政策制定的侧重点是否有所偏颇,为未来政策的制定提供指导。

### 2. 内容分析法

内容分析法的实质是以系统客观的方式度量被分析内容中所携带的某种特性。1952年,美国学者Bernard Berelson在其主编的《传播学研究中的内容分析》一书中将内容分析法正式确认为一种科学的研究方法,并给出定义:对显现的内容进行客观与系统的描述[75]。基于此,内容分析法开始被应用于多个专业领域,用以辅助专业问题的研究。在公共政策领域,将政策工具多维度分析与内容分析法相互结合,对政策文本进行量化分析是当下流行的研究范式,学者多遵循政策工具多维分析框架构建、文本分析单元编码、信度效度检验、统计分析的过程对专业问题进行探讨。因此,本书从内容分析法出发,结合政策工具三维分析框架,对全过程工程咨询政策工具的应用情况及存在问题进行探析。

### 3. 量化统计分析法

本书在政策数据库建立的基础上,对政策文本中的分析单元逐条进行内容界定,进而按照政策工具类型的划分进行归类整理并编码。编码工作完成后,根据构建好的政策工具三维分析框架对分析单元进行数量统计,作为政策文本量化分析的基础,以评析政府在全过程工程咨询政策文本制定过程中的政策工具应用情况及实际意图。

## (二)分析思路

政策工具作为政策分析的重要内容之一,在政府实现政策目标的过程中具有重要的作用。本书依照政策工具分析的规范步骤,首先在政策数据库建立的基础上,通过对政策内容的研读构建政策工具三维分析框架,其次对文本分析单元进行编码处理并按照分析框架进行归类统计,最后结合量化统计结果对政策工具的应用情况进行评价。基于政策工具视角的全过程工程咨询政策文本量化分析的思路如图6-3所示。

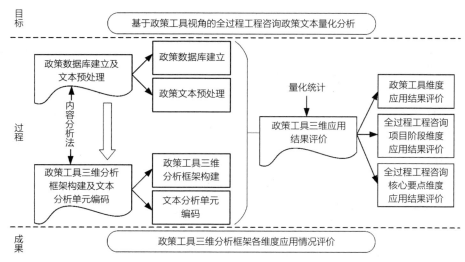

图6-3 基于政策工具视角的全过程工程咨询政策文本量化分析

资料来源：自行绘制

### 三、基于政策内容视角的全过程工程咨询政策文本核心关切点分析方法

（一）分析方法

#### 1.引文分析法

引文分析法，即应用各种数学和统计学的方法，对学术期刊、论文、著作等研究对象的引用和被引用情况进行分析，来揭示这些研究对象所具有的特征或相互之间的关系。从政策范围上来看，我国的全过程工程咨询政策涉及勘察设计、招标代理、监理及造价等多个专业领域，从政策工具的角度上来看，政策主题主要包括模式创新、市场培育及试点先行等内容。与专业文献的撰写类似，政策的制定存在着对其他政策尤其是具有重大意义或能够被称为里程碑式政策的引用与参考。因此，对政策数据库中的政策文本进行"引文分析"，可以识别出核心政策文本，继而将其看作是具有阶段性显著意义的关键政策，并加以具体解读。

鉴于此，本书通过引文分析法对政策文本的引用及被引用情况进行统计分析，来揭示其中的数量特征和内在规律，以在数据库的众多政策文本中识别出核心政策文本。同时，本书结合政府官网发布政策或网络权威媒体转载政策的消息的阅读量、转载量及讨论情况来辅助引文分析，以保证核心政策文本识别的可靠性和有效性。

#### 2.词频分析法

词频分析法，作为反映文本主题和关注热点的重要方法，在政策文本分析中具有重要的作用。关键词是指从原始文本中提取的，可以反映文本内容侧重点的语义单元，当对大量文字型数据信息进行处理时，需要对整个文本的关键内容进行快速概览，以了解文本的核心关切点。关键词的提取原则有多种，普遍认为词语的重要性与其在文本中出现的频次呈正相关关系，因此运用词频分析法对文本内涵进行挖掘是应用较为广泛的做法。标签云作为词频分析法的常用技术手段，不仅能够挖掘文本的特征信息，还能实现关键词的可视化呈现。

因此，本书在进行核心关切点的挖掘过程中，首先应用ROSTCM6软件中的词频分析法和Tagul中的标签云技术对关键词进行初步筛选，从数量特征上对全过程工程咨询政策文本的核心关切点进行界定，进而以此为基础，从网络关系视角对初步筛选获得的核心关切点做精细化分析。

### 3.社会网络分析法

社会网络分析法，是目前关键要素识别的一种重要方法，核心思想是对社会行动者的特征及其之间的相互关系进行测量与考察，并用网络的形式加以可视化呈现，进而对行动者及其之间的相互关系进行分析的一套理论、方法和技术。目前，社会网络分析法已经被广泛应用于社会学、经济学及心理学等多个研究领域，就工程建设领域而言，应用成果也颇为丰富。如利用社会网络分析法对我国PPP政策与文献的互动演化规律进行识别；对PPP项目全生命周期中的关键风险因素进行识别；利用社会网络分析法对大型建设监理项目中利益相关方与项目治理策略之间的影响关系进行识别；为大型项目构建合理的治理机制提供社会网络模型；利用社会网络分析法对影响建设工程项目绩效的关键组织和个体进行识别。

由社会网络分析法在工程建设领域的应用研究不难看出，研究内容多涉及对建设项目利益相关者、项目实施风险以及项目管理要素等的识别分析，研究问题的类型多是基于社会网络分析法对关键要素进行识别、对项目绩效的影响因素进行探析、对项目的实施风险进行分析以及对网络关系进行挖掘等。因此，社会网络分析法作为一种进阶的统计方法，不仅能够对文本信息进行量化统计，还能对网络关系因素进行分析，保证了要素提取的准确性，可以较好地应用在关键要素的识别和关键问题的分析上，本书选择这一方法对政策文本的核心关切点进行精细化分析是合理的。

### （二）分析思路

政策内容是政策制定过程中政策分析工作的重要部分，在一定程度上能够反映政策制定的意图。本书在已建立的政策数据库中通过引文分析和其他支撑途径对全过程工程咨询的核心政策文本进行识别，在此基础上采用词频分析对核心政策文本中的关键词进行初步筛选，继而采用社会网络分析对关键词进行进一步的精细化分析以确保提取的准确性，最后通过对关键词进行归类分析来对政策文本的核心关切点进行评价。基于政策内容视角的全过程工程咨询政策文本核心关切点分析的思路如图6-4所示。

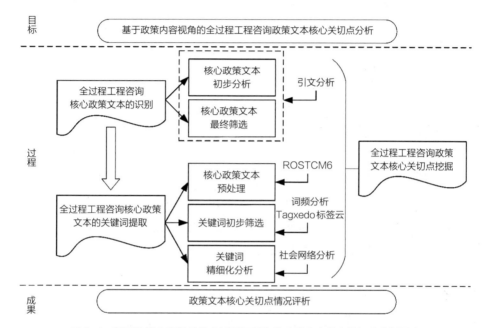

图6-4　基于政策内容视角的全过程工程咨询政策文本核心关切点分析思路

资料来源：自行绘制

# 第七章 基于政策工具视角的全过程工程咨询政策文本量化分析

## 第一节 政策数据库建立及文本预处理

### 一、政策数据库的建立

本书对我国全过程工程咨询的政策文本进行了收集,全过程工程咨询政策文本是指政府为推进全过程工程咨询的发展而出台的各种书面形式的规范性文件,包括中央政府及其直属部委、各级地方政府及其相关部门发布的法律、法规、规章、办法、意见、通知等。为保证收集到的政策权威有效,为后续的分析工作奠定良好的基础,本书在收集时遵循以下三个基本原则:①权威性。本书所选取的政策文本全部来自中央政府及其直属部委、各级地方政府及其相关部门的官网,所有政策文本都是公开资料,且均有明确的文本标题、发布机构、发布时间及政策正文;②全面性。本书收集的政策文本的颁布时间为2017~2020年,收集方式为在各政府官网上进行关键词"全过程工程咨询"的全文检索,并逐条查看检索结果,以尽量确保收集的全面性。某些政策标题中虽不含"全过程工程咨询"的字样,但其正文内容与全过程工程咨询密切相关或有一定关联,将这些文本也列入本书的分析范围之内;③代表性。本书收集的政策文本需与全过程工程咨询有着紧密的联系,能明确体现出国家对全过程工程咨询的意见和举措。按照这三项基本原则,本书最终获得政策文本210份。

### 二、政策文本预处理

政策文本预处理是为了将收集到的政策文件进行统一的归纳整理,以建立政策数据库。本书按照政策发布时间和发文机构的层级这两个维度对210份政策文本进行排序并编号,即先按照政策是由国家部委还是省、市、自治区的相关部门发布的对政策进行归类,分为国家层面政策、省级层面政策和市级层面政策,进而对每一层面下的政策按照时间维度进行排序并编号，最终形成政策数据库。其中国家层面政策共33份，省级层面政策共153份，市级层面政策共24份，政策文本汇总整理的示意如表7-1所示。

全过程工程咨询政策文本汇总示意　　　　　　　　表7-1

| 序号 | 政策名称 | 政策文号 | 发布日期 | 发文机构 | 政策文种 |
| --- | --- | --- | --- | --- | --- |
| 国家层面政策 ||||||
| 1 | 《国务院办公厅关于促进建筑业持续健康发展的意见》 | 国办发〔2017〕19号 | 2017.2.21 | 国务院办公厅 | 意见 |
| 4 | 住房和城乡建设部《关于开展全过程工程咨询试点工作的通知》 | 建市〔2017〕101号 | 2017.5.2 | 住房和城乡建设部 | 通知 |
| …… | …… | …… | …… | …… | …… |
| 32 | 住房和城乡建设部《关于推进建筑垃圾减量化的指导意见》 | 建质〔2020〕46号 | 2020.5.8 | 住房和城乡建设部 | 意见 |
| 33 | 住房和城乡建设部办公厅《关于印发施工现场建筑垃圾减量化指导手册（试行）的通知》 | 建办质〔2020〕20号 | 2020.5.8 | 住房和城乡建设部 | 通知 |
| 省级层面政策 ||||||
| 34 | 江苏省住房和城乡建设厅关于印发《2017年全省建筑业发展和市场监督工作要点》的通知 | 苏建建管〔2017〕124号 | 2017.3.21 | 江苏省住房和城乡建设厅 | 通知 |
| 35 | 江苏省住房和城乡建设厅关于印发《江苏省开展全过程工程咨询试点工作方案》的通知 | 苏建科〔2017〕526号 | 2017.10.27 | 江苏省住房和城乡建设厅 | 通知 |
| …… | …… | …… | …… | …… | …… |
| 185 | 重庆市住房和城乡建设委员会关于印发《2020年重庆市勘察设计工作要点》的通知 | 渝建勘设〔2020〕2号 | 2020.3.5 | 重庆市住房和城乡建设委员会 | 通知 |
| 186 | 重庆市住房和城乡建设委员会关于印发《重庆市2020年建筑业管理工作要点》的通知 | 渝建管〔2020〕34号 | 2020.4.10 | 重庆市住房和城乡建设委员会 | 通知 |
| 市级层面政策 ||||||
| 187 | 《市政府关于促进我市建筑业高质量发展的实施意见》 | 宁政发〔2019〕75号 | 2019.4.25 | 南京市人民政府办公厅 | 意见 |
| …… | …… | …… | …… | …… | …… |
| 210 | 成都市人民政府《关于促进成都市建筑产业提质增效健康发展的实施意见》 | 成办发〔2018〕27号 | 2018.8.16 | 成都市人民政府 | 意见 |

资料来源：自行绘制。

## 第二节　政策工具三维分析框架构建及文本编码

### 一、三维分析框架构建

（一）$X$维度：基本政策工具维度

通过借鉴Zegveld和Rothwell对于政策工具类型的划分，以政策影响的不同层面为分类原则，本书最终将$X$维度划分为供给型政策工具、需求型政策工具以及环境型政策工具三种类型。供给型政策工具和需求型政策工具能够直接推动和拉动全过程工程咨询的发展，而环境型政策工具则能够间接影响全过程工程咨询的发展。各类型政策工具的作用如图7-1所示。

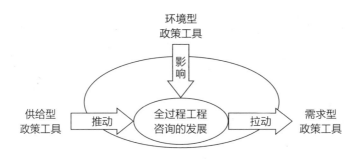

图7-1　全过程工程咨询政策工具作用图
资料来源：自行绘制

全过程工程咨询供给型政策工具表现为对全过程工程咨询的发展提供内在推动力，政府通过专业人才培养、企业重组升级、资讯共享服务、技术创新支持以及服务标准设立等举措直接推动全过程工程咨询的发展，来满足全过程工程咨询快速推广的需要。

全过程工程咨询需求型政策工具表现为对全过程工程咨询的发展提供拉力，政府通过政府采购、试点先行以及海外交流等举措来培育全过程工程咨询服务的市场，刺激市场活力，扩大市场需求，从而拉动全过程工程咨询持续健康发展。

全过程工程咨询环境型政策工具表现为对全过程工程咨询的发展起间接影响作用，政府通过目标规划、资金奖励、监管机制以及策略性措施等举措来降低全过程工程咨询发展中的风险，减少发展中的障碍，为全过程工程咨询的发展营造良好的氛围。

(二) $Y$ 维度：全过程工程咨询项目阶段维度

为对全过程工程咨询政策进行多维度、多方面的综合研究，在基本政策工具维度的基础上还需要考虑政策文本在全过程工程咨询项目阶段的适用情况，即 $Y$ 维度：全过程工程咨询项目阶段维度。全过程工程咨询不同阶段的核心任务有着较大差异，故而适用各阶段的政策内容也必然不同，《意见》提出，为大力发展全过程工程咨询服务模式，要在项目决策和建设实施两个阶段，重点培育发展投资决策综合性咨询和工程建设全过程咨询。基于此，本书将全过程工程咨询项目阶段维度划分为项目决策和建设实施两大类型。同时，政策文本中的有些内容是针对全过程工程咨询项目的全生命周期而言的，如对取费机制的设定，故在上述两大类型的基础上，还应在 $Y$ 维度中加入项目全过程这一类型。

(三) $Z$ 维度：全过程工程咨询关键路径维度

从全过程工程咨询产业链价值提升的措施上来看，有三个关键路径：①策划先行提升项目价值；②信息集成构建全咨平台；③组织整合优化全咨产业。《国务院办公厅关于促进建筑业持续健康发展的意见》(国办发〔2017〕19号，以下简称《意见》)指出要"鼓励投资咨询、勘察、设计、监理、招标代理、造价等企业采取联合经营、并购重组等方式发展全过程工程咨询"，《意见》指出要"创新咨询服务组织实施方式，大力发展以市场需求为导向、满足委托方多样化需求的全过程工程咨询服务模式。"从全过程工程咨询的重要政策中不难看出，变任务型咨询思维为需求型咨询思维以提升建设项目的整体价值，通过组织整合及信息集成优化全过程工程咨询产业链等内容已然成为政府在政策制定时的关注重点。因此，本书除基本政策工具维度（$X$维度）和全过程工程咨询项目阶段维度（$Y$维度）外，还结合了全过程工程咨询的三大关键路径，作为分析框架的 $Z$ 维度。基于此，本书建立的三维分析框架如图7-2所示。

## 二、政策文本编码

在政策工具三维分析框架已经构建完成的基础上，对政策数据库中210份样本政策的内容进行语义解读，整理出供编码使用的文本分析单元。本书依照"政策编号-条款序号"的规则进行编码，如3-2表示编号为1的政策文本中第三大项的第二条，即《国务院办公厅关于促进建筑业持续健康发展的意见》(国办发〔2017〕19号)中完善工程建设组织模式下的第二条："(四) 培育全过程工程咨

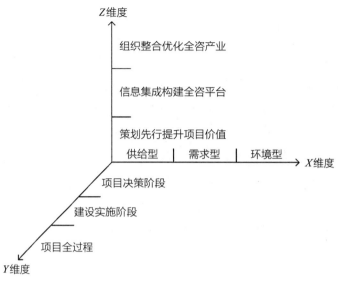

图7-2 政策工具三维分析框架
资料来源：自行绘制

询。……"；4-1表示编号为4的政策文本中的第一大项，即《住房城乡建设部关于开展全过程工程咨询试点工作的通知》（建市〔2017〕101号）中提出的"通过选择有条件的地区和企业开展全过程工程咨询试点，……为全面开展全过程工程咨询积累经验。"需要说明的是本书编码的具体形式为政策编号——一级条款序号——二级条款序号，对于只有一级条款的分析单元，则没有二级条款序号。最终的编码结果如表7-2所示，受篇幅限制，表7-2仅展示部分编码作为示意。

全过程工程咨询政策文本分析单元编码示意　　表7-2

| 序号 | 政策名称 | 政策文号 | 内容分析单元 | 编码 |
| --- | --- | --- | --- | --- |
| 1 | 《国务院办公厅关于促进建筑业持续健康发展的意见》 | 国办发〔2017〕19号 | 培育全过程工程咨询。鼓励投资咨询、勘察、设计、监理、招标代理、造价等企业采取联合经营、并购重组等方式发展全过程工程咨询，……在民用建筑项目中，充分发挥建筑师的主导作用，鼓励提供全程工程咨询服务 | 1-3-2 |
| …… | …… | …… | …… | …… |
| 4 | 住房和城乡建设部《关于开展全过程工程咨询试点工作的通知》 | 建市〔2017〕101号 | 通过选择有条件的地区和企业开展全过程工程咨询试点，……为全面开展全过程工程咨询积累经验 | 4-1 |
| …… | …… | …… | …… | …… |

续表

| 序号 | 政策名称 | 政策文号 | 内容分析单元 | 编码 |
|---|---|---|---|---|
| 20 | 《国家发展改革委 住房城乡建设部关于推进全过程工程咨询服务发展的指导意见》 | 发改投资规〔2019〕515号 | 加强咨询人才队伍建设和国际交流。咨询单位要高度重视全过程工程咨询项目负责人及相关专业人才的培养，……为开展全过程工程咨询业务提供人才支撑 | 20-5-4 |
| …… | …… | …… | …… | …… |
| 52 | 浙江省关于印发《浙江省全过程工程咨询试点工作方案》的通知 | 建建发〔2017〕208号 | 强化沟通协调。各地建设主管部门要及时向当地政府汇报，加强与发改、财政、审计等有关部门的沟通协调，……确保试点工作取得实效 | 52-7-2 |
| …… | …… | …… | …… | …… |
| 73 | 广东省住房和城乡建设厅关于印发《广东省全过程工程咨询试点工作实施方案》的通知 | 粤建市〔2017〕167号 | 明确资格要求。承担全过程工程咨询服务的单位应具有与工程规模和委托工作内容相适应的……等一项或多项资质 | 73-3-3 |
| …… | …… | …… | …… | …… |
| 191 | 关于印发《杭州市全过程工程咨询试点工作方案》的通知 | 杭建市发〔2017〕395号 | 积极探索创新。市建委根据全过程咨询推进进程，适时研究制定相关指导意见。……从委托方式、咨询服务取费、全过程业务的开展范围等方面，积极探索并创新全过程工程咨询开展模式 | 191-3-4 |
| …… | …… | …… | …… | …… |
| 210 | 成都市人民政府《关于促进成都市建筑产业提质增效健康发展的实施意见》 | 成办发〔2018〕27号 | 培育全过程工程咨询服务。积极开展全过程工程咨询服务试点，健全相关管理制度，制定相关服务标准和合同范本，……在国有投资过程中带头推行全过程工程咨询，鼓励非政府投资工程委托全过程工程咨询服务 | 210-3-2 |

资料来源：自行绘制。

## 第三节 政策工具三维分析框架应用结果评价分析

通过对政策数据库中210份政策文本进行编码分析，总结归纳全过程工程咨询政策在基本政策工具、全过程工程咨询项目阶段及全过程工程咨询关键路径三个维度上的情况，结果如图7-3所示。

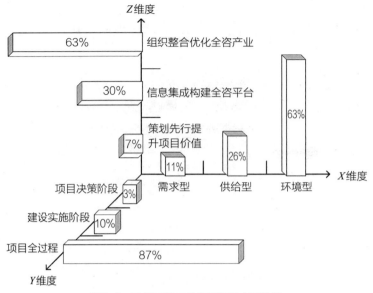

图7-3 政策工具三维分析框架应用结果

资料来源：自行绘制

## 一、全过程工程咨询基本政策工具维度应用结果评价分析

由2017～2020年间全过程工程咨询政策文本在$X$维度的应用结果分析可知，三类政策工具均有应用，政策文本的内容较为全面，呈现较强的多样性，但从整体上来看，三类政策工具应用结果的统计数值差距较大。各政策工具及其次级政策工具的具体应用情况如图7-4所示。

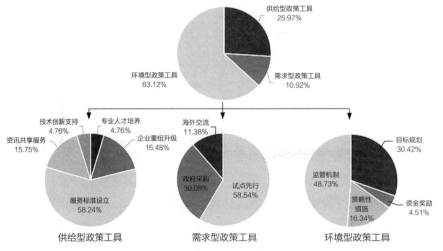

图7-4 基本政策工具具体应用情况

资料来源：自行绘制

由图7-4可知，环境型政策工具（目标规划、资金奖励、策略性措施、监管机制）占政策工具数量整体的63.12%，供给型政策工具（专业人才培养、技术创新支持、资讯共享服务、服务标准设立、企业重组升级）占政策工具数量整体的25.97%，需求型政策工具（政府采购、试点先行、海外交流）占政策工具数量整体的10.92%。全过程工程咨询政策虽然全面应用了供给型、需求型和环境型三类政策工具，但从分析框架的应用统计结果中不难看出，政策制定主体在制定政策时更偏向于使用环境型政策工具。

（一）供给型政策工具应用不足

供给型政策工具整体应用较为欠缺，其中专业人才培养和技术创新支持应用较为薄弱，均仅在供给型政策工具的应用中占4.76%。供给型政策工具中应用最为频繁的是服务标准设立，占58.24%，自政府提出要培育全过程工程咨询以来，国家各级相关部门就服务标准的合理设置展开研究，助力全过程工程咨询的顺利推广。《国家发展改革委　住房城乡建设部关于推进全过程工程咨询服务发展的指导意见》（发改投资规〔2019〕515号）提出要建立全过程工程咨询服务技术标准和合同体系，基于此，如江苏、浙江、广东等多个省份纷纷出台全过程工程咨询试点工作方案，就业务范围、资质要求、酬金计取及委托方式等内容做出规定，以期完善全过程工程咨询的服务标准。

专业人才培养占供给型政策工具应用的4.76%，政策内容多是关于专业人才培养的宏观规划，呼吁要通过专业人才培养来提高全过程工程咨询的服务水平，然而现实中全过程工程咨询专业人才需求缺口严重，成熟的培养机制仍未建立。同时技术创新支持应用也较为薄弱，多数政策中提出的创新支持是对传统咨询单位管理方式的创新，这是推行全过程工程咨询、变革工程建设组织模式的必然要求。也有一些省份在试点工作方案中提出要充分开发和利用BIM、大数据、物联网等信息技术，为开展全过程工程咨询提供保障，显然这些创新能够在很大程度上为全过程工程咨询的发展提供强有力的技术支撑，解决实际应用中的技术难题。

就政府而言，今后政策制定应注重供给型政策工具的均衡化使用，如增加专业人才培养和技术创新支持的相关条款，来塑造政策的推动力。就工程咨询企业而言，为满足综合性、集成化的服务需求，企业应当探索组建以总咨询师为核心的全过程工程咨询一体化项目团队，并配备结构合理的各专业咨询人员。项目由总咨询师牵头，选派懂技术、会管理且业务能力全面的咨询工程师担任团队负责人，各专业咨询工程师分别承担相应专业的咨询服务。在服务管理过程中，采取一个团队负责到底的模式，努力提升工程建设管理水平。工程咨询企业要意识到总咨询师的职业素养至关重要，应通过多种途径加强对总咨询师职业素养的培训，如通过技术、管理等方面的复合培训，培养总咨询师的综合能力；鼓励总咨询师多参与综合性咨询工作，在工作中培养懂技术、精管理的自身能力；注重产学研的相互结合。

(二) 需求型政策工具应用单一

需求型政策工具较供给型和环境型政策工具，应用情况呈现较大的缺口，同时次级政策工具的应用较为单一，仅试点先行就占需求型政策工具应用的58.54%。需求型政策工具通过政府采购、试点先行及海外交流等来扩大全过程工程咨询的市场需求，拓宽全过程工程咨询发展的横纵截面，其对全过程工程咨询发展的促进作用在一定程度上应该比环境型政策工具更为直接和有效。然而三维框架的分析结果却显示需求型政策工具的应用存在缺口且次级政策工具的应用较为单一，试点先行和政府采购分别占需求型政策工具应用的58.54%和30.08%，而海外交流仅占11.38%，对政策的指引作用严重弱化。

政府为快速推进全过程工程咨询的发展，积累宝贵经验，选择了部分地区和企业开展全过程工程咨询试点工作，以2017年住房和城乡建设部颁发的《住房城乡建设部关于开展全过程工程咨询试点工作的通知》(建市〔2017〕101号) 为例，指出要通过开展试点健全全过程工程咨询管理制度，提高全过程工程咨询服务水平，为全面开展全过程工程咨询积累经验。因此，全国多个省市积极开展全过程工程咨询试点工作，公布试点企业和项目，然而在大力开展试点工作的同时，其他市场开拓的措施却被忽略，需求型政策工具的其他次级政策工具应用明显欠缺。在面对"一带一路"倡议需求时，政策文本中海外交流应用明显不足，不利于我国全过程工程咨询企业与国际接轨。因此，政府应加强需求型政策工具的应用，且尤其要强化海外交流及其他市场塑造政策工具的应用，来改善需求型政策工具整体应用失衡的状况。就工程咨询企业而言，要响应相关政策文件的号召，积极申报试点企业和试点项目，探索全过程工程咨询的服务模式和发展路径，强化企业的服务意识和创新意识，努力积累项目经验，健全企业服务标准体系。除此之外，可以适当加强国际交流，积极寻求与国际知名企业开展合作的机会，借鉴国际先进经验，提升自身业务水平，满足"一带一路"倡议需求。

(三) 环境型政策工具应用过溢

环境型政策工具占政策工具整体应用的63.12%，结果显示应用过溢，监管机制和目标规划应用较为频繁，策略性措施和资金奖励则应用较少。监管机制占环境型政策工具应用的48.73%，是应用最为频繁的次级政策工具，以明确全过程工程咨询管理机构的职责和监督全过程工程咨询服务过程等形式为主。《国家发展改革委　住房城乡建设部关于推进全过程工程咨询服务发展的指导意见》（发改投资规〔2019〕515号）提出："国务院投资主管部门负责指导投资决策综合性咨询，国务院住房和城乡建设主管部门负责指导工程建设全过程咨询。……有关部门要根据职责分工，建立全过程工程咨询监管制度，……"，《住房和城乡建设部关于进一步加强房屋建筑和市政基础设施工程招标投标监管的指导意见》（建市规〔2019〕11号）也提出要完善全过程工程咨询企业从业行为的监管，同时多个省市在出台的全过程工程咨询试点工作方案中明确指出建设主管部门要加强组织领导，强化和发改、财政、审计等有关部门的沟通协调。政府通过大量政策条款的制定来不断完善全过程工程咨询的监管机制，这表明在大力推行全过程工程咨询模式仍有待完善的现实背景下，政府希望借助完备的监管措施来进一步保障全过程工程咨询的发展。但目前全过程工程咨询政策文种以"通知"和"意见"为主（据本书统计，通知类和意见类政策文件占数据库政策文件总数的90.95%，其中通知类政策文件占67.62%；意见类政策文件占23.33%；其他类型的政策文件占9.05%），法律效力相对较强的上位法处于缺失的状态。

目标规划和策略性措施占环境型政策工具应用的30.42%和16.34%，政府通过对发展目标进行规划，明确全过程工程咨询的发展方向和具体任务，既包括培育全过程工程咨询的宏观目标，也包括如《自治区住房和城乡建设厅关于印发〈广西全过程工程咨询试点工作方案〉的通知》（桂建发〔2018〕2号）中提出："利用两年时间组织开展全过程工程咨询试点，……"的具体目标，但依然存在目标规划不够细化的现象。策略性措施是政府为加快全过程工程咨询发展的"催化剂"，主要包括引导建设项目优先采用全过程工程咨询模式及发挥行业协会作用推动全过程工程咨询的发展等方面。政府引导可以拓宽市场需求，行业协会与主管部门相互配合则可以完善服务标准，为全面推广全过程工程咨询奠定良好基础。

资金奖励是环境型政策工具中应用最少的，仅占4.51%，这在很大程度上表明我国政府从资金奖励角度推动全过程工程咨询发展的政策规定存在空缺，且现有关于资金奖励的政策所规定的奖励方式大致相同，如《四川省住房和城乡建设厅关于印发四川省全过程工程咨询试点工作方案的通知》（川建发〔2017〕11号）、《关于在房屋建筑和市政基础设施工程领域加快推行全过程工程咨询服务的通知》（吉建联发〔2020〕20号）及《关于印发厦门市全过程工程咨询试点工作实施方案的通知》（厦建勘设〔2017〕33号）均规定若工程咨询企业提出合理化建议并明显节约项目投资的，可按节约额的一定比例给予全过程工程咨询服务费用奖励。虽然已有政策注意到要通过资金奖励的举措来鼓励模式应用，但实际方式仍有待多样化创新，覆盖面仍有待扩展。同时资金奖励作为营造全过程工程咨询发展良好氛围的重要举措，政策制定主体在制定政策时应更多应用。

环境型政策工具占比过高说明我国全过程工程咨询政策的宏观性和模糊性较强，降低了政策的实际可行性。就政府而言，应该进一步具体化环境型政策工具的应用，以发挥政策的影响力，尤其以策略性措施和监管机制为主。就工程咨询企业而言，一是要加强与行业协会的沟通交流，行业协会在加强企业自律、树立行业标杆、推广先进案例等方面对全过程工程咨询的发展起着重要作用，多与行业协会沟通交流对企业发展全过程工程咨询起着方向指引的效果；二是要建立企业内部的全过程工程咨询服务评价体系，搭建企业信息平台，对咨询服务的成效进行绩效评估与公示，讨论总结改进方式，来推动咨询服务进一步创新发展。

## 二、全过程工程咨询项目阶段维度应用结果评价分析

从基本政策工具维度与项目阶段维度两个方面对全过程工程咨询政策文本内容进行交叉统计分析，结果如图7-5所示。

| Y维度 \ X维度 | 需求型 | 供给型 | 环境型 |
|---|---|---|---|
| 项目全过程 | 16-1、36-1-1、39-2、…、200-1-2、204-4-4-1、207-1-3 | 4-3-5、9-1-2、18-2-3、…、186-2-3、197-8-4、202-5-5 | 1-3-2、5-2-3、97-3-4、…、182-6、191-5-4、210-3-2 |
| 建设实施 | 30-2-1、209-2-2 | 20-3-2、52-6-4、73-3-4、…、197-9-1、202-3-4、208-5-2 | 8-2-3、23-5-5、50-2-1、…、197-11-2、199-5-5、202-3-6 |
| 项目决策 | 20-2-4 | 20-2-1、20-2-2、100-2-2、…、182-4、189-5-5、204-3-3 | 20-2-3、59-1-3、59-2-4、…、176-5-19、177-14、188-3-7 |

图7-5　全过程工程咨询政策内容X-Y维度交叉应用结果

资料来源：自行绘制

对图7-5中的应用结果进行整理，结果如图7-6所示。

根据图7-5和图7-6的统计结果可知，全过程工程咨询项目决策和建设实施阶段均全面应用了三类政策工具，但结果存在显著差异。在总计751条政策工具编码单元中，标记为"项目全过程"的编码单元有657条，占比高达87.48%，说明

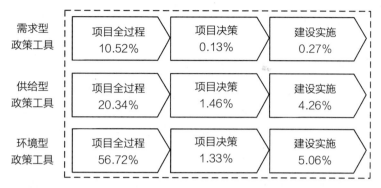

图7-6　全过程工程咨询政策内容X-Y维度交叉应用结果量化统计
资料来源：自行绘制

我国目前的全过程工程咨询政策存在指向不清的问题。在有明确指向的94条编码单元中，标记为"建设实施"阶段的有72条，占比为9.59%，标记为"项目决策"阶段的仅有22条，占比仅为2.93%。可以看出，在全过程工程咨询项目决策和建设实施阶段，政策工具的应用存在失衡现象，政策内容多数未明确指出是针对项目决策还是建设实施阶段。在有明确指向的政策内容中，建设实施阶段是关注重点，项目决策阶段所采取的政策举措相对匮乏，有待进一步的丰富和完善。

（一）项目全过程阶段政策工具应用丰富

从X维度来看，项目全过程阶段全面应用了三类政策工具，从Y维度来看，项目全过程阶段应用的政策工具数量最多，在项目全过程阶段中以开展试点工作、设立服务标准和健全监管机制等内容的规定居多。

就开展试点工作而言，自《住房城乡建设部关于开展全过程工程咨询试点工作的通知》（建市〔2017〕101号）提出要在江苏等八省市开展试点以来，已有江苏、浙江、福建、湖南、广东、四川、广西、宁夏、河南、安徽、内蒙古、陕西、黑龙江陆续出台了开展全过程工程咨询试点工作的通知，杭州、厦门、南宁等市级政府部门也出台了相关政策，贵州、重庆等地虽未出台工作方案，但也公布了试点企业和试点项目。试点工作的开展多针对项目全过程，就如《江苏省住房和城乡建设厅关于印发江苏省开展全过程工程咨询试点工作方案的通知》（苏建科〔2017〕526号）中所强调的"全过程工程咨询的服务内容包括项目策划、工程设计、工程监理、招标代理、造价咨询和项目管理等工程技术及管理活动。"

就设立服务标准而言，以酬金计取为例，《国家发展改革委　住房城乡建设部关于推进全过程工程咨询服务发展的指导意见》（发改投资规〔2019〕515号）《关于印发四川省全过程工程咨询试点工作方案的通知》（川建发〔2017〕11号）

和《关于在房屋建筑和市政工程领域加快推行全过程工程咨询服务的指导意见》（鲁建建管字〔2019〕19号）等提出"全过程工程咨询服务酬金可按各专项服务酬金叠加后再增加相应统筹管理费用计取，也可按人工成本加酬金方式计取。"其中各专项服务即包括项目决策阶段的投资咨询和建设实施阶段的勘察设计咨询、造价咨询等，虽然已有大量政策文件对取费方式做出规定，但实际中全过程工程咨询服务的取费标准不明确依然是工程咨询企业面临的一大难题。

就健全监管机制而言，2018年出台的《关于印发〈安徽省开展全过程工程咨询试点工作方案〉的通知》（建市〔2018〕138号）提出要建立全过程工程咨询试点项目的信息公开制度，并接受社会监督，此通知中所提出的监管措施即是基于项目全过程视角，而非针对项目决策或建设实施中的某一阶段。但目前我国全过程工程咨询的监督管理工作还未得到强有力的法规保障，政策文种多以通知和意见为主，法律层级不高。在外部监管机制不完善的大背景下，工程咨询企业可以建立企业内部的全过程工程咨询监管机制，如建立对总咨询师和其他咨询工程师职业道德的监管机制，推动企业自律经营，保证项目的顺利实施；设置优胜劣汰制度，向工作中业绩突出的人才倾斜，淘汰在咨询服务中弄虚作假、违反职业道德的人员。企业要通过对相关人员的既往业绩进行公示，对专业人员的管理及服务标准的界定等内容做出规定，来努力提升自身信用水平，增强企业竞争力，争取在大力发展全过程工程咨询的洪流中脱颖而出。

### （二）项目决策和建设实施阶段政策工具应用失衡

相比于项目全过程阶段，标记为"项目决策"和"建设实施"阶段的编码单元总计仅为94条，在所有的编码单元中占比为12.52%，政策工具整体应用明显失衡。同时，项目决策和建设实施阶段中，需求型政策工具的应用都偏少，占比分别为0.13%和0.27%，供给型和环境型政策工具的应用较为均衡。

**1. 需求型政策工具的应用**

在项目决策阶段，分布在需求型政策工具下的编码单元仅有一条，体现为政府采购这一次级政策工具，内容为《国家发展改革委 住房城乡建设部关于推进全过程工程咨询服务发展的指导意见》（发改投资规〔2019〕515号）中提出的"政府投资项目要优先开展综合性咨询"。在建设实施阶段，分布在需求型政策工具下的编码单元有两条，分别体现为政府采购和试点先行政策工具，内容为《住房和城乡建设部关于进一步加强房屋和市政基础设施工程招标投标监管的指导意见》（建市规〔2019〕11号）和《襄阳市人民政府关于加快建筑业发展的实施意见》（襄政发〔2018〕17号）中对于全过程工程咨询服务内容下的招标代理咨询环节做出的相关规定。需求型政策工具作为扩大市场需求、提供外在拉力的政策举措，无论是政府采购、试点先行，还是海外交流，都应立足于项目全过程视角，全面发展全过程工程咨询模式。

**2. 供给型和环境型政策工具的应用**

项目决策阶段中以技术创新和策略性措施的相关政策内容为主，供给型和环境型是政策工具的主要表现形式。《关于转发〈国家发展改革委 住房城乡建设部关于推进全过程工程咨询服务发展的指导意见〉的通知》（渝发改投〔2019〕1600号）提出"承担全过程工程咨询的单位，应具备运用BIM等相关技术的基本条件，并作为开展前期咨询服务的既定组成内容。"《国家发展改革委 住房城乡建设部关于推进全过程工程咨询服务发展的指导意见》（发改投资规〔2019〕515号）指明前期咨询内容包括结合国家、地区、行业的相关要求就投资项目的可行性要素进行分析论证，可见前期咨询对项目各方信息的收集整理要求较高，运用BIM等信息技术构建项目的信息平台能够更好辅助项目决策阶段的咨询工作。《关于印发福建省全面开展工程建设项目审批制度改革实施方案的通知》（闽政办〔2019〕34号）规定可以通过推广全过程工程咨询模式来实现工程建设项目审批环节的"一站式"集成服务和统一规范管理，该规定说明在项目决策阶段即引入全过程工程咨询有利于精简审批环节，优化工程建设营商环境。

建设实施阶段中对工程建设过程监督管理的相关内容居多，主要表现为环境型政策工具。《关于推进山西省房屋建筑和市政基础设施工程总承包的指导意见》（晋建市字〔2018〕341号）指出："工程总承包项目的建设单位可在项目立项后，委托全过程工程咨询企业对工程总承包项目实行全过程或分阶段项目管理咨询服务。"《河北省人民政府办公厅关于促进建筑业持续健康发展的实施意见》（冀政办字〔2017〕143号）则提出："强化施工现场管控，对选择具有相应工程监理资质的企业开展全过程工程咨询服务的工程，可不再另行委托监理。"这一规定创新了全过程工程咨询模式下工程监理的服务模式。

## 三、全过程工程咨询关键路径维度应用结果评价分析

从基本政策工具维度、全过程工程咨询项目阶段维度及全过程工程咨询关键路径维度对政策文本内容进行统计分析，结果如表7-3所示。

表7-3的计算基数为357，即在总计751条政策工具编码单元中，有357条与全过程工程咨询的三大关键路径相关，占编码单元总数的47.54%。其中，标记为"策划先行提升项目价值"的编码单元数量为25条，占比为7%，标记为"信

全过程工程咨询政策内容 X-Y-Z 维度交叉应用结果量化统计　　　表 7-3

| Z维度 | X维度 | Y维度 | | | 汇总 |
|---|---|---|---|---|---|
| | | 项目决策 | 建设实施 | 项目全过程 | |
| 策划先行提升项目价值 | 供给型政策工具 | 0.56% | 0 | 3.36% | 3.92% |
| | 需求型政策工具 | 0 | 0 | 0.84% | 0.84% |
| | 环境型政策工具 | 0.84% | 0.28% | 1.12% | 2.24% |
| 信息集成构建全咨平台 | 供给型政策工具 | 0 | 0.56% | 16.25% | 16.81% |
| | 需求型政策工具 | 0 | 0 | 2.52% | 2.52% |
| | 环境型政策工具 | 0.56% | 1.12% | 8.96% | 10.64% |
| 组织整合优化全咨产业 | 供给型政策工具 | 0.84% | 3.08% | 21.01% | 24.93% |
| | 需求型政策工具 | 0 | 0 | 7.56% | 7.56% |
| | 环境型政策工具 | 0.84% | 4.20% | 25.49% | 30.53% |
| 汇总 | | 3.64% | 9.24% | 87.11% | 100.00% |

资料来源：自行绘制。

息集成构建全咨平台"的编码单元数量为107条，占比为29.97%，而标记为"组织整合优化全咨产业"的编码单元数量最多，有225条，占比高达63.03%。可以看出，现阶段我国的全过程工程咨询政策虽对三大关键路径均有涉及，但侧重点不同，组织整合是政策内容的关注重点，而项目策划的关注程度则较低。与此同时，无论是针对哪一个关键路径，需求型政策工具的应用都偏少，供给型和环境型政策工具的应用相对较为均衡，且项目全过程是各关键路径中政策工具应用最为丰富的阶段。

（一）"策划先行提升项目价值"的政策工具应用

该关键路径在政策中多体现为对全过程工程咨询服务内容的界定。从政策工具的视角来看，供给型是主要表现形式，项目全过程是应用最为丰富的阶段，政府为鼓励各类咨询企业延展自身工作内容，主要通过供给型政策工具下的设立服务标准这一次级政策工具进行政策规定，具体表现为鼓励承担全过程工程咨询的企业要积极拓展覆盖项目策划等阶段的全生命周期服务。如《关于布置工程造价咨询企业参与全过程咨询服务工作任务的通知》(鲁标定函〔2019〕9号)、《四川省住房和城乡建设厅关于印发四川省全过程工程咨询试点工作方案的通知》(川建发〔2017〕11号)和《自治区住房和城乡建设厅关于印发广西全过程工程咨询试点工作方案的通知》(桂建发〔2018〕2号)等文件中规定"工程勘察设计单位应利用先导优势、工程监理单位应利用施工阶段管理优势，积极拓展覆盖项目策划等内容的全生命周期的技术支持和服务,提高工程项目建设水平。"《江苏省住房和城乡建设厅关于印发江苏省开展全过程工程咨询试点工作方案的通知》(苏建科〔2017〕526号)中则明确指出全过程工程咨询的服务内容应包括项目策划在内的一系列工程技术及管理活动。

项目策划不仅为设计工作提供了科学的、逻辑的、优化的设计依据,还在项目的决策、实施等阶段占有极其重要的地位。全过程工程咨询作为一种全生命周期服务模式,理应要包含项目策划等阶段的内容,故而工程咨询企业在提供全过程工程咨询服务时,要重视项目策划阶段的相关内容,依托企业自身的核心专业优势,通过业务平台的建设,加强前端参与项目整体策划过程,加强中后端项目实施各阶段策划能力,从而极大地发挥全过程工程咨询在技术引领、风险控制、资源整合、统筹协调及目标把控等方面的优势。

(二)"信息集成构建全咨平台"的政策工具应用

就供给型政策工具而言,该关键路径在政策中多体现为鼓励咨询企业采用信息化等新技术,项目全过程是应用最为丰富的阶段。政府为提升全过程工程咨询的服务质量,多采用技术创新支持这一次级政策工具进行政策规定,具体表现为鼓励咨询企业利用BIM、大数据、物联网等新技术来提升咨询服务信息化水平。如《湖南省住房和城乡建设厅关于印发湖南省全过程工程咨询试点工作方案和第一批试点名单的通知》(湘建设函〔2017〕446号)规定"鼓励咨询企业采用信息化、工业化等新技术,对应用BIM技术和工业化设计的,在全过程工程咨询评标中可给予加分。"浙江省发展改革委和建设厅联合印发的《关于贯彻落实〈国家发展改革委 住房城乡建设部关于推进全过程工程咨询服务发展的指导意见〉的实施意见》(浙发改基综〔2019〕324号)规定"鼓励咨询企业开发和利用BIM、大数据、物联网等新技术,提升咨询服务信息化水平"。《内蒙古自治区住房和城乡建设厅关于开展全过程工程咨询试点工作的通知》(内建工〔2018〕544号)也提出要充分利用BIM、大数据、物联网等信息技术,为全过程工程咨询业务提供保障。对于工程咨询企业来说,全过程工程咨询项目参与方多、管理要素复杂,信息对接不上的现象极易发生,全过程工程咨询集成和协同管理的优势反而难以发挥。因此,企业应积极构建全过程工程咨询信息化平台,来提升服务效率,如基于BIM技术的信息化管理平台。在全过程工程咨询服务中,需要专业知识、项目信息、工程技术及管理技术的共享,需要这些数据以一定的集成方式进行流转,而通过BIM技术下的数据集成模型,这些数据便可以按照统一的标准在项目各阶段、各组织、各专业层面进行对接、访问、共享、更新和重复使用。

就环境型政策工具而言，该关键路径在政策中多体现为通过建立信用评价体系等信息平台对全过程工程咨询企业进行监督管理，项目全过程是应用最为丰富的阶段，监管机制是次级政策工具的具体表现形式。《关于印发安徽省开展全过程工程咨询试点工作方案的通知》（建市〔2018〕138号）指出要"大力推进信用体系建设，建立全过程工程咨询试点项目、试点企业信用公开制度"，《陕西省住房和城乡建设厅关于开展全过程工程咨询试点的通知》（陕建发〔2018〕388号）指出"对全过程工程咨询企业的违法违规行为应当依法予以处理，记入企业诚信档案，并在省建筑市场监督与诚信信息一体化平台予以公开"，《黑龙江省住房和城乡建设厅关于在房屋建筑和市政工程领域推进全过程工程咨询服务发展的指导意见》（黑建建〔2019〕12号）则规定"对全过程工程咨询企业违法违规行为依法依规进行惩处，视情节记入不良信用信息或建筑市场黑名单"。除此之外，宁波、绍兴等市级相关部门也在其全过程工程咨询的试点工作方案中提出要完善信用信息管理制度，建立工程咨询企业的信用评价体系。可以看出，以上政策均希望完善信用评价体系、集成监管信息，来加强对全过程工程咨询企业的监督管理。工程咨询企业也应该意识到，在模式发展初期，无论是国家监管还是市场准则都不够完善，此时企业更应该严格自身标准，对服务成本开展深入研究，抵制不正当竞争，努力提升企业的诚信水平，来提高全过程工程咨询的服务业绩。

（三）"组织整合优化全咨产业"的政策工具应用

就供给型政策工具而言，该关键路径在政策中多体现为鼓励各专业咨询企业通过联合经营、并购重组等方式发展全过程工程咨询服务，项目全过程是应用最为丰富的阶段。政府为鼓励各专业咨询企业转型升级，为全过程工程咨询的发展提供原动力，主要通过企业重组升级这一次级政策工具进行政策规定，如《住房城乡建设部关于促进工程监理行业转型升级创新发展的意见》（建市〔2017〕145号）中"鼓励大型监理企业采取跨行业、跨地域的联合经营、并购重组等方式发展全过程工程咨询，培育一批具有国际水平的全过程工程咨询企业。"《住房城乡建设部关于加强和改善工程造价监管的意见》（建标〔2017〕209号）中"积极培育具有全过程工程咨询能力的工程造价咨询企业，鼓励工程造价咨询企业融合投资咨询、勘察、设计、监理、招标代理等业务开展联合经营，开展全过程工程咨询。"《山西省人民政府办公厅关于促进建筑业持续健康发展的实施意见》（晋政办发〔2017〕135号）中"鼓励企业通过联合经营、并购重组等方式，整合工程建设所需的工程咨询、招标代理、勘察设计、造价咨询、监理等上下游产业链相关服务业务，推动咨询企业向全过程工程服务企业转型。"

就环境型政策工具而言，政策中不仅有鼓励企业重组升级的条款，还包含对主管部门的相关要求，以保障企业的重组升级顺利进行，如山东省《关于在房屋建筑和市政工程领域加快推行全过程工程咨询服务的指导意见》（鲁建建管字〔2019〕19号）和吉林省《关于在房屋建筑和市政基础设施工程领域加快推行全过程工程咨询服务的通知》（吉建联发〔2020〕20号）等文件均指出"各级住房城乡建设、发展改革部门要加强对全过程工程咨询服务的指导，积极为全过程工程咨询单位联合经营、并购重组创造条件，支持企业做优做强。"

不难看出，政策中多次提及的"联合经营、并购重组"即是希望各咨询专业能够相互融合，而目前部分全过程工程咨询项目在实施过程中，并没有组建形成真正意义上的无缝衔接、高效融合的咨询项目部，各专业工程咨询企业相互之间未有真正地深入合作。全过程工程咨询就是要将投资咨询、勘察设计、监理、招标代理、造价咨询，直至项目运维期间的相关专业咨询全部融合起来，做好项目的一体化建设管理，从"全过程"的视角，以"全过程"的思维，对项目的建设管理提出要求。

# 第八章 政策内容视角下全过程工程咨询政策文本核心关切点分析

## 第一节 核心政策文本的识别

在政策制定的过程中，许多政策的制定是在参照其他政策的意见或成功经验的基础上进行的。此类政策间的相互作用称为政策的引文关系。政策与政策之间存在的引文关系构成了政策引文网络。根据社会网络理论，政策引文网络中那些在已有的政策体系内占据着重要地位，有着重大影响的核心政策，通常政策力度较大，将会对政策体系的演化产生深远的影响。正如可以利用引文分析来提取文献之间的引用关系、识别出对某一领域发展与进步具有显著影响的核心文献，同样也可以运用引文分析方法探究政策之间的关系、得出显著影响全过程工程咨询政策体系发展的核心政策[76]。

首先应对政策文本作出相应规定，选定与全过程工程咨询相关性较高的政策文本作为政策分析库，由于本研究需要识别出政策内容中的核心关切点，故政策文本应是与之高度联系，相关性极高的，按照以下标准进行核心政策的筛选，首先是政策类型，如法律法规、通知、意见和公告等形式的文件（复函和批复等形式的文件除外）；其次，与全过程工程咨询相关性较低的政策文本不计入在内，如一些公布全过程工程咨询试点企业的文件，此类文件对于全过程工程咨询的实质性内容并无侧重，说明其代表性不强；最后，在地方政策中只选取第一批试点省（市）发布的全过程工程咨询政策文本，根据上述原则总共筛选出35份政策文本，如表8-1所示，将其作为识别政策内容核心关切点的样本来源。

全过程工程咨询核心政策筛选结果　　表8-1

| 政策等级 | 序号 | 发文标题 | 发文字号 | 发文机构 | 发布日期 |
| --- | --- | --- | --- | --- | --- |
| 国家文件 | 1 | 《国务院办公厅关于促进建筑业持续健康发展的意见》 | 国办发〔2017〕19号 | 国务院办公厅 | 2017.2.21 |

续表

| 政策等级 | 序号 | 发文标题 | 发文字号 | 发文机构 | 发布日期 |
|---|---|---|---|---|---|
| 国家文件 | 2 | 《住房城乡建设部关于开展全过程工程咨询试点工作的通知》 | 建市〔2017〕101号 | 住房和城乡建设部 | 2017.5.2 |
| | 3 | 住房城乡建设部等部门关于印发《贯彻落实促进建筑业持续健康发展的意见重点任务分工方案》的通知 | 建市〔2017〕137号 | 住房和城乡建设部等 | 2017.6.13 |
| | 4 | 《国家发展改革委 住房城乡建设部关于推进全过程工程咨询服务发展的指导意见》 | 发改投资规〔2019〕515号 | 国家发展和改革委员会 住房和城乡建设部 | 2019.3.15 |
| 地方文件 | 5 | 北京市住房和城乡建设委员会《关于进一步改善和优化本市工程监理工作的通知》 | 京建发〔2018〕186号 | 北京市住房和城乡建设委员会 | 2018.4.23 |
| | 6 | 上海市人民政府办公厅印发《关于促进本市建筑业持续健康发展的实施意见》的通知 | 沪府办〔2017〕57号 | 上海市人民政府办公厅 | 2017.9.30 |
| | 7 | 上海市住房和城乡建设管理委员会《关于进一步改善和优化本市施工许可办理环节营商环境的通知》 | 沪建建管〔2018〕155号 | 上海市住房和城乡建设委员会 | 2018.3.19 |
| | 8 | 上海市关于印发《关于提升本市社会投资低风险项目审批服务质量实施细则》的通知 | 沪建审改办〔2019〕2号 | 上海市住房和城乡建设委员会 | 2019.4.26 |
| | 9 | 广东省住房和城乡建设厅关于印发《广东省全过程工程咨询试点工作实施方案》的通知 | 粤建市〔2017〕167号 | 广东省住房和城乡建设厅 | 2017.8.7 |
| | 10 | 广东省住房和城乡建设厅关于贯彻落实《住房城乡建设部关于促进工程监理行业转型升级创新发展的意见》的实施意见 | 粤建市函〔2018〕339号 | 广东省住房和城乡建设厅 | 2018.2.7 |
| | 11 | 广东省住房和城乡建设厅《关于进一步促进建筑业持续健康发展的通知》 | 粤建市〔2018〕142号 | 广东省住房和城乡建设厅 | 2018.7.27 |
| | 12 | 四川省住房和城乡建设厅关于印发《四川省全过程工程咨询试点工作方案》的通知 | 川建发〔2017〕11号 | 四川省住房和城乡建设厅 | 2017.7.18 |
| | 13 | 自治区住房城乡建设厅关于印发《广西全过程工程咨询试点工作方案》的通知 | 桂建发〔2018〕2号 | 广西壮族自治区住房和城乡建设厅 | 2018.2.1 |
| | 14 | 广西壮族自治区人民政府办公厅《关于促进建筑业持续健康发展的实施意见》 | 桂政办发〔2018〕29号 | 广西壮族自治区人民政府办公厅 | 2018.3.29 |

续表

| 政策等级 | 序号 | 发文标题 | 发文字号 | 发文机构 | 发布日期 |
|---|---|---|---|---|---|
| 地方文件 | 15 | 自治区住房城乡建设厅关于印发《在民用建筑工程中试行建筑师负责制的指导意见》的通知 | 桂建发〔2018〕21号 | 广西壮族自治区住房和城乡建设厅 | 2018.12.28 |
| | 16 | 《广西壮族自治区工程建设全过程咨询服务导则(试行)》 | 桂建管〔2019〕71号 | 广西壮族自治区住房和城乡建设厅 | 2019.12.27 |
| | 17 | 江苏省住房城乡建设厅关于印发《江苏省开展全过程工程咨询试点工作方案》的通知 | 苏建科〔2017〕526号 | 江苏省住房和城乡建设厅 | 2017.10.27 |
| | 18 | 《省政府关于促进建筑业改革发展的意见》 | 苏政发〔2017〕151号 | 江苏省人民政府 | 2017.11.24 |
| | 19 | 省住房城乡建设厅关于印发《2018年全省建筑业工作要点》的通知 | 苏建建管〔2018〕111号 | 江苏省住房和城乡建设厅 | 2018.3.26 |
| | 20 | 省住房和城乡建设厅《关于组织申报2018年度省级绿色建筑与建造资金奖补城市的通知》 | 苏建科〔2018〕269号 | 江苏省住房和城乡建设厅 | 2018.5.22 |
| | 21 | 省住房和城乡建设厅《关于组织申报2019年度省级建筑节能专项引导资金奖补项目的通知》 | 苏建科〔2018〕885号 | 江苏省住房和城乡建设厅 | 2018.11.15 |
| | 22 | 省住房和城乡建设厅关于印发《江苏省全过程工程咨询服务合同示范文本(试行)》和《江苏省全过程工程咨询服务导则(试行)》的通知 | 苏建科〔2018〕940号 | 江苏省住房和城乡建设厅 | 2018.12.14 |
| | 23 | 省住房和城乡建设厅关于印发《2019年全省建筑业工作要点》的通知 | 苏建建管〔2019〕200号 | 江苏省住房和城乡建设厅 | 2019.5.6 |
| | 24 | 省住房和城乡建设厅《关于组织申报2020年度省级建筑节能专项引导资金奖补项目的通知》 | 苏建科〔2019〕400号 | 江苏省住房和城乡建设厅 | 2019.11.15 |
| | 25 | 省住房和城乡建设厅《关于做好建设工程合同信息要素归集加强建筑市场事中事后监管的通知》 | 苏建规字〔2020〕1号 | 江苏省住房和城乡建设厅 | 2020.1.13 |
| | 26 | 省住房和城乡建设厅关于印发《2020年全省建筑业工作要点》的通知 | 苏建建管〔2020〕92号 | 江苏省住房和城乡建设厅 | 2020.6.4 |
| | 27 | 浙江省关于印发《浙江省全过程工程咨询试点工作方案》的通知 | 建建发〔2017〕208号 | 浙江省住房和城乡建设厅 | 2017.6.13 |
| | 28 | 浙江省人民政府办公厅《关于加快建筑业改革与发展的实施意见》 | 浙政办发〔2017〕89号 | 浙江省人民政府办公厅 | 2017.8.21 |

续表

| 政策等级 | 序号 | 发文标题 | 发文字号 | 发文机构 | 发布日期 |
|---|---|---|---|---|---|
| 地方文件 | 29 | 浙江省发展改革委 浙江省建设厅关于贯彻落实《国家发展改革委 住房城乡建设部关于推进全过程工程咨询服务发展的指导意见》的实施意见 | 浙发改基综〔2019〕324号 | 浙江省发展和改革委员会浙江省住房和城乡建设厅 | 2019.7.10 |
| | 30 | 浙江省发展改革委 省建设厅关于印发《浙江省推进全过程工程咨询试点工作方案》的通知 | 浙发改基综〔2019〕368号 | 浙江省发展和改革委员会浙江省住房和城乡建设厅 | 2019.8.29 |
| | 31 | 浙江省发展和改革委员会《关于印发有序推进省重点项目建设政策意见的通知》 | 浙发改基综〔2020〕42号 | 浙江省发展和改革委员会 | 2020.2.25 |
| | 32 | 福建省关于印发《福建省全过程工程咨询试点工作方案》的通知 | 闽建科〔2017〕36号 | 福建省住房和城乡建设厅福建省发展和改革委员会福建省财政厅 | 2017.8.30 |
| | 33 | 《福建省关于加强工程总承包和全过程工程咨询试点项目管理工作的通知》 | 闽建科〔2017〕48号 | 福建省住房和城乡建设厅 | 2017.12.25 |
| | 34 | 《福建省关于落实建筑业重点工作的通知》 | 闽建办筑〔2020〕1号 | 福建省住房和城乡建设厅 | 2020.1.1 |
| | 35 | 湖南省住房和城乡建设厅《关于印发湖南省全过程工程咨询试点工作方案和第一批试点名单的通知》 | 湘建设函〔2017〕446号 | 湖南省住房和城乡建设厅 | 2017.12.22 |

资料来源：自行绘制。

## 第二节 政策核心关切点的识别

### 一、核心政策文本的预处理

对全过程工程咨询核心政策进行预处理工作，是识别出政策核心关切点的基础工作，为后续利用ROSTCM6进行分词和词频统计提供帮助。在预处理阶段，通过对政策文本的分词及停用词过滤等过程将政策文本处理为政策文本特征矩阵，作为政策文本分析的数据训练集。此过程的主要步骤包括中文分词和停用词过滤，具体如图8-1所示。

首先要对收录的全过程工程咨询核心政策进行文件格式的转换，将政策文本中与全过程工程咨询相关的条款逐个从Word格式，转化为TXT格式，然后运用

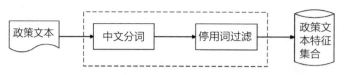

图8-1 政策文本预处理的过程

资料来源：自行绘制

ROSTCM6词频分析软件中的批量文件处理功能，将研究样本整合为一份样本。在转化的过程中应删除不同政策文本中的通知性语言，包括政策文本的发文时间、发文部门、政策名称以及其他无实际意义的内容。同时，删除空行、文件格式转换中出现的乱码、停用词、非中文字符并对政策内容的格式进行调整等，使政策文本仅包含政策正文内容，以《国家发展改革委 住房城乡建设部关于推进全过程工程咨询服务发展的指导意见》（发改投资规〔2019〕515号）为例，整理后的结果如图8-2所示。

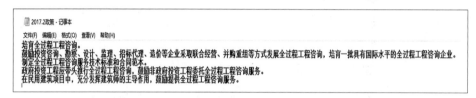

图8-2 全过程工程咨询核心政策初步处理情况（示例）

资料来源：自行绘制

初步处理核心政策文本后，需要进行分词操作。本书将ROSTCM6分析软件作为此项工作的主要手段，选择功能性分析中的分词选项，如图8-3所示，对纯文本格式的核心政策进行基于机械分词算法的分词处理，以便提高分词的准确性和可靠性。

图8-3 ROSTCM6分词处理界面

资料来源：自行绘制

在初步分词的基础上采用人工手动修改的手段，对一些并不能完全反映政策文本制定者本意的分词错误进行修正，以期进一步提高分词工作的精准度。此部分以前文已经初步处理后的核心政策文本为例，利用软件进行分词后会形成单音节词和复音节词，将待分析的文本切分成短的汉字串，分词处理后的结果如图8-4所示。

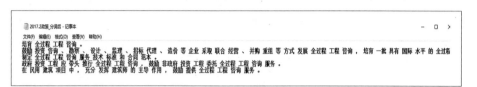

图8-4　全过程工程咨询核心政策分词结果（示例）

资料来源：自行绘制

按照示例分别进行核心政策初步处理以及分词处理，将其余的核心政策文本进行政策预处理，对分词后的文本格式文件应进行整理工作，以便为后续全过程工程咨询政策中的关键词及核心关切点的识别提供帮助。

## 二、核心政策关键词的提取

在完成对核心政策文本的预处理后，为了提取全过程工程咨询核心政策文本中的核心关切点，拟要进行的工作包含政策词频统计、关键词的可视化和关键词权重的计算。

（一）词频统计

将整理统计完成后的35份全过程工程咨询核心政策文本，按照年份的划分进行词频统计，把2017年、2018年和2019年之后发布的政策文本分别总结到纯文本文件中，运用ROSTCM6分析软件对政策样本进行词频统计操作，因受限于篇幅，在此根据计算结果，筛选出各个分组的排名前40的高频词语，如表8-2所示。

根据表8-2可知划分后的三个时间段内的政策文本中的高频词和热词，词频统计的结果表现为通用词语频次极高，如"工程""咨询""服务""全过程"等，均是排名在前的高频词语；但是同时三个时间划分阶段的高频词也存在着差异的情况，如2017年政策高频词包含"试点""建设""企业""酬金"和"资质"；2018年政策高频词包含"管理""团队""合同""策划"和"监理"；2019～2020年政策高频词包含"投资""招标""设计""企业"和"发包"等。

2017~2020年全过程工程咨询核心政策文本高频关键词统计情况　　表8-2

| 序号 | 2017年 | | 2018年 | | 2019~2020年 | |
| --- | --- | --- | --- | --- | --- | --- |
| | 高频词 | 频次 | 高频词 | 频次 | 高频词 | 频次 |
| 1 | 工程 | 453 | 工程 | 923 | 咨询 | 538 |
| 2 | 咨询 | 377 | 咨询 | 843 | 工程 | 437 |
| 3 | 全过程 | 304 | 服务 | 724 | 全过程 | 319 |
| 4 | 试点 | 170 | 全过程 | 678 | 服务 | 292 |
| 5 | 服务 | 148 | 管理 | 423 | 项目 | 280 |
| 6 | 建设 | 147 | 项目 | 356 | 建设 | 199 |
| 7 | 项目 | 139 | 团队 | 135 | 管理 | 179 |
| 8 | 企业 | 105 | 合同 | 99 | 单位 | 124 |
| 9 | 单位 | 98 | 造价 | 97 | 合同 | 79 |
| 10 | 部门 | 70 | 机构 | 96 | 投资 | 76 |
| 11 | 管理 | 63 | 策划 | 94 | 质量 | 55 |
| 12 | 主管 | 55 | 设计 | 92 | 招标 | 46 |
| 13 | 住房 | 54 | 招标 | 91 | 试点 | 45 |
| 14 | 城乡 | 54 | 计划 | 86 | 机构 | 45 |
| 15 | 招标 | 47 | 建设 | 81 | 文件 | 43 |
| 16 | 设计 | 42 | 监理 | 80 | 设计 | 40 |
| 17 | 投资 | 36 | 企业 | 73 | 负责人 | 39 |
| 18 | 组织 | 35 | 组织 | 71 | 计划 | 38 |
| 19 | 监理 | 35 | 阶段 | 70 | 决策 | 37 |
| 20 | 技术 | 34 | 过程 | 67 | 企业 | 36 |
| 21 | 委托 | 33 | 负责人 | 61 | 开展 | 36 |
| 22 | 积极 | 33 | 质量 | 61 | 技术 | 36 |
| 23 | 合同 | 31 | 代理 | 60 | 团队 | 35 |
| 24 | 酬金 | 31 | 总负责人 | 60 | 目标 | 34 |
| 25 | 鼓励 | 30 | 目标 | 59 | 阶段 | 33 |
| 26 | 业务 | 29 | 文件 | 56 | 组织 | 33 |
| 27 | 资质 | 29 | 单位 | 47 | 建立 | 32 |
| 28 | 造价 | 28 | 酬金 | 44 | 进度 | 32 |
| 29 | 开展 | 26 | 进度 | 44 | 采购 | 31 |
| 30 | 提高 | 24 | 编制 | 43 | 总负责人 | 31 |
| 31 | 水平 | 24 | 配合 | 40 | 部门 | 31 |
| 32 | 注册 | 24 | 规划 | 38 | 发包 | 31 |

续表

| 序号 | 2017年 | | 2018年 | | 2019~2020年 | |
|---|---|---|---|---|---|---|
| | 高频词 | 频次 | 高频词 | 频次 | 高频词 | 频次 |
| 33 | 勘察 | 21 | 范围 | 38 | 模式 | 30 |
| 34 | 建立 | 20 | 建立 | 38 | 发展 | 30 |
| 35 | 建筑 | 20 | 控制 | 38 | 监理 | 29 |
| 36 | 加强 | 20 | 试点 | 37 | 管理制 | 29 |
| 37 | 探索 | 20 | 技术 | 36 | 范围 | 27 |
| 38 | 标准 | 20 | 协调 | 34 | 策划 | 26 |
| 39 | 代理 | 19 | 业主 | 34 | 安全 | 26 |
| 40 | 政府 | 19 | 开展 | 32 | 造价 | 26 |

资料来源：自行绘制。

## （二）标签云可视化

标签云是可将文本词频统计后的结果进行可视化的一种形式，能够呈现具备一定美感的图形。词语出现的频数高低会影响图片中每个词语的规模大小，出现频数越高，该词语展现越大，同时可直观地反映词语的密度以及重要程度。全过程工程咨询核心政策的词频统计是从数值角度对高频词进行描述和展示，而运用标签云可更为直观地展现高频词与热词，2017～2020年全过程工程咨询核心政策的标签云应用结果如图8-5所示。

## （三）关键词权重的计算

通过对全过程工程咨询核心政策文本中高频词的统计及其标签云可视化后，还需要运用一定的方法对高频词做进一步分析，提取政策文本中的关键词。

本书采用的是TF-IDF法，它是词语权重赋予的计算方法，用于衡量字或词语在文本集中的重要程度。此种方法既可以体现内容，同时能区分其他类别，做到两者兼顾。TF-IDF是TF与IDF的乘积，设$tf$为文本中关键词$A$出现的次数，$M$代表本书中全过程工程咨询核心政策文本的总数，$m$代表在核心政策文本中出现关键词$A$的政策文本数，则：

$$TF\text{-}IDF = TF \times IDF = tf \times \lg(M/m) \tag{8-1}$$

对关键词$A$的TF-IDF权重计算结果解释如下：①若$A$在少数政策文本中出现多次，即TF和IDF取值最大，此时TF-IDF最大，关键词$A$的权重值最大。②若$A$在多数文本中出现或在文本中出现次数较少，此时IDF或TF取值较小，

2017年高频词标签云

2018年高频词标签云

2019~2020年高频词标签云

图8-5 2017~2020年全过程工程咨询核心政策高频词标签云可视化情况

资料来源：自行绘制

关键词$A$的权重值次之。③若$A$在所有文本中均出现，此时$m=M$，IDF$=0$，关键词$A$的权重值最小。

对文本中关键词的权重值进行排序则可识别核心政策文本的关键词，此时文本集合可以看成一个三维的向量空间模型，每个政策文本为其中的一个二维向量，其大小和方向由所包含词（$T$）的权重值（$W$）决定，如图8-6所示。

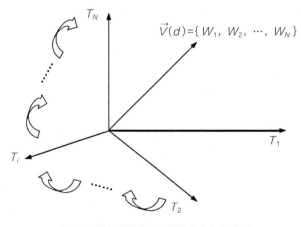

图8-6 基于关键词权重的文本向量模型

根据公式（8-1）及方法，在表8-2的基础上分别计算全过程工程咨询核心政策文本关键词的权重，进行相应的排序，剔除"工程""咨询""服务""全过程"等基础性词语，计算的结果如表8-3所示。

全过程工程咨询核心政策文本关键词排序　　表8-3

| 序号 | 关键词 | TF | IDF | TF-IDF | 排序 |
| --- | --- | --- | --- | --- | --- |
| 2017年 | | | | | |
| 1 | 试点 | 170 | 0.590 | 100.3 | 1 |
| 2 | 建设 | 147 | 0.641 | 94.23 | 2 |
| 3 | 企业 | 105 | 0.465 | 48.83 | 3 |
| 4 | 部门 | 70 | 0.641 | 44.87 | 4 |
| 5 | 管理 | 63 | 0.699 | 44.04 | 5 |
| 6 | 招标 | 47 | 0.590 | 27.73 | 6 |
| 7 | 设计 | 42 | 0.503 | 21.13 | 8 |
| 8 | 投资 | 36 | 0.544 | 19.58 | 9 |
| 9 | 组织 | 35 | 0.699 | 24.47 | 7 |
| 10 | 监理 | 35 | 0.544 | 19.04 | 10 |
| 2018年 | | | | | |
| 1 | 项目 | 356 | 0.590 | 210.04 | 1 |
| 2 | 合同 | 99 | 0.766 | 75.83 | 2 |
| 3 | 造价 | 97 | 0.766 | 74.30 | 3 |
| 4 | 设计 | 92 | 0.699 | 64.31 | 4 |
| 5 | 招标 | 91 | 0.699 | 63.61 | 5 |
| 6 | 监理 | 80 | 0.699 | 55.92 | 7 |
| 7 | 企业 | 73 | 0.699 | 51.03 | 9 |
| 8 | 负责人 | 61 | 0.845 | 51.55 | 8 |
| 9 | 质量 | 61 | 0.942 | 57.46 | 6 |
| 10 | 代理 | 60 | 0.766 | 45.96 | 10 |
| 2019~2020年 | | | | | |
| 1 | 建设 | 199 | 0.590 | 117.41 | 1 |
| 2 | 管理 | 179 | 0.465 | 83.24 | 3 |
| 3 | 单位 | 124 | 0.699 | 86.68 | 2 |
| 4 | 合同 | 79 | 0.845 | 66.76 | 4 |
| 5 | 投资 | 76 | 0.641 | 48.72 | 6 |
| 6 | 质量 | 55 | 0.942 | 51.81 | 5 |

续表

| 序号 | 关键词 | TF | IDF | TF-IDF | 排序 |
|---|---|---|---|---|---|
| 2019~2020年 | | | | | |
| 7 | 文件 | 43 | 0.942 | 40.51 | 7 |
| 8 | 负责人 | 39 | 0.942 | 36.74 | 8 |
| 9 | 决策 | 37 | 0.845 | 31.27 | 9 |
| 10 | 技术 | 36 | 0.845 | 30.42 | 10 |

资料来源：自行绘制。

根据表8-3可知，词语频数的高低与计算出关键词的权重排序情况并不完全一致，存在一定的差异。2017年关键词包括"试点""建设""企业""部门""管理"和"招标"；2018年关键词包括"项目""合同""造价""设计""招标"和"质量"；2019~2020年关键词包括"建设""单位""管理""合同""质量"和"投资"等。

## 三、核心政策文本的社会网络分析

从社会网络的角度看，关键词可被视为是关键词网络中的各个节点，而它们的共现可以认为是节点之间有直接的联系。在虚拟的关键词网络中，依据节点共现与否和共现频次的不同，每个节点在关键词网络中都处于不同的位置。点度中心度是研究节点中心度的重要指标，包括绝对点度中心度（Degree）、相对点度中心度（Nrm Degree）。它能够反映关键词在社会网络结构中的影响力和重要度，关键词与其他关键词在同一政策文本中出现的次数越多，则点度中心度越大，越可能指向政策的关注点。本书先利用ROSTCM6对关键词进行语义网络分析，构建共词矩阵表，并将其导入Ucinet进行节点的中心性分析，表8-4展示了排名前20的关键词中心度结果。

关键词点度中心度　　　　表8-4

| 序号 | 关键词 | 点度中心度 | |
|---|---|---|---|
| | | 绝对点度中心度 | 相对点度中心度 |
| 1 | 咨询 | 5520.000 | 26.847 |
| 2 | 工程 | 5327.000 | 25.908 |
| 3 | 全过程 | 5228.000 | 25.427 |
| 4 | 服务 | 3868.000 | 18.812 |
| 5 | 项目 | 2704.000 | 13.151 |

续表

| 序号 | 关键词 | 点度中心度 | |
|---|---|---|---|
| | | 绝对点度中心度 | 相对点度中心度 |
| 6 | 管理 | 2243.000 | 10.909 |
| 7 | 建设 | 1706.000 | 8.297 |
| 8 | 单位 | 993.000 | 4.830 |
| 9 | 设计 | 938.000 | 4.562 |
| 10 | 团队 | 747.000 | 3.633 |
| 11 | 造价 | 725.000 | 3.526 |
| 12 | 合同 | 689.000 | 3.351 |
| 13 | 招标 | 634.000 | 3.084 |
| 14 | 机构 | 517.000 | 2.514 |
| 15 | 组织 | 491.000 | 2.388 |
| 16 | 试点 | 481.000 | 2.339 |
| 17 | 监理 | 451.000 | 2.193 |
| 18 | 企业 | 441.000 | 2.145 |
| 19 | 技术 | 429.000 | 2.086 |
| 20 | 质量 | 411.000 | 1.999 |

由表8-4可知,"咨询""工程""全过程"的点度中心度居于前列,在网络中处于核心位置。虽然通过词语的频数统计,标签云可视化以及关键词权重的计算可以判断词语在核心政策文本中的重要程度,但是难以判断关键词的位置关系,因此还需要对关键词进行网络构建。为方便得到更为直观的关键词之间的相互关系,使用ROSTCM6软件中的NetDraw构建关键词的社会网络,进行可视化分析。将经过预处理后的全过程工程咨询核心政策文本导入软件中,通过提取高频词、过滤无意义词、提取行特征、构建网络和构建矩阵等步骤,可得到我国全过程工程咨询核心政策文本的关键词社会网络图谱,各节点大小按照点度中心度排列,如图8-7所示。图中节点面积的大小是根据点度中心度排序生成的,节点面积越大,其点度中心度越大且与之相连的连线越多,表示该节点关键词较于其他关键词,在政策文本中出现的次数越多,越能说明其在网络中有较大的影响力。

由图8-7可清晰看出"全过程""工程""咨询"的节点面积最大,居于网络结构的中心位置,且与之相关联的关键词较多。也可观察出"招标""合同"等词的节点面积较大,与"全过程""工程""咨询"的链条也较为密集。相对于其他众多关键词而言,这些词语是全过程工程咨询核心政策文件关注的热点。

本书拟根据现有核心政策、其他政策的解读范文,同时利用关键词相对位置

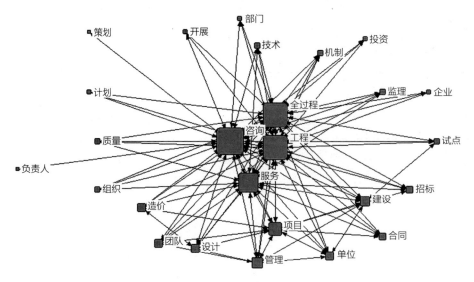

图8-7 全过程工程咨询核心政策关键词位置关系图

资料来源：自行绘制

关系的研究加以辅助，以便进一步挖掘出全过程工程咨询政策核心关切点。在统计高频词和提取关键词时，词语"合同"在两个年份阶段的政策中出现频次均较高且稳定，因此将"合同"作为示例，利用NetDraw软件进行分析，提取与之相关度较高的关键词，描述出核心关切点。通过软件分析，可得到如图8-8的分析结果。

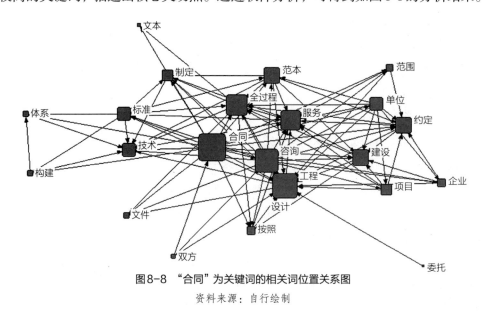

图8-8 "合同"为关键词的相关词位置关系图

资料来源：自行绘制

在图8-8中，与"合同"相关度较高，有一定联系的词语包含"技术"和"标准"等，由此可将核心关切点总结为构建技术标准和合同体系。照此方法可得到其余7个核心关切点，整理后，可以进一步将这些核心关切点归纳为两部分：一是前期准备工作；二是如何开展全过程工程咨询业务。全过程工程咨询是政府积极试点并鼓励推广的新型组织管理模式，从目前来看，工程咨询企业逐步意识到全过程工程咨询实施的必要性，这种咨询服务区别于传统的工程咨询，需要在工程项目各个阶段开展相应的咨询工作，为工程建设实施提供切实的指导，发挥工程咨询应有的作用[77]。然而本书第五章第一节指出，现阶段我国的全过程工程咨询尚处于发展起步阶段，部分工程咨询企业对该模式缺乏深入了解和清晰认识，在将其付诸实践的过程中面临了诸多难题。工程咨询企业必须紧跟政策导向，不断学习、总结管理经验，成为行业转型发展的践行者，以便在日后的项目实践中能够为业主提供优质的咨询服务。鉴于此，为帮助工程咨询企业有针对性地对接政策风向标，破解发展困局，本章第三节将进行详细分析。

## 第三节　全过程工程咨询政策核心关切点分析

以本章第二节识别出的核心关切点为依据，逐个分析和比较与之相对应的有关政策，总结政策对这些核心问题的具体规定，在此基础上提出工程咨询企业开展全过程工程咨询的合理建议。将归纳出的核心关切点分成两部分，根据分析结果，并结合政策，做如下分析。

### 一、前期准备工作

（一）全过程工程咨询的招标投标

通过对相关政策文件进行统计，汇总了当前国家和各地关于全过程工程咨询的招标投标规定，如表8-5所示，并对政策进行比较。

**1. 各地规定的比较**

（1）共同点：体现策划先行的思想。地方政策文件中，广东、四川、广西、浙江、福建、湖南这6个省份均规定了依法应当招标的项目，通过招标方式委托全过程工程咨询服务。社会投资项目可以直接委托实施全过程工程咨询服务。其中广西、浙江对招标时间节点进行了规定，可在计划实施投资时通过招标方式委托全过程工程咨询服务；委托内容不包括前期投资咨询的，也可在项目立项后由项目法人通过招标方式委托全过程工程咨询服务。

招标政策的汇总表　　　　　　　　　　　　　　　表 8-5

| 政策等级 | 政策名称 | 政策内容 | 特点 |
| --- | --- | --- | --- |
| 国家文件 | 《国家发展改革委 住房城乡建设部关于推进全过程工程咨询服务发展的指导意见》(发改投资规〔2019〕515号) | 建设单位选择具有相应工程勘察、设计、监理或造价咨询资质的单位开展全过程咨询服务的,除法律法规另有规定外,可不再另行委托勘察、设计、监理或造价咨询单位 | 1.国家明文规定的必须进行招标的项目应采用公开招标方式委托。其他项目可采用邀请招标方式委托。<br>2.除北京、上海、江苏外,其他试点均明确提出依法应当招标的项目,通过招标方式委托全过程工程咨询服务,社会投资项目直接委托全过程工程咨询服务。即发包人可采用招标或直接委托等方式将全过程工程咨询业务委托给一个全过程工程咨询服务单位承担。<br>3.四川和江苏对部分单项咨询业务明确规定无须单独招标。<br>4.允许联合体投标的地区有：四川、江苏、福建。<br>5.已出台具体的全过程工程咨询服务招标文件范本的地区有：四川、广西、湖南。<br>6.规定招标时间节点的地区有广西、浙江 |
| 地方文件 | 广东省住房和城乡建设厅关于印发《广东省全过程工程咨询试点工作实施方案》的通知(粤建市〔2017〕167号) | 依法应当招标的项目,可通过招标方式委托全过程工程咨询服务。依法无需招标的项目可以直接委托全过程工程咨询服务 | |
| | 四川省住房和城乡建设厅关于印发《四川省全过程工程咨询试点工作方案》的通知(川建发〔2017〕11号) | 依法应当进行招标的项目,当实行全过程工程咨询服务管理时,只需对勘察设计、工程监理其中一项进行招标即可,其他咨询服务可直接委托给同一家咨询单位,无需再对其他咨询服务内容进行招标；对于不需要依法进行招标的社会投资项目可以直接委托实行全过程工程咨询服务管理。接受委托的咨询服务单位既可以是一家单位,也可以是由两家单位组成的联合体 | |
| | 广西壮族自治区住房和城乡建设厅关于印发《广西全过程工程咨询试点工作方案》的通知(桂建发〔2018〕2号) | 社会投资项目可以直接委托实施全过程工程咨询服务。应当依法招标的项目,可在计划实施投资时通过招标方式委托全过程工程咨询服务；委托内容不包括前期投资咨询的,也可在项目立项后由项目法人通过招标方式委托全过程工程咨询服务。经过依法发包的全过程工程咨询服务项目,可不再另行组织前期咨询、工程监理、招标代理和造价咨询等单项咨询业务招标 | |
| | 江苏省住房和城乡建设厅关于印发《江苏省开展全过程工程咨询试点工作方案》的通知(苏建科〔2017〕526号) | 采用建筑师负责制的工程项目,监理、招标代理、造价咨询等技术服务可不另行招标。试点项目的全过程工程咨询业务可以发包给同时具有相应设计、监理、招标代理和造价咨询资质的一家企业或具有上述资质的联合体；也可以发包给一家具有相应资质的企业,并由该企业将不在本企业资质业务范围内的业务分包给其他具有相应资质的企业。对于全过程工程咨询试点项目,经项目审批、核准部门同意,可以采用邀请招标的方式发包 | |

续表

| 政策等级 | 政策名称 | 政策内容 | 特点 |
|---|---|---|---|
| 地方文件 | 浙江省关于印发《浙江省全过程工程咨询试点工作方案》的通知（建建发〔2017〕208号） | 社会投资项目可以直接委托实施全过程工程咨询服务。依法应当招标的项目，可在计划实施投资时通过招标方式委托全过程工程咨询服务；委托内容不包括前期投资咨询的，也可在项目立项后由项目法人通过招标方式委托全过程工程咨询服务 | |
| | 福建省关于印发《福建省全过程工程咨询试点工作方案》的通知（闽建科〔2017〕36号） | 依法必须招标的政府投资试点项目，采用全过程工程咨询服务的，应当通过招标的方式发包给全过程工程咨询试点单位。经过依法发包的全过程工程咨询服务项目，不再另行组织规划、可研、评估、勘察、设计、监理、造价等单项咨询业务招标。接受委托的全过程工程咨询服务单位可以是一个单位，也可以是多家单位组成的联合体 | |
| | 湖南省住房和城乡建设厅关于印发《湖南省全过程工程咨询试点工作方案和第一批试点名单的通知》》（湘建设函〔2017〕446号） | 政府投资或国有投资试点项目应按照《招标投标法》组织全过程工程咨询招投标，不需要进行招标的社会投资试点项目可直接委托全过程工程咨询服务。住房城乡建设主管部门、建设单位、招标投标代理企业应简化招标前置条件，在项目立项时即可进行全过程咨询单位招标准备工作。对于已经公开招标委托单项工程咨询服务的项目，在具备条件的情况下，可以补充合同形式将其他工程咨询服务委托给同一企业，开展全过程工程咨询工作 | |

资料来源：自行绘制。

（2）不同点：住房和城乡建设部规定建设单位选择具有相应工程勘察、设计、监理或造价咨询资质的单位开展全过程咨询服务的，除法律法规另有规定外，可不再另行委托勘察、设计、监理或造价咨询单位。四川、广西、江苏和福建对部分单项咨询业务明确规定无须单独招标。四川规定依法应当进行招标的，只需对勘察设计、工程监理其中一项进行招标即可，其他咨询服务可直接委托给同一家咨询单位，无需再对其他咨询服务内容进行招标。江苏规定采用建筑师负责制的工程项目，监理、招标代理、造价咨询等技术服务可不另行招标。广西和福建规定经过依法发包的全过程工程咨询服务项目，不再另行组织规划、可研、评估、勘察、设计、监理、造价等单项咨询业务招标。四川、江苏、福建的政策文件中明确允许联合体投标。其中四川规定接受委托的咨询服务单位可以是由两家单位组成的联合体。江苏、福建对于联合体企业的数量并未规定。

**2. 招标文件的内容**

对于全过程工程咨询服务招标文件，江苏省制定的《江苏省房屋建筑和市政基础设施项目全过程工程咨询服务招标投标规则（试行）》提出了招标文件至少应当明确的事项，目前仅四川、广西、江苏和湖南出台了具体的招标文件范本，内容包括：招标公告、投标邀请书、投标人须知、评标办法、合同条款及格式、技术标准、要求或全过程工程咨询服务工作任务书、投标文件格式。对这四个地区招标文件中的几个主要规定进行总结，具体如下：

（1）招标文件的组成

1）招标公告或投标邀请书；

2）投标人须知；

3）评标办法；

4）合同条款及格式；

5）投标文件格式；

6）投标人须知前附表规定的其他材料。

除上述6项外，四川、江苏和湖南制定的全过程工程咨询服务招标文件还包括技术标准和要求，广西制定的全过程工程咨询服务招标文件还包括全过程工程咨询服务工作任务书。

（2）投标文件的组成

1）投标函及投标函附录；

2）法定代表人身份证明或附有法定代表人身份证明的授权委托书；

3）联合体协议书；

4）投标保证金；

5）全过程工程咨询服务人员配备；

6）全过程工程咨询服务实施大纲；

7）资格审查资料；

8）投标人须知前附表规定的其他资料。

（3）项目投标报价的方式

四川制定的全过程工程咨询服务招标文件范本将报价方式分为三种：一是总价报价；二是费率报价，费率报价可采用总费率报价或分项费率报价两种形式；三是其他报价形式，包括人工时、成本加酬金、基本报酬加奖励提成等方式。

广西制定的全过程工程咨询服务招标文件范本将报价方式分为两种：一是总价报价，即全过程工程咨询包括的各单项费用叠加的方式，以总价为准；二是费率报价，可以根据项目特点及分项评审内容选择其中一种或一种以上报价形式进行组合报价。

湖南制定的全过程工程咨询服务招标文件范本将报价方式分为三种：一是固定总价报价；二是费率报价；三是其他报价形式。

（4）招投标基本流程

发包人采用公开招标方式委托全过程工程咨询业务时，其招标活动应遵循的流程如图8-9所示。

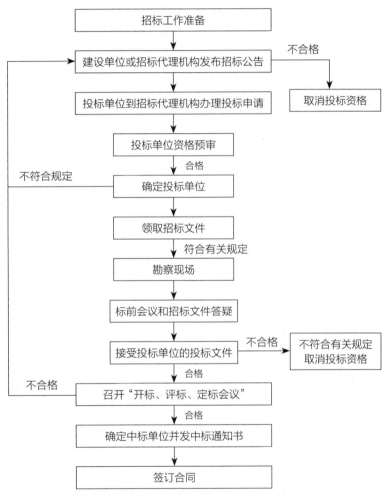

图8-9　工程建设项目招投标基本流程

资料来源：自行绘制

（5）评标及定标

1）评标委员会

评标由招标人依法组建的评标委员会负责。评标委员会由招标人或其委托的招标代理机构熟悉相关业务的代表，以及注册建筑师、主导专业工程师、监理工程师、造价工程师、咨询工程师等有关技术、经济方面的专家组成。评标委员会主任一般由建筑师或主导专业工程师担任。

2）评标办法

一般采用综合评估法进行评标。评标委员会对满足招标文件实质性要求的投标文件，按照评分标准进行打分，并按得分由高到低顺序推荐中标候选人，或根据招标人授权直接确定中标人，但投标报价低于其成本的除外。投标评审得分相同时，以投标报价低者排序优先；投标评审得分和投标报价均相同时，以技术标得分高者优先；投标评审得分、投标报价和技术标得分均相同时，采用随机方式确定中标人或中标候选人的排序。

3）定标方式

除授权评标委员会直接确定中标人外，招标人可依据评标委员会推荐的中标候选人确定中标人，推荐的中标候选人数为1～3名。

根据政策中的内容可以看出，《国家发展改革委 住房城乡建设部关于推进全过程工程咨询服务发展的指导意见》（发改投资规〔2019〕515号）中并未提及全过程工程咨询是否应当招标的相关内容，但部分省份针对全过程工程咨询服务如何进行招标进行了明确规定。全过程工程咨询服务包含了勘察、设计、监理工作，达到必须招标规模标准的，选定全过程工程咨询单位时一般采用公开招标方式。对于依法必须招标的项目，全过程工程咨询所涉及的单项咨询业务是否必须招标，四川、广西、福建对此类问题进行了规定：采取依法招标方式来选择全过程工程咨询单位时，都是采取一次性招标，即所有的咨询业务都委托给招标确定的全过程工程咨询单位，对部分单项咨询业务明确规定无须单独招标。在咨询单位的选择上应减少招标次数和招标、评标工作量，从而降低成本、缩短工作时间。有少数省份提出允许联合体投标。目前仅四川、广西、江苏和湖南出台了具体的全过程工程咨询服务招标文件范本，文件在内容架构方面基本一致，明确了全过程工程咨询的工作方式和工作职责、项目投标报价的方式、投标人的资质要求等。

**3. 对工程咨询企业的建议——制定科学的投标策略**

建设主管部门对勘察、设计、监理等不同招投标内容有着相对固定的招投标管理办法和配套文件格式，但是全过程工程咨询仍未形成固定模式的文件。现阶段试点出台的招标文件范本普遍规定评标时采用综合评估法，从全面性角度考核工程咨询企业，其中反映咨询服务能力（包括企业资信等）的评审内容占80%左右，对工程咨询企业的资质、信誉、各专业咨询负责人的执业资格等提出了要求，充分体现出综合能力和服务质量是影响工程咨询企业中标的重要因素。这就需要企业在不断探索中总结全过程工程咨询的招标投标体制,并且保证体制的实际应用效果。在投标文件编制过程中,工程咨询企业要评估自身条件,准确把握市场,加强编制的过程控制,有针对性地编写文件。同时,应树立正确的市场竞争和履约意识,以提供高质量的咨询服务为宗旨。在投标文件编制过程中,工程咨询企业要评估自身条件,准确把握市场,确定科学的投标策略,加强编制的过程控制,有针对性地编写文件,注重编制质量。同时,应树立正确的市场竞争和履约意识,以提供高质量的咨询服务为宗旨。

(二)全过程工程咨询企业组织模式

通过对相关政策文件进行统计,汇总了当前国家和各地关于全过程工程咨询企业组织模式的规定,如表8-6所示,并对政策进行比较。

**1.各地规定的比较**

(1)共同点:体现组织整合的思想,提出全过程工程咨询企业在工程推进中应该发挥"智力密集型、技术复合型、管理集约型"的核心管理作用。

(2)不同点:《住房城乡建设部关于开展全过程工程咨询试点工作的通知》(建市〔2017〕101号)、广东、四川、江苏、浙江的政策强调了试点的示范作用。国家政策、广东、江苏、浙江和湖南的政策强调了业务整合,通过业务整合培育自身的全产业链条从而获得全过程工程咨询能力,鼓励勘察、设计、监理等企业,采取联合经营、并购重组等方式转型发展全过程工程咨询服务。除北京、上海和湖南外,其余地方政策文件中强调了多样发展,均鼓励不同类型的咨询企业向全过程工程咨询企业转型升级,目的是要推进产业融合。

根据政策分析的内容可以看出,国家以企业为主体来推进全过程工程咨询这一新模式。国家政策主要从引导方式、发展要点、服务内容等方面对开展全过程工程咨询加以引领和规范,再通过各地方配套政策鼓励实施并促进落地,将鼓励有能力的工程咨询企业积极参与全过程工程咨询服务作为工作重点。在政策引导下,一些具备条件的工程咨询企业(如设计、监理、项目管理、造价咨询单位)已将全过程工程咨询作为业务拓展的新领域,但市场还不充分,认可度尚不高,还处在探索尝试阶段。目前,仅在已颁布全过程工程咨询试点工作实施方案的地区产生了一定的市场引领作用[78]。

**2.对工程咨询企业的建议——精准定位转型路径**

在政策的指引下,合作、转型将是企业发展全过程工程咨询的主方向。业务链重构、技术提升、管理流程再造等都是企业转型的方向。目前,我国从事工程咨询的企业都面临着如何向全过程工程咨询企业转型的问题,《工程勘察设计行

**全过程工程咨询企业组织模式的政策汇总表**　　　　　表8-6

| 政策等级 | 政策名称 | 政策内容 | 特点 |
|---|---|---|---|
| 国家文件 | 《国务院办公厅关于促进建筑业持续健康发展的意见》(国办发〔2017〕19号) | 鼓励投资咨询、勘察、设计、监理、招标代理、造价等企业采取联合经营、并购重组等方式发展全过程工程咨询，培育一批具有国际水平的全过程工程咨询企业 | 1.全过程工程咨询企业是以咨询、评估、项目管理为主要业务范围，主要涉及建设工程全生命周期内的策划咨询、前期可研、工程设计、招标代理、造价咨询、项目管理、工程监理、施工前期准备、施工过程管理、竣工验收及运营保修等各个阶段的服务。2.提出全过程工程咨询企业应是"智力密集型、技术复合型、管理集约型"的大型工程建设咨询集成服务企业的地区有：四川、广西、浙江、福建。3.国家政策、广东、江苏、浙江和湖南的政策明确了全过程工程咨询的发展形式。4.培育全过程工程咨询企业的要点：试点的示范作用、业务整合、多样发展 |
| 国家文件 | 住房和城乡建设部《关于开展全过程工程咨询试点工作的通知》(建市〔2017〕101号) | 通过选择有条件的地区和企业开展全过程工程咨询试点，健全全过程工程咨询管理制度，完善工程建设组织模式，培养有国际竞争力的企业 | |
| 国家文件 | 住房和城乡建设部等部门关于印发《贯彻落实促进建筑业持续健康发展的意见重点任务分工方案》的通知(建市〔2017〕137号) | 鼓励投资咨询、勘察、设计、监理、招标代理、造价等企业采取联合经营、并购重组等方式发展全过程工程咨询，培育一批具有国际水平的全过程工程咨询企业 | |
| 国家文件 | 《国家发展改革委　住房城乡建设部关于推进全过程工程咨询服务发展的指导意见》(发改投资规〔2019〕515号) | 各级政府主管部门要引导和鼓励工程决策和建设采用全过程工程咨询模式，通过示范项目的引领作用，逐步培育一批全过程工程咨询骨干企业 | |
| 地方文件 | 上海市人民政府办公厅印发《关于促进本市建筑业持续健康发展的实施意见》的通知(沪府办〔2017〕57号) | 要改革现有的投资咨询、工程设计、工程监理、造价咨询、招标代理等分段管理模式，逐步构建科学、统一、有机的现代工程咨询服务体系。鼓励工程咨询企业在工程建设的投资决策、前期咨询、勘察设计、项目管理、施工监理、项目后评估和运营服务等各阶段开展专业化、标准化、规范化的咨询管理服务。引导建设单位委托具有相应能力的工程咨询企业开展项目建设全生命周期、集约化的项目管理服务 | |
| 地方文件 | 广东省住房和城乡建设厅关于印发《广东省全过程工程咨询试点工作实施方案》的通知(粤建市〔2017〕167号) | 通过开展全过程工程咨询试点，全面整合工程建设过程中所需的投资咨询、勘察、设计、监理、招标代理、造价咨询、项目管理等服务业务，培育一批具有较强综合实力和核心竞争力的重点骨干单位。各地住房城乡建设主管部门要引导本地规划、勘察、设计、监理、招标代理、造价咨询等单位积极向全过程工程咨询单位转型，鼓励相关单位通过联合经营、并购重组等方式发展全过程工程咨询服务 | |
| 地方文件 | 四川省住房和城乡建设厅关于印发《四川省全过程工程咨询试点工作方案》的通知(川建发〔2017〕11号) | 推进参与全过程工程咨询试点企业的转型升级，培育一批智力密集型、技术复合型、管理集约型的大型工程咨询服务企业 | |

续表

| 政策等级 | 政策名称 | 政策内容 | 特点 |
|---|---|---|---|
| 地方文件 | 自治区住房和城乡建设厅关于印发《广西全过程工程咨询试点工作方案》的通知（桂建发〔2018〕2号） | 加快规划、勘察、设计、监理、招标代理、造价咨询等企业向全过程工程咨询企业转型升级，延伸各自业务领域，打造一批智力密集型、技术复合型、管理集约型的全过程工程咨询企业 | |
| | 江苏省住房和城乡建设厅关于印发《江苏省开展全过程工程咨询试点工作方案》的通知（苏建科〔2017〕526号） | 在住房城乡建设部确定的全过程工程咨询试点企业的基础上，在全省优选综合实力强、信用好、业绩突出的咨询服务企业，分批确定为省试点企业。鼓励试点企业通过并购重组、控股等方式拓展业务范围，向全过程工程咨询企业转型 | |
| | 江苏省住房和城乡建设厅关于印发《江苏省全过程工程咨询服务合同示范文本（试行）》和《江苏省全过程工程咨询服务导则（试行）》的通知（苏建科〔2018〕940号） | 促进投资咨询、设计、监理、招标代理、造价等企业采取联合经营、并购重组等方式发展全过程工程咨询 | |
| | 浙江省发展改革委 省建设厅关于贯彻落实《国家发展改革委 住房城乡建设部关于推进全过程工程咨询服务发展的指导意见》的实施意见（浙发改基综〔2019〕324号） | 通过科学引导、系统扶持、专题培训、项目试点等多种手段，推动工程咨询企业服务能力全面提升，培育一批智力密集型、技术复合型、管理集约型、品牌突出的综合性骨干企业 | |
| | 浙江省发展改革委 省建设厅关于印发《浙江省推进全过程工程咨询试点工作方案》的通知（浙发改基综〔2019〕368号） | 鼓励支持工程咨询、招标代理、勘察、设计、监理、造价、项目管理等企业，采取联合经营、并购重组等方式转型发展全过程工程咨询服务。通过试点，培育一批我省智力密集型、技术复合型、管理集约型、品牌突出的综合性骨干企业 | |
| | 福建省关于印发《福建省全过程工程咨询试点工作方案》的通知（闽建科〔2017〕36号） | 加快规划、勘察、设计、监理、招标代理、造价咨询等企业向全过程工程咨询企业转型升级，延伸各自业务领域，打造一批智力密集型、技术复合型、管理集约型的全过程工程咨询企业 | |
| | 湖南省住房和城乡建设厅关于印发《湖南省全过程工程咨询试点工作方案和第一批试点名单的通知》（湘建设函〔2017〕446号） | 鼓励业主采用全过程工程咨询组织工程项目建设，支持扶持投资咨询、工程勘察、工程设计、工程监理、造价咨询、招标代理等企业采取合作、并购、重组、参股等方式融合发展 | |

资料来源：自行绘制。

业发展"十三五"规划》(建市〔2017〕102号)文件(以下简称《规划》),依据企业的规模提出了两条发展路径。对于大型工程咨询企业,要充分发挥自身技术、知识密集优势,通过培训、引进人才、加强管理甚至兼并等方式全面提高其综合能力,完善企业组织机构和人员结构。在此基础上,构建企业的核心竞争力,积极转型成能提供多元化服务,具有国际水平的综合性全过程工程咨询企业。对于中小型工程咨询企业,则宜更注重专业化、特色化打造,即通过确定或找准自己的专攻方向,以"专精新特"为抓手,"术业专攻"[79],从而形成能够满足社会和市场需要的精、专、尖的服务体系,打造专业性工程咨询企业。推行全过程工程咨询不是各专业简单相加,而是咨询服务系统的融会贯通,这需要有工程全局性战略素养的综合型人才去支撑,因此从长期看,人才培育是关键,是核心竞争力。不管是具有独立承担全过程工程咨询能力的机构或是联合经营的机构都必须大力培养具备全过程工程咨询能力的专业人才,鼓励工程咨询企业培育自己的整合能力,先在内部有意识地进行专业整合,打破业务专业岗位界线,在实践中发现综合型人才。

(三)全过程工程咨询企业资质要求

通过对相关政策文件进行统计,汇总了当前国家和各地关于全过程工程咨询企业资质要求的规定,如表8-7所示,并对政策进行比较。

**1.各地规定的比较**

(1)共同点:体现组织整合的思想。国家和地方政策均对开展全过程工程咨询服务的企业提出了资质要求,在资质类别上,各试点省份对参与全过程工程咨询业务的企业都提到工程设计、监理和造价资质。

(2)不同点:《国家发展改革委 住房城乡建设部关于推进全过程工程咨询服务发展的指导意见》(发改投资规〔2019〕515号)中规定,建设单位选择具有相应工程勘察、设计、监理或造价咨询资质的单位开展全过程咨询服务,除法律法规另有规定外,可不再另行委托勘察、设计、监理或造价咨询单位。这表明对于"1+N"模式,仅承担"1"全过程工程咨询服务的,服务企业无需任何资质,具体视项目投资性质和委托方的要求决定;对于"1+N"模式,承担"1"全过程工程咨询服务的同时,又承担必须具备法定资质要求的工程咨询、勘察、设计(含规划)、造价、监理的一项或多项任务时,企业应具备相适应的资质条件。湖南指出放宽全过程工程咨询企业资质限制,没有明确规定资质数量,仅规定可在其资质许可范围内承担投资咨询、工程勘察、工程设计、工程监理、造价咨询及招标代理等业务。

**全过程工程咨询企业资质要求的政策汇总表** 表8-7

| 政策等级 | 政策名称 | 政策内容 | 特点 |
|---|---|---|---|
| 国家文件 | 《国家发展改革委 住房城乡建设部关于推进全过程工程咨询服务发展的指导意见》(发改投资规〔2019〕515号) | 全过程咨询单位提供勘察、设计、监理或造价咨询服务时，应当具有与工程规模及委托内容相适应的资质条件。全过程咨询服务单位应当自行完成自有资质证书许可范围内的业务，在保证整个工程项目完整性的前提下，按照合同约定或经建设单位同意，可将自有资质证书许可范围外的咨询业务依法依规择优委托给具有相应资质或能力的单位，全过程咨询服务单位应对被委托单位的委托业务负总责。建设单位选择具有相应工程勘察、设计、监理或造价咨询资质的单位开展全过程咨询服务的，除法律法规另有规定外，可不再另行委托勘察、设计、监理或造价咨询单位 | 1.当前国家层面对于承担全过程工程咨询的企业资质并无明确限制，仅当全过程工程咨询企业提供勘察、设计、监理、造价咨询时应当具备与工程规模及委托内容相适应的资质条件。
2.湖南指出放宽全过程工程咨询企业资质限制。
3.规定具备一项或多项资质即允许开展全过程工程咨询的地区有：广东、江苏、浙江。
4.规定具备两项及以上的资质才可开展全过程工程咨询的地区有：四川。
5.规定具备两项及以上资质或单一资质且年营业收入在行业排名全区前三名的企业才可开展全过程工程咨询的地区有：广西。
6.资质要求最多的地区是四川，资质要求最严的地区是福建，资质要求相对特殊的地区是广西，资质要求最宽泛的地区是湖南 |
| 地方文件 | 广东省住房和城乡建设厅关于印发《广东省全过程工程咨询试点工作实施方案》的通知（粤建市〔2017〕167号） | 承担全过程工程咨询服务的单位应具有与工程规模和委托工作内容相适应的工程咨询、规划、勘察、设计、施工、监理、招标代理、造价咨询等一项或多项资质 | |
| | 四川省住房和城乡建设厅关于印发《四川省全过程工程咨询试点工作方案》的通知（川建发〔2017〕11号） | 承担全过程工程咨询的企业应当具有与工程规模和委托工作内容相适应的工程咨询、工程设计、工程监理、造价咨询等工程建设类两项及以上的资质 | |
| | 自治区住房和城乡建设厅关于印发《广西全过程工程咨询试点工作方案》的通知（桂建发〔2018〕2号） | 开展全过程工程咨询服务的企业宜具备与所承担工程规模相符的工程设计、工程监理、造价咨询两项及以上的甲级资质，或具备单一资质且年营业收入在行业排名全区前三名的企业 | |
| | 江苏省住房和城乡建设厅关于印发《江苏省全过程工程咨询服务合同示范文本（试行）》和《江苏省全过程工程咨询服务导则（试行）》的通知（苏建科〔2018〕940号） | 咨询服务机构应具备适应委托工作的设计、监理、造价咨询等资质中的一项或多项 | |
| | 浙江省关于印发《浙江省全过程工程咨询试点工作方案》的通知（建建发〔2017〕208号） | 承担全过程工程咨询的企业应当具有与工程规模和委托工作内容相适应的工程设计、工程监理、造价咨询的一项或多项资质 | |
| | 福建关于印发《福建省全过程工程咨询试点工作方案》的通知（闽建科〔2017〕36号） | 省内具有建筑工程或市政基础设施工程设计甲级资质的勘察设计龙头企业，按照企业自愿原则列入全过程工程咨询试点单位。其他试点单位应具有工程设计甲级资质，且同时具有工程咨询、工程监理、招标代理、造价咨询等一项或多项甲级资质 | |

续表

| 政策等级 | 政策名称 | 政策内容 | 特点 |
|---|---|---|---|
|  | 湖南省住房和城乡建设厅关于印发《湖南省全过程工程咨询试点工作方案和第一批试点名单的通知》（湘建设函〔2017〕446号） | 可在其资质许可范围内承担投资咨询、工程勘察、工程设计、工程监理、造价咨询及招标代理等业务 |  |

资料来源：自行绘制。

**2. 各地资质要求的分类**

关于开展全过程工程咨询服务的资质要求，各地规定从宽到严可大致分为五类：

（1）未明确规定资质数量，仅规定可在其资质许可范围内承担投资咨询、工程勘察、工程设计、工程监理、造价咨询及招标代理等业务，如湖南。

（2）具备工程设计、工程监理、造价咨询等一项或多项资质即允许开展全过程工程咨询，如：广东、江苏、浙江。

（3）具备工程咨询、工程设计、工程监理、造价咨询等工程建设类两项及以上的资质才可开展全过程工程咨询，如四川。

（4）具备工程设计、工程监理、造价咨询两项及以上资质或单一资质且年营业收入在行业排名全区前三名的企业才可开展全过程工程咨询，如广西。

（5）具备建筑工程或市政基础设施工程设计甲级资质的勘察设计龙头企业，或者被列入试点企业且具有工程设计甲级资质和其他一项或多项甲级资质，如福建。

根据政策中的内容可以看出，相较于传统工程咨询业务中单一业务的资质要求，全过程工程咨询要求企业能力更为全面。全过程工程咨询业务必须是由具有相关咨询资质的单位开展，这是各地试点方案统一的要求。虽然资质要求在不同地区具有区别，但普遍要求具备设计、监理、造价咨询等一项或多项资质。《国家发展改革委 住房城乡建设部关于推进全过程工程咨询服务发展的指导意见》（发改投资规〔2019〕515号）的内容虽未强制要求全过程工程咨询单位具备全牌照、全资质，但是又规定在保证整个工程项目完整的前提下，且酬金要计取相应统筹管理费，那么不会是一项资质或能力，由此可知在国家层面，对企业资质的倾向性在两个以上。此外，江苏、福建还从企业的业绩、信誉、管理体系等几个方面提出了相关资格要求。

**3. 对工程咨询企业的建议——培育高素质人才**

近年来，住房和城乡建设部一直在对建筑业企业做资质改革，接连发布关于监理、造价、招标的政策，旨在打破行业的壁垒，使造价、勘察、设计、招采、监理等产业融为"建设工程企业"，可以很方便地合并、重组，并且直接获得合并前的资质，向全过程工程咨询转型。随着国家提倡简政放权，明确要逐步减少投资决策环节和工程建设领域对从业单位和人员实施的资质资格许可事项，弱化企业资质、强化个人执业资格成为未来的改革方向。目前，咨询行业取消了招标代理、工程咨询、造价咨询等个人资质和单位资质，保留了监理、设计个人资质和单位资质。工程咨询市场将会更加开放和有序，工程咨询将更加注重事中事后监管，企业诚信和成果质量以及专业人士个人执业资格将成为衡量工程咨询单位服务的重要因素，企业的信用体系和品牌在市场中占有的重要性将变得越来越高。鉴于此，工程咨询企业需要大力加强技术创新和知识资产管理，加强品牌建设和业绩宣传。同时，在资质淡化的大背景下，从业人员的资质将越发强化，拥有更多高素质的人才将大大提升企业的核心竞争力。工程咨询企业可从三方面增强人才队伍建设。一是建立"分类培养、人岗相适"的人才培养体系。关注专业能力培养的同时也要关注管理能力实践，从多方面强化人才培训，形成智力密集型企业。二是构建人才考核机制。明确考核规范和方法等，定期考评人才，强化企业内部人才的管理。三是完善人才激励机制。用物质与精神激励相结合的方式留住核心人才。

## 二、如何开展全过程工程咨询业务

### （一）构建技术标准和合同体系

通过对相关政策文件进行统计，汇总了当前国家和各地关于构建技术标准和合同体系的规定，如表8-8所示，并对政策进行比较。

#### 1. 各地规定的比较

（1）共同点：体现策划先行的思想。国家政策均提出制定全过程工程咨询服务技术标准和合同范本。地方政策文件中，除北京和上海外，其他试点也都对此作出不同程度的规定。

（2）不同点：《国家发展改革委　住房城乡建设部关于推进全过程工程咨询服务发展的指导意见》(发改投资规〔2019〕515号）将全过程工程咨询分为投资决策综合性咨询和工程建设全过程咨询两部分，来构建技术标准和合同体系，并强调在国家层面建立标准体系，企业层面建立具体标准，提出了优化全过程工程咨询服务市场环境的措施和保障措施，如标准体系的建设、合同示范文本的制定、各部门领导和监管责任等，为全过程工程咨询的推进和可持续发展指明了高质量

构建技术标准和合同体系的政策汇总表　　　　表8-8

| 政策等级 | 政策名称 | 政策内容 | 特点 |
|---|---|---|---|
| 国家文件 | 《国务院办公厅关于促进建筑业持续健康发展的意见》（国办发〔2017〕19号） | 制定全过程工程咨询服务技术标准和合同范本 | 1.《国家发展改革委 住房城乡建设部关于推进全过程工程咨询服务发展的指导意见》（发改投资规〔2019〕515号）要求建立投资决策综合性咨询和工程建设全过程咨询服务技术标准体系、招标文件及合同示范文本。<br>2.除北京和上海以外的各地均对技术标准和合同体系作出相关规定。其中浙江对此问题的规定最细化。<br>3.已发布全过程工程咨询服务合同示范文本的地区有：广东、四川、江苏、浙江、湖南。<br>4.国家发布了全过程工程咨询服务技术标准 |
| | 住房和城乡建设部《关于开展全过程工程咨询试点工作的通知》（建市〔2017〕101号） | 制定全过程工程咨询服务技术标准和合同范本等文件 | |
| | 住房和城乡建设部等部门关于印发《贯彻落实促进建筑业持续健康发展的意见重点任务分工方案》的通知（建市〔2017〕137号） | 制定全过程工程咨询服务技术标准和合同范本 | |
| | 《国家发展改革委 住房城乡建设部关于推进全过程工程咨询服务发展的指导意见》（发改投资规〔2019〕515号） | 研究建立投资决策综合性咨询和工程建设全过程咨询服务技术标准体系，促进全过程工程咨询服务科学化、标准化和规范化；以服务合同管理为重点，加快构建适合我国投资决策和工程建设咨询服务的招标文件及合同示范文本，科学制定合同条款，促进合同双方履约。咨询单位要建立自身的服务技术标准、管理标准，不断完善质量管理体系、职业健康安全和环境管理体系，通过积累咨询服务实践经验，建立具有自身特色的全过程工程咨询服务管理体系及标准 | |
| 地方文件 | 广东省住房和城乡建设厅关于印发《广东省全过程工程咨询试点工作实施方案》的通知（粤建市〔2017〕167号） | 制订全过程工程咨询服务招标文件范本和合同范本 | |
| | 四川省住房和城乡建设厅关于印发《四川省全过程工程咨询试点工作方案》的通知（川建发〔2017〕11号） | 通过试点工作，各市、州及扩权试点县住房城乡建设主管部门要梳理咨询服务任务清单、制定咨询服务业务流程、界定咨询服务岗位职责、理清咨询服务工作内容、编制咨询服务工作标准、细化咨询服务程序表格等，最终形成一套行之有效、切实可行的全过程工程咨询服务的技术标准、行为标准、管理标准和服务标准。<br>形成建设工程全过程咨询服务的技术标准、行为标准以及招标文件示范文本、合同范本等文件 | |
| | 广西壮族自治区住房和城乡建设厅关于印发《广西全过程工程咨询试点工作方案》的通知（桂建发〔2018〕2号） | 制定《广西壮族自治区全过程工程咨询服务技术标准》和《广西壮族自治区全过程工程咨询招标文件范本》 | |

续表

| 政策等级 | 政策名称 | 政策内容 | 特点 |
|---|---|---|---|
| 地方文件 | 江苏省住房和城乡建设厅关于印发《江苏省开展全过程工程咨询试点工作方案》的通知（苏建科〔2017〕526号） | 组织江苏省全过程工程咨询试点企业、相关行业协会、高等院校和有关研究单位，开展全过程工程咨询相关课题研究，制定《江苏省全过程工程咨询服务技术标准（试行）》和《江苏省全过程工程咨询服务合同示范文本（试行）》，明确全过程工程咨询的服务内容和深度，确定承发包双方的权利和责任等 | |
| | 浙江省发展改革委 浙江省建设厅关于贯彻落实《国家发展改革委 住房城乡建设部关于推进全过程工程咨询服务发展的指导意见》的实施意见（浙发改基综〔2019〕324号） | 加快研究制定全过程工程咨询相关标准、合同文本、招标文件、服务清单及酬金计取方式，形成支撑全过程工程咨询加快发展的配套政策体系。借鉴国际通行的工程咨询先进理念，制定全过程咨询服务标准和规程，围绕组合模式、准入条件、技术标准、合同体系、招投标模式、服务清单、酬金方式、人才结构等问题，加快研究制定细化政策，相关细则由各省级行业行政主管部门制定发布 | |
| | 福建省关于印发《福建省全过程工程咨询试点工作方案》的通知（闽建科〔2017〕36号） | 省住建厅会同有关部门制定《福建省全过程工程咨询服务技术标准》和《福建省全过程工程咨询合同示范文本》 | |
| | 湖南省住房和城乡建设厅关于印发《湖南省全过程工程咨询试点工作方案和第一批试点名单的通知》（湘建设函〔2017〕446号） | 住房城乡建设主管部门应制订鼓励全过程工程咨询发展的政策，制订全过程工程咨询技术服务标准、招标示范文本及合同示范文本 | |

资料来源：自行绘制。

发展的环境要求。广东、四川、江苏、浙江、湖南已公布全过程工程咨询服务合同示范文本。广东的政策未提及制定全过程工程咨询服务技术标准。广西的政策未明确制定全过程工程咨询服务合同示范文本。

2.技术标准的内容

技术标准和合同文件的设计是推行全过程工程咨询的重点工作。目前，出台的全过程工程咨询服务技术标准仅针对政府投资项目，所涉及的咨询服务范围覆盖房屋建筑和市政基础设施领域项目投资决策和建设实施全过程，将工程招标采购咨询、工程勘察设计咨询、工程监理与项目管理服务归为贯穿建设的全过程咨询，将工程造价、投资管控归类为工程专项咨询。技术标准的内容兼顾技术咨询和管理咨询服务内容，包括全过程工程咨询及专项咨询中的一些共性要求，全过程工程咨询组织模式、工作要求及人员职责，投资决策综合性咨询、工程建设全过程咨询和工程专项咨询这些咨询业务模块的内容、程序及成果，但未包括全过程工程咨询工程移交阶段、工程运维阶段咨询服务的内容。技术标准中对于投资管控或投资咨询的内容描述较少，未凸显出全过程工程咨询中投资控制与造价咨询的核心地位及作用。技术标准的条文内容应该具有规范性和实操性，侧重于客观的描述、约束性参数、定量描述等，需要统一工程建设阶段划分、明确全过程工程咨询的招标模式、合同架构、各项咨询业务及其组合后的取费、界定全过程工程咨询模式下工程建设主体责任关系等，但是现有技术标准的总体架构是把全过程工程咨询割裂为若干个专项咨询，用了大量篇幅在罗列传统可研、勘察、设计、招标代理、监理、造价咨询的工作内容，具体业务的操作步骤，主要是告诉投资方和建设方有哪些咨询服务可以购买，没有对每项服务要达到的水平进行量化。

### 3. 合同示范文本的组成

现阶段构成各地全过程工程咨询服务合同示范文本的文件主要包括合同协议书、通用合同条款和专用合同条款三部分。

（1）合同协议书：集中约定了委托人与受托人基本的合同权利义务。主要包括工程概况、词语含义、全过程工程咨询服务目标、全过程工程咨询范围、组成本合同的文件、全过程工程咨询项目总负责人及团队主要成员、签约酬金、服务期限、双方承诺、合同订立及生效等内容。

（2）通用合同条款：是委托方与受托方根据相关法律法规的规定，就全过程工程咨询的实施及相关事项，对双方的权利义务作出原则性约定。具体包括一般约定、双方义务、全过程工程咨询服务期、全过程工程咨询服务成果文件交付、违约责任、合同价款与支付、合同生效变更、争议解决等各类工程咨询合同通用性的商务性条款。

（3）专用合同条款：是对通用合同条款原则性约定进行细化、完善、补充、修改或另行约定的条款。委托人与受托人可以根据不同建设工程的特点及具体情况，通过双方的谈判、协商对相应的专用合同条款进行修改补充。

除上述内容外，江苏制定的全过程工程咨询服务合同示范文本还涵盖技术要求。技术要求是对全过程工程咨询涉及的各项咨询服务内容，在现行咨询合同示范文本基础上，按照本合同示范文本的整体结构要求重新编订形成的，可以根据各建设工程业主方的需求进行菜单式选择（不少于三项），包括项目策划、工程设计、工程监理、招标代理、造价咨询、项目管理。住房和城乡建设部主持制定的《全过程工程咨询服务合同示范文本》对全过程工程咨询服务的定义明确了三大阶段，将全过程工程咨询的服务范围划分为三大类26个单项服务。

目前，住房和城乡建设部制定的《全过程工程咨询服务合同示范文本》还在征求意见阶段，虽然广东、四川、江苏、浙江、湖南发布了内容各不相同的全过程工程咨询服务合同示范文本，但尚未形成能取得共识的统一合同格式及标准条款。

### 4.对工程咨询企业的建议——建立标准化的服务体系

对于咨询类企业，自身拥有的服务体系、方法、标准和程序，以及由此形成的一系列文件，这些都是一个企业多年参与市场竞争和差异化服务中形成的无形资产和核心优势所在，同时，是收取服务费用的依据，也是业主选择咨询服务机构的重要评判。因此，工程咨询企业要完善全过程工程咨询管理体系、质量管理体系、职业健康安全和环境管理体系，改革企业内部工作流程，优化管理界面，重点做好文件体系建设，如编制建设项目全过程工程咨询导则、全过程工程咨询标准化手册，规范全过程工程咨询服务的范围及内容，通过比较和分析全过程工程咨询模式与传统建设管理模式在服务阶段、服务范围、服务内容、职责权限和管理流程等方面的主要差异点，梳理出全新的管理流程及管控关键节点，指导全过程工程咨询业务的开展。通过积累工程咨询服务的实践经验，建立具有自身特色的全过程工程咨询服务技术标准、工作方法和服务合同体系，使全过程中不同阶段的服务有据可依，也能为企业自身管理带来客观评价的基础。

## （二）研究全过程工程咨询酬金计取方式

通过对相关政策文件进行统计，汇总了当前国家和各地关于全过程工程咨询酬金计取方式的规定，如表8-9所示，并对政策进行比较。

### 1.各地规定的比较

（1）共同点：体现策划先行的思想。除上海和北京外，国家和各地均在政策中对全过程工程咨询酬金的列支与计取方式进行了规定。国家和地方政策均明确鼓励建设单位对全过程工程咨询企业提出并落实的合理化建议按照实际产生的效益或节约的投资额的一定比例给予奖励。

（2）不同点：针对酬金列支，国家和地方的规定提出了三种方式。针对酬金计取方式，国家提出了两种方式，地方提出了三种方式。

### 2.酬金计列来源

（1）《国家发展改革委 住房城乡建设部关于推进全过程工程咨询服务发展的指导意见》（发改投资规〔2019〕515号）明确规定全过程工程咨询服务酬金可在项目投资中列支。

（2）广东、江苏、浙江、福建、湖南明确规定全过程工程咨询服务收费在工程概算中列支。

全过程工程咨询酬金计取方式的政策汇总表　　　　　　　　表8-9

| 政策等级 | 政策名称 | 政策内容 | 特点 |
|---|---|---|---|
| 国家文件 | 《国家发展改革委 住房城乡建设部关于推进全过程工程咨询服务发展的指导意见》(发改投资规〔2019〕515号) | 全过程工程咨询服务酬金可在项目投资中列支,也可根据所包含的具体服务事项,通过项目投资中列支的投资咨询、招标代理、勘察、设计、监理、造价、项目管理等费用进行支付。全过程工程咨询服务酬金在项目投资中列支的,所对应的单项咨询服务费用不再列支。投资者或建设单位应当根据工程项目的规模和复杂程度,咨询服务的范围、内容和期限等与咨询单位确定服务酬金。全过程工程咨询服务酬金可按各专项服务酬金叠加后再增加相应统筹管理费用计取,也可按人工成本加酬金方式计取。鼓励投资者或建设单位根据咨询服务节约的投资额对咨询单位予以奖励 | 1.规定全过程工程咨询服务收费应在工程概算中列支的地区有:广东、江苏、浙江、福建、湖南。<br>2.规定全过程工程咨询服务费用应列入工程估算或工程概算中的地区有:广西。<br>3.《国家发展改革委 住房城乡建设部关于推进全过程工程咨询服务发展的指导意见》(发改投资规〔2019〕515号)指出两个计取的方向:(1)按各专项服务酬金叠加后再增加相应统筹管理费用计取;(2)按人工成本加酬金方式计取。<br>4.按基本酬金加奖励方式计取全过程工程咨询服务酬金的地区有:广东、四川、广西、浙江、福建、湖南。<br>5.按人工计时单价计费方式计取全过程工程咨询服务酬金的地区有:四川、广西。<br>6.按"1+N"叠加计费方式计取全过程工程咨询服务酬金的地区有:广东。其中"1"是指"全过程工程项目管理费","N"是指项目全过程各专业咨询的服务费。<br>7.鼓励建设单位对全过程工程咨询企业提出并落实的合理化建议按照实际产生的效益或节约的投资额的一定比例给予奖励 |
| 地方文件 | 广东省住房和城乡建设厅关于印发《广东省全过程工程咨询试点工作实施方案》的通知(粤建市〔2017〕167号) | 全过程工程咨询服务费可按照所委托的前期咨询、规划、勘察、设计、造价咨询、监理、招标代理等取费分别计算后叠加。全过程工程咨询服务费应列入工程概算,各专业咨询服务费可分别列支。全过程工程咨询服务费可探索实行基本酬金加奖励方式,对按照全过程工程咨询单位提出并落实的合理化建议所节省的投资额,鼓励建设单位提取一定比例给予奖励,奖励比例由双方在合同中约定 | |
| | 四川省住房和城乡建设厅关于印发《四川省全过程工程咨询试点工作方案》的通知(川建发〔2017〕11号) | 服务费用的计取可根据委托内容,依据现行咨询取费分别计算后叠加;或根据全过程工程咨询项目机构人员数量、岗位职责、执业资格等,采用人工计时单价计取费。对咨询企业提出并落实的合理化建议,建设单位应当按照相应节省投资额或产生的经济效益的一定比例给予奖励,奖励比例在合同中约定 | |
| | 广西壮族自治区住房和城乡建设厅关于印发《广西全过程工程咨询试点工作方案》的通知(桂建发〔2018〕2号) | 全过程工程咨询服务费用应列入工程估算或工程概算中,各项专业服务费用可分别列支。服务费用的计取可按照所委托的前期咨询、工程监理、招标代理和造价咨询取费分别计算后叠加,或根据全过程工程咨询项目机构人员数量、岗位职责、执业资格等,采用人工计时单价计取费。建设单位对项目管理咨询企业提出并落实的合理化建议,应当按照相应节省投资额或产生效益的一定比例给予奖励,奖励比例在合同中约定 | |

续表

| 政策等级 | 政策名称 | 政策内容 | 特点 |
|---|---|---|---|
| 地方文件 | 江苏省住房和城乡建设厅关于印发《江苏省开展全过程工程咨询试点工作方案》的通知（苏建科〔2017〕526号） | 全过程工程咨询服务收费应在工程概算中列支，并明确包含的服务内容，各项专项服务费用可分别列支。鼓励建设单位对全过程工程咨询企业提出并落实的合理化建议按照项目改进的实际成效和节约的投资额给予一定的奖励，奖励方式由双方在合同中约定 | |
| | 浙江省关于印发《浙江省全过程工程咨询试点工作方案》的通知（建建发〔2017〕208号） | 全过程工程咨询服务费用应列入工程概算，各项专业服务费用可分别列支。全过程工程咨询服务费可探索实行以基本酬金加奖励的方式，鼓励建设单位对全过程工程咨询企业提出并落实的合理化建议按照节约投资额的一定比例给予奖励，奖励比例由双方在合同中约定 | |
| | 福建省关于印发《福建省全过程工程咨询试点工作方案》的通知（闽建科〔2017〕36号） | 全过程工程咨询服务费用应列入工程概算，原则上可按各单项咨询业务费用加总来确定，并可分别列支，各单项咨询业务费用按照现行政策规定或参照现行市场价格由合同双方约定。全过程工程咨询服务费可探索基本酬金加奖励的方式，鼓励建设单位按照节约投资额的一定比例对全过程工程咨询单位提出的合理化建议给予奖励，奖励比例由双方在合同中约定，从节约投资额中列支 | |
| | 湖南省住房和城乡建设厅关于印发《湖南省全过程工程咨询试点工作方案和第一批试点名单的通知》（湘建设函〔2017〕446号） | 建设单位与咨询企业在合同中约定全过程工程咨询服务费，可根据各项咨询服务费用叠加控制合同价，也可采用费率或总价方式。新增咨询服务费应由建设单位与咨询企业协商确定。全过程工程咨询服务收费应在工程概算中列支，可总体列支，也可按各专项服务内容分别列支。咨询企业采用技术创新带来投资节约、运行成本下降或工程寿命延长的，建设单位可将节约投资、提高效益的一部分奖励给工程咨询企业，奖励比例由双方在合同中约定 | |

资料来源：自行绘制。

（3）广西明确规定全过程工程咨询服务收费在工程估算或工程概算中列支。

### 3.酬金计取方式

国家层面的政策给予了较大的自由度，指出了两个计取的方向：按各专项服务酬金叠加后再增加相应统筹管理费用计取，也可按人工成本加酬金方式计取。梳理各地的规定可知，全过程工程咨询酬金计取方式主要包括三种：

（1）基本酬金加奖励方式。基本酬金主要采取叠加法确定，再按照全过程工程咨询单位落实的咨询服务合理化建议所节省的投资额，建设单位提取一定比例给予奖励，奖励比例由双方在合同中约定。实行该方式的省份包括：广东、四川、广西、浙江、福建。

（2）人工计时单价计费方式。它是一种按咨询人员工作时间进行计费的方法，由个人直接提供服务的工作通常按人工时单价计费。人工时单价计费的费率与咨询服务项目的重要性、风险性和复杂程度有关，也与咨询工程师的专业水准、资历和工作经验有关，人工费用考虑了各地区实际发展状况和物价水平。该方法适用于管理咨询、专家论证、其他由个人单独提供服务的、间断性的工作报酬计算。实行该方式的省份包括：四川、广西。

（3）1+N叠加计费方式。实行该方式的省份包括：广东。具体方法如下：

"1"是指"全过程工程项目管理费"，即完成本指引项目决策、勘察设计、招标采购、工程施工、竣工验收、运营维护六个阶段"全过程工程项目管理"的服务内容后，投资人应支付的服务费用。可考虑以工程总概算为基数进行计算，全过程工程项目管理费的参考费率如表8-10所示。

全过程工程项目管理费参考费率表　　　　表8-10

| 工程总概算（单位：万元） | 费率(%) | 算例 ||
|---|---|---|---|
| | | | 全过程工程项目管理费 |
| 10000以下 | 3 | 10000 | 10000×3%=300 |
| 10001~50000 | 2 | 50000 | 300+(50000-10000)×2%=1100 |
| 50001~100000 | 1.6 | 100000 | 1100+(100000-50000)×1.6%=1900 |
| 100000以上 | 1 | 200000 | 1900+(200000-100000)×1%=2900 |

备注：计算例中括号内第一个数为工程总概算分档的变动数，即某项目工程总概算为$x$，若$10001 \sim x \sim 50000$，则工程管理服务费为$300+(x-10000) \times 2\%$，依次类推。

资料来源：自行绘制。

"N"是指项目全过程各专业咨询（如投资咨询、勘察、设计、监理、造价咨询、招标代理、运营维护等）的服务费，各专业咨询服务费率可依据传统收费标准或市场收费惯例执行。具体来说：工程监理参照《建设工程监理与相关服务收费管理规定》（发改价格〔2007〕670号文）；全过程造价咨询参照《关于规范工程造价咨询服务收费的通知》（中价协〔2013〕35号文）；招标代理参照《关于印发招标代理服务收费管理暂行办法的通知》（计价格〔2002〕1980号文）。例如：招标代理咨询服务费=服务费基价×价格系数，价格系数=1±下（上）浮率(%)。具体收费基准价格如表8-11所示。

招标代理服务全过程的收费基准价格表　　　　　表8-11

| 服务类型<br>费率<br>中标金额（万元） | 货物招标 | 服务招标 | 工程招标 |
| --- | --- | --- | --- |
| 100以下 | 1.5% | 1.5% | 1.0% |
| 100~500 | 1.1% | 0.8% | 0.7% |
| 500~1000 | 0.8% | 0.45% | 0.55% |
| 1000~5000 | 0.5% | 0.25% | 0.35% |
| 5000~10000 | 0.25% | 0.1% | 0.2% |
| 10000~100000 | 0.05% | 0.05% | 0.05% |
| 1000000以上 | 0.01% | 0.01% | 0.01% |

备注：1.单独提供编制招标文件（有标底的含标底）服务的，可按规定标准的30%计取。
　　　2.招标代理服务收费按差额定率累加递进法计算。
资料来源：自行绘制。

总体而言，全过程工程咨询模式是近年来兴起的新型工程项目组织结构，政策内容对其取费模式、相应奖惩、咨询费计列来源进行了相应规定。全过程工程咨询费用由甲乙双方根据工程项目的规模、复杂程度、服务范围、内容和期限等进行约定，主要建议采用基本酬金加奖励方式，各专业取费依据相应专业标准，节约了投资额或提高了效益额，可取得奖励取费。咨询费计列来源主要为工程概算，在工程概算中按各专业分项列支，有的也提到总额列支。国家没有对文件中的"统筹管理费"和"人工成本加酬金"的收费标准和奖励标准进行明确，在具体执行方面还有许多操作问题需要解决。各地在推进试点工作时积极探索了计费模式，但是未提供详细的各专业服务收费标准，并且各地对项目管理费、统筹协调费的解读和认识不一致，缺乏具有广泛认可度的收费指导标准。

**4.对工程咨询企业的建议——探索适合的收费模式**

现阶段，虽然政府部门对专项咨询服务已经出台了相应的收费标准，但对全过程工程咨询酬金如何计取的问题只给出了推荐标准，并非强制标准，具体的收费标准及奖励标准仍然模糊。依据国家出台的相关文件对建设项目的咨询服务进行收费，仍然存在不确定性，鉴于此，企业需要在全过程工程咨询服务内容中探索出更加合理的参考费率及收费标准，不必与《国家发展改革委　住房城乡建设部关于推进全过程工程咨询服务发展的指导意见》（发改投资规〔2019〕515号）的规定完全吻合，明确收费项目，各类委托服务方式的具体取费依据与计取方式，从而形成全过程工程咨询服务的参考性文件。

### (三)全过程工程咨询与设计主导的关系

通过对相关政策文件进行统计,汇总了当前国家和各地关于设计的规定,如表8-12所示,并对政策进行比较。

设计的政策汇总表　　　　表8-12

| 政策等级 | 政策名称 | 政策内容 | 特点 |
|---|---|---|---|
| 国家文件 | 国务院办公厅《关于促进建筑业持续健康发展的意见》(国办发〔2017〕19号) | 鼓励投资咨询、勘察、设计、监理、招标代理、造价等企业采取联合经营、并购重组等方式发展全过程工程咨询…… | 1.各地政策鼓励各种咨询专长和资质的企业发展全过程工程咨询,但未明确由谁主导。<br>2.国家和江苏的政策强调了由"设计单位"主导。<br>3.提出要强化设计企业主体意识的地区有:上海。<br>4.强调勘察设计企业在开展全过程工程咨询中具有先导优势的地区有:四川 |
| 国家文件 | 住房和城乡建设部《关于开展全过程工程咨询试点工作的通知》(建市〔2017〕101号) | 试点地区住房城乡建设主管部门要引导大型勘察、设计、监理等企业积极发展全过程工程咨询服务,拓展业务范围 | |
| 国家文件 | 住房和城乡建设部等部门关于印发《贯彻落实促进建筑业持续健康发展的意见重点任务分工方案》的通知(建市〔2017〕137号) | 鼓励投资咨询、勘察、设计、监理、招标代理、造价等企业采取联合经营、并购重组等方式发展全过程工程咨询…… | |
| 国家文件 | 《国家发展改革委 住房城乡建设部关于推进全过程工程咨询服务发展的指导意见》(发改投资规〔2019〕515号) | 设计单位在民用建筑中实施全过程咨询的,要充分发挥建筑师的主导作用 | |
| 地方文件 | 上海市人民政府办公厅印发《关于促进本市建筑业持续健康发展的实施意见》的通知(沪府办〔2017〕57号) | 强化设计企业的主体意识…… | |
| 地方文件 | 广东省住房和城乡建设厅关于印发《广东省全过程工程咨询试点工作实施方案》的通知(粤建市〔2017〕167号) | 各地住房城乡建设主管部门要引导本地规划、勘察、设计、监理、招标代理、造价咨询等单位积极向全过程工程咨询单位转型…… | |
| 地方文件 | 四川省住房和城乡建设厅关于印发《四川省全过程工程咨询试点工作方案》的通知(川建发〔2017〕11号) | 以工程设计、工程监理、工程造价及工程咨询等为主体,各自延伸业务领域作为全过程工程咨询试点的突破口。<br>工程勘察设计单位应利用先导优势,工程监理单位应利用施工阶段管理优势,积极拓展覆盖可行性研究、项目策划、项目管理、后期运营等工程建设全生命周期的技术支持与服务,提高工程项目建设水平 | |
| 地方文件 | 江苏省住房和城乡建设厅关于印发《江苏省开展全过程工程咨询试点工作方案》的通知(苏建科〔2017〕526号) | 对以设计单位为主体实施全过程工程咨询的项目,要充分发挥建筑师在项目中的主导作用…… | |

续表

| 政策等级 | 政策名称 | 政策内容 | 特点 |
|---|---|---|---|
| 地方文件 | 福建省关于印发《福建省全过程工程咨询试点工作方案》的通知（闽建科〔2017〕36号） | 加快规划、勘察、设计、监理、招标代理、造价咨询等企业向全过程工程咨询企业转型升级，延伸各自业务领域…… | |
| | 湖南省住房和城乡建设厅关于印发《湖南省全过程工程咨询试点工作方案和第一批试点名单的通知》（湘建设函〔2017〕446号） | ……支持扶植投资咨询、工程勘察、工程设计、工程监理、造价咨询、招标代理等企业采取合作、并购、重组、参股等方式融合发展，增加全过程工程咨询市场供给，形成可复制、可推广的经验模式，扩大全过程工程咨询覆盖面，促进建筑业供给侧改革，加快工程咨询行业发展 | |

资料来源：自行绘制。

### 1. 各地规定的比较

（1）共同点：体现组织整合的思想。各地政策鼓励各种咨询专长和资质的企业发展全过程工程咨询，但未明确由谁主导。

（2）不同点：《国家发展改革委 住房城乡建设部关于推进全过程工程咨询服务发展的指导意见》（发改投资规〔2019〕515号）和江苏的政策指出设计单位在民用建筑中实施全过程咨询的，要充分发挥主导作用。上海的政策提出要强化设计企业的主体意识。四川的政策强调了勘察设计企业在开展全过程工程咨询中的先导优势。

### 2. 设计主导

2017年5月，住房和城乡建设部发布的《工程勘察设计行业发展"十三五"规划》中提道："培育全过程工程咨询。积极利用工程勘察设计的先导优势，拓展覆盖可行性研究、项目策划、项目管理等工程建设生命全周期的技术支持与服务，提高工程项目建设水平"，强调了勘察设计企业在开展全过程工程咨询中的先导优势。根据《住房城乡建设部关于开展全过程工程咨询试点工作的通知》（建市〔2017〕101号），在全国40家全过程工程咨询试点单位中具有设计资质的试点单位共有23家，占57.5%，不难看出，设计企业的整体实力在整个工程咨询类企业中占据明显优势。因此应加强政策引导，允许设计、监理、造价等市场主体平等参与全过程工程咨询的前提下，优先培育设计企业率先发展全过程工程咨询服务能力，制定激励措施，鼓励设计人员参与全过程工程咨询服务，充分发挥设计人员的专业特长和全局观念。

### 3.对工程咨询企业的建议——填补设计资质缺陷

相比于其他类型的咨询企业，设计企业推行全过程工程咨询服务具有独特优势：一是设计企业处于产业链前端，同时又贯穿整个产业链，对整体项目十分了解，人才综合素质较高；二是设计企业作为业主、政府、施工方等各方的轴心，与项目的参与方都存在一定的连接关系，具备统筹工程项目各阶段和各方的协同管理能力。由设计企业来主导全过程工程咨询，有利于控制项目的主线，对项目各阶段进行集成管理，高质量地实现投资方在工程品质、工期、效益等多方面的意图，真正实现工程咨询的一体化服务，因此要充分重视设计在全生命周期工程顾问服务中的核心地位，充分发挥设计的引领作用。所以，设计企业应该更加积极利用自身的设计先导优势，进一步积累项目施工管理、造价管理方面的经验，同时将能力链延伸至项目运维阶段，真正实现项目的全生命周期覆盖。在多元化发展的道路上，还需要坚持优势业务。在此基础上积极提高项目前期咨询、项目管理、投融资等集成化服务能力，加强资源整合和综合协调管理能力，发挥自身项目龙头的优势，引领项目的投资建设，统筹其他市场参与主体，通过提供全过程工程咨询，实现项目的高水平、高效率和高质量建设[80]。现阶段工程咨询企业大多擅长单项咨询服务，在拓展设计业务方面存在困难，因此，不同专业的工程咨询企业要与设计企业积极开展合作，以联合经营、并购重组的方式参与全过程工程咨询，将价值链向前延伸。

### （四）鼓励企业的信息技术应用

随着近几年信息化技术的高速发展，BIM、大数据、物联网和云计算等最新技术也在不断成熟。开展全过程工程咨询服务，必须要有完备的管理手段，而要落实复杂的管理手段，就离不开新技术的引入。通过对相关政策文件进行统计，汇总了当前国家和各地关于全过程工程咨询信息技术应用的规定，如表8-13所示，并对政策进行比较。

#### 1.各地规定的比较

（1）共同点：体现信息集成的思想。基于全过程工程咨询服务过程中对技术手段的需求，国家和地方政策主要强调了要将BIM与全过程工程咨询结合，为全过程工程咨询提供技术支撑，明确了依托BIM平台，为决策、设计、施工和运营各阶段工程咨询提供数据平台支持，从而实现全生命周期的信息化管理，多次明确提出了大力发展BIM技术，为建设工程提质增效创造条件，实现建筑业可持续发展。

（2）不同点：国家政策规定加快推进建筑信息模型（BIM）技术在规划、勘察、设计、施工和运营维护全过程的集成应用,实现工程建设项目全生命周期数据共享和信息化管理。广东、广西提出采取招标方式的,可以将新技术运用(如BIM技术咨询应用)作为评标标准和办法的依据。湖南规定应用BIM技术和工业化设计的咨询企业在全过程工程咨询评标中可给予加分,鼓励企业技术创新。上海、四川、广西、江苏、福建均强调建立基于BIM技术的信息集成管理平台,

全过程工程咨询信息技术应用的政策汇总表　　　　　表8-13

| 政策等级 | 政策名称 | 政策内容 | 特点 |
|---|---|---|---|
| 国家文件 | 《国务院办公厅关于促进建筑业持续健康发展的意见》(国办发〔2017〕19号) | 加快推进建筑信息模型(BIM)技术在规划、勘察、设计、施工和运营维护全过程的集成应用,实现工程建设项目全生命周期数据共享和信息化管理,为项目方案优化和科学决策提供依据,促进建筑业提质增效 | 1.通过BIM来达到建筑业提质增效,提高信息化水平的目的。2.强调建立基于BIM技术的信息集成管理平台的地区有:上海、四川、广西、江苏、福建。3.提出采取招标方式的,招标人可以根据新技术运用(如BIM技术咨询应用)等因素确定评标标准和办法的地区有:广东、广西。4.提出对应用BIM技术和工业化设计的咨询企业在全过程工程咨询评标中可给予加分,鼓励企业技术创新的地区有:湖南 |
| 国家文件 | 住房和城乡建设部等部门关于印发《贯彻落实促进建筑业持续健康发展的意见重点任务分工方案》的通知(建市〔2017〕137号) | 加快推进建筑信息模型(BIM)技术在规划、勘察、设计、施工和运营维护全过程的集成应用,实现工程建设项目全生命周期数据共享和信息化管理,为项目方案优化和科学决策提供依据,促进建筑业提质增效 | |
| 国家文件 | 《国家发展改革委　住房城乡建设部关于推进全过程工程咨询服务发展的指导意见》(发改投资规〔2019〕515号) | 大力开发和利用建筑信息模型(BIM)、大数据、物联网等现代信息技术和资源,努力提高信息化管理与应用水平,为开展全过程工程咨询业务提供保障 | |
| 地方文件 | 上海市人民政府办公厅印发《关于促进本市建筑业持续健康发展的实施意见》的通知(沪府办〔2017〕57号) | 研究建立基于BIM技术的土地出让、项目立项、设计方案、招标投标、竣工验收、审计和归档等全流程闭合式的审批和监管模式,探索建立基于BIM技术的建设管理并联审批平台,健全与之相匹配的管理体制、工作流程和市场环境。引导参与建设各方建立基于BIM技术的协同管理平台,转变项目管理方式和生产方式。到2020年,本市政府投资工程全面应用BIM技术,实现政府投资项目成本下降10%以上,项目建设周期缩短5%以上,全市主要设计、施工、咨询服务、运营维护等企业普遍具备BIM技术应用能力,新建政府投资项目在规划设计施工阶段应用比例不低于60% | |
| 地方文件 | 广东省住房和城乡建设厅关于印发《广东省全过程工程咨询试点工作实施方案》的通知(粤建市〔2017〕167号) | 引导全过程工程咨询服务单位建立和完善与全过程工程咨询服务相适应的规章制度、创新管理和技术手段。采取招标方式的,招标人应当根据项目特点以及投标人拟从事该项目的方案、报价、相关业绩、人员构成、新技术运用(如BIM技术咨询应用)等因素确定评标标准和办法 | |

续表

| 政策等级 | 政策名称 | 政策内容 | 特点 |
|---|---|---|---|
| 地方文件 | 四川省住房和城乡建设厅关于印发《四川省全过程工程咨询试点工作方案》的通知（川建发〔2017〕11号） | 全过程工程咨询服务企业应加大科技投入，采用先进的技术工具和信息化手段，研究创新全过程工程咨询技术、管理、组织、程序，提升工程咨询服务能力和水平；积极推进基于BIM技术信息平台全过程咨询管控模式，不断提高工程咨询信息化水平。全过程工程咨询服务企业作为建设单位在工程项目管理上的全权代表，应大力提高技术能力和服务水平，为建设单位创造经济效益和社会价值。工程勘察设计单位应利用先导优势，工程监理单位应利用施工阶段管理优势，积极拓展覆盖可行性研究、项目策划、项目管理、后期运营等工程建设全生命周期的技术支持与服务，提高工程项目建设水平。各市、州及扩权试点县住房城乡建设主管部门要选择本地区有实力的大、中型勘察设计、工程监理、工程造价、工程咨询企业作为试点企业，促进企业探索总结与全过程工程咨询服务相适应的技术方法、管理方式和服务模式，建立企业自己的咨询服务标准和信息集成管理平台 | |
| | 广西壮族自治区住房和城乡建设厅关于印发《广西全过程工程咨询试点工作方案》的通知（桂建发〔2018〕2号） | 工程勘察设计企业应利用先导优势，工程监理企业应利用施工阶段管理优势，积极拓展覆盖可行性研究、项目策划、项目管理、后期运营等工程建设全生命周期的技术支持与服务，提高工程项目建设水平。各市住房城乡建设主管部门要选择本地区有实力的大型勘察设计、工程监理、工程造价、工程咨询企业作为试点企业，促进企业探索总结与全过程工程咨询服务相适应的技术方法、管理方式和服务模式，建立企业自己的咨询服务标准和信息集成管理平台。采取招标方式的，招标人应当根据项目特点以及投保人拟从事该项目的方案、报价、相关业绩、人员构成、新技术运用（如BIM技术咨询应用）等因素确定评标标准和办法 | |
| | 江苏省住房和城乡建设厅关于印发《江苏省全过程工程咨询服务合同示范文本（试行）》和《江苏省全过程工程咨询服务导则（试行）》的通知（苏建科〔2018〕940号） | 构建集成化的全过程工程咨询服务机构。提供共享的信息平台和高效的信息交流机制。提倡BIM平台、技术的使用 | |
| | 浙江省关于印发《浙江省全过程工程咨询试点工作方案》的通知（建建发〔2017〕208号） | 各地建设主管部门要引导企业强化信息化管理技术和手段 | |

续表

| 政策等级 | 政策名称 | 政策内容 | 特点 |
|---|---|---|---|
| 地方文件 | 福建省关于印发《福建省全过程工程咨询试点工作方案》的通知（闽建科〔2017〕36号） | 鼓励全过程工程咨询单位推行基于BIM技术信息平台开展全过程工程咨询 | |
| | 湖南省住房和城乡建设厅关于印发《湖南省全过程工程咨询试点工作方案和第一批试点名单的通知》（湘建设函〔2017〕446号） | 鼓励咨询企业采用信息化、工业化等新技术，对应用BIM技术和工业化设计的，在全过程工程咨询评标中可给予加分。咨询企业采用技术创新带来投资节约、运行成本下降或工程寿命延长的，建设单位可将节约投资、提高效益的一部分奖励给工程咨询企业，奖励比例由双方在合同中约定 | |

资料来源：自行绘制。

基于BIM技术信息平台开展全过程工程咨询，目的是应用BIM技术集成工程建设项目全生命周期数据，实现信息共享和信息协同管理，进而提高全过程工程咨询的服务水平，为全面开展工程咨询业务提供保障。上海还明确提出应用BIM技术的工程类型、要达到的目标和应用比例等，到2020年，上海市政府投资工程全面应用BIM技术，实现政府投资项目成本下降10%以上，项目建设周期缩短5%以上，全市主要设计、施工、咨询服务、运营维护等企业普遍具备BIM技术应用能力，新建政府投资项目在规划设计施工阶段应用比例不低于60%。

根据政策中的内容可以看出，融合BIM技术开展全过程工程咨询是目前的政策导向，也是咨询行业未来的发展方向，BIM技术在全过程工程咨询的各个阶段都发挥着重要的作用。BIM技术已在工程建设领域逐步落地，2017年以来，我国住房和城乡建设部及各地方建设主管部门出台的BIM政策更加细致且实操性更强。在国家BIM标准体系中，已经发布了《建筑工程信息建模标准（征求意见稿）》《建筑信息模型应用统一标准》GB/T 51212—2016、《建筑信息模型分类和编码标准》GB/T 51269—2017、《建筑工程信息模型存储标准（征求意见稿）》《建筑信息模型设计交付标准》GB/T 51301—2018等核心标准作为基本核心准则，BIM相关技术规范和数据标准还需要不断完善和补充。

### 2.对工程咨询企业的建议——完善信息化管理

企业信息化技术与管理是大势所趋[81]，工程咨询企业进行全过程工程咨询的变革中不能忽视信息技术的应用。利用信息化手段将各方整合起来，在一个平台、体系下进行工作，可以减少沟通成本，真正实现管理的数据化、直观化和可计算化，从而有效提高项目管理效率和效益。在国家的大力倡导下，BIM等新技术和管理模式在建设工程领域的运用已十分普及。BIM技术的集成化、多专业协同的特性，使其成为开展全生命周期咨询、实现集成与协同的最佳工具手段，但是BIM技术要求高，需要有机结合工程实践、信息技术。受限于传统工程咨询管理模式，人才的培养专而不全，工程咨询企业要想充分发挥BIM技术优势，就要充分认识到综合型人才对提升企业集成管理能力的重要性。企业应加快综合型人才的培养，提高工作人员的技能水平和工作素养，将这类技术熟练运用于工程咨询和管理中，建立企业数据库以及信息平台等，为业主提供综合性、跨阶段、一体化的咨询服务，从而解决全过程工程咨询项目管理效率低下的问题，实现全过程工程咨询的管理协同、业务融合和集成化管理，为全过程工程咨询价值的增值提供技术保障，打造企业的竞争优势。

（五）适应当前的监管环境

通过对相关政策文件进行统计，汇总了当前国家和各地关于全过程工程咨询监管的规定，如表8-14所示，并对政策进行比较。

**1. 各地规定的比较**

（1）共同点：体现组织整合的思想。目前对于全过程工程咨询的监管方式，各地仍在以试点形式进行探索。

（2）不同点：《国家发展改革委 住房城乡建设部关于推进全过程工程咨询服务发展的指导意见》（发改投资规〔2019〕515号）提出了加强政府监管等保障措施，明确了相关主管部门的分管责任和监管方式。具体规定是：将政府管理重心从事前的资质资格证书核发转向事中事后监管，建立以政府监管、信用约束、行业自律为主要内容的管理体系，强化单位和人员从业行为监管。有关部门要根据职责分工，建立全过程工程咨询监管制度，创新全过程监管方式，实施综合监管、联动监管。《江苏省全过程工程咨询服务导则（试行）》指出了全过程工程咨询各环节的监管内容。广西、福建明确提出要研究全过程工程咨询试点过程中监管制度存在的问题，总结出全过程工程咨询的监管方式。湖南明确提出要加强全过程工程咨询监督管理。

通过梳理相关政策可知，为加强全过程工程咨询的监管，各地政策强调的重点包括三个：一是优化各环节管理制度和监管流程，如四川、广西、浙江、福建、湖南；二是完善监管机制，如广东、福建；三是落实监督管理，如广东。可采取相应的措施有：完善相应的监管制度、创新全过程监管方式、加大违法违规行为处罚力度、建立信用档案等，通过这一系列措施，做到公正监管、综合监管、审慎监管。

**全过程工程咨询监管的政策汇总表**　　　　　表8-14

| 政策等级 | 政策名称 | 政策内容 | 特点 |
|---|---|---|---|
| 国家文件 | 《国家发展改革委 住房城乡建设部关于推进全过程工程咨询服务发展的指导意见》（发改投资规〔2019〕515号） | 将政府管理重心从事前的资质资格证书核发转向事中事后监管，建立以政府监管、信用约束、行业自律为主要内容的管理体系，强化单位和人员从业行为监管。有关部门要根据职责分工，建立全过程工程咨询监管制度，创新全过程监管方式，实施综合监管、联动监管 | 1.国家政策明确了相关主管部门的分管责任和监管方式。2.强调优化各环节管理制度和监管流程的地区有：四川、广西、浙江、福建、湖南。3.强调完善监管机制的地区有：广东、福建。4.强调落实监督管理的地区有：广东。5.目前对于全过程工程咨询的监管方式，各地仍在利用试点进行探索 |
| 地方文件 | 广东省住房和城乡建设厅关于印发《广东省全过程工程咨询试点工作实施方案》的通知（粤建市〔2017〕167号） | 各地住房城乡建设主管部门要积极改革创新，进一步完善与全过程工程咨询相适应的招标投标监督、施工许可、质量安全监督、竣工验收备案、工程档案整理等环节的管理制度和流程。各级住房城乡建设主管部门应当加强对各方主体行为的监督，对违法违规行为应当依法处理，记入企业诚信档案，并予以公开 | |
| | 四川省住房和城乡建设厅关于印发《四川省全过程工程咨询试点工作方案》的通知（川建发〔2017〕11号） | 通过全过程工程咨询试点，探索总结全过程工程咨询的监管方式。各市、州及扩权试点县住房城乡建设主管部门要逐步完善全过程工程咨询服务相关的招投标监督、服务合同备案、实施过程监管、竣工验收备案等一系列制度 | |
| | 广西壮族自治区住房和城乡建设厅关于印发《广西全过程工程咨询试点工作方案》的通知（桂建发〔2018〕2号） | 组织开展全过程工程咨询试点，探索总结全过程工程咨询的监管方式。自治区住房和城乡建设厅成立全区全过程工程咨询试点工作指导小组，健全完善工程项目建设监管机制，协调解决试点工作中出现的困难和问题。对全过程工程咨询试点过程中可能出现的与现有许可或监管制度存在冲突的问题，各设区市住房城乡建设主管部门要加强服务，优化招标投标监管、施工图审查、合同备案、质量安全监督、施工许可、工程竣工验收备案、城建档案移交等环节的管理制度和流程 | |
| | 江苏省住房和城乡建设厅关于印发《江苏省全过程工程咨询服务合同示范文本（试行）》和《江苏省全过程工程咨询服务导则（试行）》的通知（苏建科〔2018〕940号） | 全过程工程咨询服务总负责人应按规定接受相关部门的责任追究和监督管理。全过程工程咨询服务机构应监督全过程工程咨询服务活动 | |
| | 浙江省关于印发《浙江省全过程工程咨询试点工作方案》的通知（建建发〔2017〕208号） | 各地建设主管部门要大胆改革创新，进一步完善招投标监督、合同备案、质量安全监督、施工许可、竣工验收备案、工程档案整理等环节的管理制度和流程 | |

续表

| 政策等级 | 政策名称 | 政策内容 | 特点 |
|---|---|---|---|
| 地方文件 | 福建省关于印发《福建省全过程工程咨询试点工作方案》的通知（闽建科〔2017〕36号） | 各设区市住房城乡建设主管部门要研究全过程工程咨询试点过程中招标文件示范文本、合同示范文本、过程控制制度、监管制度等存在的问题，并将有关情况及时报送省住建厅。省住建厅成立全省全过程工程咨询试点工作指导小组，健全完善工程项目建设监管机制，协调解决试点工作中出现的困难和问题。对全过程工程咨询试点过程中可能出现的与现有许可或监管制度存在冲突的问题，各设区市住房城乡建设主管部门要加强服务，优化招标投标监管、施工图审查、合同备案、质量安全监督、施工许可、工程竣工验收备案、城建档案移交等环节的管理制度和流程 | |
| | 湖南省住房和城乡建设厅关于印发《湖南省全过程工程咨询试点工作方案和第一批试点名单的通知》（湘建设函〔2017〕446号） | 试点地区住房城乡建设主管部门应明确全过程工程咨询试点工作的责任人，加强工程咨询服务质量监督管理，完善全过程工程咨询的招标投标、初步设计审批、施工图审查、工程监理及造价咨询等环节监管，提升监督管理能力，确保工程质量安全 | |

资料来源：自行绘制。

### 2.对工程咨询企业的建议——强化服务质量

《工程咨询行业管理办法》规定工程咨询企业和咨询人员对咨询质量负总责，实行终身负责制，将之前对工程咨询企业的监管扩展为对人的监管。这就要求工程咨询企业重点强化服务水平，对咨询成果的真实性、有效性和科学性负责。无论是提高最终的咨询成果还是过程服务质量，均需要咨询人员有良好的服务意识和能力，将服务意识贯穿于项目的各环节中，以客户的视角为中心去考虑和处理问题。此外，高质量的服务与工程咨询企业规范化、流程化和信息化的管理密不可分。由此可见，工程咨询企业可通过提高咨询人员的服务意识和技术能力、优化管理制度及流程来全方位提升服务质量和效率。工程咨询企业要构建企业和个人的诚信体系，提倡诚信服务，建立健全自律制度，加强企业及其人员的从业行为管理，确保全过程工程咨询市场健康有序发展，更好地推动全过程工程咨询的有效落地。

# 第三篇
# 案例解读篇

第九章　以"投资管控"为核心的某综合办公楼大厦工程项目全过程工程咨询

第十章　以"全周期项目管理"为核心的综合性文化场馆工程项目全过程工程咨询

第十一章　以"策划先行"为核心的某农村供水管网建设工程PPP项目全过程工程咨询

第十二章　以"施工阶段项目管理"为核心的某金融区新金融工程项目全过程工程咨询

在现阶段全过程工程咨询持续升温下，行业咨询服务的落地模式呈现多样化趋势，各地工程咨询企业都在积极寻求新的发展之路。本书中的案例是我国工程咨询企业在发展过程中工程咨询成果的缩影，选取了FY工程咨询有限公司近十年来4个具有代表性的全过程工程咨询项目，涵盖办公建筑、商业建筑、科教文卫建筑、市政工程的各阶段，涉及文化、金融、科研、体育等多个行业，项目复杂程度不一，管理模式多样，可为日后类似建设项目采用全过程工程咨询模式提供借鉴参考。

第一个案例是常见的办公楼项目，项目管理公司采用PMC模式对项目全过程进行投资管控，管理工作重复性较高，建设及管理经验具有明显的普适性和推广价值；第二个案例是某地区地标性综合文化场馆，建筑结构相对复杂，在设计施工阶段增加BIM咨询提高服务信息化水平；第三个案例是农村供水管网PPP项目，拓展了全过程工程咨询服务内容，通过全权负责前端策划咨询及后期绩效考核付费，解决了政企双方协调工作量大、合同管理难度高等问题；第四个案例是金融区新金融工程，采用以施工项目管理为核心的工程咨询，将商业区不同地块整合成以项目共担风险的有机共同体，有效发挥了工程咨询服务产业链合力优势。由此可见，目前工程咨询在实践中显现出前端策划先导、信息技术集成、组织整合优化的趋势，恰好契合本书提出的全过程工程咨询发展的三个核心要点。

与其他类似著作直接介绍项目不同的是，本书每个案例中按照"项目基本概况→咨询服务范围→咨询服务组织结构→咨询服务过程→实践成效→思考总结"这一体例展开叙述，向读者展现最精炼、最有效的咨询要点。在案例每个小节结尾采用专家随点随评的形式，以服务创新为切入点，客观评析项目特点，拆解整个项目实践的要点、难点，并与第一、二篇内容相互呼应。并创新性地加入"观点支持"和"改进余地"模块，一方面通过最新学者研究进一步印证项目服务实践工作的亮点，另一方面通过重新站在全咨视角回顾咨询过程，对可改进之处进行查漏补缺，体现了理论性、实践性的统一。

# 第九章 以"投资管控"为核心的某综合办公楼大厦工程项目全过程工程咨询

## 一、项目基本概况

某大厦工程是由SY集团公司投资，由SY集团钻探工程有限公司作为建设主管单位，集办公、会议于一体的综合性办公设施。坐落于TJ市经济技术开发区；总投资约8.86亿元（不含土地费用），环保投资为228万元，约占总投资的0.26%；总用地面积29720$m^2$；建筑面积99899$m^2$，其中，地上总建筑面积85575$m^2$，地下总建筑面积14325$m^2$；主楼：地上23层，地下2层，建筑高度99.90m；辅楼：地上5层，地下1层，建筑高度25.80m；基础类型：桩基础；结构形式：框架剪力墙结构。某大厦工程效果图如图9-1所示。

图9-1　项目效果图

【点评】 大厦工程项目难点——品质要求高、多功能办公用途、协调难度大、设计环保节能。

难点一：品质要求高。某大厦作为TJ市经济技术开发区繁荣街区的主要城市景观和TJ市重点建设项目，需凸现建筑的城市属性，因此本项目的规划、设计、施工方面均有严格的品质要求。

难点二：多功能办公用途。本项目作为SY集团公司驻TJ单位的集中办公用房，是集多项功能为一体的综合性建筑，大厦设置了办公区、生产指挥区、网络信息区、档案库房与阅览室、会议与培训区、餐厅区、地下车库及人防区域等多个功能区，需科学考虑平面布局与流程，充分满足多种使用要求。

难点三：协调难度大。本项目参与方众多，包括建设单位、项目管理单位、勘察单位、监理单位、造价咨询、总承包工程施工单位等20个主要参建单位，合同管理涉及80多个相关合同，项目信息的传递与互动面临很大的挑战，协调工作难度大。

难点四：设计环保节能。SY集团公司是以生产能源为主的国有特大型央企，因此大厦建设与设计必须充分体现环保思想和节能观念，满足可持续发展的需要。

## 二、咨询服务范围

FY工程咨询有限公司对本工程的手续审批、设计管理、合同管理、施工管理、信息档案资料管理等工作实施全面协调与管理，以实现良好的投资管控。

手续审批：利用自身专业优势，代理建设单位报批土地手续、规划手续、人防手续、消防手续、防雷设计审查、开工手续等，确保项目能够顺利通过和推进。

设计管理：通过协助编制方案设计、征集设计方案并比选、审查及评价初步设计、论证项目主要技术经济指标、优化施工设计图纸满足建设单位的建设需求。

合同管理：对拟签订合同进行评审，配合建设单位对合同条款进行商议、论证、修改；制定合同实施计划；实施合同控制，建立项目合同管理台账；项目竣工后对合同执行情况进行后评价。

施工管理：自工程施工开始到竣工验收过程中，围绕着质量、工期、成本等制定施工目标，对施工对象和施工现场而进行的生产事务的监督管理工作，实行有目标的组织协调。

信息档案资料管理：协助建设单位、监理单位等相关单位收集整理工程项目，从立项、评估、设计到施工、竣工的档案资料积累、归档。设以专人进行跟踪，对该项工程竣工档案交付验收提出明确要求，切实做到对工程竣工档案跟踪管理的有效控制。

【经验总结】 咨询公司利用自身专业优势承接跨阶段组合咨询业务，实施工程建设全过程咨询。

全过程、全方位的项目管理服务。由FY工程咨询有限公司为本项目提供的咨询服务范围可知，其主要职能是协助建设单位组织、协调项目管理，在一定程度上监督工程参建方是否按照合同规定履行职责开展工作，同时解决工程项目在建设过程中出现的综合性、关键技术、建设程序、原则方案等问题，助力项目手续、设计、招标、合同、进度、投资、质量、信息等领域的管理。作为项目管理公司提供全过程工程咨询服务的主导思路是：根据建设单位的需求，代表建设单位对工程项目进行全过程、全方位的项目管理服务。

观点支持：张龙（北京市工程咨询公司），工程经济，2020，《综合性工程咨询公司开展全过程咨询研究》一文中提及，具有前期咨询、项目管理业务优势的综合性工程咨询公司，应通过增设勘察设计业务或组建联合体等方式增强规划设计能力，积极推进全面的、全链条的全过程工程咨询。综合性工程咨询公司应充分发挥其在投资控制方面的核心技术优势，将高效的项目管理和高水平的规划设计作为投资控制手段，强化前期咨询阶段的方案论证、设计阶段的方案比选和优化，并对项目实施阶段的方案变更进行严格管控，形成技术经济最优的判断决策，实现项目全寿命周期的费用价值最大化。

"1+N+X"的组织模式：FY工程咨询有限公司拥有甲级招标代理机构、甲级造价咨询企业、甲级工程咨询单位、政府性投资类工程项目管理资格、乙级中央投资项目招标代理机构等多项专业资质，本项目作为项目管理公司，牵头提供全过程工程咨询服务，通过实行"1+N+X"的组织模式（本书第一篇第三章第二节"三、发展全过程工程咨询要进行组织和产业链整合"内容），发挥其他单位的专业优势，弥补自身专业资质、专业技术人员的不足，承接业务实施工程建设全过程咨询。

## 三、咨询服务组织建设

### （一）组织模式

2010年11月，建设单位成立了某大厦工程经理部。2010年12月，建设单位通过邀请招标的方式确定了项目管理公司、招标代理及造价咨询公司，建立了大厦项目管理运行机构。由FY工程咨询有限公司为项目管理公司；由WH工程咨询有限公司负责本工程的全过程造价控制及工程招标。2011年6月，通过公开招标的方式确定TJ建设工程监理公司为本工程监理单位，负责施工过程中的"三控、两管、一协调"以及施工阶段的风险管理，现场质量安全生产文明施工管理、采购监造等工作。某大厦工程项目管理采用PMC管理模式。组织机构模式如图9-2所示。

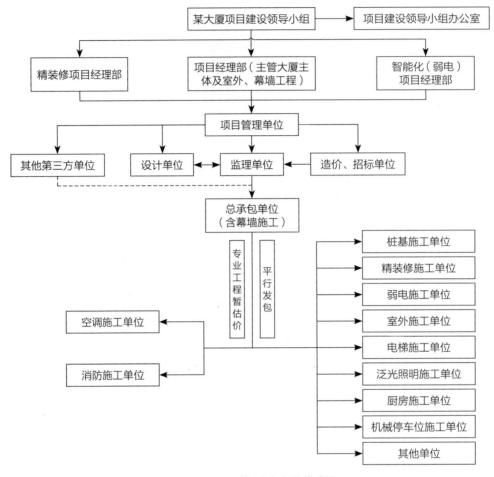

图9-2 项目管理组织机构模式图

【经验总结】 本项目全过程工程咨询组织模式实践=施工平行发包模式+PMC管理模式。

施工平行发包模式可对本项目投资进行有效管控，因此施工采用平行发包模式，总承包单位对专业性较强的工程根据施工任务实行分包，可通过招标择优选取承包单位，有利于降低工程造价；同时，以施工图为基础招标，利于投标人进行合理的投标报价，降低合同双方的风险。

PMC管理模式。施工平行发包模式会产生涉及参建单位众多、合同关系复杂、施工过程中设计变更较多等问题，从而导致项目整体管理难度较大，需要整体协调的工作繁重，因此建设单位均愿选择拥有规范的服务内容、程序化以及丰富项目管理经验的PMC单位进行项目管理承包。PMC管理模式也是探索全过程工程咨询模式的实践尝试，PMC单位与建设单位的目标和利益一致，结合成一个整体对项目进行管理，实现项目实施过程中的系统活动与系统主体管理的专业化、系统化、集成化。

观点支持：戴志敏（中国电建集团贵阳勘测设计研究院有限公司），水利技术监督，2020，在《PMC承包模式在水库工程施工管理中的应用》一文中肯定了PMC管理模式，一方面极大地分担了业主管理负担，同时PMC总承包商贯穿整个过程，能够使业主全程参与到工程建设中来，较好地把握了质量、工期、成本等关键因素，可明显减少项目管理费用支出。能够给予业主专业且有针对性的意见，是一种高端咨询服务。

### （二）项目决策层职责分工

#### 1.项目建设领导小组职责

负责每季度召开专题会议，听取某大厦建设情况的专题汇报，负责室内精装修和室外工程建设方案，以及主要材料、设备选型的审定，负责专业工程设计变更的审定，负责对后期物业管理实施方案的审定等决策性工作。

#### 2.项目建设领导小组办公室职责

负责落实项目建设领导小组的决议，筹备项目建设领导小组相关会议；负责每月召开两次以上由项目建设领导小组副组长参加的项目协调专题会议，听取项目经理部和各专业项目经理部的工作汇报，布置下一阶段工作；负责做好项目经理部和各专业项目经理部的工作协调；负责专业工程概算内设计变更的审核。

#### 3.项目经理部工作职责

（1）负责组织项目管理公司与地方政府、上级部门等相关单位之间的工作协调和相关手续的办理。

（2）作为建设单位代表负责组织专业工程招标工作。

（3）负责大厦工程总投资控制，负责设计变更及现场签证的确认。

（4）负责组织每周一次的质量、安全巡查，严格执行大厦建设安全质量管理的相关规定，加强监督检查，及时消除隐患，对违反安全质量管理规定的行为进行处罚。

（5）负责大厦工程工期管理，组织编制大厦工程总工期计划，提交领导小组审定后组织实施。

（6）负责项目会议记录、项目经理部工程资料的归档、整理。

（7）负责组织大厦施工协调会。

（8）负责对大厦工程施工队伍阶段性工作量的计量确认，工程进度款支付审核确认工作。

（9）负责工程变更的签字流程，过程审批确认由专业项目经理部负责，对外工程变更文件、建设单位签字由项目部经理及专业项目经理部经理共同签字。

（10）负责合同台账的记录。

（11）负责工程验收签字流程，分部分项工程验收由专业项目经理部经理签字，工程竣工验收资料由项目部经理和专业项目经理部经理共同签字。

（12）负责迎接地方政府、上级部门等各项检查工作。

（13）负责大厦领导小组及办公室安排的其他工作。

### 4.专业项目经理部工作职责

适用于精装修工程项目经理部、弱电工程项目经理部、室外及幕墙工程项目经理部。

（1）负责专业工程的组织与管理工作。

（2）负责专业工程管理中项目管理公司、监理公司和造价咨询公司等人员选聘、考核和管理工作。

（3）负责提出专业工程前期需求，协调设计院完成深化各阶段工程设计工作，并组织完成施工图审查及图审工作。

（4）负责专业工程投标单位的考察，参与招标文件编制和评标工作。

（5）负责专业工程主要材料、设备的考察建议工作。

（6）负责专业工程切块投资概算的控制，负责设计变更及现场签证的确认。

（7）负责专业工程质量管理，组织项目管理公司、监理公司对工程质量实施全过程监督，对违反质量管理规定的行为进行处罚。督促监理公司组织专业工程的各阶段验收及联合验收。

（8）负责专业工程安全管理，严格执行大厦建设安全管理的相关规定，加强监督检查，及时消除安全隐患，对违反安全管理规定的行为进行处罚。

（9）负责专业工程工期管理，组织编制专业工程工期计划，并组织实施。

（10）负责专业工程质量保证金管理工作。

（11）负责专业工程资料搜集整理，提交项目经理部统一归档。

（12）参加大厦领导小组办公室和项目经理部组织的定期例会、施工协调会。

（13）负责对专业工程施工队伍阶段性工作量的计量确认，工程进度款支付审核确认工作。

（14）负责工程变更的签字流程，过程审批确认由专业工程项目经理部负责，对外工程变更文件，建设单位签字由项目经理部经理及专业项目经理部经理共同签字。

(15) 负责工程验收签字流程，分部分项工程验收由专业项目经理部经理签字，工程竣工验收资料由项目经理部经理和专业项目经理部经理共同签字。

(16) 负责大厦领导小组及办公室安排的其他工作。

**【经验总结】** 建设决策层增设专业工程经理部，精准对接，优化组织。

某大厦是面向全国、世界的多功能综合性建筑，室内装修设计风格要高雅、大气、稳重、现代，建筑设备自动化、信息自动化、办公自动化。因此，本项目的决策层相较于一般的建筑项目在组织机构上增加了精装修、智能化（弱电）这两个经理部，进行组织模式优化调整。通过划分项目建设领导小组、项目建设领导小组办公室、项目经理部、专业项目经理部，可明确建设单位各小组职责范围以及需配合其他专业的工程内容，形成了分工协作、相互制约的项目决策层。

(三) 制度建设

根据国家规范、行业标准等要求以及大厦的管理组织架构，结合工程实际情况，特制定了项目各阶段的重点制度、流程，例如合同签署流程、工程变更签证管理流程、工程款审批流程、工程延期审批程序、工程例会制度、分包商、供货商考察制度、施工现场值班管理制度、营地管理制度、廉政建设规章制度等工程管理规章制度（详见附表1），规范了管理标准，保证了各项工作有效开展。

**【经验总结】** 制度及流程策划确保各方行为准则。

制度建设体现了"策划先行"要点中管理策划的内容，通过制度及流程的策划（本书第一篇第四章第一节"总体策划"的内容），可以明确在项目管理过程中各项任务或工作实施时，各方均应遵守的办事规程以及操作流程或步骤，明确了各主体的职责，预先整合了建设单位、设计单位、项目管理公司、造价咨询公司、监理公司、施工单位、分包商、供货商等项目参与主体在全过程各阶段的业务内容，为咨询服务工作的顺利开展提供了制度保障。

## 四、咨询服务过程

(一) 项目报批管理实现的投资管控

FY工程咨询有限公司对本工程的进行报批管理主要是代表建设单位取得各种手续审批，主要包括土地手续、规划手续、人防手续、消防手续、防雷设计审查、开工手续等，在办理前期手续的过程中，与相关的各行政主管部门积极沟通，收集当地的相关文件、政府规章制度，尽可能减少人力、物力、财力的浪费。详细手续详如表9-1所示。

手续办理明细表　　　　　　　表9-1

| 序号 | 文件名称 | 取得时间 | 审批单位 |
|---|---|---|---|
| 1 | TJ市经济技术开发区拨地定桩 | 2009-12-3 | TJ市经济技术开发区测量队 |
| 2 | 取得土地合同的时间 | 2010-2-10 | TJ经济开发区土地管理局 |
| 3 | 建设用地规划许可证 | 2010-6-9 | TJ市经济技术开发区建设发展局 |
| …… | …… | …… | …… |
| 23 | 建筑工程施工许可证（桩基、总承包） | 2012-2-23 | TJ市经济技术开发区建设工程管理中心 |
| …… | …… | …… | …… |
| 34 | 建设工程消防验收意见书及受理凭证（主体）、设计备案表（门卫及接待室） | 2016-5-5 | TJ市公安消防支队 |
| 35 | 中华人民共和国建筑工程施工许可证（室外工程门卫） | 2016-7-11 | TJ市经济技术开发区管理委员会 |

【经验总结】 信息整合提高行政审批效率。

FY工程咨询有限公司是TJ市财政性投资基本建设项目投资评审中介机构、质量管理体系认证机构，了解本地手续程序，充分利用本地资源优势，通过与相关部门函件、报表、文件传递信息，集成后整合审批流程，合理安排时间进度。为建设项目提供从立项到竣工"一条龙"的手续审批工作，优化审批方式、提高行政审批效率，令建设单位"费事、费钱、费力"的手续审批服务"化繁为简"。

【改进余地】 跟进政策及时学习审批管理建设流程。

政府方面也在积极最大限度地减少行政审批事项，减少政府对企业、对微观事务的干预，最大限度地释放市场机制的活力、调动社会资源的活力、激发创新创业的活力，现对进一步深化行政审批制度改革，推进转变职能简政放权工作。在2019年召开的全国住房和城乡建设工作会议中，第九条明确指出："工程建设项目审批制度改革为切入点，优化营商环境。"在总结试点地区经验基础上，在全国全面开展工程建设项目审批制度改革工作，进一步优化审批流程，确保实现审批时间压减一半的目标。咨询机构需及时更新学习工程建设项目审批管理建设流程，提高行政审批效率。

（二）设计管理实现的投资管控

**1. 协助编制方案设计**

（1）总体方案设计

为使设计成果体现经济性的要求，FY工程咨询有限公司协助建设单位编制方案设计书，方案设计任务书中对项目的工程概况、设计依据、设计指导思想、主要原则、总平面设计、建筑设计、主要技术经济指标等进行详细合理的方案策划，为其决策提供重要参考依据。例如，大厦工程要充分考虑如何进行节能设计，减少建筑过程的能源消耗，结合朝向和功能的关系，尽量利用自然采光，节省管理费用。

（2）精装修方案设计

FY工程咨询有限公司协助建设单位编制精装修方案设计任务书，根据建筑设计施工图纸和本工程的设计定位、设计原则、设计要点，完成主楼、辅楼室内首层及以上各楼层所有区域内的精装修设计，其主要包括各楼层的平面布局设计，墙面、吊顶、地面、门、家具、其他室内装饰设计、入口处的室外台阶、坡道面层做法等，以及各楼层所有区域内照明系统、动力插座系统等。在设计任务书中需提供建筑装饰装修工程中主要功能区所用材料、设施设备、器材器具应节约、节能，充分考虑本项目的施工成本和以后的维护成本。

2.征集设计方案进行比选

（1）主体设计方案比选

FY工程咨询有限公司配合建设单位，对本项目主体设计方案进行公开征集、竞争性比选。从HD建筑设计研究院有限公司、DX建筑设计研究院（集团）有限公司、WH建筑设计院这三家设计院合计8套主体设计方案进行经济性评价（进行多方案最低成本核算，设计方案、工艺流程、主要设备选型比较，分析分包方式、进料批次、租赁与购买的合理性等），最终确定由WH建筑设计院设计方案B中标，由其负责提供方案设计，完成本工程的方案设计调整、初步设计、施工图设计及施工阶段相关配合服务工作。其主体设计效果图、方案总平面图如图9-3、图9-4所示。

图9-3 主体设计效果图

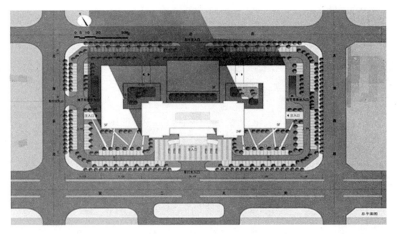

图9-4 方案总平面图

（2）精装修设计方案比选

FY工程咨询有限公司配合建设单位，对本项目精装修设计方案进行公开征集竞争性比选，从SZ建设集团股份有限公司、SH装饰有限责任公司、ZJ装饰股份有限公司、TJ市建筑设计院共11套精装修设计方案进行经济性评价。最终中标设计方案为TJ市建筑设计院的B方案（大厅设计效果图如图9-5所示），由TJ市建筑设计院提供本工程精装修方案的设计成果，完成本工程方案设计的深化、调整及相关配合服务。

图9-5 大厅效果图

3.审查及评价初步设计

2011年4月，设计单位根据建设单位需求及项目管理公司意见完成初步设计。随后，FY工程咨询有限公司组织开展了TJ经济开发区的初步设计审查（图9-6），组织20余名专家对初步设计进行了审核并形成了专家意见，共同对接建设单位、

图9-6 某大厦初步设计审查会

设计单位、各类专家,对各方提出的问题及时修正,从节约成本角度,不无端降低或提高标准、增加或删减设计内容,以减少施工阶段的变更,具体审查意见详见附表2;2011年6月,将修改完善的初步设计文件报送SY集团公司进行审批,同年8月,集团公司组织完成了初步设计审查。

经初步设计审查总体评价:某大厦总建筑面积99899.56$m^2$,其中:地上23层,建筑面积85574.96$m^2$;地下2层,建筑面积14324.60$m^2$。大厦主楼建筑总高度99.90m,设计使用年限为50年,建筑防火类别为高层一类,建筑耐火等级为一级,地下室防水等级为一级,屋面防水等级为Ⅱ级,结构类型为框架-剪力墙结构。确定某大厦的主要技术经济指标如表9-2所示。

某大厦主要技术经济指标　　　　表9-2

| 序号 | 项目 | | 单位 | 数量 |
| --- | --- | --- | --- | --- |
| 1 | 总用地面积 | | $m^2$ | 29718.49 |
| 2 | 建筑总面积 | | $m^2$ | 99899.56 |
| 3 | 地上总建筑面积 | | $m^2$ | 85574.96 |
| 4 | 其中 | 主楼建筑面积 | $m^2$ | 61913.46 |
| | | 辅楼A座建筑面积 | $m^2$ | 10784.14 |
| | | 辅楼B座建筑面积 | $m^2$ | 12877.36 |
| 5 | 地下室总建筑面积 | | $m^2$ | 14324.60 |
| 6 | 建筑基底总面积 | | $m^2$ | 7823.61 |
| 7 | 道路广场总面积 | | $m^2$ | 8614.8 |
| 8 | 绿地总面积 | | $m^2$ | 6053.9 |
| 9 | 建筑密度 | | % | 26.3 |
| 10 | 容积率 | | | 3.4 |
| 11 | 绿地率 | | % | 20.3 |

续表

| 序号 | 项目 | | 单位 | 数量 |
|---|---|---|---|---|
| 12 | 其中 | 机动车停车数量 | 辆 | 859 |
| | | 地上 | 辆 | 389 |
| | | 地下 | 辆 | 470 |

### 4.协助分析概算

FY工程咨询有限公司为保证概算的准确程度，对概算书的工程量、分项工程组成、人材机及设备等的市场价格、取费类别进行详细的比对，协助设计单位进行设计概算的合理性分析。初步设计上报概算总投资80885万元（不含土地费用），单位造价8096元/$m^2$，初步设计修改版上报概算总投资76857万元，单位造价7693元/$m^2$，较原概算投资减少4028万元，降幅为5%。组织专家组进行复核后，建议在初步设计修改版概算投资基础上核减303万元，拟批复概算总投资76554万元（不含土地费用），单位造价7663元/$m^2$。

2011年10月17日，SY集团公司下发《关于某大厦工程初步设计的批复》，批复了某大厦工程的初步设计。项目总投资概算94976万元，其中：具体费用构成（土地费用：18422万元，工程费用64455万元，项目建设其他费用8439万元，预备费3660万元）。某大厦初步设计概算总投资批准表详见表9-3。

某大厦初步设计概算总投资批准表　　　　表9-3

| 序号 | 工程项目或费用名称 | 上报概算投资 | 审核调整 | | 批准概算投资 |
|---|---|---|---|---|---|
| | | | 增加 | 减少 | |
| | 建设项目概算总投资 | 99309 | 1745 | 6078 | 94976 |
| 一 | 工程费用 | | | | |
| 1 | 基坑支护 | 2514 | | | 2514 |
| 2 | 桩基工程 | 2904 | | | 2904 |
| 3 | 人防工程 | 272 | | | 272 |
| 4 | 建筑工程 | 22086 | | 1632 | 20454 |
| 5 | 装修工程 | 18480 | | 944 | 17536 |
| 6 | 消防水工程 | 2223 | | 130 | 2093 |
| 7 | 给水排水工程 | 1448 | | 331 | 1117 |
| 8 | 暖通工程 | 5202 | | 801 | 4401 |
| 9 | 强电工程 | 5280 | | 743 | 4537 |
| 10 | 弱电工程 | 4233 | | 1419 | 2814 |

续表

| 序号 | 工程项目或费用名称 | 上报概算投资 | 审核调整 增加 | 审核调整 减少 | 批准概算投资 |
|---|---|---|---|---|---|
| 11 | 电梯 | 853 | | | 853 |
| 12 | 配套工程（厨房提升、厨具及灭火、机械车库擦窗机、车道融雪、户内燃气） | 1458 | | 37 | 1421 |
| 13 | 机房工程 | 480 | 1301 | | 1781 |
| 14 | 室外工程 | 1769 | | 11 | 1758 |
| | 工程费用合计 | 69202 | 1301 | 6048 | 64455 |
| 二 | 其他费用 | | | | |
| 1 | 土地费 | 18422 | | | 18422 |
| 2 | 建设单位管理费 | 60 | | | 60 |
| 3 | 临时设施费 | 195 | | | 195 |
| 4 | 咨询单位服务费 | 1264 | | | 1264 |
| 5 | 工程监理服务费 | 598 | 54 | | 652 |
| 6 | 地质勘察费 | 17 | | | 17 |
| 7 | 设计费 | 1390 | 186 | | 1576 |
| 8 | 审查评估费 | 492 | | 30 | 462 |
| 9 | 试验检验费 | 106 | | | 106 |
| 10 | 配套工程建设费 | 3914 | | | 3914 |
| 11 | 行政及其他收费 | 146 | | | 146 |
| 12 | 技术档案服务费 | 43 | 4 | | 47 |
| | 其他费用合计 | 26647 | 244 | 30 | 26861 |
| 三 | 预备费 | 3460 | 200 | | 3660 |
| | 建设投资 | 99309 | 1745 | 6078 | 94976 |
| 四 | 建设期贷款利息 | | | | |
| 五 | 铺底流动资金 | | | | |
| | 建设项目概算总投资 | 99309 | 1745 | 6078 | 94976 |

**【经验总结】** 策划先行提升设计图纸附加值。

设计阶段是将专业理论、科学技术融入图纸中，进而满足实际施工要求，是权衡各种想法、用途和价值的关键阶段，投资管控最有可塑性和改造力，体现在根据项目特点考虑建设单位的建筑意图，真正做到"策划先行提升项目价值"：FY工程咨询有限公司通过协助编制总体设计方案、精装修方案设计进行项目总体策划，进而向全国设计单位公开征集并开展竞争性比选设计方案，再与建设单位、设计单位、专家共同商讨完成初步设计文件的审查及优化，最终得出设计阶段的重要成本策划内容——概算书。层层深入、环环相扣，通过"三步走"优化设计方案使其逐渐完善成为"带造价的设计图"，让资源得到最大程度的发挥。

第一步："业主所想"的方案设计。某大厦是国有特大型央企的办公场所，FY工程咨询有限公司须满足建设单位自身特殊的建设需求，在方案设计中考虑以下方面：(1)建筑形态注重与TJ市开发区核心区域的整体有机协调，在安全、适用、美观、经济的前提下，反映SY集团的企业文化和时代精神，富有特色和吸引力。(2)建筑方案应在建筑艺术、建筑技术及其经济性之间寻求平衡，应用成熟并且价格适当的先进技术，使得方案具有可操作性。(3)不过分追求豪华材料和烦琐的外延造型，把构造和视觉效果完美结合，建筑形式庄重、简洁、精致、典雅，装修主格调明快大方，风格统一，点线面协调，色彩、造型和谐。

第二步："设计院中标"的设计方案。鉴于公开征集到的8套主体设计方案、11套精装修设计方案，各方案评选工作量大，FY工程咨询有限公司通过"方案比选"的策划工具（本书第一篇第四章第一节"设计阶段策划"的第四个工具），选定合适的评价指标，通过打分综合评估，对各方案建设的必要性、财务可行性、经济合理性、投资风险等进行全面的分析，选出最佳方案。

第三步："各方优化"的初步设计方案。本项目是TJ市地标建筑的属性，设计方面须严格把控，因此FY工程咨询有限公司在评审初步设计方案时，采用"可施工分析"策划工具（本书第一篇第四章第一节"设计阶段策划"的第二个工具），让有经验的各类专家尽可能早地参与项目，将经验和方法融入设计过程，探讨优化设计方案，保障了项目施工的方便性、安全性、高效性和低成本性。

观点支持：李显吾，低碳世界，2020，在《清单计价模式下建筑工程造价管理措施分析》中提及，建设单位还要加强技术论证，通过进行有效的调研，在满足项目经济效益要求的基础上，针对建筑工程项目中的各项技术方案，进行可行性论证，避免出现漏项与重复现象。将总方案进行有效分解，并进行全面论证，根据建筑工程造价控制指标，准确评估各项方案，确保建筑工程项目投资的合理性与规范性。

完成"带造价的设计图"——设计概算。协助设计单位经过初步设计、初步设计修改、专家组复核三次拟定得出设计概算总投资数额，对项目各组成部分的合理性、数据的准确性及各类费用构成的合规性进行专业分析，更加科学地计算出建筑物或构筑物造价，严格把控投资。

观点支持：李艳丽（云南省宣威市村镇建设管理站），中小企业管理与科技，2021，《建设工程造价咨询之初步设计评审中的设计概算评审》文中认为，对单位工程概算审查中发现的问题和偏差，需逐一形成汇总意见，并责成编制单位按审查意见修改后，首先，按建筑安装工程费、设备和工器具购置费、工程建设其他费用分类整理；其次，按单位工程概算、综合概算、总概算的顺序，再按静态投资、动态投资和铺底流动资金三大类汇总形成建设项目初步设计总概算，报评审专家重新核实完善情况。

（三）招标采购管理实现的投资管控

在某大厦开展招标投标阶段：由FY工程咨询有限公司作为项目管理单位协助建设单位对市场及投标单位进行调研（材料供应商考察意见表如图9-7所示），按工程实际情况择优低价选择承建的中标单位，减少后期管理风险；配合建设单位确定项目招标界面划分和设计、工程量清单界面划分，确定各单位界面的责任，确定合理的招标形式，编制、审核项目阶段性招标的工作计划、技术文件；组织建设单位、招标代理单位、造价咨询单位及监理单位召开招标文件讨论会。

_____ 材料供应商考察意见表

| 考察事项 | | |
|---|---|---|
| 被考察厂家 | | |
| 考察时间 | 考察地点 | |
| 考察人员 | | |
| 考察单位 | 考察单位意见 | |
| 总承包单位 | | |
| 监理单位 | | |
| 造价咨询单位 | | |
| 项目管理单位 | | |
| 建设单位 | 考察组意见 | |
| | 项目经理部意见 | |

图9-7　材料供应商考察意见表

本项目招标投标具体内容如表9-4所示。

某大厦工程招标投标一览表　　　　　　　　　表9-4

| 序号 | 招标类型 | 招标内容 | 招标方式 | 完成时间 | 中标单位 | 中标（万元） |
|---|---|---|---|---|---|---|
| 1 | 勘察及检测招标 | 地质勘查工程 | 公开招标 | 2010.12.13 | TJ市华北设计勘察公司 | 11.196 |
| 2 | | 试桩桩基检测 | 竞争性谈判 | 2011.3.2 | TJ滨海地基研究所 | 40 |
| 3 | | 桩基检测 | 公开招标 | 2011.10.13 | TJ市勘察院 | 66.58 |
| 4 | | 天然地基承载检测 | 竞争性谈判 | 2015.9.15 | TJ华勘基础工程检测公司 | 2.7 |
| 5 | 设计招标 | 工程总体设计 | 公开招标 | 2010.4.10 | WH市建筑设计院 | 1448 |
| 6 | | 智能化（弱电）系统设计 | 公开招标 | 2013.6.18 | TJ市电视研究所 | 52 |
| 7 | | 精装修方案设计 | 公开招标 | 2013.8.16 | TJ市建筑设计研究院 | 130 |
| 8 | | 精装修施工图设计 | 公开招标 | 2014.4.1 | TJ市建筑设计研究院 | 130.8 |
| 9 | 施工招标 | 试桩工程 | 邀请招标 | 2011.1.28 | TJ岩土工程有限公司 | 42.73 |
| 10 | | 桩基工程 | 公开招标 | 2011.10.13 | DB工程局有限公司 | 4197.21 |
| 11 | | 总承包工程 | 公开招标 | 2012.7.13 | DB工程局有限公司 | 44459 |
| 12 | | 空调工程 | 公开招标 | 2013.4.1 | TJ安装工程有限公司 | 4326 |
| 13 | | 消防工程 | 公开招标 | 2013.4.1 | SD安全科技有限责任公司 | 2442.81 |
| 14 | | 智能化（弱电）系统工程 | 公开招标 | 2014.9.29 | ZH工程有限责任公司 | 3747.65 |
| 15 | | 泛光照明工程 | 公开招标 | 2014.11.21 | XT工程有限公司 | 224.78 |
| 16 | | 室外工程 | 公开招标 | 2015.6.16 | DY集团股份有限公司 | 1456.12 |
| 17 | | 室外电源工程 | 邀请招标 | 2015.8.12 | TD电力设备有限公司 | 173.4 |
| 18 | 设备采购 | 电梯工程 | 公开招标 | 2012.12.13 | WD（电梯）工程 | 1737.27 |
| 19 | | 厨房设备采购与安装 | 公开招标 | 2015.6.9 | DT商用厨具公司 | 536.96 |
| 20 | | 窗帘采购安装工程 | 公开招标 | 2016.4.19 | YYG技术发展公司 | 74.86 |
| 21 | | 机械停车设备采购及安装 | 公开招标 | 2016.12.23 | DY集团股份有限公司 | 432.84 |
| 22 | 服务采购 | 地震安评 | 竞争性谈判 | 2010.12.22 | TJ市地震灾害防御中心 | 19 |
| 23 | | 项目管理 | 邀请招标 | 2010.12.24 | FY工程咨询有限公司 | 644.41 |
| 24 | | 厨房设计咨询 | 内部邀请招标 | 2011.1.4 | DT商用厨具公司 | 6 |
| 25 | | 环评 | 竞争性谈判 | 2011.1.15 | TJ水运工程科学研究所 | 2.45 |
| 26 | | 合理用能 | 竞争性谈判 | 2011.1.17 | TJ化工研究设计院 | 5 |

续表

| 序号 | 招标类型 | 招标内容 | 招标方式 | 完成时间 | 中标单位 | 中标（万元） |
|---|---|---|---|---|---|---|
| 27 | 服务采购 | 招标代理及造价咨询 | 邀请招标 | 2011.3.2 | WH工程咨询公司 | 620（估） |
| 28 | | 监理单位 | 公开招标 | 2011.6.2 | TJ建设工程监理公司 | 652.1 |
| 29 | | 施工图审查 | 竞争性谈判 | 2011.6.29 | JW建筑工程设计咨询公司 | 35 |
| 30 | | 变形观测 | 邀请招标 | 2011.10.13 | TJ建设工程监理公司 | 23.5 |

【经验总结】 策划先行提升招标效率，避免合同纠纷。

合理选择招标方式。实际考虑本项目的需求特性和市场竞争状况，采用合适的招标方式，而不是把"公开招标"当作万能钥匙，可多种招标方式并存，得我其所即可。对于不能事先计算出价格总额的工作，例如试桩桩基检测、天然地基承载检测等采用竞争性谈判的采购方式；对于施工（设计、货物）技术复杂或有特殊要求的，符合条件的投标人数量有限，如试桩工程、变形观测、室外电源工程等，或者招标人已了解潜在投标人具有与招标项目需求匹配的资格能力、价值目标等也可采用邀请招标的招标方式，如项目管理、招标代理及造价咨询。

细致划分招标界面。本项目招标采购工作划分为勘察及检测、设计、施工、设备采购、服务采购共五类，涉及内容繁杂，建设单位委托招标代理机构进行专业的招标工作，FY工程咨询有限公司作为项目管理公司通过"组织整合"弥补在专业技术人员方面的不足。编制并审核招标文件相关内容，采用"界面划分"（本书第一篇第四章第一节"招标阶段策划"的第三个工具）对工作界面划分，让各单位能够明确自身职责，尽量减少合同因界面划分不合理发生纠纷，同时，减少因不同合同标段范围内工作内容重叠、作业面交叉、漏项而在施工阶段产生扯皮推诿、变更索赔情况的发生。

观点支持：李外华（上海市工程建设咨询监理有限公司），建设监理，2020，《界面管理在大型建设工程实施中的应用》文中提出，造价咨询单位在编制工程量清单过程中，必须根据界面划分原则再次对界面进行细化梳理。例如：结合以往工程经验，按照分部工程或施工区域划分界面；对该区域所涉及的各专业工程的具体界面，详细定义施工内容和界面职责，以便统一协调分部或单个区域内全部的界面管理工作，划分此项工作内容的目的在于：将这些交叉界面工作职责全部转化为总承包单位内部的界面管理工作，由总承包单位内部统筹处理。

### (四)合同管理实现的投资管控

**1. 合同商讨与签订**

在合同签订阶段:FY工程咨询有限公司以招标文件所附合同为模板,与各中标单位沟通合同条款细节,特别是对除常规招标条款外,在合同专用条款中明确中标单位在施工过程中的管控措施和方法,如相关单位的奖惩措施、工程变更的实施及费用如何结算等合同条款。其中,合同约定计价方式要综合考虑很多因素,例如项目类型、资金来源、业主资信、付款方式等,要依据实际因素的不同进行选择来避免索赔以及索赔事件发生后如何挽回损失。当合同甲乙双方意见一致后,履行合同盖章程序。

**2. 建立项目合同管理台账**

由FY工程咨询有限公司负责建立项目合同管理台账,对日常合同中的一些信息进行登记、编号,与合同归类存档相配合,方便日常的查找以及信息查询。主要内容包括合同编号、合同名称、合同类型、合同当事人、合同约定生效及终止日期、签约负责部门、经办人、联系方式、价格、付款方式,便于追踪合同履行情况等内容。某大厦工程签订合同如表9-5所示。

某大厦工程合同签订明细表　　　表9-5

| 序号 | 合同名称 | 乙方名称 | 合同价(万元) | 备注 |
| --- | --- | --- | --- | --- |
| 1 | TJ市建设工程设计合同 | DX建筑设计研究院(集团)有限公司 | 30 | |
| 2 | TJ市建设工程设计合同 | HD建筑设计研究院有限公司 | 30 | |
| 3 | TJ市建设工程设计合同 | ZG建筑设计研究院 | 30 | |
| …… | …… | …… | …… | |
| 47 | 劳务服务合同 | YT劳务服务有限公司 | 据实结算 | 每年签订一次 |
| …… | …… | …… | …… | …… |
| 87 | 人防工程验收现场检测合同 | TJ市人防建筑质量检测中心有限公司 | 5.6350 | |
| 88 | 建筑智能化(弱电)系统技术开发合同 | FS信息技术有限公司 | 139.97 | |

【经验总结】 策划先行提升合同履约、合同管理附加值。

合约策划把控项目目标。在合约管理中,合约策划决定着项目的组织结构及管理体制,决定合约各方面责任、权力和工作的划分,所以对整个项目管理产生根本性的影响。FY工程咨询有限公司代表建设单位充分做好合约策划阶段的管理工作，实现对项目的目标控制，合同风险管控也是中标单位进行投资管控的"立身之本"。

观点支持：黄雪洁，西安建筑科技大学硕士学位论文，2016，《陕西省大型工程建设合同管理现状分析与对策研究》一文通过整理现状，调查数据，得出合同形成阶段存在的问题有忽视合同策划、招标过程不严谨、黑白合同形势严峻、甲乙双方地位不对等，风险分配不均。良好的合同策划可使合同签订、履行、管理等工作有条理，减少时间浪费，且合同履行更顺畅。而在实际项目中，为了加快项目进展，只顾眼前成效，忽视了合同策划工作的重要性，以一种"船到桥头自然直"的态度对待合同管理工作，给后续的工作带来诸多不便。

台账管理有效整合信息。由于本项目采用施工各专业工程平行发包的模式，涉及桩基、精装修、弱电、电梯、泛光照明、厨房等多个合同主体，各合同的风险分担方式与合同计价方式也不尽相同，合同管理工作量大，建立项目合同"台账管理"（本书第一篇第四章第一节"招标阶段策划"的第七个工具），才能保证合同台账的统一性和规范性，达到管理模式化、程序化以及信息共享的目的，在合同台账中能完整记载与反映合同审查、合同履行、款项结算等合同管理信息。

【改进余地】建议通过BIM精细集成合同信息进行量化分析。

利用BIM信息集成平台中"合约规划管理"功能模块优势，集成多个合同主体信息与建筑信息模型，便于集中查阅、管理，便于履约过程跟踪；同时将建筑信息模型与合同清单集成，可以实时跟踪项目收支状况，对比和跟踪合同履约过程信息，及时发现履约异常状态。

观点支持：郦建俊（上海地铁咨询监理科技有限公司），建设监理，2019，《园区智慧建设工程合同管理模式探究》，园区智慧建设过程中的合同管理需要利用BIM平台的信息集成，在BIM技术实施的过程中，在工程合同文件中增加BIM合同条款，对合同的条款进行分类分档管理，并对在项目过程中通过BIM模型确定各方的工作路径、工作界面、工作范围及各方责任和争议的解决，明确工程的实际工程进度和计划工程进度，保证项目的工程信息在工程实施过程中的一致性。

（五）质量管理实现的投资管控

**1.建立质量安全管理体系**

某大厦作为TJ市经济技术开发区繁荣街区的主要城市景观，需凸显建筑的城市属性，因此本项目在施工方面有严格的品质要求。工程质量管控的组织措施尤为重要，FY工程咨询有限公司通过建立质量安全组织落实质量安全管理，通过质量安全责任制实现标准施工、规范管理，通过安全教育培训提高质量安全意识、增强质量安全知识和技能，通过质量安全检查制度达到积极整改、消除隐患的目的，从而实现安全生产。本项目质量安全管理体系如图9-8所示。

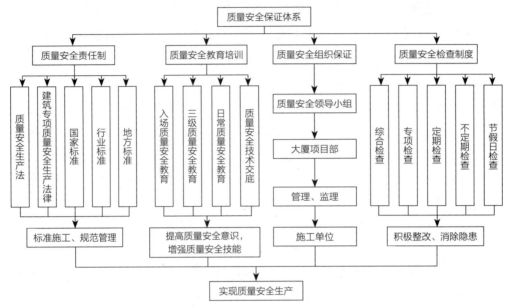

图9-8 某大厦质量安全管理体系示意图

质量安全管理体系重点内容

（1）质量安全风险识别：根据工程工艺流程及相关工程规定，根据《危险性较大分部分项工程质量安全管理规定》项目部审核施工单位编制的各施工阶段主要《危险源清单》。

（2）方案审批制度：工程开工前对工程的《施工组织设计》《临时用电施工方案》《职业健康与质量安全策划》《质量安全生产应急预案》等方案进行审批。

（3）质量安全技术交底制度：为了加强质量安全技术工作，规范质量安全技术交底及质量安全技术验收工作，充分发挥项目管理人员在质量安全工作中的作用，强化交底及验收的严肃性，保证质量安全技术交底的切实落实，避免在施工中盲目操作，违章操作，对质量安全麻痹大意，造成质量安全事故，在工程开工前项目部组织对施工单位进行质量安全技术交底制度。

（4）质量安全例会制度：定期组织质量安全生产例会，对施工现场存在的重大质量安全问题进行专题讨论，制定整改措施、落实责任人、确定整改完成时间。

（5）质量安全检查制度：组织定期、不定期、节假日质量安全检查，对存在的质量安全隐患下达整改通知单，限期整改并要求施工单位对整改情况进行回复。

(6)负责人值班制度:为加强现场管理,成立质量安全监督管理队,负责审查相关资料,合格后进行备案,确定质量监督人员并书面告知备案单位,从而降低质量安全事故发生概率,出现质量安全事故时能及时有效解决。

### 2.现场管理

FY工程咨询有限公司需在按签订的咨询服务委托合同中赋予的职责,负责施工阶段全面的协调管理工作。监督检查项目的质量、安全、技术等,发现问题及时联系有关部门予以解决,及时通报建设单位,防止施工出现重大施工反复、返工,协助建设单位对重要分部工程的验收,以基坑开挖施工为例。

(1)基坑支护施工方案图纸会审(策划先行)

本项目的地基施工由于开挖深度最深达18.25m,因此在支护方面需重点进行把控。FY工程咨询有限公司多次组织施工单位、设计单位、监理单位等相关人员进行图纸会审,对设计图纸在施工前要进一步深化设计,并整理成会审问题清单,将上报的金额重新进行审核,降低工程造价。图纸会审由施工单位整理会议纪要,与会各方会签。

最终确定的基坑支护方案主要内容:车库出入口基坑深度为0~5.85m,围护结构采用SMW工法桩,内侧共用辅楼围护,坡道最深边围护采用灌注桩加双轴搅拌桩,内部设一道混凝土支撑;辅楼地下一层基坑深度6m,采用双排灌注桩加双轴搅拌桩止水帷幕进行围护,另在四角分别设置一道混凝土角撑;主楼基坑深度12.3m,与楼座基坑落差约6.3m。基坑围护结构平面布置如图9-9所示,基坑开挖深度与支护深度关系如图9-10所示。

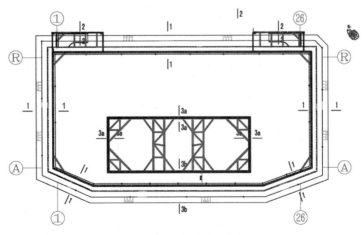

图9-9 基坑围护结构平面布置图

(2)基坑开挖监测信息反馈(组织整合)

某大厦工程基坑安全等级二级,按照设计要求,基坑监测项目严格按照《建

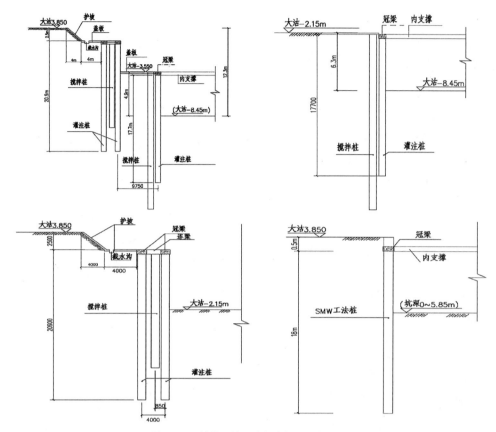

图9-10 基坑开挖深度与支护深度关系图

筑基坑工程监测技术规范》GB 50497—2009中表4.2.1中二级基坑应测项目执行。以此规范，FY工程咨询有限公司组织建设单位、设计单位、监理单位、监测单位共同协商检测方案，检测项目有坡（桩）顶水平位移监测、支护桩桩顶及坡顶竖向位移监测、支护桩深层水平位移监测、土体深层水平位移监测、地下水位、周边地表竖向位移监测、周围建筑物竖向位移监测、周边建筑、地表裂缝、周围管线变形。配合检测单位监视分析基坑周围土体在施工过程中的动态变化，明确工程施工对原始地层的影响程度及可能产生失稳的薄弱环节；通过现场监测信息反馈，及时采取措施，使施工更安全、经济、快捷。本工程基坑各监测项目的监测点具体位置如图9-11所示。

（3）基坑变形观测点超出设计预警值处理（组织整合）

大厦工程正式基坑土方开挖过程中，基坑的变形观测同步进行。根据开挖的进度，出现基坑南侧26号、27号、28号观测点水平位移值超过设计预警值问题，FY工程咨询有限公司项目人员及时与设计单位联系，并组织相关单位项目负责人召开分析会议。

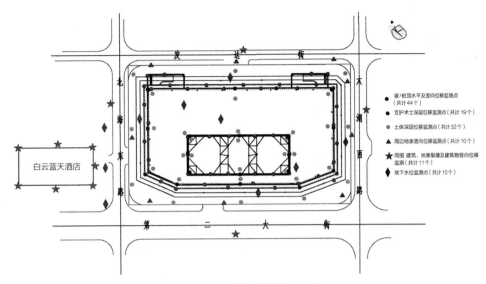

图9-11 基坑各监测点布布示意图

经会议商讨,对此问题提出的解决方案内容如下:

1)加快一级坑内基础垫层的施工,使坑内的垫层顶到支护桩的根部形,对基坑边形成约束,同时减少槽底的晾晒时间。

2)加快电梯基坑传力板带的混凝土施工,将现场钢筋加工区的钢筋第一时间调出现场。

3)减少基坑南侧动荷载的扰动,同时及时将基坑周围的裂缝进行封堵。

经抢修,基坑变形观测点超出设计预警值情况得到了有效的解决。

### 3. 后期验收

依据施工图、设计文件、施工规范、验收标准及相关的法律法规的规定,按照监理合同和施工合同要求,FY工程咨询有限公司组织节能验收、消防验收、规划验收、环保验收、人防验收等进行质量把关。检查工程施工过程中,是否按设计图及施工规范进行施工,验收标准、合同要求验收是否达到要求。以环保验收为例:为保证项目的质量,本工程环境保护验收调查采用已经批复的《某大厦工程项目环境影响报告表》中的环境保护标准(表9-6),对已修订新颁布的环境保护标准提出验收后,按照新标准确定检测的项目及检测标准(表9-7)。运用专业的监测仪器,对废水(表9-8)、噪声、油烟分析监测。根据最终检测结果显示(表9-9),本工程基本落实了环评报告及其批复中提出的各项环保措施,加强了施工期及运营期的环境管理工作,有效降低了工程建设对周围环境的影响,施工期未对周围环境造成明显不利影响;运营期间对周围环境影响较小,未发生环境污染事故。

污水排放标准 表9-6

| 序号 | 指标 | 单位 | 标准值 | |
|---|---|---|---|---|
| | | | 验收标准:《污水综合排放标准》DB 12/356—2018 三级 | 校核标准:《污水综合排放标准》DB 12/356—2018 三级 |
| 1 | pH | 无 | 6~9 | 6~9 |
| 2 | SS | mg/L | 400 | 400 |
| 3 | $BOD_5$ | mg/L | 300 | 300 |
| 4 | $COD_{cr}$ | mg/L | 500 | 500 |
| 5 | 氨氮 | mg/L | 45 | 45 |
| 6 | 动植物油 | mg/L | 100 | 100 |
| 7 | 总磷 | mg/L | 8 | 8 |

废水排放监测方法 表9-7

| 序号 | 检测项目 | 检测标准或方法 | 检出限 |
|---|---|---|---|
| 1 | pH | 《水质pH值的测定 玻璃电极法》GB/T 6920—1986 | 0.01 |
| 2 | 化学需氧量 | 《水质化学需氧量的测定》HJ 828—2017 | 5mg/L |
| 3 | 生化需氧量 | 《水质五日生化需氧量(BOD5)的测定 稀释与接种法》HJ 505—2009 | 0.5mg/L |
| 4 | 悬浮物 | 《水质悬浮物的测定 重量法》GB/T 11901—1989 | 4mg/L |
| 5 | 氨氮 | 《水质氨氮的测定 纳氏试剂分光光度法》HJ 535—2009 | 0.025mg/L |
| 6 | 总磷 | 《水质总磷的测定 钼酸铵分光光度法》GB/T 11893—1989 | 0.01mg/L |
| 7 | 动植物油 | 《水质石油类和动植物油类的测定 红外分光光度法》HJ 637—2018 | 0.04mg/L |

废水监测仪器 表9-8

| 序号 | 检测项目 | 仪器名称 | 仪器编号 |
|---|---|---|---|
| 1 | pH | pH400、pH计 | AI-02-010 |
| 2 | 化学需氧量 | — | — |
| 3 | 生化需氧量 | SPX-15OB-Z生化培养箱 | AI-02-025 |
| 4 | 悬浮物 | SQP型电子天平 | AI-02-001 |
| 5 | 氨氮 | UV756紫外可见分光光度计 | AI-02-008 |
| 6 | 总磷 | UV756紫外可见分光光度计 | AI-02-008 |
| 7 | 动植物油 | IR-200A红外分光测油仪 | AI-02-007 |

生活污水监测结果 表9-9

单位：mg/L（pH除外）

| 采样点 | 检测项目 | 检测结果 | | | | | | 验收标准限值《污水综合排放标准》DB 12/356—2018 三级 | 校核标准限值《污水综合排放标准》DB 12/356—2018 三级 | 是否达标 |
| --- | --- | --- | --- | --- | --- | --- | --- | --- | --- | --- |
| | | 1-1 | 1-2 | 1-3 | 2-1 | 2-2 | 2-3 | | | |
| 西侧总排口 | pH值 | 7.28 | 7.16 | 7.32 | 7.19 | 7.25 | 7.43 | 6~9 | 6~9 | 达标 |
| | 动植物油类 | 1.92 | 1.41 | 2.04 | 1.56 | 1.49 | 1.77 | 100 | 100 | |
| | 悬浮物 | 54 | 46 | 50 | 44 | 46 | 50 | 400 | 400 | |
| | 化学需氧量 | 294 | 172 | 312 | 304 | 278 | 290 | 500 | 500 | |
| | 五日生化需氧量 | 152 | 75.6 | 165 | 136 | 144 | 139 | 300 | 300 | |
| | 氨氮 | 29.3 | 22.1 | 33.7 | 24.4 | 26.0 | 28.8 | 45 | 45 | |
| | 总磷 | 2.05 | 1.98 | 1.96 | 1.88 | 1.94 | 1.61 | 3 | 8 | |
| 东侧总排口 | pH值 | 7.10 | 7.36 | 7.45 | 7.05 | 7.29 | 7.18 | 6~9 | 6~9 | 达标 |
| | 动植物油类 | 2.08 | 1.71 | 1.44 | 1.56 | 1.79 | 2.15 | 100 | 100 | |
| | 悬浮物 | 48 | 39 | 52 | 37 | 42 | 39 | 400 | 400 | |
| | 化学需氧量 | 215 | 184 | 192 | 207 | 188 | 230 | 500 | 500 | |
| | 五日生化需氧量 | 109 | 92.4 | 95.5 | 101 | 90.1 | 125 | 300 | 300 | |
| | 氨氮 | 20.4 | 13.1 | 14.4 | 19.6 | 20.8 | 24.5 | 45 | 45 | |
| | 总磷 | 0.73 | 1.35 | 0.78 | 1.51 | 1.94 | 0.83 | 8 | 8 | |

**【经验总结】** 策划先行提升项目安全附加值，组织整合各方，把控质量优化成本。

工程质量的好坏是整个施工过程中各个环节工作质量的综合反映。为达到质量要求，获取经济效益，使整个工序活动处于正常的良性状态，FY工程咨询有限公司质量管理的主要工作内容是协助施工总承包单位及各分包单位完成施工过程中质量、技术的管理，围绕事先预防控制、事中过程控制开展、事后检验把关"三部曲"开展，做到全过程、全方位的质量监控，从而实现大厦工程项目投资管控的要求。

第一，建立管理体系预防。事先预防控制可源头上减少和避免质量安全事故的发生，核心思想也体现了"策划先行提升项目价值"的前瞻性内涵，对项目的开展及结果都有重要的指导性意义。基本方法是建立以人为核心的质量安全管理体系，从质量安全责任制、质量安全教育培训、质量安全组织保证、质量安全保障制度四方面着手，把住验收关，创造良好的工序活动环境条件，从而保证整体工程质量。

第二，图纸会审、事件处理。事中过程控制首先要组织相关人员进行图纸会审，进行深化设计。图纸会审体现了"策划先行"的核心要点，通过"问题清单"（本书第一篇第四章第一节"施工阶段策划"的第七个工具），对本项目的施工重点、难点分项工程进行探讨，例如人防工程防化、主楼基坑支护、重点房间的特殊装修需求等，发现图纸中的差错、遗漏、矛盾，重新审定申报金额，将图纸中的质量隐患与问题消灭在施工之前，使送审金额更加合理，且由各方签字的图纸会审，最终审定的金额可以作为结算的依据；抓住影响施工质量的因素，对重点项目和薄弱环节在施工过程中严格监督管理，参与质量突发事件问题处理，组织有关单位开展会议，以解决参建单位的技术、质量争议、人员交叉作业等各方面问题，及时协调沟通，遗留问题及时向业主汇报，形成检查报告，提出整改建议，真正实现由项目管理公司牵头全过程工程咨询发挥项目管理优势，进行全过程工程咨询的业务整合。

第三，后期检测把关。后期验收需全面考核建设工作，是检查工程质量的最后阶段，也是分析投资成果是否能够成功转入生产或使用的标志。在分部、分项工程过程单体工程施工完成后，及时按相应的施工质量标准和方法，对所完工的工程质量进行检测验收，核对工程是否符合合同要求，包括费用成本的分析，收费标准、材料价格等是否正确，是确保投资回报的最后检验把关阶段，对施工中所存在的质量缺陷或重大质量隐患及时停工整改。

【改进余地】 运用BIM技术为工程提质增效。

建议运用BIM技术针对一体化结构优化、工序穿插、多地块场平协调、质量安全与商务工作协同等施工要点，为工程提质增效。

观点支持：王满等（中建三局集团有限公司），土木建筑工程信息技术，2020，《北京市昌平区未来科技城南区综合商业用地项目BIM技术应用》文中提出，BIM的可视化功能集成多维信息，精确储存了如机电暖通空调工程中的设备及管线的属性及空间信息。利用BIM模型建模过程及可视化特点，项目在图纸会审阶段发现图纸问题并提出合理化建议，设计单位在进行图纸修正时利用BIM模型进行校核验证，大幅减少了施工过程中因碰撞、拆改及因设备未选定而造成的浪费和工期延误、造价增大等问题，总体上减少非必要的设计变更，提高图纸会审质量与效率。

（六）变更与结算实现的投资管控

1.审核工程变更

由于消防、水电、空调等专业之间衔接，在施工过程中仍存在图纸中选用的图集与施工做法相矛盾的情况出现，FY工程咨询有限公司根据编制的工程变更签证管理程序，派项目管理单位代表驻现场，对于施工过程中出现的问题协助施工单位给出解决方案并及时处理，合理核减申报金额，在不违反结构安全和建筑总体效果的前提下，对提出的设计变更做好资料收集。本项目工程变更上报金额（含税）为3281307.70元，审核金额为1094643.9元，核减金额为2186663.8元，实行了有效的成本管控，取得了明显的经济效益。本项目的工程变更内容以及金额详见表9-10。

工程变更明细表　　　　　　　表9-10

| 序号 | 变更编号 | 变更内容简介 | 类别 | 上报金额（含税） | 审核金额（元） | 备注 |
|---|---|---|---|---|---|---|
| 1 | 建-01 | 根据消防审查意见要求，现将M轴交20-24轴室外楼梯所对应的外幕墙玻璃调整为钢框甲级防火玻璃，并取消该范围内幕墙开启扇 | | — | | 幕墙工程 |
| 2 | 建-02 | 地下一层平面图2号、4号、6号人防口部楼梯间及其前室增设乙级防火门，具体详见附图1、2、3 | | 67295.00 | 66193.94 | |
| 3 | | 在地下一层Q轴交2轴交25轴坡道外侧人防门处增设砌体墙，战时拆除，具体详见附图4、5 | | | | |
| 4 | | 地下一层平面图18-19轴发电机房储油间门原设计为M09，调整为甲级防火门FM09甲 | | | | |
| 5 | | 一层、二层、三层平面图19轴与J轴交汇处的门（MQ11）为甲级防火门 | | | | |
| 6 | | 调整R轴与25轴交汇处室外台阶两侧踏步至疏散门的距离，详见附图6 | | | | |
| 7 | | 五层、七层A轴交1/12轴、1/14轴两侧增设实体防火墙，具体详见附图 | | | | |
| 8 | | 七层至二十三层C轴在12-14轴之间的GC60窗，调整为钢框防火玻璃窗，其综合耐火极限大于1小时 | | | | |
| 9 | 建-03 | 根据甲方来函（SJ-027）要求5、7、9、11、15、17、19、21层1/12-1/14交A-C轴处的上空楼板封闭，增加楼板平面 | | 768871.13 | 758505.38 | 主楼奇偶层封板 |
| …… | …… | …… | …… | …… | …… | …… |
| 24 | 结-14 | 新增人防墙 | | 17485.99 | 15409.35 | |
| …… | …… | …… | …… | …… | …… | …… |
| 33 | 建-21 | 地下一层工具间改为值班室 | | 5246.23.00 | | |
| | | 小计 | | 3281307.70 | 1094643.9 | |

## 2. 审计工程结算

本工程的造价结算审核由造价咨询公司派出以造价工程师及其他执业人员组成的审核组，对某大厦工程进行造价结算审核，对工程结算发表审核意见。在审核过程中，FY工程咨询有限公司秉着客观、公正、实事求是的原则，遵照国家有关政策、规定及标准，配合审核组对本项目工程进行审计，审核结果：某大厦工程送审金额为694259253.18元，审定金额为674973867.85元，核减金额为19285385.33元，核减率为2.78%。以上审核金额除厨房工程未达成一致意见外，其他均已经由建设单位、施工单位和审核单位三方签字盖章认可。

**【经验总结】** 策划先行降低变更风险，组织整合解决结算争议。

施工阶段投资管控成果——（工程变更审核后的）工程结算。在施工阶段中投资管理是较为复杂的，因此需要各环节相互衔接、配合控制。而且，某大厦项目作为TJ市经济技术开发区的重点工程项目，需在投资控制方面做出示范，实现建设单位投资降低、施工企业利润率增加、参建各方满意度均增加的创新服务成本目标。据此，FY工程咨询有限公司需协助造价咨询单位进行有效的投资管控。

工程变更及时处理、做好资料收集。工程变更（本书第一篇第四章第一节"施工阶段策划"的第五个主要内容）会造成已完工程的拆除、设备的退货、工程的二次重建，为此可能增加施工机械设备费、施工队伍调遣费，变更工程的单价也要重新协调，索赔也不可避免，导致项目投资增加。FY工程咨询有限公司作为项目管理单位在施工过程中需对发生的工程变更及时审查、做好资料收集，组织项目部之间进行会议商讨，避免出现因信息沟通不顺畅、反馈不及时而造成项目重复拆改。

观点支持：卫向利（山西省晋城市财政局预算评审中心），现代经济信息，2018，《浅谈如何加强财政投资项目工程变更与签证的评审》文中认为，在项目建设过程中，实时加强对项目实施情况的跟踪管理，对政府重点工程，财政评审中心可派专人参与建设全过程监督，严格控制随意变更擅自增加项目资金预算。对建设过程中非发生不可的变更，由建设单位提出变更申请，再根据变更申请金额大小组织相关部门人员查看变更项目现场，进行专家技术论证，从工程变更的真实性、必要性、合规性、工程造价等四个方面认真审查，确定变更方案，并按规定程序报相关部门审批。

结算"量、价"的有效性、合理性、一致性检查。竣工结算阶段的审查工作（本书第一篇第四章第五节"施工阶段策划"的第六个主要内容）是投资控制的最后核查、把关的环节，是一项集技术与经济为一体的工作，因此FY工程咨询有限公司需组织建设项目的相关部门配合审核组对本项目工程进行审计,依据合同规定的合同价款调整方法,准备包括合同、协议书、招标文件、投标文件、经有效审核的变更、现场签证、索赔等各种检查结算资料。集中力量来解决结算中的争议性问题,形成工程最终结算价格,审核时要做到认真、细致、严谨,确保"量"与"价"的准确、合理、一致。

### (七)信息管理实现的投资管控

#### 1.建立项目信息沟通渠道

(1)项目管理联系单

FY工程咨询有限公司将"项目管理联系单"分为三类,分别是签发给建设单位、设计单位、监理单位,图9-12为项目管理公司签发给监理单位的联系单。工程部负责联系单中的相关内容具体实施收发、整理、归档等日常管理工作;负责与施工单位、设计单位的工程方面技术协调、沟通工作。

| D08-02 | | 项目管理联系单 | | |
|---|---|---|---|---|
| 工程名称:××× | | | | 编号:JL-×× |

关于×××

致:×××

编制(签字):×××　　　　　审核(签字):×××
　　　　　　　　　　　　　　　××××年××月××日

| 建设单位 | 签字 | 监理单位 | 签字 | 施工单位 | 签字 |
|---|---|---|---|---|---|
| | 日期 | | 日期 | | 日期 |

图9-12　项目管理签发给监理单位联系单

(2)项目用款支付审批表

FY工程咨询有限公司设置专门财务人员,根据工程款审批流程,负责项目用款支付审批,严格控制建设资金的安排与使用,明确各相关方在工程付款各环节的责任,避免超付工程款现象发生,确保建设单位利益。项目用款支付审批表如图9-13所示。

| D08-07 | 项目用款支付审批表 | |
|---|---|---|

工程名称：×××　　　　　　　　　　　编号：×××

致：×××单位

　　根据×××合同的规定（合同价款￥×××元），经审核×××单位的付款申请和报表，并扣除有关款项，同意本期支付工程款（大写）×××人民币（￥×××元）。

　　此前已完成支付工程款共（大写）×××人民币（￥×××元）。

　　请建设单位审批。

　　其中，

　　1.×××单位申报款为：×××元；

　　2.经审核×××单位的应得款为：×××元；

　　3.本期应扣款为：×××元；

　　4.本期应付款为：×××元。

　　附件：

　　1.×××单位付款申请及附件；

　　2.项目监理单位审查记录（施工单位请款时有此项）；

　　3.项目管理部审核记录（若有时附）；

　　4.×××单位开具的发票复印件。

　　备注：本表内容应按照付款单位的不同进行实际调整。

编制（签字）：×××　　　　　　审核（签字）：×××

　　　　　　　　　　　　　　　　×××年××月××日

| 建设单位 | 签字 | | 审批意见： |
|---|---|---|---|
| | 日期 | | |

图9-13　项目用款支付审批表

## 2.竣工档案的收集整理

FY工程咨询有限公司负责组织大厦工程验收会议，根据参建各方单位项目负责人汇报的《建设工程质量竣工验收自评报告》，组织专家小组按照专业分组实体检查并提出专家意见，汇总由质量监督部门对本次主体阶段验收的组织形式、验收程序、执行验收标准是否符合相关规定发表的监督，形成会议纪要并编制归档案。

根据TJ市关于工程建设档案管理的有关规定，FY工程咨询有限公司协助SY集团有限公司档案馆进行竣工资料验收，负责有关档案文件资料的收集、整理、归档和保管工作，移交SY集团有限公司档案馆竣工资料（图9-14、表9-11），移交TJ市经济技术开发区档案馆竣工资料（表9-12）。

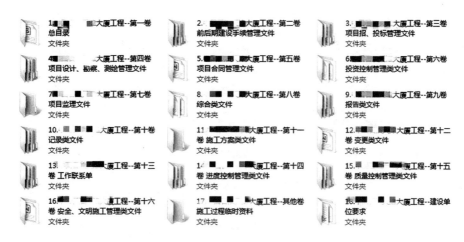

图9-14 移交SY集团有限公司档案馆竣工资料图

**移交SY集团钻探工程有限公司档案馆竣工资料明细表** 表9-11

| 序号 | 文件类型 | 数量 | 负责单位 | 备注 |
| --- | --- | --- | --- | --- |
| 1 | 前期文件 | 82件 | FY工程咨询有限公司 | |
| 2 | 招标投标及合同文件 | 293件 | FY工程咨询有限公司 | |
| 3 | 勘察及设计文件 | 122件 | FY工程咨询有限公司 | |
| 4 | 建设过程管理文件 | 64件 | FY工程咨询有限公司 | |
| 5 | 监理文件 | 9卷 | TJ建设工程监理公司 | |
| 6 | 施工文件 | 203卷 | DB工程局有限公司 | |
| 7 | 竣工类文件 | 175卷 | — | 含竣工阶段检测报告、后期手续、竣工图及竣工结算文件 |
| 8 | 无实体照片档案 | 209张 | — | |

**移交TJ市经济技术开发区档案馆竣工资料明细表** 表9-12

| 序号 | 专业/工程名称 | 移交单位 | 文件资料（卷） | 竣工图纸（卷） | 合计（卷） |
| --- | --- | --- | --- | --- | --- |
| 1 | 建设单位 | SY集团钻探工程有限公司 | 7卷 | 0卷 | 7卷 |
| 2 | 桩基工程施工单位 | DB工程局有限公司 | 9卷 | 1卷 | 10卷 |
| 3 | 总承包工程施工单位 | DB工程局有限公司 | 24卷 | 39卷 | 63卷 |
| 4 | 精装修工程一标段施工单位 | QJ建筑装饰工程有限公司 | 5卷 | 8卷 | 13卷 |
| 5 | 精装修工程二标段施工单位 | JZ集团股份有限公司 | 6卷 | 7卷 | 13卷 |
| 6 | 幕墙工程施工单位 | JL建设工程有限公司 | 5卷 | 6卷 | 11卷 |
| 7 | 空调工程施工单位 | TJ安装工程有限公司 | 9卷 | 5卷 | 14卷 |
| 8 | 智能化（弱电）工程施工单位 | ZH工程有限责任公司 | 5卷 | 15卷 | 20卷 |

续表

| 序号 | 专业/工程名称 | 移交单位 | 文件资料（卷） | 竣工图纸（卷） | 合计（卷） |
|---|---|---|---|---|---|
| 9 | 消防工程施工单位 | SD安全科技有限责任公司 | 2卷 | 含在总承包工程 | 2卷 |
| 10 | 泛光照明工程施工单位 | XT工程有限公司 | 2卷 | 2卷 | 4卷 |
| 11 | 钢结构工程施工单位 | HS建设工程有限公司 | 2卷 | 含在总承包工程 | 2卷 |
| 12 | 电梯工程施工单位 | XD电梯有限公司 | 5卷 | 0卷 | 5卷 |
| 13 | 室外工程施工单位 | DY集团股份有限公司 | 3卷 | 2卷 | 5卷 |
| 14 | 监理单位 | TJ建设工程监理公司 | 4卷 | 0卷 | 4卷 |
| | 合计 | | 88卷 | 85卷 | 173卷 |

【经验总结】 信息管理提升信息资源开发与运用水平。

FY工程咨询有限公司在建设单位的授权权限内，与项目各参与方保持密切沟通交流，收集从项目立项到竣工验收各阶段资料，对项目投资建设、质量、进度、安全管理、施工监管、造价咨询、招标代理等多种内容实现全方位的信息管理，并配合建设单位进行工程决算审计、完善资料归档、竣工备案等。保障了项目的有序进行，方便日后资料的查找借阅，为开发新项目提供数据参考。

【改进余地】 建议运用BIM信息集成平台实现信息实时共享。

为创造良好的全过程工程咨询企业的投资管控环境，建议采用BIM建筑信息模型技术构建信息集成平台，通过建立虚拟模型，可以协调项目全过程中的各个参与方，使项目数据处理地更为准确可靠、直观可见，也方便参与方获取数据、实行质量控制和专业操作等。整合大量工程信息，实现全过程的动态管控，在大量的数据和信息快速找到关键信息问题，而且能有效解决项目参建方众多但联系不够紧密的问题，摆脱传统的出差、邮件、电话、会议等效率较慢的沟通方式，让各方真正充分理解工程意图，使建设单位的需求得到满足。

观点支持：王满等（中建三局集团有限公司），土木建筑工程信息技术，2020，《北京市昌平区未来科技城南区综合商业用地项目BIM技术应用》文中提出，项目采用协筑云平台作为本项目的数据协同管理平台。合理分配各参与方权限与角色，建立云端内部数据共享，用于BIM实施过程中的各参与方协作过程。协同平台支持管理人员应用智能移动端，发起、处理、追踪和审核包括质量安全等问题，支持语言、图片、视频等多媒体的问题描述，自动生成质量安全整改单，减少资料归档工作。所有BIM成果通过协同平台进行传输、共享、管理及应用,实现即时通信与轻量化应用,并为公司数据库积累提供支撑。

## 五、实践成效

(一)项目投资

(1)项目总投资控制情况:自2010至2015年,SY集团公司分13批下达投资计划93528万元(其中:资本金71922万元、自有资金21606万元),资金已全部到位。通过对数据分析和整理,某大厦工程竣工决算报审投资88576万元,经审计认定,实际完成投资88542万元,比批复概算89197万元节约投资655万元,为委托方对项目投资控制目标的设定和风险分析提供了新的思路。项目各阶段投资对比如图9-15所示。

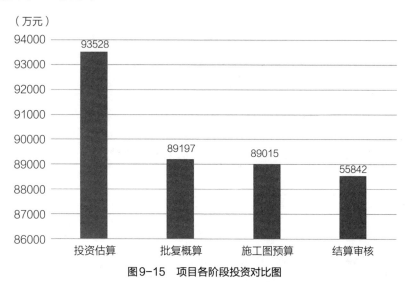

图9-15 项目各阶段投资对比图

(2)设计管理阶段投资控制情况:项目设计管理阶段通过设计优化节约投资4331万元,节省投资约占批复概算的4.8%。

(3)施工阶段项目管理业绩:因前期设计优化及施工阶段持续设计优化管理,本项目最终结算金额中工程变更仅占0.12%。

(二)项目质量

按照项目的质量安全管理体系要求,建立质量安全组织落实质量安全管理。严格审核监理单位、施工单位上报的项目情况,通过质量安全检查制度达到积极整改,坚持高起点、高标准、高质量。在质量管理上突出事前、事中控制,主动预防。通过科学标准化的质量管理,本项目顺利地通过了竣工验收,未发现质量问题。2014年，某大厦工程严格按照中华人民共和国及TJ市的安全生产、文明施工等法律法规的规定进行工程管理，在参建各方的共同努力下，实现工程施工质量100%合格的目标，工程施工"无伤亡事故"，被列为2014年度市级文明施工示范工地，并先后取得了"TJ市建筑工程金奖海河杯""国家优质工程奖"等工程质量奖项。

### （三）服务增值

项目管理公司在坚守政府底线、保障项目合规的基础上，认真分析项目环境，根据项目的难点及委托方的需求，拓展了传统造价咨询的服务范围，为委托方提供了一系列全过程工程咨询服务，明确领导小组任务分工并实行制度建设，最大限度处理工程内外关系，大幅度减少了建设单位日常管理工作与人力资源的投入，有效减少信息漏洞，优化管理界面，还充分发挥了咨询单位的主动性、积极性、创造性，为委托方争取增加投资收益、降低投资风险避免损失。在设计阶段，通过审查及评价初步设计确定项目概算；在招标阶段，通过细致划分招标界面避免合同纠纷；施工阶段，通过合理图纸会审减少工程变更，项目管理团队在全过程工程咨询中通过"以投资管控为核心"的工程咨询服务，让项目在质量、安全上实现预期目标，也实现了全过程工程咨询服务的价值，促进了项目全过程工程咨询服务的推广。

## 六、思考总结

本项目作为一个全过程工程咨询项目，服务阶段涵盖决策阶段、设计阶段、招标投标阶段、施工阶段、竣工验收阶段，业务范围主要有手续审批、设计管理、合同管理、施工管理、信息档案资料管理等，多阶段、多专业的工程咨询特点对企业咨询服务的深度和水平提出了更高的要求，也契合了国家"肯定建设单位的多样需求，提倡多种形式的全过程工程咨询形态"的要求。为更好地提供全过程工程咨询服务，以建设单位需求为导向，真正体现全过程工程咨询服务价值；同时，也为项目管理公司可以有效整合各业务板块，探索出一条适合自身发展的全过程工程咨询实施之路。FY工程咨询有限公司站在项目各阶段发挥投资管控的自身优势，总结以下内容作为本项目咨询服务的思考。

（1）策划先行是本案例项目管理能顺利实施的理念指引。大厦工程由SY集团公司投资，需秉承绿色节能原则，建造具有地标作用、集多项功能为一体的综合性建筑，因此更需平衡进度、质量、安全、成本等目标，全过程工程咨询服务过程中重视项目各阶段的前期策划工作，包括设计方案的比选及初步设计的审查优化、招标方式的确定及合同的风险分担方式方法的约定、项目资金使用计划与项目进度计划的编制、各分项工程施工重难点的划分等，通过策划将各阶段紧密衔接，为建设单位提供前瞻性、科学性、整体性的服务，可以帮助提升各阶段对应工作的顺利高效开展，有利于实现项目服务附加值的增加。

（2）信息集成是本案例项目管理能顺利实施的连接纽带。本项目手续审批中牵涉到众多参建单位和政府主管部门，通过打通企业内外部数据通道，为手续办理提供更多便捷有效依据。在招标阶段建立项目合同管理台账，以确保信息的真实性、内容的完备性、传递的通畅性、查阅的便捷性和数据的价值性，施工及竣工验收阶段做好资料的统计、收集，做出决策并高效协调，最终反馈给相关方，使项目各方能全面、细致、准确掌控项目的执行情况，简化交易过程，缩短交易时间，以提高各方的工作效能。随着"ABCD"（AI人工智能、BIM技术、云计算、大数据）等新兴信息技术的快速发展，工程建设管理进入到信息化、网络化、智能化、标准化，成为助力全过程工程咨询的主要抓手。

（3）组织整合是本案例项目管理能顺利实施的重要保障。该案例中，FY工程咨询有限公司服务范围包含手续审批、设计管理、合同管理、施工管理、信息档案资料管理等，服务周期从项目策划阶段开始至竣工验收阶段，具有多专业、跨周期的特点，是一个较为典型的全过程工程咨询案例。本案例较为详细地阐述了项目管理单位采用PMC管理模式的组织模式，代表建设单位进行管理协调20多个涉及单位，80多个相关合同，有效集成了各专项咨询服务，优化整合项目资源，改变分阶段咨询服务"碎片化"的弊端，实施项目管理对本工程的工作实施全面管理，对探索全过程工程咨询服务实践之路具有广泛的借鉴意义。

（4）本项目在建设期间遇到不可抗力而造成的工程延期对未来工程项目进度管理的建议。作为项目管理公司，一方面，日后对工程的时间策划更需整体把控：前期阶段方案论证、决策以及上报上级部门应督促相关单位尽快批复，避免耽误工程开工；在决策阶段对入驻单位的建设需求实地调研，避免在施工过程中要求反复变化造成工程设计、施工严重滞后；施工阶段加强对专业队伍的管理，产生施工界面交叉等问题及时与施工总包单位沟通、处理，防止出现推诿扯皮现象而造成工期拖延。另一方面，当发生不可抗力事件，作为项目管理人员应及时组织建设单位、监理单位、施工单位等相关方做好损失量的核实及统计工作，保存第一手资料，然后在根据合同条款及相关法规要求处理下一步工作。

【经验总结】 本项目全过程咨询服务在各阶段体现三个核心要点（本书第一

篇第三章第二节"全过程工程咨询的要点识别")的契合度如图9-16所示。

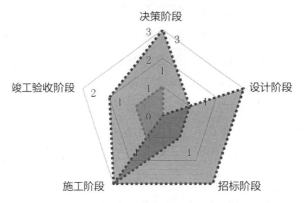

图9-16　本项目各阶段体现全过程咨询服务三个核心要点雷达图

由图可见，本项目在践行全过程工程咨询关键路径中还存在一些问题及改进余地。

（1）策划在决策阶段相对缺失。决策阶段的策划大多围绕着工程项目投资的必要性、可能性、可行性，以及为什么要投资、何时投资、如何实施等重大问题，是决定着项目开发或建设意义的关键环节。建议日后项目及早介入具备技能和经验的咨询专业人员，对组织、管理、经济和技术等方面的科学分析和论证，提供专业的意见，及时对项目策划过程中出现的偏差进行纠正。并且直接对接业主，发掘潜在的所有需求，将需求转化为设计方案，最大限度地贴合委托方实际需要，实现效益最大化的投资额度，这也是我国积极推进建筑师负责制的原因之一。

（2）信息在设计、招标阶段未实现数据集成共享。本项目由于建设时间早，BIM技术还未成熟应用和大面积推广，因此数据管理大多是居于传统的人工管理、文件系统阶段，随着工程管理对象的规模和复杂性急剧增加，BIM作为数据库系统阶段的软件代表，是带有真实数据的、能够真正反映现实问题的模拟，简单来说就是模拟建造，包括施工规划、人机分析仿真等。由此可见，项目管理公司运用BIM技术介入项目越早，价值发挥就越明显。而且BIM基于建筑生命周期，能提供一个协同开发的统筹平台，跟踪项目进度管理、分包商管理、物料供应商管理、运维管理等，解决工程各阶段信息断层问题，改善管理界面，进而实现全过程的工程信息管理无障碍沟通。

（3）组织在设计、招标阶段被制度性分割。设计壁垒高、招标门槛低，致使咨询服务"碎片化"的现状日益严峻，想要实现全过程工程咨询链条，首先就是实现资质的全链条，进行不同组织和不同产业之间的交叉整合。建议项目管理公司向综合化发展，在开展全过程工程咨询服务业务的前期，可以采用联合体的形式打开市场、积累业绩。或者通过并购重组、控股等方式拓展业务范围，向全过程工程咨询企业转型，延伸产业链，进一步拓展工程项目咨询管理的业务资质，逐步覆盖建设全过程，实现从专业咨询向综合咨询的转变，并真正成为工程领域系统服务的主体。

# 第十章 以"全周期项目管理"为核心的综合性文化场馆工程项目全过程工程咨询

## 一、项目基本概况

某综合性文化场馆项目位于T市BH区,总占地面积为119640.3m²,总建筑面积为313585m²,批复总投资约为48.69亿元。项目于2015年3月26日开工,于2017年8月31日竣工。

项目由"五馆一廊"组成,具体包括BH现代城市与工业探索馆、BH图书馆、BH现代美术馆、BH东方演艺中心、BH市民活动中心、文化长廊及地下空间,五个建筑单体由文化长廊串联形成一体。同时,项目地下有解放路穿过,在远期规划中,解放路下方还有地铁B7线穿过。

项目参建单位众多,其设计工作由国内外多达15家设计单位配合完成,专业分包单位也多达28家,咨询服务单位多达27家。另外,项目建设总体目标为创建"建设手续办理、质量、安全、文明施工、农民工管理"样板工地;确保T市建筑工程"H杯",争创"鲁班奖";达到"T市市级文明工地"标准;成本控制在批复总投资以内;绿色建筑目标为二星。

本项目作为集科技、展示、教育等多功能于一体的综合性文化场馆,是BH区政府从增强区域文化软实力、促进文化大发展大繁荣出发建设的一项标志性文化工程,至今已成为具有较高艺术品质的BH区文化新坐标,是彰显BH区文化形象的重要窗口,为不断腾飞的BH区的建设和发展续写着新的篇章(图10-1)。

【点评】 综合性文化场馆项目难点——地质环境条件复杂、体量大、工期紧、参建单位多、管理要求高、社会影响大、各方关注度高。

难点一:地质环境条件复杂。本项目用地为原T市永利碱厂旧址,后改为碱渣堆场,且用地红线与碱渣山公园红线重合。

难点二:体量大、工期紧、任务重。本项目由"五馆一廊"组成,且需考虑解放路和地铁B7线的建设条件预留问题,同时,建设规模31万m²,建设工期仅有29个月。

图 10-1　项目效果图

难点三：参建单位多、管理要求高。本项目参建单位众多，协调管理工作量大，在项目实施前制定了多项工作目标，质量目标。

难点四：社会影响大、各方关注度高。本项目是以打造 BH 区文化新名片为出发点投资建设的，既要发挥使用功能，也肩负重要的象征意义，深受政府与社会各方关注。

## 二、咨询服务范围

FY 工程咨询有限公司受建设单位 T 市 BH 区文化中心投资管理有限公司委托，负责本项目的项目前期咨询、招标代理咨询、造价咨询及项目管理咨询，其中：

（1）项目前期咨询服务主要负责编制项目建议书和可行性研究报告，并负责成果文件申报及协调审批等相关工作。

（2）招标代理服务主要包括勘察设计、监理、桩基检测、变形监测等服务类招标及施工类招标，招标工作内容从发招标公告或投标邀请书至完成中标通知书备案手续，并编制招标情况报告。

（3）造价咨询服务主要包括编制工程量清单、编制招标控制价、进行施工阶段全过程造价咨询、参与投资风险管理等服务内容。

（4）项目管理咨询服务主要包括建设手续管理、设计管理、招标管理、合同管理、投资管理、工程管理（进度、质量、安全、文明施工、劳务管理及维稳）、创优管理、对外协调、会议管理、保修期服务及档案管理等全周期项目管理咨询服务。

【经验总结】 组织整合，积极延伸服务链条，拓宽服务范围，最大化咨询服务的工作价值。

顺应政府对全过程工程咨询的导向，积极探索实践。我国工程咨询服务主要为勘察设计、项目管理、监理、造价、招标代理等。长期以来，行业部门条块管理和政策不联动使咨询业务不能合并发包，工程咨询"服务碎片化"问题十分严峻，无法提供全过程集约服务。从政策层面来看，"组织整合"作为全过程工程咨询的一大核心要点，体现了政府在模式推广初期希望通过整合行业资源发展全过程工程咨询的政策意图；从实操层面来看，在目前少有工程咨询企业能够独立提供全过程工程咨询模式所包含的全部咨询服务的现实背景下，允许企业以联合体形式参与投标，将全部服务发包给一家企业，并由该企业将不在自身资质范围内的服务分包给其他具有相应资质的企业，将部分服务分包给一家具有相应资质的企业等形式成为可行的实施路径。

观点支持：515号文提出："全过程工程咨询单位应当培育综合性多元化服务及系统性问题一站式整合服务能力，应当自行完成自有资质证书许可范围内的业务，在保证整个工程项目完整性的前提下，按照合同约定或经建设单位同意，可将自有资质证书许可范围外的咨询业务依法依规择优委托给具有相应资质或能力的单位。"

将组织整合的理念贯穿全过程工程咨询服务的各环节。在本项目中，FY工程咨询有限公司提供了包含项目前期咨询、招标代理咨询、造价咨询及项目管理咨询在内的咨询服务，其中项目管理咨询是囊括从建设手续管理到保修期服务的全周期项目管理咨询，基本涵盖了全过程工程咨询全部服务内容，相比于传统工程咨询模式各阶段相互割裂、各专业交流不畅的局面，FY工程咨询有限公司为本项目提供的咨询服务秉承了组织整合、资源集成的"一站式"服务理念，将分散的元素、资源及其功能等结合起来，整合发挥出各元素的最大效用，是全过程工程咨询先行先试的现实体现。

## 三、咨询服务组织建设

### （一）建立咨询服务组织架构

FY工程咨询有限公司结合本项目具体情况特点，"分层面、分层级"为本项目建立了项目部层面的管理组织架构，来为项目提供全过程的咨询服务，确保项目咨询服务在全局受控的状态下进行，图10-2即为项目部层面管理组织架构。

由图10-2可以看出，该组织架构中包含四个工作组，分别为手续办理组、工程技术组、合约投资组及信息资料组，FY工程咨询有限公司对这四个工作组的工作职责进行了明确界定，以手续办理组为例，其工作职责包括：

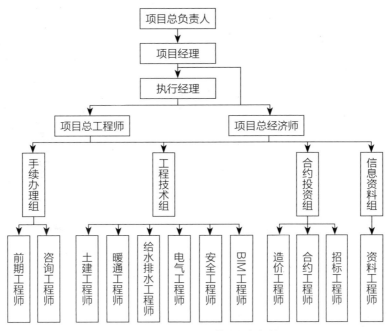

图10-2 项目部层面管理组织架构

(1) 在项目总负责人、项目经理及执行经理的领导下，按照委托合同的约定对项目前期建设手续进行编制、收集、申报和归档；

(2) 组织召开项目前期手续专题会议，通报项目情况、分析项目特点；

(3) 编制项目前期建设手续办理的工作管理计划，报项目经理、执行经理审核后将计划通报其他工作组；

(4) 监督、控制、落实前期建设手续办理工作，办理完成后，将全部资料完整移交给信息资料组；

(5) 在前期建设手续的办理过程中，定期向项目总负责人和项目经理汇报工作情况；

(6) 按照项目总负责人和项目经理的安排，为项目部其他工作组提供工作支持；

(7) 编制项目建议书和可行性研究报告，并负责成果文件的申报、审批协调等相关工作；

(8) 协助项目经理及执行经理的工作，及时落实和催办委托方交办的相关工作。

(二) 明确参建各方工作职责

在项目建设初期，FY工程咨询有限公司利用工作分解结构 (WBS) 对本项目各阶段的工作任务进行了分解，共得到195项具体任务，并基于这些工作任务明确了各参建单位的工作职责，由此建立了项目管理职责分工表，具体如表10-1所示。

项目管理职责分工表　　　　　　　　表10-1

职能代号：信息-I，决策准备-P，决策-E，执行-D，跟踪检查-C

| 阶段 | 编号 | 工作任务 | 业主 | 监理 | 设计 | 施工 | 设备供应 | 招标代理 | 造价咨询 | 项目管理 | 其他单位 |
|---|---|---|---|---|---|---|---|---|---|---|---|
| 项目立项 | 1 | 项目管理业务洽谈 | E | | | | | | | IPDC | |
| | …… | …… | …… | …… | …… | …… | …… | …… | …… | …… | …… |
| | 21 | 可行性研究报告报批（项目实施方案） | E | | | | | | | IDC | |
| 建设手续办理 | 22 | 前期手续办理计划（着重于前期办理阶段） | E | | | | | | | IPDC | |
| | …… | …… | …… | …… | …… | …… | …… | …… | …… | …… | …… |
| | 54 | 临电、临水手续办理 | E | | | | | | DC | ID | |
| 项目招标 | 55 | 项目详细招标计划编制 | E | | | | | IDC | | IPDC | |
| | …… | …… | …… | …… | …… | …… | …… | …… | …… | …… | …… |
| | 78 | 合同签署 | EDC | D | D | D | D | IPD | D | IPDC | D |
| 项目实施准备 | 79 | 组织施工现场准备工作（场地平整、临时围挡安装、开工典礼等） | EDC | D | | D | | | | IPDC | |
| | …… | …… | …… | …… | …… | …… | …… | …… | …… | …… | …… |
| | 88 | 开工审批手续办理 | E | DC | | D | | | | IPD | |
| 项目实施 | 89 | 合同管理及投资控制 | EC | DC | | D | | | C | C | |
| | 143 | HSE记录、报告（月） | EC | C | | D | D | | | IPC | D |
| 室外配套施工 | 144 | 编制市政配套施工管理计划 | EC | | | D | | | | IPDC | D |
| | …… | …… | …… | …… | …… | …… | …… | …… | …… | …… | …… |
| | 165 | 组织施工单位完成室外工程及绿化景观施工 | EC | DC | | D | | | | IPDC | |
| 项目后期验收 | 166 | 项目后期验收管理计划 | EC | | | | | | | IPDC | |
| | …… | …… | …… | …… | …… | …… | …… | …… | …… | …… | …… |
| | 177 | 环保验收 | EC | DC | | D | | | | IPDC | |
| 项目收尾 | 178 | 项目收尾管理计划 | EC | | | | | | | IPDC | |
| | …… | …… | …… | …… | …… | …… | …… | …… | …… | …… | …… |
| | 189 | 工程移交 | EC | | | D | | | | IPD | |

续表

| 阶段 | 编号 | 工作任务 | 业主 | 监理 | 设计 | 施工 | 设备供应 | 招标代理 | 造价咨询 | 项目管理 | 其他单位 |
|---|---|---|---|---|---|---|---|---|---|---|---|
| 交接 | 190 | 交接手续的办理 | C | | | | | | | IPD | |
| 项目总结 | 191 | 项目管理工作总结 | | | | | | | | IPD | |
| | …… | …… | …… | …… | …… | …… | …… | …… | …… | …… | …… |
| | 193 | 定期进行项目管理工作的总结 | | | | | | | | IPD | |
| 回访及后评价 | 194 | 项目回访维修 | EC | | | D | | | | DC | |
| | 195 | 项目后评价 | EC | | | | | | | IPD | |

### (三) 构建项目工作流程与制度

为保证项目建设有序进行，FY工程咨询有限公司根据已建立的项目部层面管理组织架构，对项目建设实施过程中的相关工作进行了流程与制度的构建，包括工程合同审查、审批流程；工程变更、签证审批流程；工程进度款审批流程；工程用印审批流程；工程质量管理制度；工程会议制度。以工程会议制度为例，其即对开会周期、参会人员及会议内容等做出了规定，具体如表10-2所示。

工程会议明细表　　　　　　表10-2

| 序号 | 会议名称 | 会议主持 | 参会人员 | 周期 | 会议内容及要求 |
|---|---|---|---|---|---|
| 1 | 高层推动会 | 建设单位 | 各参建单位法人代表或总经理或项目经理 | 每月一次 | (1) 由总承包单位向建设单位、项目管理单位、设计单位、造价咨询单位、监理单位及专业分包单位通报工程总体进展情况；<br>(2) 由各服务单位解答施工过程中存在的重大问题；<br>(3) 提出下月的生产任务目标；<br>(4) 由建设单位及各相关单位向总承包单位提出有关施工的建议和要求 |
| 2 | 项目管理例会 | 建设单位或项目管理单位 | 各参建单位项目部班子成员等 | 每周一次 | (1) 由总承包单位向建设单位、监理单位汇报工程总体进展情况；<br>(2) 由建设单位、项目管理单位及监理单位向总承包单位提出有关施工的建议和要求；<br>(3) 研究解决需要各参建单位共同协调的其他问题 |
| 3 | 专题协调会 | 建设单位或项目管理单位 | 相关参建单位项目部班子成员等 | 不定期 | 研究项目建设过程中需要各参建单位共同协调的专业问题并提出解决方案 |

续表

| 序号 | 会议名称 | 会议主持 | 参会人员 | 周期 | 会议内容及要求 |
|---|---|---|---|---|---|
| 4 | 监理例会 | 总监理工程师或总监代表 | 各参建单位项目部班子成员等 | 每周一次 | (1) 由监理单位跟踪检查上周工程质量、进度、安全问题，督促总承包单位及分包单位及时解决；<br>(2) 讨论确定周工作进度情况，指出存在的问题，讨论确定周进度计划、月进度计划；<br>(3) 协调解决建设过程中存在的问题 |
| 5 | 高峰期关键线路巡查会 | 建设单位或项目管理单位 | 各参建单位项目部班子成员等 | 每天 | 检查关键线路每天工作，布置关键线路第二天的工作 |

**【经验总结】** 策划先行，助力咨询服务的组织构建及管理制度的规范，有效落实管理工作的分配。

为了充分满足本项目在咨询服务方面的实际需求，保证优良的咨询服务质量，FY工程咨询有限公司秉承策划先行的核心要点，在项目前期开展组织及资源策划，依据本书中第一篇（第四章第一节）论述的组织结构图这一策划工具的使用范式，为本项目建立了项目部层面的管理组织架构。该架构配备了全过程工程咨询服务各阶段所需的各专业咨询人员，这些专业咨询人员又依据工作职责的不同被划分为四个不同的工作组，且各工作组的工作职责也依照项目管理职责分工表（表10-1）中所明确的195项管理工作任务进行了清晰界定，力争做到咨询服务工作的分配无死角、无盲区。

同时，基于本项目参建单位多、管理要求高的难点，FY工程咨询有限公司从全周期项目管理视角出发，利用本书在第一篇（第四章第一节）阐述的工作分解结构（WBS）开展项目管理策划，对本项目从项目立项至项目回访及后评价阶段的各项工作任务进行了相关参建单位的职责分工，为后续开展全周期项目管理工作奠定了坚实的基础，有助于项目全生命周期内的统筹管理。

制度规划明确各方办事流程。完善的项目管理模式不仅包含对各参建单位工作职责的明确划分，还包含基于职责划分所建立的工作流程及管理制度。FY工程咨询有限公司在明确各参建单位职责分工后，进行了项目管理制度及流程策划，明确全周期项目管理过程中各阶段工作任务应遵守的办事规程，形成项目的标准化管理制度，确保项目工作能够按照计划进行。

### 四、咨询服务运作过程

**（一）项目决策阶段——手续管理**

本项目建设手续办理工作按照"两主线、一辅线"的思路展开：以设计手续和招标手续的办理为主线，以行政审批手续的办理为辅线，同时编制《建设手续办理管理方案》来保障办理工作有序推进。

**1. 明确建设手续办理流程**

建设手续办理的具体流程如图10-3所示。

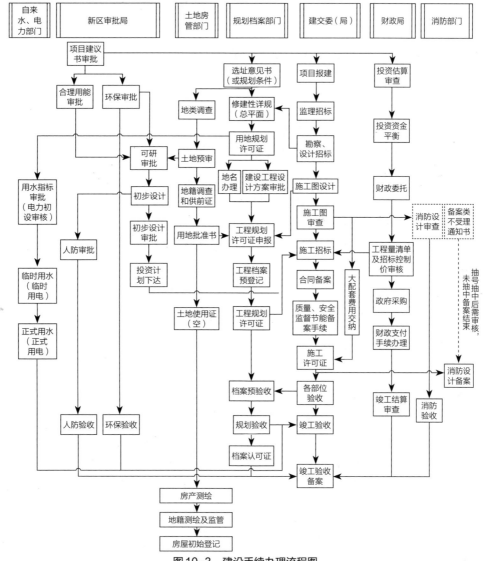

图10-3　建设手续办理流程图

**2. 编制建设手续办理管理方案**

（1）项目对内要求

1）项目部手续办理组成员应依据方案及项目管理计划，秉承"紧前办理、并行办理"原则，提前准备建设手续要件，提高办件效率；

2）项目部手续办理组在建设手续办理过程中应及时向项目部其他组员通报手续办理情况，做好项目部内的沟通与配合，做好相关协同、支持工作；

3）项目部手续办理组在办理建设手续过程中，应及时与招标代理部门、工程咨询部门、造价咨询部门做好沟通协调及相关协同配合工作；

4）项目部手续办理组在办理项目建设手续时，应定期（每日、每周、每月）向项目执行经理、项目经理、项目总负责人、建设单位项目负责人汇报建设手续办理进展情况；

5）项目部手续办理组完成各项手续办理后应及时向信息资料组提交成果文件进行整理、存档；

6）项目部手续办理组在办理建设手续过程中应注意搜集、整理政府相关部门信息，并及时提供给信息资料组进行系统整理，以便后期收尾、后期配套手续办理、工程移交时向项目部其他组及建设单位提供。

（2）项目对外要求

1）项目部手续办理组应依据本项目管理计划，跟踪行政审批部门审批进度，积极协调行政审批部门推进本项目建设手续办理进度；

2）项目部手续办理组应及时与政府行政审批部门进行沟通与联系，了解项目建设手续的流程变更、部门变更、内容变更等情况，提前做好沟通和申报准备工作；

3）项目部手续办理组应预判手续的后续进展及风险，提前进行咨询沟通，做好针对性的应对措施，并向项目经理、项目负责人反馈，以便及时向建设单位进行汇报决策。

【经验总结】 精准策划办理流程，为建设进度提速。

将办理程序化繁为简。本项目工期紧、进度管理压力大，若按照正常的建设手续办理流程推进办理工作，项目的进度目标则无法实现。为确保项目如期完工，就需要在不违反相关法律、法规的前提下，简化建设手续办理流程。在办理工作开始前，FY工程咨询有限公司基于本项目设计单位多、设计工作繁杂的特点，结合相关手续办理工作需以设计成果文件为依托的考虑，制定了"两主线、一辅线"的办理思路：以工程设计手续和招标手续的办理为主线，以行政审批手续的办理为辅线，同时编制《建设手续办理管理方案》来明确"紧前办理、并行办理"的办理原则：提前备好办理工作所需要件；需要相关部门配合的，提前进行沟通协调；提前和政府审批部门沟通，以发送电子文档等形式进行资料初审，以缩短纸质版资料的审核盖章周期。

观点支持：陈龙（中国航空规划建设发展有限公司），中国建设信息，2012，《浅论北京市固定资产投资建设项目工程前期手续办理要点》文中指出，项目前期手续办理开展之前，建议首先进行策划，多与有关部门进行沟通咨询，抓住主线的同时不要出现遗漏项，一方面可以科学统筹安排资源，避免浪费不必要的时间；另一方面可以避免造成手续后续后补，甚至无法弥补的被动情况出现。

【改进余地】 推行"多规合一"的建设手续办理机制，提高办理效率。

2019年3月，515号文指出："各地要建立并联审批、联合审批机制，通过通用综合性咨询成果、审查一套综合性申报材料，提高并联审批、联合审批的操作性，以投资决策综合性咨询促进投资审批制度改革。"基于此类相关政策，已有多地积极推行"多规合一"的建设手续办理机制。作为提供包含前期咨询服务的全过程工程咨询企业，应熟悉投资决策综合性咨询所包含的服务内容，建立企业服务标准，在积极研读相关政策的基础上，了解建设手续合一办理的规范化流程和主要内容，并通过前期策划明确办理工作侧重点，以便在办理过程中加强关键环节和重点要素的把控力度。

观点支持：洪巩固（厦门同安星火工业区开发有限公司），江西建材，2016，《浅谈建设项目前期手续的办理》文中提到，推进"多规合一"建设项目审批流程改革是贯彻市委、市政府打造国际一流营商环境的重要举措，作为具体项目负责人，需要对该政策进行深度解读。

### （二）项目设计阶段——设计管理

**1. 协调图纸审查工作提前介入**

由于本项目具有建筑体量大、技术难度高、工期紧张等特点，故在项目筹划阶段便建议协调消防设计审查、施工图审查、超限审查等审查工作，在设计过程中即介入，为后续正式进件审查争取更多时间（本项目施工图审查在15日内完成）。

**2. 确定"限额设计"的基调**

为有效控制项目建设成本，本项目在设计招标时便确定了"限额设计"的基调，要求设计单位配备经济团队，与设计团队沟通配合，确保方案设计阶段的投资估算、初步设计阶段的设计概算合理准确，以起到控制限额目标的作用。

**3. 明确"运营为主"的设计思路**

本项目明确了"运营为主"的设计思路，选择专业场馆运营单位配合开展项目设计工作，提高建筑功能的实用性。

**4. 比选设计方案**

成立设计咨询团队，对各阶段的设计文件进行多方案比选及专业咨询，优选经济合理的技术方案，必要时组织召开专家论证会进行论证。同时，项目设计过程中辅以BIM技术的应用，全面提高设计图纸质量。

（1）深基坑支护方案比选：对本项目12万$m^2$深基坑支护方案进行技术、经济比选。通过对"水平支撑+支护桩""盆式开挖+中心岛支撑""双排桩+卸土"三种可行方案的对比分析，最终确定"双排桩+卸土"方案，节约投资约480万元，压缩工期约50天（图10-4）。

图10-4 项目深基坑支护施工现场图

（2）能源供应方式确定：本项目采用新型能源技术，通过集中能源站的形式为项目提供冷热源（能源供应方式为地源热泵+冰蓄冷+燃气调峰），各单体建筑独立设置换热站。该供应方式下的能源为可再生能源，符合国家绿色建筑政策导向，有助于节能减排，有利于BH区能源结构的优化和环境的改善，满足本项目及BH区绿色建筑的要求，并且该供应方式下能源结构合理、能源供应可靠性高、综合经济性好。

**5. 优化设计方案**

施工图设计完成后，FY工程咨询有限公司利用BIM技术对施工图进行建模，并进行管线综合排布，审核图纸中的错、漏、碰、缺等问题，最终提出设计优化意见652条（图10-5）。

| 工程名称 | | BH市民活动中心 | | 专业：建筑 | | 日期：150625 | 版本：01 |
|---|---|---|---|---|---|---|---|
| 序号 | 图纸位置 | 图示 | | 设计疑问与优化意见 | | 施工招标商 | 施工前 | 施工后 |

| 序号 | 图纸位置 | 图示 | 设计疑问与优化意见 | | 施工招标商 | 施工前 | 施工后 |
|---|---|---|---|---|---|---|---|
| 1 | 建施说-4 工程做法表 室名做法表 | 其中现浇混凝土楼板上增加50厚细石混凝土垫层 | 所有楼面最少做了50厚细石混凝土垫层，垫层的实际用途性价比是否很高？建议取消 | 设计疑问发现概率 | 项目管理与造价咨询提出疑问概率10% | 施工单位与监理提出疑问概率10% | 无意义 |
| | | | | 成本与施工现场影响 | 修改做法，优化约140万元 | 同上 | 无意义 |
| 2 | 建施说-4 工程做法表 室名做法表 | | 楼面1与楼面3中70厚的建筑做法与降板范围在结构图中没有表示。结构图中此区域均为降板100mm。如后期发现会导致现场大面积出现30mm的高差，影响建筑品质。如果后期填平会造成大面积现场签证。如第一条50厚细石混凝土垫层均取消，建议改为50厚面层 | 设计疑问发现概率 | 项目管理与造价咨询提出疑问概率10% | 施工单位与监理提出疑问概率20% | 主体完成后发现无意义 |
| | | | | 成本与施工现场影响 | 修改结构标高或增加30厚垫层，面积约2.4万m²，优化约80万元 | 同上 | 部分地面高差30cm，或回填30cm细石混凝土 |
| 3 | 建施说-4 工程做法表 室名做法表 | | 楼面3做法中楼梯间建议取消垫层，结构标高上移，节省成本及施工难度 | 设计疑问发现概率 | 项目管理与造价咨询提出疑问概率10% | 施工单位与监理提出疑问概率20% | 无意义 |
| | | | | 成本与施工现场影响 | 修改做法，优化约10万元 | 同上 | 楼梯踏步施工难度增大 |

图10-5 设计优化建议单（示例）

**【经验总结】** 策划先行，前移审查时点，将设计工作与各阶段有效串联，在设计管理阶段即开始控制投资。

基于项目全生命周期视角开展设计管理，将设计工作与项目多阶段联系起来。FY工程咨询有限公司在设计工作开始前策划先行，确定了图纸审查工作提前介入的做法、"限额设计"的基调、"运营为主"的设计思路，将设计工作与前期建设手续办理、项目投资控制、后期运营管理进行有效搭接，提升了设计工作效率。同时运用BIM技术辅助设计方案比选与优化，则是通过信息集成技术搭建前期设计与后期施工间沟通联系的桥梁，完善设计图纸质量。

调整审查方式。鉴于本项目工期紧张，FY工程咨询有限公司协调建议建设单位采用灵活的图纸审查方式，即审查工作在设计过程中提前介入，以缩短审查周期，满足项目进度管理方面的需求。

以"限额设计"为基调。鉴于本项目总投资额较高，达48.69亿元，FY工程咨询有限公司依托全过程投资控制的意识，认识到设计工作在项目投资控制中的重要作用，充分考虑了技术经济的统一性。FY工程咨询有限公司利用本书中第一篇（第四章第一节）论述的限额设计指标对比等策划工具，确定"限额设计"的基调，实行两阶段设计管理，对设计方案进行全面的技术经济分析，以设计出综合价值最优的方案，同时明确了设计人员不仅要承担技术责任还要承担经济责任。

观点支持：马长中，李广志，刘超（中国运载火箭技术研究院），航天工业管理，2015，《项目集成管理在工程建设领域的应用实践》文中论述了据统计分析，工程项目的设计费用一般不到建设项目全寿命费用的1%，但设计成果对项目投资的影响程度可达到75%以上，所以设计阶段是投资控制的关键环节；而且在以往建设项目的设计过程中，未对设计文件的技术和经济指标进行统筹考虑，往往产生投资与项目功能不匹配等问题。

以"运营为主"为设计思路。鉴于本项目是社会影响较大的综合性文化场馆项目，后期的运营管理尤为重要，若设计工作未与运营管理进行合理搭接，项目后期运营必将遇到众多阻碍。FY工程咨询有限公司综合运用本书在第一篇（第四章第一节）提到的价值工程、利益相关者分析等策划工具，确定了本项目"运营为主"的设计思路，以提高建筑功能的实用性。

运用策划工具，全面提高设计质量。鉴于本项目建设环境及建筑形式均较复杂，施工要求高，设计方案的比选与优化对保障施工安全、完善施工质量意义较大。FY工程咨询有限公司运用本书中第一篇（第四章第一节）梳理出的可施工性分析、方案测算等策划工具，借助BIM这一信息集成技术对各阶段设计方案进行比选并优化，减少不必要的矛盾冲突，增强设计图纸的可施工性。

**【改进余地】** 强化设计审查的专业化程度。

在国家大力深化建筑业"放管服"改革的引导下，可以在政府主导的设计审查中引入社会专业资源，充分利用市场力量，开展技术性审查工作。

观点支持：陈建国，刘晨玉，胡文发（同济大学工程管理研究所），建筑经济，2019，《美国工程设计审核制度分析及启示》文中提出施工图审查的主要内容是涉及结构安全和稳定等工程建设强制性标准的执行，属于专业技术工作，必须是具有相应专业知识和经验的高层次技术人员才能提供此类服务。专业审查人员的专业知识水平、经验能力和职业素养直接影响施工图审查的质量。以政府主导的施工图审查模式，在施工图审查中引入社会专业资源，专业审查人员的认定尤为重要。

（三）项目招标阶段——招标管理、合同管理

**1. 招标管理**

（1）确定项目发包模式

考虑到本项目具有体量大、工期紧、任务重的难点，FY工程咨询有限公司经与建设单位商讨，最终确定本项目的发包模式如下（图10-6）：

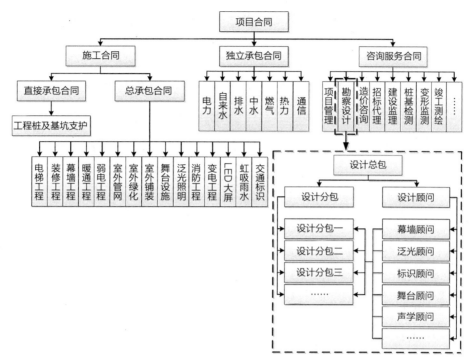

图10-6 项目合同体系

1)本项目设计发包采取总承包模式,发包给一家实力强的综合性设计单位,由其进行设计专业分包。

2)本项目施工发包采取总承包模式,专业工程以暂估价的形式计入总包合同,后期由建设单位与总承包单位通过公开招标确定分包单位,涉及的专业工程包括电梯工程、装修工程、幕墙工程、暖通工程、弱电工程、室外管网、室外绿化、室外铺装、舞台设施、泛光照明、消防工程、变电工程、LED大屏、虹吸雨水及交通标识。

3)如果等施工图设计全部完成后再发包,施工现场将出现长时间的闲置,考虑到工程桩及基坑支护系统施工完成后需进行养护及试桩,因此工程桩及基坑支护工程由建设单位进行直接发包,以使得现场施工与施工图设计合理穿插,节省工期。

(2)制定招标工作计划

1)根据建设单位情况、项目特点、施工图深度及工期要求,FY工程咨询有限公司对本项目实施过程中可能涉及的招标项的招标方式进行利弊分析与权衡后,决定按照公开招标、邀请招标、直接委托这三种方式进行划分,具体划分情况如表10-3所示。

项目部分招标情况一览表　　　　　表10-3

| 序号 | 项目名称 | 类别 | 招标方式 | 招标范围 |
|---|---|---|---|---|
| 1 | 勘察设计 | 服务采购 | 公开招标 | 项目勘察设计 |
| 2 | 工程桩及基坑支护工程 | 施工 | 公开招标 | 工程桩及基坑支护施工 |
| 3 | 施工总承包 | 施工 | 公开招标 | 除工程桩及基坑支护工程外的全部施工内容 |
| 4 | 电梯工程 | 施工、暂估价 | 联合公开招标 | 电梯设备供应及安装 |
| 5 | 装修工程 | 施工、暂估价 | 联合公开招标 | 精装修及相关机电安装工程的深化设计与施工 |
| 6 | 项目管理 | 服务采购 | 邀请招标 | 项目管理 |
| 7 | 造价咨询 | 服务采购 | 邀请招标 | 项目造价咨询 |
| 8 | 防雷检测 | 服务采购 | 直接委托 | 项目防雷检测 |

2）本项目的招标流程如图10-7所示。

3）由于施工总承包合同内包含有15个专业工程暂估价，需要通过公开招标选择优秀的专业分包单位，所以施工阶段的招标进度管理尤为重要。本项目秉承"满足现场施工要求"的原则，制定了详细的招标进度时间安排，同时督促设计单位出具满足深度要求的施工图，以配合相关的招标工作。

【经验总结】　策划先行，以缩短工期为侧重点，将串行工作转变为并行工作，实现设计与招标的统筹协调，严格把控招标进度。

工期紧而体量大是本项目较为突出的一大难点，为FY工程咨询有限公司开展招标代理咨询服务和招标管理工作设置了诸多"难题"。招标是遴选建设单位优秀合作伙伴的过程，是重要的投资管控手段，在提供咨询服务时应重视招标工作的前期策划。围绕重点关注项目工期、合理安排相关工作并行开展的指导思想，FY工程咨询有限公司利用本书在第一篇（第四章第一节）论述的实地调研、招标工作进度计划等策划工具，从两方面展开招标阶段策划。

第一，进行合约策划。FY工程咨询有限公司对合同进行分解，形成施工合同、独立承包合同及咨询服务合同等多个合同包，其中工程桩及基坑支护工程施工由建设单位直接发包是施工图设计和现场施工并行开展的实操体现，利用施工图设计及施工总包单位招标这段时间进场施工，以缩短工期。除此之外，在施工阶段对15个专业工程进行招标则是专业工程设计与现场施工并行开展的实操体现，展现了施工工作穿插进行、节约工期的工作思想。

第二，进行招标工作具体内容规划。FY工程咨询有限公司依然紧扣工期紧张的项目难点，加强相关单位的沟通协调，详细制定包含招标方式、招标流程、

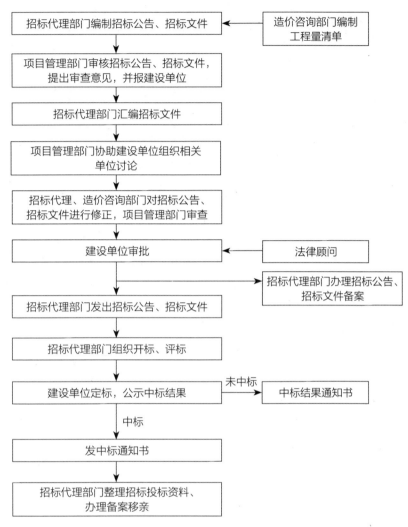

图10-7 项目招标流程图

招标进度等内容的招标工作计划。

### 2.合同管理

（1）建立项目合同管理体系

合同是各项工作开展的法律依据，也是所有工作的底线约定，因此，FY工程咨询有限公司在本项目招标阶段依托实地踏勘、既有工作经验等对合同条款进行完善（如鉴于项目用地内原碱厂遗留基础设施较多，地下环境复杂，故在施工总包合同中明确给定一个措施费总价，且说明合同履行过程中不可更改；在15个专业分包工程招标时，对总包单位的总包服务费率进行统一规定），通过合同管理提高项目管理水平和风险控制水平。本项目以合同管理为原点，向前延伸加强前期管理工作，向后延续提高收尾管理水平（图10-8）。

图10-8　合同管理体系

（2）强化合同审批流程控制

在项目建设初期，本项目即建立了严格的合同审查、审批流程，对合同涉及的权利、义务、付款条件、价格调整、违约责任等关键条款进行审核、修订，并以会议形式进行会审，签署项目合同审批单（表10-4）。

项目合同审批单　　　　　　　　　　　表10-4

| 合同名称 | | |
|---|---|---|
| 对方单位 | | |
| 对方联系人 | | 联系电话 |
| 合同额（元） | 小写： | |
| | 大写： | |
| 主要内容 | | |
| 招标代理部门意见 | | |
| 造价咨询部门意见 | | |
| 项目管理部门意见 | 合约投资组 | |
| | 执行经理 | |
| | 项目经理 | |
| 建设单位意见 | 法律咨询 | |
| | 业务经办部门 | |
| | 财务部门 | |
| | 分管领导 | |
| | 公司领导 | |
| 备注 | | |

**3.建立项目合同管理台账**

项目合同管理台账主要包括合同编号、合同名称、签订日期、受托单位、合同金额、已付款、未付款、付款进度、签订方式、是否履行审批、是否签署齐全、是否备案、有无费用依据、是否超前超额、有无变更等内容。

【经验总结】 以项目全生命周期管理为宗旨，基于流程控制合同的审批，借助合同台账，实时掌握项目进展。

本项目参建单位多，合同体系庞杂，同时受社会各方关注度高，通过精细化的合同管理提高风险控制水平、提升项目建设质量显得尤为关键。FY工程咨询有限公司在项目建设初期即分三步开展合同管理策划。

第一，完善合同管理体系。FY工程咨询有限公司基于项目全生命周期管理视角，对各阶段的管理工作进行统筹考虑，进而依据招标管理工作中构建的合同包框架完善不同合同中关键条款的联合拟定。

第二，明确合同审批流程。FY工程咨询有限公司制定了严格的审查审批流程，从招标代理部门到造价咨询部门，再到项目管理部门，最后到建设单位。

第三，建立合同管理台账。FY工程咨询有限公司则依托公司以往管理经验，利用本书在第一篇（第四章第一节）论述的台账管理这一总体策划工具，为本项目建立了内容详尽的合同台账。

**（四）项目施工阶段——进度管理、投资管理、质量管理**

**1.进度管理**

（1）制定总进度计划

运用网络计划技术与线形进度计划结合的方式制定项目总进度计划，形象直观地指导现场施工，具体如图10-9所示。

（2）制定阶段性进度计划

本项目在实施过程中建立了二级进度计划控制系统来进行阶段性进度控制，包括：建设手续办理计划、招标采购进度计划、工程施工进度计划及工程验收进度计划。其中，建设手续办理计划、招标采购进度计划及工程验收进度计划还结合了政府相关部门的工作流程进行编制，以工程验收进度计划为例进行说明，具体如图10-10所示。

【经验总结】 策划先行，增强项目进度控制的总体实操性。

进度管理作为项目管理的核心内容，其工作效率影响进度、质量、投资等各方面目标的实现，而本项目作为社会影响较大的标志性工程，实行有效的进度管理，确保项目如期完工，进而对质量、投资等进行优化控制，节省项目成本，降

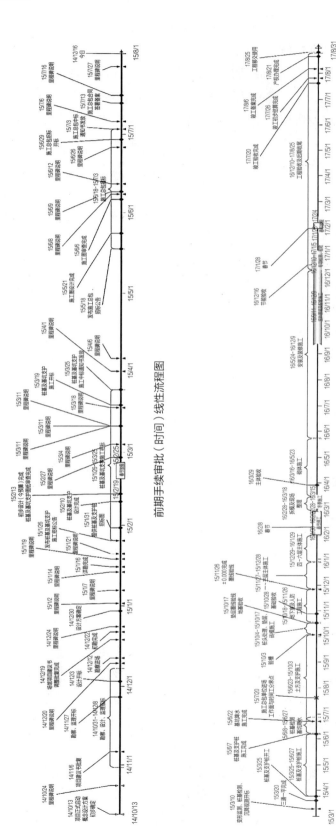

图10-9 项目线形总进度计划

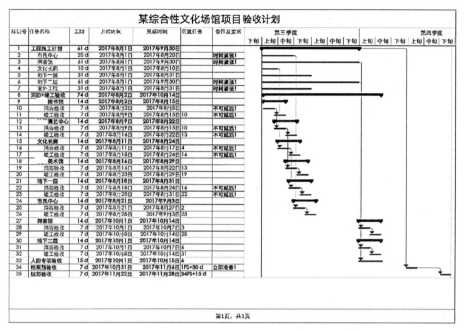

图10-10 工程验收进度计划

低项目风险,具有重要意义。FY工程咨询有限公司分两部分开展进度管理。

第一,编制进度计划。FY工程咨询有限公司在项目前期开展进度策划工作,利用本书第一篇(第四章第一节)提出的线性流程图策划工具编制总进度计划,并对各项节点工作及里程碑事件进行了详细标注;利用本书第一篇(第四章第一节)提出的甘特图策划工具编制阶段性进度计划,且编制内容细化到每一步工作所需前置步骤的准备,来使得阶段性进度计划更具操作性。

第二,控制进度计划。无论是总进度计划还是阶段性进度计划,每一项工作均有明确的时间参数的标注,以利于后期施工过程中的检查、纠偏。

观点支持:范伟达(同济大学土木工程学院),建筑经济,2016,《资源约束条件下工程项目进度管理方法研究》文中提及进度管理工作可以分为进度计划编制及调整、进度计划控制两个部分,其中进度计划的编制与调整是进度管理工作的基础。

【改进余地】 采用BIM技术弥补传统进度控制方法缺陷,提升进度计划对实际施工的指导性。

传统的进度管理主要采取人工方式记录进度计划的完成情况,进度计划调整工作量巨大,主要通过甘特图、网络计划、Project等技术实现。然而,在项目实施的过程中必然会存在诸多的干扰因素,导致进度计划需要不断调整,这就要求全过程工程咨询单位应及时发现偏差并处理。随着项目体量愈发庞大、施工工艺愈发复杂，以往的进度管理技术耗时长、效率低，而且时效性较差，不利于实际的项目进度控制，已很难适应现在的项目管理要求。因此，FY工程咨询有限公司要注重信息集成技术的应用，可在进度管理中引入BIM技术，构建5D模型，增强项目进度管理能力，减少工期延误风险。

观点支持：刘安申（哈尔滨工业大学硕士学位论文），2014，《基于BIM-5D技术的施工总承包合同管理研究》文中提到在BIM-5D模型中，进度管理模块是一个充分结合项目各方面信息和工作面进展情况的综合管理模块，工作人员只需要每天查看各工作面的实体和配套工作进展，并预警、提醒项目实体、配套工作存在的问题，将问题消灭在萌芽阶段即可，并可以在任何时段回顾整个项目周期任意时刻的工况。

### 2.投资管理

（1）细化投资估算

根据多年咨询工作所积累的工程数据，FY工程咨询有限公司在立项阶段即对项目投资估算科目进行细化，以此为后续设计概算提供控制依据，做到了全面、准确（表10-5）。

投资估算费用科目表　　　　　表10-5

| 序号 | 费用名称 | 项目编号 | 工程费用项目名称 | | | | 涉及内容或取费依据 |
|---|---|---|---|---|---|---|---|
| | | | 一级科目（共22项） | 二级科目（共83项） | 三级科目（共76项） | 四级科目（共54项） | |
| | | | | | | | |

（2）重视措施项目投资控制

在项目招标前期，FY工程咨询有限公司组织人员详细踏勘现场，了解项目实际情况，深刻挖掘招标项目施工过程中可能产生的措施项目，并补充到工程量清单中，由投标单位自主报价，中标后不予调整，以有效控制措施项目签证的发生（表10-6）。

（3）建立工程变更、洽商、签证审批制度

在项目实施过程中，FY工程咨询有限公司征询建设单位、监理单位、设计单位及施工总包单位意见后，编制了《工程变更、洽商、签证审批管理办法》，来明确工程变更、洽商、签证审批流程，做好技术经济分析，全面控制工程变更、洽商、签证的发生。

（4）逐步比对项目投资

在项目实施过程中，FY工程咨询有限公司将投资估算确定的费用科目与设计概算、施工预算（合同额）、竣工结算逐步比对，以前一阶段的科目数额控制

措施项目补充清单（以施工总承包招标为例）　　　　表10-6

| 序号 | 措施项目清单 | |
|---|---|---|
| 1 | 临时建筑 | （1）临时建筑（以下简称"临建"），系指发包人根据工程建设需要，已建设完成的指挥部用房、承包人管理用房、民工宿舍、现场围挡、场地及道路等。<br>（2）承包人负责自接到中标通知书之日起至临建拆除期间的维护工作并承担相应费用。<br>（3）承包人承担临建拆除前所发生的垃圾清运、网络、通信、排水、排污等工作并承担相应费用。<br>（4）如因场地平整等原因导致现场围挡不满足主管部门要求，承包人应进行调整并承担相应费用。<br>（5）为保证用电安全，承包人应在民工宿舍设置USB手机充电器插座并承担相应费用 |
| 2 | 临时水电 | （1）施工临时用水（管径DN100）已接至用地红线内，红线范围内及临建区域接驳由承包人完成。<br>（2）施工临时用电（负荷2715kVA）已接至用地红线内，红线范围内及临建区域接驳由承包人完成。<br>（3）承包人负责施工期间临水、临电设施维护及保养并承担相应费用，发生损坏按电力、自来水部门要求进行赔偿或修复。<br>（4）承包人负责缴纳施工期间临水、临电所有费用及因延期缴纳所造成的滞纳金。<br>（5）根据项目总体工期安排及承包人投入，如施工期间临水、临电不能满足使用要求，承包人应采取相应措施，申请二路水源、二路电源/租赁发电机并承担相应费用 |
| 3 | 临时占地 | …… |
| 4 | 地下障碍物 | …… |
| …… | …… | …… |

后一阶段科目数额，做到后一阶段数值不超过前一阶段，保证项目投资得到有效控制（表10-7）。

投资控制一览表　　　　表10-7

| 序号 | 费用科目 | 项目编号 | 控制情况 | | | | | 备注 |
|---|---|---|---|---|---|---|---|---|
| | | | 投资估算 | 设计概算 | 施工预算 | 变更额度 | 竣工结算 | |
| | | | | | | | | |

【经验总结】　策划先行，主动介入，以精细的管控目标引领全面投资管控的开展。

项目投资失控不仅会使工期拖延，工程质量得不到保证，而且很可能导致项目最终失败，损失巨大。本项目作为总投资额高且集科技、展示、教育等多功能于一体的地标性文化场馆项目，若投资管控不当，其影响不会仅限于工程质量不佳或建筑功能使用不便利层面。基于此，FY工程咨询有限公司在项目立项阶段开展成本策划，在项目实施过程中开展工程变更、洽商、签证审批制度及工程造价动态管理等内容的策划，实施项目全周期投资管控，提升投资管控效率。

投资估算是一个项目决策的关键依据，其准确程度将直接影响到项目的投资效益。在项目立项阶段,FY工程咨询有限公司细化投资估算科目,做全、做准投资估算,建立投资管控目标,作为后续进行全面投资控制的基本导向。在项目实施过程中,FY工程咨询有限公司重视措施项目签证的发生,通过准确编制工程量清单进行有效的投资管控,并开展工程变更、洽商、签证审批制度的策划,加强变更和签证管理,减少其对项目投资的影响。同时,通过工程造价动态管理等内容的策划,对投资估算、设计概算、施工图预算、竣工结算进行前后阶段两两比对,确保概算不超估算、预算不超概算、结算不超预算。

### 3.质量管理

(1)设立质量管理目标

本项目的质量管理目标为争创"鲁班奖",为顺利实现质量管理目标,FY工程咨询有限公司协调各参建单位组建鲁班奖质量控制小组,并要求施工总包单位安排具有丰富鲁班奖验收经验的人员进行员工培训,重点对鲁班奖质量控制要点及常规做法进行讲解,以指导现场管理工作,同时要求监理单位加强质量监督及旁站,确保项目各项质量标准满足鲁班奖要求。

(2)工人管理制度

本项目针对工人管理设置了工人生活区,配备统一的用品用具,采用集中供冷、供热等措施进行集中管理,来提升工人生活品质,同时在生活区内布设了移动图书室,且不定期组织文艺演出、观影及慰问等活动,以丰富工人精神文化生活,使工人能够真正体会到多方面的生活关怀。

(3)样板引路及材料封样制度

本项目针对极大影响工程质量、建筑使用功能及使用效果的关键建筑材料(设备)及工序实行样板引路及材料封样制度,如幕墙材料选择及施工、精装修材料选择及施工、墙体砌筑及抹灰等(表10-8、图10-11、图10-12)。

关键建筑材料(设备)选用申报表　　　　　表10-8

| 工程名称 | | | | | 申报时间 | |
|---|---|---|---|---|---|---|
| 物资名称 | | | | 使用品牌 | | |
| 使用部位 | | | | 规格型号 | | |
| | 品牌一 | 品牌二 | 品牌三 | | 品牌四 | 品牌五 |
| 招标文件要求 | | | | | | |
| 会签栏 | 总包单位 | | | 设计单位 | | |
| | 监理单位 | | | 监理单位 | | |
| | 建设单位 | | | | | |
| 样板事宜 | | 材料封样□ | | 视觉样板□ | 施工样板□ | |

图10-11 材料封样示例(石膏板封样、石材封样)

图10-12 幕墙样板示例(市民活动中心、探索馆、美术馆、演艺中心)

(4)平行检测制度

为保证主体结构的施工质量,本项目对水泥原材、混凝土、钢筋原材及焊接在原有见证取样送检的基础上实行第三方平行检测,全面控制项目实体质量。

(5)质量安全检查评比制度

本项目采用联合周检查评比制度进行质量安全检查,FY工程咨询有限公司组织各参建单位管理人员进行互比互看,并根据制定的评比项进行量化打分,评出"周先进",再结合周检查情况进行月评比,评出"月先进",进而评出"年先进"。该评比制度的设立有效调动了现场管理人员、操作工人的质量安全评比意识(表10-9、表10-10)。

**项目现场质量联合检查评分表** 表10-9

| 检查项 | 检查内容 | 一区 | 二区 | 三区 | 四区 | 五区 |
|---|---|---|---|---|---|---|
| 人员管理<br>(15分) | (1)总包项目经理在岗(2分);<br>(2)总包质检员及工长现场管理情况(0~3分);<br>(3)专业施工队伍项目经理在岗(1分)、专业施工队伍技术负责人在岗(1分);<br>(4)工人标准化管理(0~2分);<br>(5)现场工具或器材配备情况(0~2分);<br>(6)质量管理体系运转情况(0~4分) | | | | | |
| 土建工程<br>(20分) | (1)按图纸、规范、工序及方案施工情况(0~4分);<br>(2)材料合格情况(0~4分);<br>(3)施工质量(0~6分);<br>(4)质量保证措施、成品保护措施(0~3分);<br>(5)整改落实及其他(0~3分) | | | | | |
| 安装工程<br>(20分) | | | | | | |
| 专业分包工程<br>(30分) | (1)按图纸、规范、工序及方案施工情况(0~6分);<br>(2)材料合格情况(0~6分);<br>(3)施工质量(0~8分);<br>(4)质量保证措施、成品保护措施(0~5分);<br>(5)整改落实及其他(0~5分) | | | | | |
| 资料管理<br>(15分) | (1)专业队伍、人员资质证照(0~2分);<br>(2)施工资料编制(0~4分);<br>(3)施工技术交底(0~3分);<br>(4)设备、材料或系统检测,进场设备、材料资料(0~3分);<br>(5)施工方案编制及审核情况(0~3分) | | | | | |
| 合计(满分100分) | | | | | | |

检查意见:

**项目现场安全及文明施工联合检查评分表** 表10-10

| 检查项 | 检查内容 | 一区 | 二区 | 三区 | 四区 | 五区 |
|---|---|---|---|---|---|---|
| 人员管理<br>(15分) | (1)总包项目经理在岗(2分);<br>(2)总包安全管理人员现场管理情况(0~4分);<br>(3)施工队伍或宿舍安全管理人员在岗(1分);<br>(4)工人安全防护或宿舍实名制(0~2分);<br>(5)特种作业人员或食堂持证上岗(2分);<br>(6)安全管理体系运转情况(0~4分) | | | | | |

续表

| 检查项 | 检查内容 | 一区 | 二区 | 三区 | 四区 | 五区 |
|---|---|---|---|---|---|---|
| 用电安全（15分） | （1）配电箱柜设置、接线及保护（0~4分）；<br>（2）用电设备接电或安全电压、标识（0~4分）；<br>（3）电力线缆及布设情况（0~4分）；<br>（4）整改落实及其他（0~3分） | | | | | |
| 设备管理（15分） | （1）设备检测及日常维护管理（0~4分）；<br>（2）安全距离及指挥监护（0~4分）；<br>（3）安全防护措施及标识、岗亭门禁（0~4分）；<br>（4）整改落实及其他（0~3分） | | | | | |
| 消防安全（15分） | （1）消防设施或器材配备（0~4分）；<br>（2）标识及消防规程（0~4分）；<br>（3）动火管理及禁烟区管理（0~4分）；<br>（4）整改落实及其他（0~3分） | | | | | |
| 高空防护生活区设施（15分） | （1）临边防护、爬梯、防砸棚及标识，生活区房屋、生活设施、防砸棚及标识（0~6分）；<br>（2）安全平网、防坠措施及标识，生活区护栏、逃生疏散及标识（0~6分）；<br>（3）整改落实及其他（0~3分）； | | | | | |
| 环境整治（15分） | （1）物料储存及堆放管理（0~4分）；<br>（2）围墙围挡，道路及渣土、垃圾清扫（0~4分）；<br>（3）土方苫盖及扬尘治理、生活区公共区域卫生（0~4分）；<br>（4）整改落实及其他（0~3分） | | | | | |
| 资料管理（10分） | （1）安全教育及交底（0~3分）；<br>（2）条件验收、安全管理方案及应急预案（0~3分）；<br>（3）安全巡检、监测、器材维护、安全保卫、交接班记录等其他安全资料（0~4分） | | | | | |
| 合计（满分100分） | | | | | | |

检查意见：

【**经验总结**】 策划先行，以目标为导向，明确具体实施路径，综合运用全面质量管理的"五大要素论"。

质量管理是项目管理的重要组成部分，项目质量高低关乎使用者人身财产安全与否，而施工阶段作为直接形成建筑实体的阶段，是决定项目质量的核心环节，在该阶段实施有效的质量管理对保证项目质量具有重要作用。本项目建设环境及建筑形式均较复杂，且工期紧迫，因此，施工难度大、要求高，同时作为面向公众、使用频繁的多功能综合性文化场馆项目，其施工阶段的质量管理就更显关键。FY工程咨询有限公司立足于施工阶段，在施工工作正式开始前策划先行，制定了质量管理目标,明确了质量管理实施的具体内容。

基于目标细化具体措施,保障目标的实现。FY工程咨询有限公司在项目前期便开展总体策划,将争创"鲁班奖"作为质量管理目标,并在施工阶段进一步策划。就质量管理实施的具体内容而言,FY工程咨询有限公司遵循"人、机、料、法、环"的管理思路,在人员管理方面,督促施工总包单位以人为本,努力创造舒适、安全的工作环境,争取最大程度调动员工的建设热情;在材料及工序管理方面,针对关键材料和主要工序制定材料封样、样板引路制度,并引入第三方在相关材料已送检的基础上实行二次平行检测。除此之外,FY工程咨询有限公司还制定了质量安全检查评比制度,对机械(如表10-9中的"现场工具或器材配备情况")、环境(如表10-10中的"环境整治")等方面进行量化评分管理,调动现场人员的评比意识。

观点支持:高原(河北经贸大学硕士学位论文),2019,《工程项目施工质量管理中Pareto图法的应用对策研究》文中论述了做好建设工程项目材料、构配件、半成品的合理选用,对降低费用、保证建设工程如期完工、提高建设工程项目的质量都具有重大意义。为此,应从优选供货商,合理组织材料供应,确保工程项目施工正常进行;合理组织材料使用,减少材料的损失等环节把关,加强建筑材料质量管理从材料的质量标准、材料的性能、材料的取样、试验方法、材料的适用范围、施工要求、材料质量证明文件的完整性、材料的质量检验制度等方面入手,消除影响工程项目质量的不利因素。

【改进余地】 在项目的质量管理中有机融合BIM技术,形成协同化、精细化的管理模式。

本项目体量大且建筑形式复杂,传统的CAD图纸势必数量繁多,且很难完全表达清楚设计意图,同时施工人员识图困难,技术交底工作复杂,这些因素带来的设计与施工、不同工种之间协同性不佳的状况很可能会导致施工过程中出现质量问题。而BIM技术所能构建的信息化管理平台,具有信息集成程度高、可视化程度高的优势,对于现代体量愈发庞大、形式愈发复杂的建设项目具有很强的适用性,因此,工程咨询企业应顺应在全过程工程咨询服务中大力发展信息集成技术的洪流,运用BIM等信息集成技术提高项目精细化管理水平,提升质量管理效率。

(五)项目运维阶段——运营管理、档案管理

### 1.运营管理

为有效做好项目运营期管理,本项目投资建设了智慧集成平台,在运营期辅助日常维护及管理,该平台主要包括运维管理平台和能源管理平台两部分。

（1）运维管理平台

运维管理平台集成了设备IP管理网系统、安防系统、电子巡查系统、出入口控制系统、建筑设备监控系统、智能照明系统、SPD系统、ATSE系统、电梯监控系统、机房动环监测系统、停车场管理系统、电力监控系统、电动窗系统、入侵报警系统、泛光照明系统及客流量统计系统。

通过运维管理平台可以实现对各子系统的运行状态、故障状态、报警信息、运营信息、设备信息等的采集、整理、存储，为设备管理、运营、维护提供科学的技术手段和数据来源。

该平台还可以实现各子系统之间信息资源的传递与共享、各子系统的联动操作与控制，达到自动化监测与控制的目的，满足绿色节能、节约人力成本、延长设备使用寿命、提高运营管理水平的要求（图10-13～图10-15）。

图10-13　运维管理平台首页

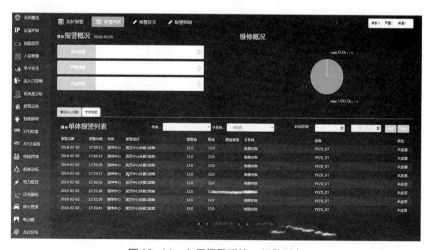

图10-14　入侵报警系统—报警列表

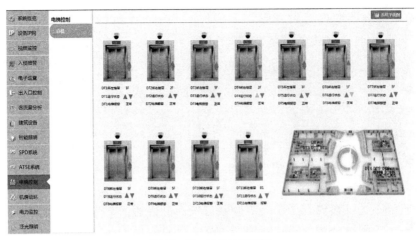

图 10-15　电梯控制系统

（2）能源管理平台

能源管理平台侧重于项目能源运行情况的集中监测和日常能源管理，通过对能源数据的收集、分析、传递和处理，实现对整个项目全面的能源监测和管理，尤其要监测建筑物整体和重要区域的能源消耗情况，从而辅助管理人员及时高效地发现高耗能区域，并基于此来发掘节能点，以使得项目达到高效、经济、节能、协调的运行状态。本项目的能源管理平台主要对项目水、电及可再生能源进行数据监测，具体监测内容如图 10-16～图 10-19 所示。

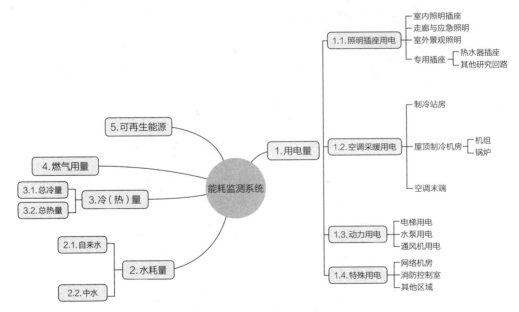

图 10-16　能源管理平台监测内容

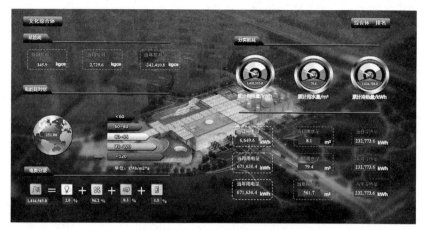

图10-17　能源管理平台首页

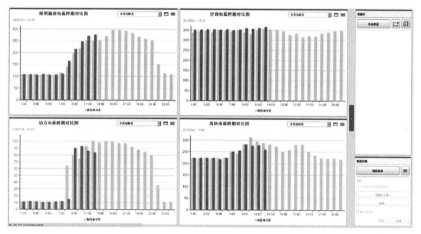

图10-18　项目整体用电分项（插座、空调、动力及其他）用电量跨期对比

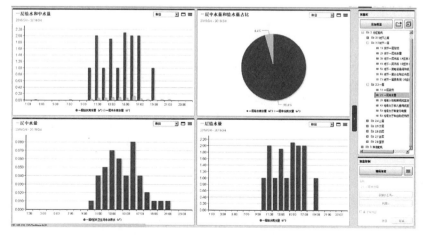

图10-19　BH图书馆用水量（中水、给水）

**【经验总结】** 信息集成，以管理平台为支撑，实行联动控制。

构建现代化的运营管理系统。本项目的建设是BH区政府为增强区域文化软实力、促进文化大发展大繁荣的一项重大举措，同时建筑本身也是各方关注度高、集多项功能于一体的大型公共设施，故为实现"打响品牌、提高社会影响力"的办馆目标，不仅需要良好的建造水平和硬件设施，还要具备科学先进的运营管理体系。本项目即在运营期投资建设了包含运维管理平台和能源管理平台在内的智慧集成平台，辅助运营期的日常管理与维护。运维管理平台侧重于设备设施运行的维护管理，能源管理平台则侧重于能源运行情况的集中监测与日常管理，这两大管理平台保证了本项目运营管理工作的全面有序，使得运营管理工作不再是被动的、应急性的，在精简管理机构、节约管理资源的同时，提高了运营管理工作的专业化水平。

**【改进余地】** "以人为本"，完善智慧集成平台，加强参观者的体验感，为参观者提供更优质、人性化的服务。借助信息化手段消除运营期与建设期的信息孤岛。

FY工程咨询有限公司还可以将包含订票售票系统、参观导览系统等在内的信息管理系统集成到智慧集成平台中，并依托现代化的信息集成技术在场馆内布设供参观者使用的信息服务终端，以为参观者提供导览咨询、方位指示、展项知识介绍等智能化服务。此外，可以依靠信息集成技术高效存储信息的能力，将运营管理工作的成功经验与重难点问题进行记录、汇总，以供日后借鉴。在使用信息化手段提升运营管理工作效率时，要关注运营期与建设期的"信息断流"问题，即不仅要关注运营期信息的存储与管理，还要关注建设期相关信息的保存与传递，来满足运营管理工作的需要。

观点支持：纪博雅，咸振强，金占勇（北京建筑大学经济与管理工程学院），北京建筑大学学报，2014，《BIM技术在建筑运营管理中的应用研究——以北京奥运会奥运村项目为例》文中论述了传统建设项目运营阶段一般由原建设单位将项目移交给新的物业公司，所以建筑运营管理的信息保存度低，信息链出现断裂严重，运营管理信息化势在必行。

### 2.档案管理

（1）归档管理

按照档案管理部门要求，结合项目具体情况，本项目将项目档案分20卷组卷管理，以满足档案验收、竣工结算及后期运营管理的相关要求（图10-20）。

同时，项目管理人员借助日报、周报、月报将项目建设情况汇报给建设单位，通过会议纪要的形式如实记录项目建设过程中所遇问题的解决过程及结果，

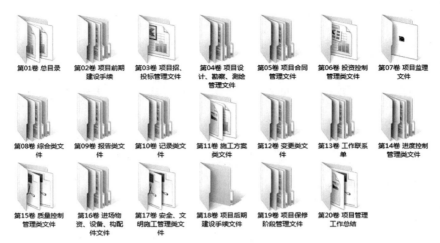

图 10-20 项目档案

通过收发文记录跟踪文件去向,确保档案资料真实、准确、可追溯性强。

(2)图档管理

结合施工需要、建设手续办理需要、城市档案馆要求等开展本项目图档管理工作,明确图纸标准及需求量,建立图档目录、收发记录,准确记录项目图纸信息,做到查取简易、操作方便,特别要做好工程变更图档管理及执行情况跟踪(表10-11)。

工程变更图纸登记表　　　　　表10-11

| 序号 | 变更编号 | 变更原因 | 变更范围 | 变更时间 | 收图时间 | 接收人 | 执行情况 |
|---|---|---|---|---|---|---|---|
| 1 | 建筑变更通知单1 | ××院要求取消2.85m标高处JY井 | 5-3轴交5-B轴JY井问题 | 2015.12.1 | 2015.12.5 | 监理:×× 总包:×× 造价:×× | 是 |
|  |  |  |  |  |  |  |  |
|  |  |  |  |  |  |  |  |

【经验总结】 策划先行,用涵盖各阶段的一体化档案管理体系,对项目文件和图纸进行归档,确保资料的准确性、全面性。

项目档案能够完整、清晰地记录项目建设的全部过程,并确保后续项目验收、运营维护等工作的开展有章可循、有据可依,同时,项目档案也是工程咨询企业的宝贵财富,其管理工作是项目管理工作中的重要一环。本项目具有体量大、参建单位多的难点,项目档案必然会呈现文件数量繁多、文件类别多样、建档单位众多等特点,因此,FY工程咨询有限公司在开展档案管理工作时秉承策划先行的理念,借助本书在第一篇(第四章第一节)阐述的全过程集成档案管理、台账管理等策划工具实施信息管理策划,基于全过程工程咨询的服务视角,为本项目建立了"全周期、一体化"的档案管理体系。

"全周期"体现在FY工程咨询有限公司借助全过程集成档案管理等策划工具，对项目建设过程中的各项管理工作进行文件记录并归档管理，最终形成包含20卷管理资料的项目档案，其中既包括如"第06卷"的项目管理类资料，也包括如"第10卷"的记录性资料，还包括如"第11卷"的技术性资料及如"第1卷"和"第20卷"的项目总结性资料。除此之外，还借助台账管理等策划工具，对项目图纸的相关信息进行记录，完善图档管理工作。

"一体化"则体现在FY工程咨询有限公司虽未负责本项目的勘察设计和监理服务，但20卷管理资料中依旧包括了"项目设计、勘察、测绘管理"及"项目监理"文件，集成了各参建单位的档案资料，构建了一体化的项目档案库。

【改进余地】 创新档案管理思路，研发档案管理系统，建立企业数据库。

在大数据迅猛发展的信息化时代，FY工程咨询有限公司要紧跟档案管理信息化的风口，借助计算机技术，积极开发档案管理系统，以实现项目档案的存储、使用与共享。同时，FY工程咨询有限公司要认识到数据正逐渐成为工程咨询企业的一大核心竞争力，在行业还未形成国家级数据库和企业联盟级数据库的现实背景下，FY工程咨询有限公司可基于自身参与的已完项目的档案资料构建专属数据库，形成企业核心竞争力。

观点支持：黄斐（中铁二十三局集团有限公司），档案管理，2020，《建设项目档案的作用与管理探讨》文中指出建设项目档案可以作为今后工程施工的一种借鉴。建设项目档案内有"竣工报告""施工小结"等自我总结的部分，也有"施工组织设计"等技术性的资料，以后建设同类型的工程项目可以通过查询档案了解已完工程建设过程中采用的技术、发生的问题、采取的措施以及反馈结果，学习和借鉴这些档案对今后的项目管理将会有很大的促进作用。

## 五、咨询服务实践成效

（一）创优成果丰硕

FY工程咨询有限公司秉承"创新支撑创优、创新创造价值"的理念，在履行项目管理职责的同时，大力推进创新工作，解决项目中遇到的难点问题，使本项目收获了丰富的创优成果，获得的奖项包括：

（1）2016年全国建筑业创新技术应用示范工程（中国建筑业协会）；

（2）2016年度全国建设工程项目管理一等成果（中国建筑业协会工程项目管理专业委员会）；

(3)二星级绿色建筑设计标识；

(4)2017年度T市建设工程"金奖H杯"奖（T市建筑施工行业协会）；

(5)第十二届第二批中国钢结构金奖工程（中国建筑金属结构协会）；

(6)全国建筑业绿色施工示范工程（第五批）（中国建筑业协会）；

(7)"提高BIM可视化技术在施工过程中的利用率"获T市2016年度优秀QC活动成果一等奖（T市建筑施工行业协会）；

(8)"多层巨型钢桁架施工技术创新"获2017年度工程建设优秀质量管理小组一等奖（中国施工企业管理协会）；

(9)2018～2019年度中国建设工程"鲁班奖"。

(二)科研成果突出

由于建筑结构形式复杂，为实现既定质量目标，本项目在实施阶段深入开展科研攻关，以解决技术难题，并取得了受理及授权专利26项，发表科技论文42篇的骄人成绩，保障了工程咨询服务和工程建设的高质量。

(三)积累群体项目管理经验

FY工程咨询有限公司通过参与本项目的全过程工程咨询工作，锻炼了工作团队，提升了管理能力。全过程工程咨询需要设计技术、施工技术、信息技术和管理技术的支撑，本项目的实施，使得FY工程咨询有限公司在大型群体项目的招标投标、造价控制、项目管理等方面积累了一定经验，为后续开展类似项目的全过程工程咨询服务奠定了基础。

(四)顺利实现进度管理目标

通过FY工程咨询有限公司的精心策划与有序组织，项目桩基单位与总承包单位完美衔接，专业分包单位与咨询服务单位适时介入，且项目在受到T港RH公司仓库火灾爆炸特别重大事故、国际反法西斯胜利70周年阅兵、秋冬季极端雾霾天气、美丽T市一号工程政策等停工因素的影响下，在29个月内即完成了313585$m^2$（含两层地下室，其中地下二层为人防）的建设任务，并通过竣工验收，投入使用，顺利实现了进度管理目标。

(五)项目投资得到有效控制

通过实施阶段对各种管理技术的运用，本项目顺利实现了投资管理目标，同时也获得了较好的经济效益：

（1）采用"双排桩+卸土"的深基坑支护方案，节约投资约480万元，压缩工期约50天；

（2）运用BIM技术提前预判，解决设计图纸中管线碰撞等问题，并提出优化建议652条，大量减少了施工阶段工程变更的发生，降低了变更费用，带来可量化的成本节约。

## 六、思考总结

本项目为T市BH区某多功能的地标性文化场馆，FY工程咨询有限公司综合考虑项目特点及难点，进行了深入分析，在此基础上为本项目提供了高水平的项目管理咨询服务，服务范围涉及建设手续管理、设计管理、招标管理、合同管理、进度管理、投资管理、质量管理、保修期服务及档案管理等。FY工程咨询有限公司始终将全周期项目管理作为主线，围绕本书在第一篇（第三章第二节）总结的全过程工程咨询三个核心要点展开咨询服务。以咨询前期的策划为切入点，在开端做好谋篇布局，在实施过程中充分调动各方资源，各单位协调整合、各阶段无缝衔接，为项目提供了全方位、全过程咨询服务。同时，FY工程咨询有限公司时刻注重项目竣工交付后运维阶段的管理，利用后期工程咨询推动总体价值的实现，以此形成了前端有效带动、后端有效延伸，前后端"双向"互动的全链条咨询，保障了全过程工程咨询项目的高效实施。

（1）策划先行

FY工程咨询有限公司开展的包括总体策划和各阶段策划在内的策划工作贯穿始终，目标明确，责任清晰。在总体策划部分，结合项目特点与服务内容，借助本书在第一篇（第四章第一节）论述的组织结构图、WBS等策划工具，进行前期策划，构建管理组织架构、明确各方职责分工、建立项目管理制度；在各阶段策划部分，对从前期建设手续办理到后续运营维护的各项咨询服务的工作内容、管理职责等进行前期策划，做好项目质量创优策划，此外，在设计阶段介入使用BIM技术，对设计方案进行比选，为施工阶段创造了更有利的条件。不难看出，精细完备的策划工作是本项目咨询服务的亮点所在，也是全周期项目管理工作的重要组成部分，更是本项目咨询服务取得丰硕成果的重要因素。在本项目中，FY工程咨询有限公司具有超前思维，充分考虑本项目在咨询服务方面的实际需求，在项目前期即构建了系统的目标体系，主动谋划，主动思考，真正地让咨询服务走在问题的前面。

（2）信息集成

FY工程咨询有限公司的服务工作主要体现在：运用BIM技术辅助设计方案的比选与优化、建立全过程的项目档案管理体系。在本项目建设实施过程中，BIM技术还处于起步发展阶段，工程咨询企业开展BIM咨询来提高服务的信息化水平确属少见。但近年来，随着我国信息技术的广泛运用和建筑市场的日益发展，现有建设工程市场的竞争也越来越激烈，在信息化愈显重要的行业现状下，广泛应用BIM技术，积极创新智慧工地建设等信息化、数字化手段，已逐渐成为丰富服务内容、取得竞争优势的必由之路。回溯本项目的咨询服务过程，可以发现有部分工作仍存在信息化程度提升的空间，如基于BIM技术构建5D模型，通过技术赋能来辅助进度管理；依托企业所参与的已完项目的档案资料构建企业数据库，以便在查阅数据时能迅速获取信息数据，形成企业核心竞争力。

（3）组织整合

《国家发展改革委　住房城乡建设部关于推进全过程工程咨询服务发展的指导意见》（发改投资规〔2019〕515号）文中明确指出，鼓励多种形式全过程工程咨询服务模式。除投资决策综合性咨询和工程建设全过程咨询外，咨询单位可以根据市场需求，从投资决策、工程建设、运营等项目全生命周期角度，开展跨阶段咨询服务组合或同一阶段内不同类型咨询服务组合，强调了基于全生命周期角度的咨询理念，也鼓励咨询服务组织模式的多元化。与以往较为松散的管理模式相比，全过程工程咨询模式使管理相对更高效了，组织架构相对更紧凑了，高度整合了各种咨询服务的资源。在政策支撑下，FY工程咨询有限公司为本项目提供了涵盖前期决策、招标、施工等多个阶段的咨询服务，其中项目管理咨询更是囊括从建设手续管理到保修期服务管理的全周期项目管理咨询。FY工程咨询有限公司在本项目中的咨询服务运作过程既是"可将部分服务发包给一家具有相应资质的企业"的政策理想向政策现实转化的实际尝试，也是当下全过程工程咨询模式"通过联合经营、并购重组等方式延伸服务链条"的政策意图向管理行为转变的现实体现。

# 第十一章 以"策划先行"为核心的某农村供水管网建设工程PPP项目全过程工程咨询

## 一、项目基本概况

为落实市政府关于城镇一体化及村镇供水提升工作部署,BD区决定采用城市管网延伸的方式建设成较为完善的村镇供水管理体系、运行体系和安全体系。BD区农村村内供水管网建设工程PPP项目(图11-1)包括19个镇内村街管网延伸建设,涉及241个村庄,项目预计解决72220户、228413人农村居民饮水问题,引入社会资本为村内居民饮水提供专业化供水服务,项目建设期两年,运营期18年,投资总额约6.7亿元(图11-1)。

图11-1 BD区农村村内供水管网建设工程PPP项目图

【点评】 农村供水工程PPP项目难点——建设环境严峻、与委托方协调工作量大、合同管理难度高。

难点一:建设环境严峻。TJ市委、市政府高度重视农村饮水安全问题,但BD区农村供水与城市供水相比:农村供水含氟量超标,水量供应不足,供水时间不固定,还普遍存在计量设施不全,跑、冒、滴、漏损失严重等问题,缺乏统一的收费管理机制,农村居民饮水环境急需改善。

难点二:与委托方协调工作量大。本项目周期长达20年,参与的各方比较多,涉及的业务内容比较复杂。特别是要与区发展改革委、区水务局、区财政局、区国土和规划局、区法制办、区环保局、区安监局7个相关政府部门,加强协调对接,把任务具体分解到项目、明确到单位,统一指挥、统筹安排、做好相关评估论证、制定运营绩效考核等工作。

难点三:合同管理难度高。作为TJ地区第一个农村村内供水管网建设PPP项目,本项目合同条款的不确定性大多无法量化,且合同履行过程中风险大,更需咨询单位协助政府做好与社会资本的磋商谈判,协调双方之间建立长期、复杂的合同关系,做好政企双方履约管理并解决争议事项。

## 二、咨询服务范围

FY工程咨询有限公司受BD区水务局委托,签署咨询服务合同,负责BD区农村村内供水管网建设PPP项目咨询服务工作。主要内容包含PPP项目现状调研、物有所值评价及财政承受能力论证报告编制、实施方案编制、PPP社会资本采购、PPP合同拟定和谈判、运营期绩效考核。

PPP项目现状调研:深入TJ周边区域进行村民用水现状和供水运营现状调查,通过调研分析,梳理项目的重点难点工作。

物有所值评价及财政承受能力论证报告编制:在项目建设前期,积极与BD区财政局进行沟通对接,论证所需的大部分数据,提高论证结论的正确性。

实施方案编制:负责组建管理架构、编写工作方案、编写PPP项目实施方案。

PPP社会资本采购:在项目采购之前开展项目推介工作,对PPP项目实施方案中拟定的交易结构、核心边界条件等,充分征集潜在社会资本和金融机构的意向,进行市场测试,为合同结构及重要条款等提供市场基础。

PPP合同拟定和谈判:通过拟定PPP项目合同,明确了双方的风险分担与收益共享机制,保障了PPP项目成功运作。

运营期绩效考核:通过编制绩效考核工作方案,建立考核指标体系进行考核,确保政府科学合理、及时有效"按效付费"。

【经验总结】 以"策划先行"为核心进行全过程工程咨询,"1+N+X"的管理模式辅助实现PPP项目"利益共享,风险共担"内在要求。

全过程工程咨询"1+N+X"的管理模式。《关于开展政府和社会资本合作的指导意见》(发改委投资〔2014〕2724号)中提出了"要调动各类专业机构的积极性，充分发挥他们在PPP项目的项目融资、成本核算、资产评估、经济补偿、合同管理、决策论证等方面的辅助作用，使得PPP项目的决策更加科学、项目管理更加专业，进而提升项目的实施效率"。本项目采用全过程工程咨询"1+N+X"的管理模式（本书第一篇第三章第二节"三、发展全过程工程咨询要进行组织和产业链整合"内容）对项目全过程进行跟踪管理，为业主提供一站式、全方位的全过程工程咨询服务，有效提高建设项目质量与进度，从而能更好地完成优质建设项目的目标。其中："1"是项目管理；"N"是全过程工程咨询自己做的专项服务，包括PPP项目现状调研、物有所值评价及财政承受能力论证报告编制、实施方案编制、PPP社会资本采购、PPP合同拟定和谈判；"X"是全过程工程咨询不做但需协调的专项服务，包括勘察、设计。

"策划先行"明确咨询单位角色定位。FY工程咨询有限公司以"策划先行"为核心，明确自身角色定位——作为政府PPP项目的顾问，整合公司专业优势、理念优势、区域优势等资源开展本PPP项目识别阶段、准备阶段、采购阶段等前端咨询服务工作，提高项目决策的科学性、项目管理的专业性以及项目实施效率。

观点支持：蒲丽娟（四川省委党校区域经济教研部），金融经济，2016，《第三方咨询机构参与PPP项目的制度完善》文中提及，社会基础设施建设和公用事业不同于一般企业投资，显然"一切从咨询客户的利益出发"并不符合PPP模式的内在要求——利益共享，风险共担。故参与PPP项目的咨询机构要充分认识到自身在PPP模式中的重要作用，特别是在PPP模式建立初期，科学公正的项目设计方案和多方共赢的咨询服务思路才是咨询服务机构参与PPP项目的职业道德修养所在。

## 三、咨询服务组织建设

BD区人民政府授权BD区水务局作为本项目的实施机构，负责本项目各项工作安排。BD区水务局采取竞争性磋商方式选取FY工程咨询有限公司作为本项目的咨询服务机构，成立项目组，下设前期调研组、咨询方案组、招标采购组、法律合同组（图11-2），负责本项目咨询服务工作的具体编制工作，明确管理职责及分工。

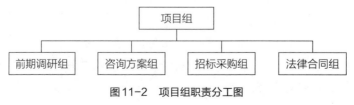

图11-2 项目组职责分工图

（1）前期调研组负责深入BD区村内、JH区等TJ周边区域进行村民用水现状和供水运营现状调查，明确调研的目的、调研范围、调研步骤、调研方法等。

（2）咨询方案组负责从数据层面论证物有所值及财政承受能力，以及根据财政部《政府和社会资本合作模式操作指南》（财金〔2014〕113号）等文件规定，从投资规模、运作方式、投融资结构、风险管理、项目收益回报等方面编制本项目的PPP项目实施方案。

（3）招标采购组负责依据通过的PPP实施方案，协助采购人了解潜在投资人投资意向，研究采购社会资本的资质要求，编制资格预审文件，对潜在的社会资本方开展资格预审；同时，设定项目的基本条件、编制采购公告及采购文件；协助采购人履行采购相关程序、协调解决此阶段出现的其他相关问题，帮助其开展采购文件准备、组建评审小组进行项目评审、成立谈判小组进行结果确认、拟定项目合同文本等工作。在评审排名确定后，法律合同组组织律师专家确认与社会资本对合同可变细节的谈判和谈判核心条款的内容，并协助采购人及招标代理完成社会资本方的采购。

（4）项目法律合同组负责拟定以及评审PPP系列合同（包括但不限于PPP项目合同、股东协议、公司章程等），关注双方权责利的对等，并配备了专业的谈判团队参与PPP项目的合同管理，界定项目"四大边界条件"基本底线，保障项目履行。

【经验总结】 合理组织分工保障资源整合分配，建立战略合作弥补法务财务不足。

项目组织策划。作为TJ地区第一个农村村内供水管网建设PPP项目，对同类型项目具有示范作用，咨询工作涉及业务较为广泛、各业务线条相互交叉，特成立项目组进行整体业务组织协调和工程成果汇总，梳理出四条咨询服务支线，其下设四个小组（前期调研组、咨询方案组、招标采购组、法律合同组），各司其职，将总体策划运筹划分，使资源分配更合理、更高效、更科学，真正体现了"项目组织策划"的价值（本书第一篇第四章第一节"总体策划"的内容）。

PPP咨询战略合作。FY工程咨询有限公司作为工程咨询公司，进行PPP项目咨询有其先天优势，即对项目的前期决策和招标环节较为熟悉，在项目的方案比选和招标采购优势十分明显。但是由于PPP项目一般投资体量较大，参与方众多，需在发挥工程管理原有优势的基础上，提高项目立项论证和合同管理的精细化水平。PPP模式对法律与财务方面的要求也非常高，远远超过了工程咨询公司现有法律和财务顾问所能提供服务的范畴，单纯的工程技术服务已经无法满足PPP模式的需求。为提高PPP咨询服务水平，FY工程咨询有限公司与金融机构、会计师事务所、律师事务所等建立了PPP咨询战略合作关系，组成专业的谈判团队对项目的财务、金融、法律等方面提供高质量的技术支持。

观点支持：汪黎明，东南大学工程硕士学位论文，2018，《咨询企业开展PPP业务的动态能力研究》文中认为，咨询企业开展PPP业务过程中的资源整合能力主要包括四个方面的能力，第一是咨询企业获取与PPP相关的市场与技术信息、经验性知识及稀缺资源，并对其进行利用的能力；第二是分配资金、人力等资源以及进行原有业务的调整以开展PPP业务的能力；第三是与其他企业（律师事务所、会计师事务所、高校）开展合作以借助外部资源的能力；第四是整合自身已有的能力和外部获得的资源能力。

## 四、咨询服务过程

（一）项目调研中的策划先行

为深入了解项目需求，充分掌握项目相关信息，保障项目的顺利实施，FY工程咨询有限公司从BD区实际情况出发，在BD区水务局的协助下分别对BD区水厂供水现状、BD区农村供水现状以及JH区农村供水现状进行了实地走访调研。

**1. 对比供水区域水厂情况**

（1）BD区水厂基本概况

QZ水厂和DS水厂作为本项目的调研对象，负责BD区管网建设、管理、运营等工作，因此对两家水厂的供水成本进行详细调查。2017年8月15日，FY工程咨询有限公司PPP项目工作组成员深入QZ水厂和DS水厂，对比两家公司的经营范围、供水范围、供水量、供水价格、供水成本、供水服务制度等。通过与BD区两家水厂的负责人对话，了解到目前水厂现状、供水流程、运营等相关基础信息。调研主要成果如表11-1所示。

BD区两家供水企业调研结果　　　　表11-1

| 序号 | 内容 | QZ水厂 | DS水厂 |
|---|---|---|---|
| 1 | 供水范围 | 某河以北地区约35km² | 扩建后解决9个街镇供水问题 |
| …… | …… | …… | …… |
| 11 | 成本组成 | 原水费、水资源费、水处理药剂费、燃料电力、折旧费、职工薪酬、水质化验检测和设备检测费、管网运行维护费、销售运营费用、管理办公费用、管网漏损费用、加压泵站运行维护费用（因尚未运营，费用暂时无法确定）、税费 | 原水费、消毒剂、混凝剂、折旧费、修理费、劳动保护费、汽车费用、材料费、财险、劳务费、电费、管理费、财务费、污水处理费 |
| 12 | 原水费（元/m³） | 1.87 | 1.87 |

(2) 供水用户分类及用水比例

通过调查QZ水厂与DS水厂的供水方式，对比两座水厂城镇供水用户用水量比例可知：QZ水厂和DS水厂用户类型有明显区别，QZ水厂供水用户类型较广，涉及居民、行政事业、工业商业、经营服务、特种用水等。而DS水厂供水范围主要面向工商业用水，居民用水和特种行业用水占比较小。

(3) 供水成本

FY工程咨询有限公司通过QZ水厂提供的信息了解到，目前QZ水厂供水成本为7.57元/$m^3$，具体包含原水费和水资源费、水处理药剂费、燃料电力费、折旧费、职工薪酬、水质化验检测和设备检测费、管网运行维护费、销售运营费用、管理办公费、管网漏损费、加压泵站运行维护费（因尚未运营，费用暂时无法确定）、税费。供水成本组成明细如表11-2所示。

QZ水厂供水成本明细　　　　表11-2

| 序号 | 成本 | 费用（元/$m^3$） | 备注 |
| --- | --- | --- | --- |
| 1 | 原水费和水资源费 | 1.87 | 向TJ市水务集团支付 |
| 2 | 水处理药剂费 | 0.15 | |
| 3 | 燃料电力 | 0.3 | |
| …… | …… | …… | …… |
| 11 | 加压泵站运行维护费用 | 0 | 因尚未运营，费用暂时无法确定 |
| 12 | 税费 | 0.14 | |

**2. 实地走访农村供水现状**

在初步了解BD区水厂现状供水情况，并掌握相关数据信息后，为进一步加快推进项目，收集更为详尽的项目相关资料。2017年8月23日，在BD区水务局地资办的协助下，FY工程咨询有限公司前期项目组制定调查方案，抽调数十名专业技术骨干成立调查小组，分赴BD区辖区内5个村街逐村逐户开展供水设施运行状况与相关维修工作的走访调研，具体工作可划分为两个阶段：

第一阶段，摸底调查阶段。了解供水工程老化情况及其成因（图11-3）；调查农村饮水现状，调查人员充分听取农户、供水单位的意见和建议，填写调查表，并让村干部领导盖章或签字认可属实。

第二阶段，成果汇总阶段。根据实际调查结果，汇总数据，编制调查评估报告。

走访5个村街的数据如表11-3所示，从下表可以看出，目前BD区农村地区实际人均用水量约为0.08t/（人·日），供水设施维修费约为4000元/年。BD区农村供水设施运行情况总体较为复杂，整体突出以下几个特点：修建年限早、供水收费难、供水时间短、管理模式无序。

图11-3 村街设施设备破损状况

**农村供水现状调研数据汇总**　　　　　　　　　　　表11-3

| 序号 | 内容 | A村 | B村 | C村 | D村 | E村 |
|---|---|---|---|---|---|---|
| 1 | 人数 | 约1400 | 约1400 | 约700 | 约1500 | 约500 |
| 2 | 收费模式 | 居民付费（按水表计） | 不收水费 | 不收水费 | 不收水费 | 居民付费（按水表计） |
| …… | …… | …… | …… | …… | …… | …… |
| 11 | 运维费（元/年） | 30000 | | 4000 | 5000~6000 | 2010~2017年维修3次（2次5000元，1次8000元） |
| 12 | 电费（元/年） | 13000~14000 | 43200~44400 | 20000 | 37500~37800 | 5000 |

### 3.总结借鉴JH区供水实践经验

考虑到TJ市JH区已实现农村集中供水多年，拥有许多成功的实践经验。在BD区水务局牵头下，FY工程咨询有限公司于2017年10月12日赴TJ市JH区HT水厂，围绕着生活饮用水的安全组织制度、蓄水设施防护、水质净化消毒设施运转情况等问题，以问题清单的方式进行JH区农村集中供水信息调研工作（表11-4）。

**调研人员访谈问题清单**　　　　　　　　　　　表11-4

| 一、基本情况 ||||
|---|---|---|---|
| 访谈时间 | 2017年10月12日；9:00-10:30 | 访谈对象 | 吴科长 薛站长 |
| 职位 | JH区水务局供水科 JH区供水管理站 | 联系方式 | |
| 供水范围 | 382村庄 | 供水人数 | |

续表

| | 二、问题清单 |
|---|---|
| 1 | 目前，JH区农村集中供水在业务覆盖区域内的供水系统是如何运作的？ |
| 2 | 目前，JH区农村集中供水运营范围（涉及村镇数量、人口数）？农村居民是否有其他的备用水源（如自家机井等）？若有，存在备用水源的情况下，集中供水如何处理的？ |
| …… | …… |
| 9 | 据了解，供水行业均需要政府补贴，目前JH农村集中供水项目是否存在政府补贴？若存在，政府是如何进行的补贴，例如，是直接补贴用户，还是补贴供水企业？补贴额度占供水成本的比例？ |

综上可得，BD区农村供水PPP项目模式中与JH区农村集中供水模式的不同主要体现为以下几点：

（1）水源

JH区水源为地下水，根据《TJ市水资源费征收使用管理办法》的规定"农村生活取用地下水的不征收水资源费"。

BD区水源为地表水，征收水资源费。

（2）供水模式

JH区农村集中供水以区水务局建设的区域集中供水厂（已建30个供水厂）为主，各村铺设输水管道，由集中供水厂（每厂配有一个服务窗口向农村居民用户实行用水计量，按量收费的模式进行运营管理）。

BD区农村村头水表井之前供水管网的运营调度、管网消毒、水质监测等工作，由BD区以城镇现有的QZ水厂和DS水厂负责，并由项目公司与其签订供用水协议。项目公司负责BD区农村村头水表井至村民各户庭院前主管网巡检、零星维修工作。

（3）备用水源

JH区自实施农村集中供水后，无备用水源。

BD区实施农村供水管网PPP项目后，保留现有农村供水设施（即项目实施后，作为备用水源）。

（4）水质

JH区地下水水质较优，处理工艺较为简单，相应的处理成本较低可忽略不计。

BD区水源为地表水，处理工艺与JH区相比，较为复杂，相应的水处理药剂费较高。

【经验总结】 项目调研——实地反映项目现状需求、落实工程重点难点。

整体采用实地调研（本书第一篇第四章第一节"招标阶段策划"的第四个工

具），现场收集第一手资料，妙用"三个锦囊"扎实开展调研工作，采取项目对接、资料收集、集中座谈等方式进一步深入了解项目现状及借鉴其他项目成功经验，并选取合适的策划工具，找出项目潜在风险和瓶颈，为保障PPP项目的顺利开展并及编写其他文件提供参考。

锦囊一：项目市场分析。首先，从BD区供水行业链的源头出发，运用"对比分析"（本书第一篇第四章第一节"招标阶段策划"的第二个工具），对比了BD区内两个水厂供水现状，包括水厂基本概况、供水用户分类、用水比例等，即进行详细的项目市场分析，重点包括项目产品供求现状分析、项目供需预测和价格分析、项目市场竞争能力评估、同类项目主要参与社会资本及其中标项目及中标数据，为确定本项目的供水范围、供水量、供水价格、供水成本、供水服务制度等提供数据支撑。

锦囊二：项目实地建设、运营维护考察。随后，走访BD区农村供水设施运行情况，采用访问法和观察法，对项目建设范围内部分村街供水管设施运行状况与相关维修工作进行调研，进一步了解到农村供水特点和项目建设环境严峻复杂，因此需在建设期对质量、安全、工期、环境、成本、资金、信息资料、完工验收方面进行谨慎考核，运营期更需着重关注供水水质、资产可用性、管理完善性、系统安全性、用户满意度等方面。

锦囊三：已完成的项目经验借鉴。最后，为设定更加科学合理的BD区农村供水管网PPP项目实施方案，同时使相关数据测算与边界条件设定更加切合实际，借助区域财政数据及已完成的项目统计，通过预设问题清单（本书第一篇第四章第一节"施工阶段策划"的第七个工具）的形式了解到JH区农村集中供水模式的基本情况以运营管理，总结出两个地区水源、供水模式、备用水源、水质四个特性的不同，为BD区农村供水管网的建设提供了宝贵经验。

（二）物有所值评价中的策划先行

为判断本项目是否适宜采用PPP模式代替政府传统投资运营方式提供公共服务项目，FY工程咨询有限公司咨询方案组依据财政部关于印发《政府和社会资本合作模式操作指南（试行）的通知》（财金〔2014〕113号）和《PPP物有所值评价指引（试行）》（财金〔2015〕167号）（以下简称《指引》）对项目进行物有所值评价。为使评价结果更加清晰直观、满足客观需要，公司在现有定性评价的基础上积极采用定量评价，作为定性评价的辅助。

**1.建立定性评价指标体系**

根据《指引》已给定的基本指标（全生命周期整合程度、风险识别与分配、绩效导向与鼓励创新、潜在竞争程度、政府机构能力、可融资性）基础上，再确定不少于三项附加指标及其权重，附加指标可以选用《指引》中所列的附加指标（项目规模大小、项目资产种类、资产利用及收益、政府采购政策落实潜力、全生命周期成本测算准确性、预期使用寿命长短、行业示范性），也可以另行提出，但不可与基本指标重复。在各项评价指标中，六项基本指标权重为80%，其中任一指标权重一般不要超过20%；补充评价指标权重为20%，其中任一指标权重一般不要超过10%。

按照财政部颁布的《指引》的要求，并结合本项目实际情况，项目本级财政部门会同行业主管部门委托的FY工程咨询有限公司，确定定性评价指标体系为全生命周期整合程度、风险识别与分配、绩效导向与鼓励创新、潜在竞争程度、政府机构能力、可融资性六项基本评价指标的基础上（《指引》所列出的六项），再选取项目规模大小、全生命周期成本测算准确性、预期使用寿命长短、行业示范性四项补充评价指标（《指引》所列出的七项中的四项），最后对各定性评价指标在评分过程中的权重比例进行设计。本项目物有所值定性评价指标和指标权重详见表11-5和表11-6。

物有所值定性评价基本指标权重　　　　　　　　　　表11-5

| 指标 | 生命周期整合程度 | 风险识别与分配 | 绩效导向与鼓励创新 | 潜在竞争程度 | 政府机构能力 | 可融资性 |
| --- | --- | --- | --- | --- | --- | --- |
| 权重 | 15% | 15% | 15% | 15% | 10% | 10% |

物有所值定性评价补充指标权重　　　　　　　　　　表11-6

| 指标 | 项目规模大小 | 预期使用寿命长短 | 全生命周期成本估计准确性 | 行业示范性 |
| --- | --- | --- | --- | --- |
| 权重 | 5% | 5% | 5% | 5% |

下文以四项指标补充评价为例，详细阐述指标是如何在本PPP项目的建设与运营过程中的融合体现的。

（1）项目规模大小

项目规模大小主要依据项目的投资额或资产价值来评分。PPP项目的准备、论证、采购等前期环节的费用较大，只有项目规模足够大，才能使这些前期费用占项目全生命周期成本的比例处于合理和较低水平。

根据BD区水务局提供的项目可行性研究报告及数据，BD区农村村内供水管网建设PPP项目总投资总额为人民币66925.58万元，投资规模较大。通过PPP模式，引入社会资本进行本项目的投融资、建设、运营维护，缓解BD区人民政府财政压力，有利于其他各项支出的合理安排。本项目的建设，实现了农村居民生活用水的提质增效，提高农村居民生活条件，既符合国家对保障农村生活用水的政策规定，又满足了BD区农村群众的迫切需要。

（2）预期使用寿命长短

预期使用寿命长短主要依据项目的资产预期使用寿命来评分。项目的资产使用寿命长短为评价原则，为利用PPP模式提高效率和降低全生命周期成本提供了基础条件。

根据可行性研究报告的设计标准，本PPP项目供水管网采用环枝结合的管网布置方式，供水管道沿道路非机动车道敷设。管材选用PE管（超高分子聚乙烯管），能承受设计要求的内压和外部荷载，维修工作量少，使用年限长，可达50年以上。

（3）全生命周期成本估计准确性

全生命周期成本测算准确性主要通过查看项目对采用PPP模式的全生命周期成本的理解、认识程度以及全生命周期成本将被准确预估的可能性来评分。全生命周期成本是确定PPP合作期长短、付费多少和政府补贴等的重要依据。

根据项目运作模式，本项目全生命周期成本可分为投资建设成本及费用、项目运营维护成本，以及或有风险造成的成本增加。

1）投资建设成本及费用由具有类似业绩及相关资质条件的研究院编制项目可行性研究报告，对建设成本及费用的明细类目进行了详细的测算，并出具正式的可行性研究报告，以辅佐项目的成本估计。

2）运营期运营维护成本，集合国内农村供水管网项目的历史成本数据，并结TJ市农村集中供水具体情况进行分析、测算、论证得出，较为符合实际。

3）项目或有风险造成的成本增加，可在项目前期进行风险识别，通过《PPP项目合同》中规定或遵循风险分担机制原则明确项目合作主体双方的权责来有效规避。本项目约定收益方式中运营成本或有风险增加成本，能够绝大部分按照市场公允价值进行估算。

（4）行业示范性

行业示范性主要考核项目采用PPP模式在所处行业是否具有一定示范作用。

本项目为BD区农村村内供水管网建设PPP项目，运营维护范围仅限村内供水管网，相较于财政部PPP项目库中广泛的水厂加管网模式有很大程度上的区别，加之，本项目服务对象为BD区农村居民，相较于城镇居民对于生活用水水量的需求较小，且收费价格不宜过高。因此，本项目采用PPP模式于行业而言具有很强的行业示范性。

## 2. 确定定量评价折现率

本项目的定量分析是在假设采用PPP模式与政府传统投资与采购模式的产出绩效相同的前提下，通过对PPP项目全生命周期内政府支出成本的净现值（PPP）与政府比较值（PSC）进行比较，计算物有所值量值和指数，得出定量分析结论，判断PPP模式能否降低项目全生命周期的成本。

物有所值定量评价作为PPP模式决策的主要依据之一，也受多种因素影响，其中最为关键的因素包括折现率、风险调整和竞争性中立调整。其中，定量评价中项目成本、收入、风险承担成本、竞争性中立调整包括的具体内容都需用现金流表示。各种现金流在全生命周期内发生的具体时间不同，根据资金的时间价值原理，需要一个折现率将未来各年的现金流折现为起始年的限制才能进行比较计算。因此折现率的大小影响现值的大小，从而折现率的确定会对物有所值的定量评价产生显著影响。

FY工程咨询有限公司咨询方案组依据财政部《政府和社会资本合作项目财政承受能力论证指引的通知》（财金〔2015〕21号，以下简称《通知》）第十七条："年度折现率应考虑财政补贴支出发生年份，并参照同期地方政府债券收益率合理确定"。参考2015～2017年TJ市人民政府一般债券10年期票面利率，最高票面利率为3.90%（表11-7），同时结合本项目实际情况，参照供水行业投资收益水平及政府一般债券的波动水平，同时考虑到我国近期市场利率一直运行在较低水平（表11-8）。故在本物有所值评价报告中，对于折现率的取值为在TJ市人民政府2015～2017年度中长期一般债券最高票面利率3.90%基础上上浮，并参考中国人民银行发布的中长期贷款基准利率，折现率暂定即4.9%。

政府一般债券利率表（部分中长期债券）　　　　　表11-7

| 债券 | 期限 | 票面利率 |
| --- | --- | --- |
| 2017年政府一般债券（四）期 | 10年期 | 3.90% |
| 2016年政府一般债券（八）期 | 10年期 | 3.07% |
| 2016年政府一般债券（八）期 | 10年期 | 3.13% |
| 2016年政府一般债券（八）期 | 10年期 | 3.62% |
| 2016年政府一般债券（八）期 | 10年期 | 3.60% |

中国人民央行历年利率调整表　　　　　表11-8

| 年份 | 日期 | 六个月内 | 六个月至一年 | 一年至三年 | 三年至五年 | 五年以上 |
| --- | --- | --- | --- | --- | --- | --- |
| 2017 |  | 4.35% | 4.35% | 4.75% | 4.75% | 4.90% |
| 2016 |  | 4.35% | 4.35% | 4.75% | 4.75% | 4.90% |

续表

| 年份 | 日期 | 六个月内 | 六个月至一年 | 一年至三年 | 三年至五年 | 五年以上 |
|---|---|---|---|---|---|---|
| 2015 | 2015-10-24 | 4.35% | 4.35% | 4.75% | 4.75% | 4.90% |
|  | 2015-3-1 | 5.35% | 5.35% | 5.75% | 5.75% | 5.90% |
| 2014 | 2014-11-22 | 5.60% | 5.60% | 6.00% | 6.00% | 6.15% |
| 2013 |  | 5.60% | 6.00% | 6.15% | 6.40% | 6.55% |
| 2012 | 2012-7-6 | 5.60% | 6.00% | 6.15% | 6.40% | 6.55% |

### 3.物有所值评价结论

由项目物有所值的定性及定量分析结果可以看出，本项目物有所值定性分析评价加权平均得分为85.74分，项目物有所值量值为19497.15万元，项目物有所值指数为19.96%，BD区农村村内供水管网建设项目采取PPP模式"可行"，说明本项目以PPP模式替代传统采购模式具有相当的实现价值，能够让政府资金产生更大的经济效益，论证结论如表11-9所示。

物有所值评价结论表　　　　　　　表11-9

| 项目 | | 结论 |
|---|---|---|
| 物有所值定性评价 | 定性评价专家组评分 | 85.74 |
|  | 定性评价结论 | 通过 |
| 物有所值定量评价 | 物有所值量值（万元） | 19497.15 |
|  | 物有所值指数（%） | 19.96 |
|  | 定量评价结论 | 通过 |

**【经验总结】** 物有所值评价——PPP项目识别阶段可预测、可分析、可对比的必备策划工具。

《指引》指出，财政部门（或PPP中心）应会同行业主管部门共同做好物有所值评价工作，并积极利用第三方专业机构和专家力量。因此，FY工程咨询有限公司根据政策法规要求，积极借鉴物有所值评价的评价理念和方法，扎实做好项目前期论证工作，判断项目是否适宜采用PPP模式代替政府传统投资运营方式提供公共服务项目。物有所值评价作为实施方案的重要补充，现阶段以定性评价为主，鼓励开展定量评价。本项目以定性评价为基础，创新性再进行定量评价。

设置代表性补充评价指标。本项目定性评价采用的是我国多数定性评价方法——专家打分法（本书第一篇第四章第一节"决策阶段策划"的第五个工具），通过拟定定性分析指标、组建专家组、召开专家小组综合会议而做出定性分析结论。合理的定性分析指标体系的拟定具有事半功倍的效果，因此除了要考虑研究

PPP模式的项目都应分析的关键问题,即基本评价指标。更要遵循客观性原则,综合考虑补充评价指标——针对本项目有不同分析侧重点而设置的,代表本项目性质和特点。同时,赋予各类评价指标在本PPP项目的建设与运营过程中融合程度的科学合理权重分值,明确具体的评价标准,从而形成完善的绩效评价指标体系。

谨慎选取折现率。本项目按照《指引》精神及物有所值定量评估的测算方法,通过计算项目PSC值、计算项目PPP值、比较PSC值和PPP值再计算物有所值量值和指数,三步得出定量分析结论。其中,计算PSC值包含过多的前提假设,如折现率、通货膨胀率、风险分担等。在PPP项目实施过程中,这些因素的差异变动会使计算出的PSC值存在较大偏差,不利于项目决策。因此,咨询机构如何运用自身专业优势选取合适的参数值,将很大程度上决定物有所值评价的有效性。以折现率为例,FY工程咨询有限公司参照近五年的行业投资收益水平、政府一般债券的波动水平、我国近期市场利率运行水平,从三个方面考量折现率,体现了工程咨询公司收集、统计、分析相关数据的谨慎性,有助于进一步验证项目风险识别的充分性及实施方案安排的合理性,引导企业进行评估,提高行业对风险的认识水平和管理水平。

观点支持:崔新坤(南开大学滨海学院),技术经济与管理研究,2019,《PPP政府前期决策阶段的财务评价体系研究》文中提及,我国目前主要采用无风险利率来测量物有所值中涉及的折现率,此折现率通常基于政府或市政债券的融资成本,如果在PSC中使用此折现率,则项目风险不包括在贴现率中,并在项目现金流量中计入。在这种情况下,无风险意味着折现率反映了与政府信誉相关的风险,这种折扣率是可识别的而且很容易确定。

FY工程咨询有限公司通过对PPP物有所值评价中相关决策进行系统周密的评估,提高了企业资产评估服务PPP项目的专业胜任力,对优化风险分配、提高效率、促进创新和公平竞争、有效落实政府采购政策等方面均具有积极意义。

【改进余地】 物有所值定量评价时间。

鉴于我国目前PPP管理中普遍重审批、轻监管等问题,且政府主管部门的专业能力相对还弱于社会资本,为持续量化测算项目产出和成本,确保社会资本持续有效提供公共产品和服务,我国物有所值定量评价应不仅限于识别阶段,而应贯穿于PPP项目全生命周期。

(三)财政承受能力论证中的策划先行

《通知》明确规定,财政承受能力论证是指识别、测算政府和社会资本合作项目的各项财政支出责任,科学评估项目实施对当前及今后年度财政支出的影响,为PPP项目财政管理提供依据。本项目为规范推进政府和社会资本合作(PPP)工作,在PPP项目的物有所值评价通过后,BD区财政局聘请FY工程咨询有限公司协助,通过责任识别、支出测算等方式对本项目开展财政承受能力的评估和论证工作,保证政府具有履约能力,实现PPP项目的可持续发展。

### 1.财政支出责任识别

从PPP项目财政支出责任的构成来看,有直接支出责任,也或有间接支出责任,如股权投资、配套投入等需要在前期投资建设阶段支出,属于政府的直接支出责任。而风险承担责任支出则取决于风险事项的发生与否,当约定的未来风险事项发生时,政府方需要按照风险分配承担相应支出责任;若风险事项不发生,则不承担该项风险支出责任。整个PPP项目全生命周期中,时间最长的财政支出责任事项是运营补贴,这也是本项目最为关注的支出事项。

根据《通知》规定,PPP项目全生命周期过程的财政支出责任主要包括股权投资、运营补贴、风险承担、配套投入。结合本项目特点,其中,FY工程咨询有限公司对支出责任进行划分界定:

(1)股权投资支出。本项目政府方不占股。

(2)运营补贴支出。本项目拟采用可行性缺口补助的回报机制,在项目公司获得使用者付费的同时,政府方向项目公司支付可行性缺口补助,使得社会资本收回建设和运营成本,并获得合理回报。同时,本项目制定了项目的运营绩效考核标准,将政府支付的可行性缺口补助与项目公司的运营服务绩效表现挂钩。

(3)风险承担支出。按照风险分配的上述基本原则,以及财政部推广应用PPP模式的政策导向,本项目中因本级政策变化产生风险主要由政府承担,项目施工图设计、建设、融资和运营维护等商业风险由社会资本承担,不可抗力等风险由政府和社会资本合理共担。

(4)配套投入支出责任。本项目配套投入支出责任包括土地征收和整理、建设部分项目配套设施、完成项目与现有相关基础设施和公用事业的对接、投资补助、贷款贴息。

### 2.财政支出测算

为真实反映政府的财政可承受能力,FY工程咨询有限公司对已识别出的政府方财政支出责任进行测算,为项目的运行提供可行性依据。结合本项目实际,咨询方案组根据实施方案中的项目资本金要求及项目公司股权结构,测算股权投资支出责任;依据建设成本、运营成本和利润水平,测算政府运营补贴支出责任;依据比例法测算需要政府方承担的风险支出责任;依据政府拟提供的其他投入总成本和社会资本方为此支付的费用，测算配套投入支出责任。

（1）股权投资支出

本项目政府不占股，股权投资支出为0元。

（2）运营补贴支出

本项目采用政府可行性缺口补助模式，项目运营期间，项目公司通过供水收费+政府补贴获得项目收入用以弥补项目建设投资和运营维护成本，并获得合理回报。对可行性缺口补助模式的项目，在项目运营补贴期间，政府承担部分直接付费责任。根据财金〔2015〕21号公式，政府每年直接付费数额包括：社会资本方承担的年均建设成本（折算成各年度现值）、年度运营成本和合理利润，再减去每年使用者付费的数额。

$$当年运营补贴支出数额 = \frac{项目全部建设成本 \times (1+合理利润率) \times (1+年度折现率)^n}{财政运营补贴周期（年）} +$$

年度运营成本 $\times (1+合理利润率) -$ 当年使用者付费金额

综合考虑本项目的特点，优化后的计算运营期当年政府补贴公式为：

$$A = 0.7 \times \frac{I \times i \times (1+i)^n}{(1+i)^n - 1} \times a + \left[ 0.3 \times \frac{I \times i \times (1+i)^n}{(1+i)^n - 1} + W + M \times (1+R) - 当年使用者付费数额 \right] \times b$$

注：$A$为当年运营补贴额；$W$为外购成品水成本；$M$为村内供水管网维养管理服务费；$I$为审计报告确定的项目总投资额；$i$为投标人投标报价的年度收益利率；$n$为付费年限18年；$R$为合理利润率；$a$为建设期绩效考核付费系数；$b$为运营期绩效考核付费系数。

根据计算，BD区各年度政府补贴支出责任如表11-10所示。

BD区2018～2037年农村村内供水管网建设PPP项目运营补贴支出表　　表11-10

（单位：万元）

| 年份 | 2018年 | 2019年 | 2020年 | 2021年 | 2022年 | …… |
|---|---|---|---|---|---|---|
| 运营收入 | 0 | 0 | 1071 | …… | …… | …… |
| 年运营补贴 | 0 | 0 | 7217 | …… | …… | …… |
| 年份 | 2036 | 2037 | 小计 ||||
| 运营收入 | 2439 | 2435 | 36410 ||||
| 年运营补贴 | 7290 | 7290 | 130385 ||||

（3）风险承担支出

风险支出责任是指项目实施过程中政府承担风险带来的财政或有支出责任，可以采用比例法、情景分析法、概率法进行测算。

1）比例法。在各类风险支出数额和概率难以进行准确测算的情况下，可以按照项目的全部建设成本和一定时期内的运营成本的一定比例确定风险承担支出。

2）情景分析法。在各类风险支出数额可以进行测算、但出现概率难以确定的情况下，可针对影响风险的各类事件和变量进行"基本""不利"及"最坏"等情景假设，测算各类风险发生带来的风险承担支出。

3）概率法。在各类风险支出数额和发生概率均可进行测算的情况下，可将所有可变风险参数作为变量，根据概率分布函数，计算各种风险发生带来的风险承担支出。

本项目中，参考行业经验，产生较大政府支出责任概率且支出额度较高的风险事件主要是指建设期和运营期内主要风险，包括不限于：政治风险、经济风险、法律风险、建设与设计风险、市场与运营风险、信用与合约风险、社会稳定风险和不可抗力风险等。因本项目风险后果值和风险概率难以测算，故风险承担成本按照比例法进行测算。计算公式：风险承担成本＝项目建设运营成本 × 风险承担成本比例。测算结果：在传统模式下项目风险均由政府承担，风险成本合计4570.47万元；在PPP模式下政府只承担自留风险和共担风险成本，合计799.83万元。

4）配套投入支出。本项目的配套投入资金为0元。

### 3. 一般公共预算支出分析

《通知》中明确指出，在进行财政支出能力评估时，要求"每一年度全部PPP项目需要从预算中安排的支出责任，占一般公共预算支出比例应当不超过10%"。

（1）分析BD区近五年财政一般公共预算支出

FY工程咨询有限公司咨询方案组在论证本项目财政承受能力时，首先分析了BD区近五年一般公共预算支出增长情况（2013～2017年），根据"未来年度一般公共预算支出数额可参照前五年相关数据（表11-11）的平均值及平均增长率计算"可得，平均环比增长率为14.54%。

BD区2013~2017年财政一般公共预算支出情况　　表11-11

（单位：万元）

| 年份 | 一般公共预算支出（元） | 环比增长率 |
| --- | --- | --- |
| 2013 | 650690 | 0 |
| 2014 | 737210 | 13.30% |
| 2015 | 881689 | 19.60% |
| 2016 | 1099254 | 24.68% |
| 2017 | 1105779 | 0.59% |
| 平均环比增长率 | 14.54% | |

（2）预测BD区未来财政一般公共预算支出

其次，咨询方案组基于谨慎原则进行保守测算，并结合当地财政局提出的建议，确定BD区一般公预算共支出增长率为5%，列出BD区未来财政一般公共预算支出预测（2018～2037年）如表11-12所示。

**BD区2018~2037年预测财政一般公共预算支出情况** 表11-12

（单位：万元）

| 年份 | 一般公共预算支出预测值 | 年份 | 一般公共预算支出预测值 |
| --- | --- | --- | --- |
| 2018 | 1161068 | 2028 | …… |
| 2019 | 1219121 | 2029 | …… |
| …… | …… | …… | …… |
| 2026 | …… | 2036 | 2794248 |
| 2027 | …… | 2037 | 2933961 |

（3）测算PPP项目实施对财政支出的影响

根据本报告BD区政府一般公共预算支出和本项目财政支付责任测算结果，同时，结合项目合作期内BD区各正式（拟）实施的PPP项目财政支出责任开展BD区财政支出能力评估，最终得出本项目合作期内（2018～2037年）内每一年度的财政支出责任占一般公共预算支出的比例，如表11-13所示。

由图可见，合作期内，BD区内PPP项目财政支出责任占BD区本级一般公共预算支出比例的最高值为7.14%，高峰出现在2020年，满足财金〔2015〕21号文规定的PPP项目财政支出责任占一般公共预算支出比例不超过10%的要求。因此，在项目合作期内本PPP项目累计财政支出金额较小，对BD区一般公共预算支出的影响较小，在财政支出承受能力范围内。

**BD区农村村内供水管网建设PPP项目财政支出表** 表11-13

（单位：万元）

| 年份 | 区级财政支出 | 环比增长率 | 股权投资 | 运营补贴 | 风险分担 | 配套投入 | 本项目财政支出 | 本项目支出占区级财政支出比例 | BD区已完PPP项目财政支出 | BD区PPP项目财政支出占比 |
| --- | --- | --- | --- | --- | --- | --- | --- | --- | --- | --- |
| 2018 | 1161068 | 5% | 0 | | 284.59 | 0 | 284.59 | 0.02% | 39462.55 | 3.42% |
| 2019 | 1219121 | 5% | 0 | 0 | 281.99 | 0 | 281.99 | 0.02% | 69853.93 | 5.75% |
| 2020 | 1280077 | 5% | 0 | 7217.44 | 12.79 | 0 | 7230.23 | 0.56% | 84179.33 | 7.14% |
| 2021 | …… | …… | …… | …… | …… | …… | …… | …… | …… | 6.80% |
| 2022 | …… | …… | …… | …… | …… | …… | …… | …… | …… | 6.48% |
| …… | | | | | | | | | | |

续表

| 年份 | 区级财政支出 | 环比增长率 | 股权投资 | 运营补贴 | 风险分担 | 配套投入 | 本项目财政支出 | 本项目支出占区级财政支出比例 | BD区已完PPP项目财政支出 | BD区PPP项目财政支出占比 |
|---|---|---|---|---|---|---|---|---|---|---|
| 2035 | …… | …… | …… | …… | …… | …… | …… | …… | …… | 0.27% |
| 2036 | 2794248 | 5% | 0 | 7290.11 | 10.77 | 0 | 7300.88 | 0.26% | | 0.26% |
| 2037 | 2933961 | 5% | 0 | 7289.58 | 10.25 | 0 | 7299.83 | 0.25% | | 0.25% |

**4. 行业和领域均衡性评估**

为保障在PPP模式适用的行业和领域范围，以及经济社会发展需要和公众对公共服务的需求，平衡不同行业和领域PPP项目，防止某一行业和领域PPP项目过于集中，FY工程咨询有限公司还对本项目进行行业和领域均衡性评估。

由于目前BD区正在实施及拟实施的PPP项目涉及公路、供热等领域，供水类项目目前仅有BD区农村村内供水管网建设PPP项目，在合作期内年支出责任占公共预算支出比例最高年份为2020年，已实施PPP项目的政府支出责任占公共预算支出比例最高年份为2020年，满足《政府和社会资本合作项目财政承受能力论证指引》（财金〔2015〕21号文）规定的PPP项目财政支出责任占一般公共预算支出比例不超过10%的要求，财政资金压力较小。

**5. 财政承受能力论证结论**

经综合分析，BD区农村村内供水管网建设工程PPP项目财政承受能力论证结论为"通过"。

【经验总结】 财政承受能力论证——规范财政支出管理、保障PPP项目合同履行、防控中长期财政风险的"安全阀"。

财政承受能力论证工作的开展一般委托专业咨询机构编制论证报告。FY工程咨询有限公司运用专业的技术能力、强烈的责任意识和规范的操作流程，通过责任识别、支出测算、当地一般公共服务支出预测、行业和领域均衡性评估这四个步骤开展本项目财政承受能力的评估和论证工作，严谨求证、详细测算，很大程度上保障了本项目财政支出能力的判断准确度，推进了PPP项目财政承受能力论证工作的规范和深化。

政策指引规范责任界定。首先，进行PPP项目全生命周期内初步财政支出责任识别，作为下一步支出测算的前提条件。运营补贴支出责任不同于股权投资约定固定额度的直接支出责任，也不完全类似于风险承担责任的或有支出责任。因此，以运营补贴支出责任的识别为例，FY工程咨询有限公司进行支出责任划分界定：第一，《指引》中说明，由于不同付费模式下，政府承担的运营补贴支出责任不同。政府付费模式下，政府承担全部运营补贴支出责任；可行性缺口补助模式下，政府承担部分运营补贴支出责任；使用者付费模式下，政府不承担运营补贴支出责任。由于本项目拟采用可行性缺口补助的回报机制，因此政府承担部分运营补贴支出责任。第二，《通知》指出，社会资本需要依据提供公共服务绩效评价结果获得对价支付，也就是运营补贴的支出不是事先的固定承诺支出，而是需要根据当期PPP项目的绩效考核结果予以支付。综合考虑这两个政策要点，进行本项目运营补贴支出责任的界定补充，保证了后续财政承受能力评价的科学性与实用性。

优化支出测算公式。其次，测算政府付费中的运营补贴支出时，采用的是优化后的政府补贴支出测算公式。财金〔2015〕21号公式的适用性在实践中存在很大争议，可能会出现资金缺口而增加项目公司额外融资成本，以及会影响企业所得税的综合税负问题，从而影响项目收益率水平。经FY工程咨询有限公司优化后的测算公式更能体现绩效和产出，避免"负向激励"、立足于项目全生命周期给予合理回报、平滑支出，避免周期性成本导致"财政压力"。

固定增长率预测方法。目前，政府一般公共预算支出预测并未给出统一的具体计算方法，考虑到我国经济发展已进入"新常态"，本项目选择"参照前5年的平均增长率与增长率变化趋势，采取保守原则，选取某一增长率进行预测"的固定增长率预测方法，合理细化了参数取值方法，体现了工程咨询机构评估的严谨性。

观点支持：刘双柳，财会研究，2018，《完善PPP项目财政承受能力论证编制的思考》文中认为，PPP项目本级的一般公共预算支出预测是影响财承测算准确性的关键指标。进行支出预测时，不宜简单地仅参照近几年的平均增长率，还应充分考虑地方财政及经济发展整体格局等因素，以保障预测结果合理科学。

行业和领域均衡性评估补充论证。PPP项目一般由政府发起，用来提供公共产品和准公共产品，一般具有排他性或非竞争性，在无形中也增加了政府的直接财政支出或隐性支出，因此还要从总量上限制每年PPP项目而引起的财政支出，要注意行业间的协调性。评估行业和领域均衡性，将有助于整合现有资源、统一管理监控系统，为公众提供更为安全和稳定的生活环境。

根据以上论证步骤可得出项目合作期内BD区财政支出能力在承受能力范围内。BD区农村村内供水管网建设工程采用PPP模式，保障了经济社会发展需要和公众对公共服务的需求，加快了政府提供社会公共产品速度，促进了政府基础设施工程的建设，降低了政府短期财政资金支出压力。

## （四）编制项目实施方案中的策划先行

FY工程咨询有限公司作为本项目的咨询服务机构，根据我国主要相关法律、法规、PPP相关政策、主要工程技术规范及标准，以《BD区14镇街农村村内供水管网建设工程可行性研究报告》为项目前期论证文件，负责本方案的具体编制工作，并协调BD区发展改革委、区财政、区国土、区规划局、区法制、区环保等部门对PPP项目实施方案进行联评联审工作。

### 1.比选运作方式

本项目是市政基础建设工程，属于新建类的准经营性项目。用水对象为农村居民生活用水，通过向农村居民用户收取一定的用水量使用费获取收益，但用户付费部分无法弥补项目建设投资和运营维护成本。项目所有权自始至终均属于政府方，项目合作期结束后，资产无偿移交给政府或政府指定的机构。FY工程咨询有限公司结合项目基本情况，利用决策树分析工具（图11-4），最终确定项目的运作模式为建设-运营-移交（BOT）模式。

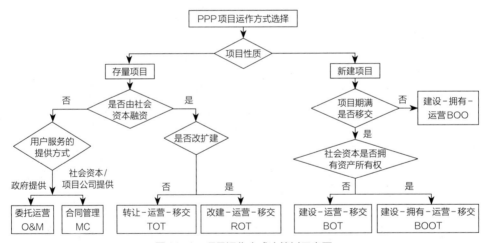

图11-4 项目运作方式决策树示意图

### 2.选择采购方式

国家发展改革委将PPP项目纳入《招标投标法》的逻辑在于，PPP项目核心是工程建设，是对完整工程项目及其附属服务的采购，在满足项目性质及规模条件情况下，应采用招标选择社会资本。按照《政府和社会资本合作项目政府采购管理办法》（财库〔2014〕215号）规定，PPP项目采购方式包括公开招标、邀请招标、竞争性谈判、竞争性磋商和单一来源采购，其各自适用条件、优劣势、应用广泛性如表11-14所示。具体项目采购方式则根据项目性质、技术经济参数复杂程度等因素综合考虑。

PPP项目采购方式比较表  表11-14

| 采购方式 | 适用条件 | 优势 | 劣势 | 广泛性 |
|---|---|---|---|---|
| 公开招标 | 公开招标适用于采购需求中核心边界条件和技术经济参数明确、完整,且采购过程中不作更改的项目 | 能够充分体现竞争,使所有符合资格的供应商都有机会参与竞争,采购人通过"货比三家",能采购到性价比最高、价格相对便宜、服务最优的采购对象,从而节约财政资金,实现物有所值等目标。对于政府来说,公开招标的政治风险最小 | 但是程序和手续较为复杂,一般耗时较长,成本也较高,对于采购标的较小的招标来说经济性不占优势 | 非常广泛 |
| 邀请招标 | 采购项目具有特殊性,产品的潜在供应商数量较少,只能从有限范围的供应商处采购的,如涉密、急需或者技术专业性非常强的一些项目;或者公开招标费用占比过大的,宜采用邀请招标 | 招标费用少、周期短、招标工作量小 | 投标单位数量较少,不能形成有效的竞争态势,且不利于采购人获得最优报价 | 较少应用 |
| 竞争性谈判 | (1)招标后没有供应商投标或者没有合格标的,或者重新招标未能成立的;<br>(2)技术复杂或者性质特殊,不能确定详细规格或者具体要求的;<br>(3)非采购人所能预见的原因或者非采购人拖延造成采用招标所需时间不能满足用户紧急需要的;<br>(4)因艺术品采购、专利、专有技术或者服务的时间、数量事先不能确定等原因不能事先计算出价格总额的;<br>(5)谈判小组与符合资格条件的供应商就采购货物、工程和服务事宜进行谈判,供应商按照谈判文件的要求提交响应文件和最后报价,采购人从谈判小组提出的成交候选人中确定成交供应商的采购方式,实行价低者得原则 | 竞争性谈判方式较为灵活,可以缩短采购周期,同时帮助采购人解决对标的认识不全或不足的问题,供求双方能进行更为灵活的谈判,有利于降低采购风险 | 竞争性谈判在PPP项目中难以适用的主要原因是其实行的低价者得的原则,并不适合PPP项目,因为对于多数PPP项目来说价格并不是其最主要的条件,除了价格适当,其综合实力和经验也是很重要的考察因素 | 较少应用 |
| 竞争性磋商 | 《政府采购竞争性磋商采购方式管理暂行办法》(财库〔2014〕214号)中对竞争性磋商的适用范围规定为:<br>(1)技术复杂或者性质特殊,不能确定详细规格或者具体要求的;<br>(2)因艺术品采购、专利、专有技术或者服务的时间、数量事先不能确定等原因不能事先计算出价格总额的;<br>(3)市场竞争不充分的科研项目,以及需要扶持的科技成果转化项目;<br>(4)按照招标投标法及其实施条例必须进行招标的工程建设项目以外的工程建设项目 | 依据PPP项目的复杂程度和特点,竞争性磋商给予政府和社会资本方充分的谈判空间,竞争性磋商这一新的政府采购方式实行两个阶段中选人。<br>第一阶段是确定方案阶段;<br>第二阶段是根据报价进行综合评分阶段,有利于项目方案不断优化和双方合同关系的科学搭建 | 与竞争性谈判不同的是竞争性磋商运用了综合评分法的细化打分的优点,避免了竞争性谈判最低价成交可能导致的恶性竞争 | 较为广泛 |

续表

| 采购方式 | 适用条件 | 优势 | 劣势 | 广泛性 |
|---|---|---|---|---|
| 单一来源采购 | (1)只能从唯一供应商处采购的；<br>(2)发生了不可预见的紧急情况，不能从其他供应商处采购的；<br>(3)必须保证原有采购项目一致性或者服务配套的要求，需要继续从原供应商处添购，且添购资金总额不超过原合同采购金额的10% | — | 审批手续繁杂，由此也会带来一些风险和质疑，对政府来说，政治风险比较大 | 很少应用 |

受TJ市BD区水务局本级委托，FY工程咨询有限公司对BD区农村村内供水管网建设工程PPP项目实施政府采购。由于本项目投资额度大，合同的核心边界条件和技术经济参数明确、完整，初步确定本项目采用公开招标的方式，以公平、公正、公开、择优的原则选择拥有相应管理经验、专业能力、融资实力以及信用状况良好的社会资本。

**3. 设计投融资结构**

本项目资金主要来源于社会资本方的自有资金以及项目公司的外部融资资金等，政府不进行融资担保。融资安排具体如下：

（1）融资责任

本项目由社会资本单独出资组建项目公司，项目公司资本金及专项补贴之外（若有）的建设资金由项目公司负责融资，项目公司作为融资主体，社会资本方负责落实融资资金来源。

（2）融资资金到位计划

根据《国务院关于固定资产投资项目试行资本金制度的通知》（国发〔1996〕35号）、《国务院关于调整和完善固定资产投资项目资本金制度的通知》（国发〔2015〕51号），本项目最低资本金比例为20%。本项目资本金设定为项目固定资产投资的20%，即13385.12万元人民币，由社会资本出资。本项目建设期两年，2018年至2019年，跨两个年度。基于此，本项目投资计划暂按照以下进行安排：各年度的总投资按照1∶1比例投放资金，每年的贷款比例按照1∶1的比例设置。

（3）融资限制

为保证本项目的顺利实施，项目公司的融资应遵循下述原则：

1）项目公司应确保其经营活动和对项目设施、项目资产的相应权利仅限于实施PPP项目协议要求的投资、建设、运营维护之目的，未经政府方或其他有关部门的批准，不得从事其他经营活动。

2）项目公司仅拥有因对项目投资、建设及对农村村内供水设施运营维护进行融资的权利，原则上不允许项目公司以除此以外的任何目的进行融资。

3）项目公司的所有资本金及其他融入资金只能用于PPP项目协议规定的本项目的建设及运营维护中，禁止项目公司将资金用于其他用途。

4）项目公司与金融机构、关联企业或其他第三方之间的贷款、借款协议须事先经政府方书面同意。项目公司未经同意擅自贷款或借款的，政府方有权解除PPP项目协议，并适用PPP项目协议中项目公司违约条款予以后续处理。

（4）政府前期投资补助资金

根据与BD区水务局沟通，目前本项目暂无财政专项补助资金作为项目的建设投资补助。

#### 4.风险识别与分配

FY工程咨询有限公司针对本项目调查分析，根据实际情况共识别出七大类，31小项风险，按照"最优风险分配、风险收益对等、风险可控"的基本原则，以及财政部推广应用PPP模式的政策导向，本项目中因本级政策变化产生风险主要由政府承担，项目施工图设计、建设、融资和运营维护等商业风险由社会资本承担，不可抗力等风险由政府和社会资本合理共担。详细项目风险分配基本框架如表11-15所示。

BD区农村村内供水管网建设PPP项目风险分配表　　表11-15

| 序号 | 第一层 | 第二层 | 政府 | 社会资本 |
| --- | --- | --- | --- | --- |
| 1 | 政府行为风险 | 政府干预 | √ | |
| 2 | | 项目审批延误 | √ | |
| 3 | | 政府/公众反对 | √ | |
| 4 | | 政府决策失误或决策过程冗长 | √ | |
| 5 | | 政策不可抗力 | √ | √ |
| 6 | 经济风险 | 利率风险 | | √ |
| 7 | | 通货膨胀风险 | √ | √ |
| 8 | 法律风险 | 法律及监管体系不完善 | √ | |
| 9 | | 法律变更 | √ | √ |
| 10 | | 税收调整 | √ | √ |
| 11 | 建设、设计风险 | 融资风险 | | √ |
| 12 | | 建设变更 | √ | |
| 13 | | 设计质量风险 | | √ |
| 14 | | 施工技术风险 | | √ |

续表

| 序号 | 第一层 | 第二层 | 政府 | 社会资本 |
|---|---|---|---|---|
| 15 | 建设、设计风险 | 安全事故发生风险 | | √ |
| 16 | | 工程质量风险 | | √ |
| 17 | | 地质与文物保护 | √ | √ |
| 18 | | 生态环境影响风险 | √ | √ |
| 19 | | 组织协调风险 | | √ |
| 20 | | 完工风险 | | √ |
| 21 | 市场与运营风险 | 供应风险 | | √ |
| 22 | | 运营成本增加 | | √ |
| 23 | | 漏损风险 | √ | √ |
| 24 | | 水质不达标 | | √ |
| 25 | | 类似项目竞争 | √ | |
| 26 | | 供给能力不足 | | √ |
| 27 | | 收费价格调整 | √ | |
| 28 | | 移交风险 | | √ |
| 29 | 信用与合约风险 | 政府信用 | √ | |
| 30 | | 第三方延误或违约 | | √ |
| 31 | 不可抗力风险 | 不可抗力风险 | √ | √ |

### 5. 划分监管内容

基于公共产品特性，政府在PPP项目监管的过程中既要确保经济效益，又要遵循社会效益的原则，了解公众意愿。而且政府作为监管部门必然具有强制性，但对PPP项目的监管涉及更多的日常监督，因此政府的监管也应具备灵活性。由此制定本项目的监管体系框架如图11-5所示，由项目实施机构（BD区水务局）作为签约主体依据PPP协议对项目公司实施合同监管，对具体监管内容进行定期考核和不定期监督，本项目的监管内容主要分为三种，分别为履约监管、行政监管、公众监管。

（1）履约监管

1）BD区水务局根据PPP项目合同约定的各方权责利，对项目公司在项目合作期限内的合同履行情况进行监督管理。

2）项目公司与第三方签订的任何协议，应根据PPP项目合同的约定或要求报相关部门或单位备案，且任何与第三方签订的协议皆不能免除项目公司按照PPP项目合同约定的所应承担的责任与义务。

3）建设期监管：建设期间，BD区水务局对项目公司进行定期现场监督或不

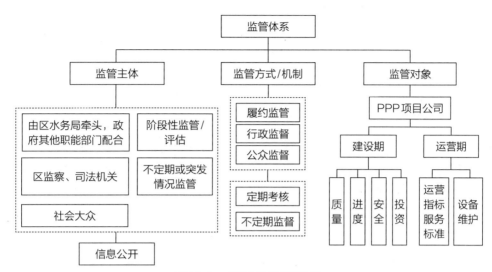

图 11-5 项目监管体系架构图

定期进行检查。监管内容包括但不限于项目公司是否按照协议约定注册成立项目公司;是否按期筹集项目资金;是否按照有关规定委托工程质量(安全)监督;是否按期完成工程建设;工程建设是否达到设计文件标准等。

4)运营期监管:运营维护期间,BD区水务局对项目公司进行日常监管、不定期检查、中期评估等。监管内容包括但不限于项目公司是否按PPP合同约定条款正常维护项目设施;项目公司的经营收入与支出情况;是否存在非合理理由情况下停运部分项目设施;是否及时对项目设施进行维修、养护;是否存在安全隐患并及时消除;项目公司是否存在其他违规经营情况等。

(2)行政监管

为确保项目公司能提供优质农村居民生活用水服务,满足BD区人民群众日常生活用水量的需求,在合作期内,政府有权对以下内容进行监管:

1)政策引导。现阶段PPP模式在国内仍处于探索和发展过程中,相关政策也在不断地更新和完善。相关政策文件虽然明确了项目监管的方向和重点,政府相关的行政监管机构还需对项目相关活动进行引导、管理和监督。政策引导可作为对法律法规的补充和完善,及时对项目公司行为进行调控和约束。

2)依法合规监管。法律法规是监管机构对项目实施监管的基础和依据,也是其他监管制度建立的平台和前提。在国家层面的PPP立法中,需要规定政府审批权限、流程和管理程序,退出机制和纠纷处理机制,PPP项目预算支出与政府财力比例,中长期预算机制,信息披露、政府监管与公众参与制度等,使之具备统一的原则性做法和较强的法律效力,避免因中央部门或地方法规政策带来的冲突。

3）行政监管内容。包括但不限于政府主管部门可以随时进场监督、检查项目设施的建设、维护状况等；项目公司应向政府主管部门提交年度经营成本、管理成本、财务费用等的分析资料；项目公司向政府主管部门和其他相关部门定期报告和临时报告等。

（3）公众监督

社会公众有权对本项目进行监督，向有关监管部门投诉，或者向项目公司提出意见。项目公司应按照适用法律要求，建立公众监督机制，依法公开披露相关信息，接受社会监督。

1）投诉处理。项目公司应建立投诉受理机制，及时解决社会公众使用过程中遇到的各类问题，听取社会公众对改善运营管理的建议和意见，并及时将投诉及处理情况向政府方汇报。政府方应建立投诉举报受理机制，接受社会公众对项目的投诉意见和举报，并依照相关政策规定及PPP项目合同或运营服务标准的约定及时予以解决。

2）信息公开。社会公众有权对本项目进行监督，向有关监管部门投诉，或者向项目公司提出意见建议。项目公司应按照适用法律要求，建立公众监督机制，依法公开披露相关信息，接受社会监督。按照相关的法规要求，项目相关信息将及时在公开媒体上进行公示，接受社会公众监督。

### 6.测算财务数据条件

为预测项目投资者的盈利水平，本项目建立财务测算模型，即建立和计算折旧摊销表、借款还款表、总成本费用表、损益表、现金流量表等模型，测算投资者在经营期内的项目现金净流量及内部收益率等指标。为使建立模型更加贴合实际，需将关键指标的测算条件结合项目具体情况进行调整，以影响运营期每年用水量关键指标为例进行阐述。

（1）农村居民生活供水漏损率

城镇供水管网基本漏损率分为两级，一级为10%，二级为12%，并应根据居民抄表到户水量、单位供水量管长、年平均出厂压力和最大冻土深度进行修正。依据《TJ市城市供水规划（2011—2020）》的规划目标"城市供水管网漏损率≤12%"和BD区城区近三年现有供水企业的漏损率（10.3%～13.28%）的均值，结合城乡供水一体化的要求，本PPP项目的项目公司农村供水管网仅是供水企业供水总量的一部分，但由于BD区农村村内供水管网较为复杂，结合本项目特点，漏损率取值8%作为测算基数。

（2）农村居民人均生活用水量

结合BD区农村居民用水现状和可行性研究报告，农村居民用水过程中缺乏节约用水的相关制度，居民用水过程中不免出现浪费的现象。BD区农村村内供水管网建设PPP项目建成后，还将保留现有农村供水设施（即项目实施后，作为备用水源），因此本实施方案中，选定30L/（人·d）作为BD区农村居民生活用水量的测算基数，随着城镇化的进程，农村居民生活用水对水质的安全要求和用水习惯的培养，按BD区水务局的农村居民供水规划，暂定运营期第10年，农村居民生活用水量逐渐提高至城镇居民生活用水量70L/（人·d）。

（3）农村居民生活年用水量

BD区农村村内供水管网建设PPP项目，建设范围内供水规模涉及19镇街中241个行政村内约228413人，随着农村城乡供水一体化的总体要求，根据2011～2016年TJ市统计年鉴中的按户籍性质分的农业户口数量，确定项目合作期内BD区农业人口增长率平均值为-0.15%（表11-16）。根据BD区农村居民生活用水量的测算基数30L/（人·d）和运营期间农村居民生活用水量年增长率，便可计算出项目范围内BD区农村人口数量和农村居民年度用水量预测。

BD区农村居民用水人数增长率确定表　　　　表11-16

| 年份 | 2010 | 2011 | 2012 | 2013 | 2014 | 2015 | 平均值 |
| --- | --- | --- | --- | --- | --- | --- | --- |
| 农业户口人数（万人） | 54.14 | 54.09 | 53.84 | 53.80 | 53.80 | 53.86 | — |
| 农业人口增长率（%） | -0.40 | -0.09 | -0.46 | -0.07 | 0 | 0.11 | -0.15 |

【经验总结】 项目实施方案——可研基础上优化提升、顺应PPP模式特殊性调整的行动纲领。

FY工程咨询有限公司负责编制本PPP项目实施方案，对各阶段各项工作安排进行预先统筹计划，其内容设计能细化到操作层次，即工作目标确定、工作范围及内容清楚、工作质量标准及相应技术要求明确、工作时间具体、实施主体及监督机构权责分明、调整变动严谨科学、救济措施合理有效，可作为PPP项目的执行方案。

决策树分析选取BOT模式。对于经营收费不足以覆盖投资成本、需政府补贴部分资金或资源的项目，可通过政府授予特许经营权附加部分补贴或直接投资参股等措施，采用建设-运营-移交（BOT）、建设-拥有-运营（BOO）、建设-拥有-运营-移交（BOOT）等模式推进。综合考虑项目的收费定价机制、项目投资收益水平、风险分配基本框架、融资需求等各项影响因素，确定的本PPP项目运作方式为BOT模式最为适宜。运用决策树分析法（本书第一篇第四章第一节"决策阶段策划"的第三个工具）进行选择，层次分明、逻辑清晰，能够使决策者进行周密的思考，形成科学的决策，避免单纯凭经验、凭想象而导致的决策上的失误，提高决策的有效性。

观点支持：翟秋翌（中国科学院大学），科技促进发展，2019，《基础教育领域政府与社资本会合作（PPP）项目运作模式选择研究》一文中认为，PPP项目运作模式选择的决策程序依次为是否新建、是否有融资需求、是否有改扩建需求、是否期满移交，借此构建项目运作模式决策树。

"两标并一标"避免资源浪费。依据《中华人民共和国招投标法实施条例》第九条第（三）款的相关规定直接具备施工资质的中标社会资本方与项目公司签订施工承包合同而无需再行招标的情况，通常称之为"两标并一标"。本项目就是采用公开招标方式进行政府采购的PPP项目，FY工程咨询有限公司通过合理应用政策规定，优化社会资本收益结构，实现规模效应从而降低综合成本，减少招标环节、提升工程质量、减少运维成本。在"本章5.1规定资质要求"部分也对社会资本资质进行了规定"如果潜在的社会资本方大多数都不具有多重资质，建议允许社会资本方组成联合体进行投标"，也为适用"两标并一标"的政策提供了"资质"先决条件。

合理设置债务股本比降低成本。PPP项目的融资没有标准的债务/股本资金比率，需根据项目所属行业、所在地区以及项目投资额，给出具体债务/股本资金比率的范围。FY工程咨询有限公司在设计项目投融资结构时主要考虑项目资本性支出的资金来源、性质和用途。由于本项目总投资规模大，已具有稳定现金流、市场风险相对较小，项目公司具备可以达到较高的债务水平（80%）的条件，在设计债务融资结构时谨慎选择金融机构、金融产品、融资工具及相关要求、条件、融资成本区间，避免单一金融机构利润最大化目标导致融资成本无法优化。项目投融资结构的合理设定使社会资本获得更多机会成本，尽可能降低融资成本。

观点支持：邱婷婷（中国铁建港航局集团有限公司），现代营销（下旬刊），2020，《PPP模式下项目财务风险分析及对策研究》文中，PPP模式下项目建设所需的投资金额数目巨大，再加上运营周期比较漫长的缘故，大多数企业会选择银行贷款的方式或者结构化的融资模式满足建设项目的融资需求。如果项目融资的结构不合理，就会导致项目融资存在比较大的风险。针对融资风险的对策是要对项目的融资方案和融资计划进行科学评估，做好资金筹集和使用计划，让资金的使用效率提高。

风险分配表明晰责任分担。风险承担责任划分时，需综合考虑政府风险管理能力、项目回报机制和市场风险管理能力等要素，在政府和社会资本方之间合理分配项目风险。本项目采用风险分配表，依据"风险应由具有强烈风险承担偏好并且对风险掌控能力最强的一方承担"的原则，结合政企双方对待风险的态度、所能承担风险最大程度和对所得收益的满意度等，清晰归纳出本项目中约定的风险分担方式（本书第一篇第四章第一节"招标阶段策划"的合约策划内容），作为项目边界条件设计的依据，最终以协议条款的形式体现在PPP项目协议中。

观点支持：纪鑫华（上海市财政局），中国财政，2015，《优化项目风险分配实现PPP物有所值》文中认为PPP模式的机制优势之一在于政府通过平等协商，将部分生产管理活动让渡给社会资本，活动本身所导致的成本和收益的不确定性也同步转移给后者，以激励其发挥风险管理控制方面的优势，将不确定性降到较低水平，政府同时对社会资本承接的活动和风险予以一定对价补偿。风险识别、风险转移和风险定价三部分构成了风险分配的主要内容。

监管体系架构规范分工部署。监管体系是确保监管活动成功实施的前提，政府监管部门需要根据行政职责和项目特点建立具体的监管体系。首先BD区水务局是本项目监管主体的牵头单位，统筹协调区检查、司法机关等相关政府职能部门，有效避免了由于参与多元化而形成多头管理可能带来的利益冲突；其次，合理划分监管内容，使政府各参与方能有效地参与PPP项目全过程，从而使项目公司更自觉、更主动、更全面地履行PPP项目合同中的义务，保障了各方环节的监管质量和监管效率。

类比法测算项目财务数据参数。本项目是政府可行性缺口补助性项目，需要通过财务评价测算出合理的补贴价格。采用类比分析法，利用与拟建项目类型相同的现有项目的设计资料或实测数据进行工程分析。本项目的农村居民生活供水漏损率、农村居民人均生活用水量就是参考行业同类项目参数的基础上结合项目特点和风险状况进行适当调整后的，最终预测出贴合实地的农村居民生活年用水量。

（五）PPP项目招标采购中的策划先行

PPP项目招标采购是指政府为达成权利义务平衡，遵循公开、公平、公正和诚实信用原则，按照相关法规要求完成PPP项目识别和准备等前期工作后，依法选择社会资本的过程。与传统建设项目中标方只需完成工程建设不同，PPP项目中标社会资本不仅需要完成工程建设，也需要在长达几十年的运营期内对项目持续的运营和维护，接受政府的定期考核及按效付费，在运营期末将项目移交给政府。FY工程咨询有限公司的PPP项目招标采购工作主要包括协助政府对实施项目的社会资本进行采购甄选及相关工作，包括资格预审文件的编制、政府采购招标文件的编制（图11-6）等。

图11-6　BD区农村村内供水管网建设工程PPP项目资格预审文件与招标文件

**1. 规定资质要求**

FY工程咨询有限公司发布资格预审文件，向通过资格预审的单位发出投标邀请。组织社会资本参加现场考察并召开采购前答疑，组织对符合条件的社会资本的资格条件进行考察核实。其中，根据本项目情况，对社会资本资质提出要求，应具备如下条件：

（1）合规性

1）依法成立并有效存续的境内企业法人；

2）不得存在法律规定的禁止参加投标的情形；

3）符合《中华人民共和国政府采购法》第二十二条的规定资格；

（2）财务及融资要求

拥有较强的投融资能力，需提供达到AA级或以上的银行资信证明。有良好的财务状况以及相应的偿债能力，近三年无亏损。

（3）投标申请人资质要求

1）社会投资人可以是独立法人实体，也可以是由法人实体组成的联合体。

2）在过去五年内，独立法人实体社会投资人或联合体社会投资人中至少一家法人实体具投资、运营公共事业资产的业绩经验；

3）投资人应具有实施本项目所需的工程技术能力和运营管理能力。

**2. 设置竞价标的**

PPP项目由于应用行业广、收益回报机制多样、价格形成机制较为复杂，并且涉及投资、建设和运营等多个环节，竞价标的设置较为灵活多样。近年来，我国PPP项目采购实践可总结出我国PPP项目竞价标的主要包括以下六种类型（表11-17）。

PPP 项目竞价标的类型划分  表 11-17

| 序号 | 标的类型 | 常用指标 | 适用项目类型 | 备注 |
|---|---|---|---|---|
| 1 | 年服务费类 | 年可用性服务费、年运维绩效服务费 | 非经营或准经营性 PPP 项目 | 以合同为中心，与绩效考核挂钩 |
| 2 | 收益率类 | 全投资内部收益率、资本金投资回报率、融资（综合）年利率、运维综合收益率等 | 各类 PPP 项目 | 具有动态性，但操作较复杂 |
| 3 | 投资下浮率类 | 定额下浮率、建安工程费结算额优惠率、建安工程费下浮系数、初步概算优惠率等 | 各类 PPP 项目 | 控制项目总投资，减少政府付费 |
| 4 | 服务费单价类 | 污水处理补贴单价、垃圾处理补贴单价等 | 准经营性 PPP 项目 | 适用于市场化程度较高的项目 |
| 5 | 工程投资类 | 工程总投资、建安工程费等 | 各类 PPP 项目 | 一般作为辅助标的 |
| 6 | 特许经营期类 | 特许经营期限；收费期限 | 经营性 PPP 项目 | 对投资估算、收益预测要求较高 |

将这六种类型的竞价标的再进行归纳，可得两大类型：第一类是投资收益性的竞价标的，如投资收益率、资本金回报率、融资利率、年度折现率、合理利润率或年度可用性服务费、运维绩效服务费、污水/垃圾处理服务费单价等；第二类是与工程建设相关的竞价标的，如工程造价总额、设计费用总额、建安工程造价下浮率、勘察设计费下浮率等。实践中，大部分 PPP 项目会将上述两类竞价标的组合后由社会资本进行投标报价（以下简称"两类标的组合竞价"）。

本项目的招标标的采用的就是这种"两类标的组合竞价"，设置为村内供水管网维养管理服务费（$M$）、建安工程费下浮率（$\beta$）、年度收益利率（$i$）（按等额本息方式计算）和合理利润率（$R$），各标的权重比例设置在招标文件综合评审细则表 12-17 体现。投标人须知附件二投标报价如图 11-7 所示。

### 附件二　投标报价

根据▇▇▇▇▇农村村内供水管网建设工程 PPP 项目的招标条件，我们报价如下：

一、投标报价为人民币（大写）：＿＿＿＿元（RMB：＿＿＿＿）

二、建安工程费下浮率为：＿＿＿。

三、年度收益利率为：＿＿＿。

四、村内供水管网维养管理服务费的报价为人民币（大写）：＿＿＿＿元（RMB：＿＿＿＿）。

五、合理利润率为：＿＿＿。

图 11-7　投标报价

投标报价=可用性付费总额+运营维护服务费总额（不含运营期外购成品水成本）

其中，当年运营补贴额计算的公式为：

$$A = 0.7 \times \frac{I \times i \times (1+i)^n}{(1+i)^n - 1} \times a + \left[ 0.3 \times \frac{I \times i \times (1+i)^n}{(1+i)^n - 1} + W + M \times (1+R) - 当年使用者付费数额 \right] \times b$$

式中：$A$——当年运营补贴额；

$M$——投标人投标报价的村内供水管网维养管理服务费；

$I$——财政局批复的工程预算；

$i$——投标人投标报价的年度收益利率；

$n$——付费年限18年；

$R$——投标人投标报价的合理利润率。

### 3.选取评标办法

本项目评审采用综合评分法。评标委员会将综合考虑供应商的响应报价、财务实力、业绩经验、技术能力、企业信誉、设计优化方案、技术方案、财务方案和法律方案等。评分项目包括商务报价、综合实力（包括财务实力、业绩经验、技术能力和企业信誉等）、基础文件（包括技术方案、财务方案、法律文件）。

（1）评审和比较投标人商务报价。评审建安工程费下浮率、年度收益利率、村内供水管网维养管理服务费、合理利润率相关因素对服务费的影响等方面来确定投标报价是否合理，如投标人报价明显低于其他通过符合性审查投标人的报价，有可能影响产品质量或者不能诚信履约的，评标委员会将要求投标人在评标现场合理的时间内作出书面说明，并提供相关证明材料。如果投标人不能合理说明或者不能提供相关证明材料的，评标委员会可认定该投标无效。

（2）对投标人的综合实力、基础文件进行评审和比较。对技术方案进行评估的内容是对技术方案中的项目建设、运营管理、维护和移交方面的可行性、可靠性和质量进行评估和比较；对于财务方案进行评估的内容是对投标文件中财务方案的财务可行性和合理性进行评估和比较。投标人如果承诺提供担保时，评标委员会将根据担保的种类、期限、担保条件或标准、担保金额、担保方式等因素对其担保方案进行评估；对法律方案进行评估的目的是确认投标文件是否承诺接受招标文件的实质性条款和要求。

（3）投标人的总得分为其技术方案、财务方案、法律方案和综合实力评审得分以及商务报价评审得分之和。综合评分法的满分标准为100分，具体分值设置如表11-18所示。

综合评审细则　　　　　　　　　　　　　　　　　表 11-18

| 一、商务报价（15分） | |
|---|---|
| 投标报价（15分） | 各投标人报价中最低的报价为评标基准价（废标和无效报价者除外），其分值为满分15分，其他投标人的报价得分统一按照以下公式计算：<br>项目投标报价得分＝（评标基准价/该投标人的报价）×15分，保留2位小数 |
| 二、投标人实力（13分） | |
| 企业荣誉（5分） | 略 |
| …… | …… |
| 三、技术方案（27分） | |
| （一）建设方案（13分） | |
| 工程前期<br>准备方案<br>（2分） | 措施合理性、可行性、指导性好，得2分；<br>措施合理性、可行性、指导性较好，得1分；<br>措施合理性、可行性、指导性一般，仅能满足本项目最低需求，得0.5分；<br>缺项得0分 |
| …… | …… |
| （二）运营方案（14分） | |
| 运营维护管理制度与<br>组织保证措施<br>（2分） | 方案合理性、可行性、指导性好，得2分；<br>方案合理性、可行性、指导性较好，得1分；<br>方案合理性、可行性、指导性一般，仅能满足本项目最低需求，得0.5分；<br>缺项得0分 |
| …… | |
| 四、财务方案（40分） | |
| 年度收益利率<br>（8分） | 1.项目年度收益利率最高限价为6.7%，超过最高限价，则投标无效；<br>2.计算方法（略） |
| 建安工程费下浮率<br>（8分） | 1.以财政预算审批的建安工程费金额为基价，建安工程费下浮率较高者为优，得分最高；<br>2.计算方法（略） |
| 村内供水管网维养<br>管理服务费<br>（7分） | 1.年均最高限价为420万元，超过最高限价，则投标无效；<br>2.项目在运营期间涉及的范围若有变化，则相应调整此部分费用，目前的项目范围详见第三卷-项目相关资料；<br>3.计算方法（略） |
| 合理利润率<br>（7分） | 1.项目合理利润率最高限价为5.39%，超过最高限价，则投标无效；<br>2.计算方法（略） |
| 融资方案和保证措施<br>（5分） | 略 |
| 资金使用计划编制（5分） | 略 |
| 五、法律方案（5分） | |
| 全部响应项目合同内容，得5分；<br>未全部响应项目合同内容，且对项目合同提出修改意见并加重了采购人义务的，每提出一条扣0.5分，扣完为止 | |

**【经验总结】** PPP项目招标采购——区别传统政府购买，结合PPP项目特点发挥综合咨询优势。

PPP项目的招标采购主要是政府和企业对关于公共产品与服务的相关项目进行招标的一种采购模式，其涉及利益各方的风险共担和利益共享的问题。由于采购内容的特殊性，PPP项目的采购具有不同于一般政府采购的特点，FY工程咨询有限公司深入理解其特点、依据、方式及流程，保障了PPP项目采购工作的顺利开展。

社会资本资格精准把控投标门槛。《政府和社会资本合作项目政府采购管理办法》财库〔2014〕215号文规定，PPP项目采购应当实行资格预审。FY工程咨询有限公司根据项目需要准备资格预审文件，发布资格预审公告，邀请社会资本参加资格预审，验证项目是否获得社会资本的响应和实现充分竞争。其中，对社会资本资格要求设置适度，不以不合理的资格要求条件将有效的社会资本排除在外，也不以不合理的资格要求吸引过多不具备项目运营条件的社会资本参与投标。

合理设置竞价标的提高评标可行性。农村村内供水管网建设工程PPP项目属于准经营性PPP项目中重要的一类民生项目，通常涉及投资、建设、运营和维护等项目全生命周期各环节，合作周期较长，风险因素多，需要通过合理设置竞价标的，以分担各类风险，保证建设、运营质量，既要体现政府的采购需求，又要反映政府对项目建设标准和运营质量方面的期望，并兼顾此类项目作为公用设施所要实现的社会效益。一般来讲，如果政府方对项目控制意愿较强，就会通过设置辅助标的（如投资收益率、利润率等）较为客观地确定服务费单价。FY工程咨询有限公司将本项目的招标标的设置为村内供水管网维养管理服务费（$M$）、建安工程费下浮率（$\beta$）、年度收益利率（$i$）和合理利润率（$R$），是组合形式的费率类竞价标的。适用于本项目设计没有全部完成，需施工与设计同时进行的特点。

观点支持：张彦春（中南大学），铁道科学与工程学报，2017，《生活垃圾焚烧发电PPP项目竞价标的设计研究》文中提及，运维综合收益率主要用于非经营性项目，政府方根据实际运维成本和运维综合收益率中标价核算运营维护费用。收益率类竞价标的通常与定额下浮率、可用性服务费等组合使用。

综合评分法全面比选社会资本总体实力。按照《中华人民共和国政府采购法实施条例》规定，政府采购招标的评标办法分为最低价评标法和综合评分法。采用这两种不同的评标办法，其中标结果也会不同。由于考虑到本项目对社会资本的技术、管理、经验、信誉等方面要求都很高，仅靠报价不能选出最合适的社会资本，因此FY工程咨询有限公司采用综合评分法，制定了具体的评审细则，包括各评分因素的选择和细化、权重分配、评分条件以及相应的解释，其中评审细则在"财务方案"中主要考虑竞价标的的设置，为尽量杜绝社会资本获得超额利润的可能，如通过设定年度收益率上限、合理利润率上限、维养管理服务费上限等，使社会资本在投标报价时，将其利润控制在合理范围之内，以充分实现公用设施的社会效益。本项目评审细则体现了对项目的适用性、针对性、评分可操作性，保证了公平、规范、合理。

观点支持：杨学平（泗洪县PPP办公室），招标采购管理2020，《PPP项目采购价格评审因素设置》文中提及，较为复杂的货物和服务项目，需要综合考量供应商的技术、资质、经验业绩、财务状况、信用等，采用综合评分法。采购人根据项目采购需求合理设定评审因素，并设定每个评审因素权值，评审小组按照招标文件规定的标准和方法对各评价指标进行评分，计算每个有效投标人投标总分，以总分排名第一的供应商作为中标候选人。因PPP项目属于投资类项目，且大多采用建设承包商与社会资本合并方式招标，采购评审因素较为复杂，宜采用综合评分法。

### （六）PPP项目合同拟定中的策划先行

根据《政府和社会资本合作模式操作指南（试行）》（财金〔2014〕113号）的相关规定，本项目PPP合同体系包括：项目合同、融资合同、工程承包合同、运营服务合同、原料供应合同、产品采购合同和保险合同等。合同体系可分为两个层次：

第一层次，由项目实施机构、社会资本之间围绕项目收益签署的合同，主要体现为《PPP项目合同》。《PPP项目合同》包括双方权利义务、履约保函、维护保函、验收、移交、不可抗力等内容。

第二层次，项目公司和本项目推进过程中的各有关主体签署的合同体系。包括项目公司与金融机构签署的《融资合同》、与施工单位签署的《施工合同》、与设备供应商签署的《设备采购合同》、与保险机构之间签署的《保险合同》等。

由此可见，PPP项目合同是PPP项目法律关系的主合同，合同体系内其他合同均为从属合同。PPP项目是本项目合同体系中的基础和核心，FY工程咨询有限公司通过拟定PPP项目合同，设置其条款的合理性、完备性等来维持政府与社会资本长期友好合作关系的纽带，明确合同双方权责、合理分配项目风险、妥善履行义务、有效主张权利。

**1. 界定权利义务边界**

在PPP项目合同中，权利义务边界就是参与项目的各方主体所享有法律和合同赋予的权利和应履行法定或约定的义务。FY工程咨询有限公司根据本项目特点，梳理了PPP项目的全生命周期，结合前期调研报告、物有所值评价报告、财政承受能力报告、项目实施方案等文件，对甲乙双方权利义务的边界进行界定，保持了权利义务约定的明确具体性和前后一致性，具体如表11-19所示。

甲乙双方权利义务边界简要　　　　　　　　　　　　表11-19

| 序号 | 双方权利/义务性质 | 权利义务界定 | 主要内容 |
|---|---|---|---|
| 1 | 甲方（项目实施机构）主要权利 | （1）有权对项目公司的投资建设过程实施监管，包括项目融资及资金到位和使用情况、项目建设进度、工程质量、安全防范措施等；以及要求项目公司进行项目交付和缺陷责任期内的维护；如发现存在违约情况有权根据PPP项目合同进行违约处罚和兑取履约保函；<br>（2）项目公司严重违约时，有权直接介入或提前终止合作；<br>（3）基于国家安全及人民生命财产安全的前提下，有权通过项目公司对本项目的所有工程建设和运营维护介入管理<br>…… | 政府承担的公共责任 |
| 2 | 甲方（项目实施机构）主要义务 | （1）负责本项目工程的部分前期工作，包括可行性研究报告、勘察设计、监理及PPP项目实施方案等；<br>（2）按照PPP项目合同的规定向项目公司及时支付政府补贴；<br>（3）提前终止PPP项目协议的情况下，有权利且有义务接收项目公司移交项目设施；<br>（4）如果因公共利益终止PPP项目协议或因政府要求或法律变更导致项目公司建设或运营成本增加时，给予项目公司合理补偿；<br>（5）合同期满后，及时接收项目使用权以及项目资产和设备设施的移交<br>…… | 项目资产权属、政府承担的公共责任、风险分配结果、政府支付方式 |
| 3 | 乙方（中标社会资本）的主要权利 | （1）按照《中华人民共和国公司法》及相关法律、法规及项目合同的规定，自主开展涉及本项目的投融资、建设和运营等方面的活动；<br>（2）按照项目合同的约定，取得投资回报；<br>（3）如果因公共利益终止PPP项目协议或因政府要求或法律变更导致项目公司建设或运营成本增加时，根据PPP项目合同约定获得补偿；<br>（4）合作期满，区政府继续采用特许经营方式选择经营者，享有同等条件下的优先权<br>…… | 风险分配结果、政府支付方式 |
| 4 | 乙方（中标社会资本）的主要义务 | （1）在项目中履行本项目工程投融资主体、工程管理方及运营维护服务方的全部责任和义务，并按PPP项目合同约定使本项目建成投入使用和提供整体运营维护服务；<br>（2）按照项目合同约定的进度、质量标准完成本项目的投资建设工作，自行承担相关的费用、责任和风险，并购买相关保险；<br>（3）执行市政府或区政府批准的居民生活用水运营收费政策；<br>（4）按合同约定即时向供应商付费；<br>（5）对新建工程建设质量及项目整体运营维护服务质量负责；<br>（6）合同期满后，将本项目所含所有资产无偿移交给政府<br>…… | 项目资产权属、社会资本承担的公共责任、风险分配结果 |

**2.界定交易条件边界**

根据《关于印发政府和社会资本合作模式操作指南（试行）的通知》（财金〔2014〕113号）要求，交易条件边界主要明确项目合同期限、项目回报机制、调价机制和产出说明等。FY工程咨询有限公司对项目全生命周期内，政府和社会资本双方交易过程中可能发生和出现的问题尽量全面、细致提前在实施方案中进行设计、约定，为项目合作期内可能出现的各种意想不到的情况、矛盾和纠纷提前设定好解决的机制和依据。

以调价机制为例，本项目的村内供水管网维养管理服务费调价机制采用的是公式调价中的约定调价周期（两年）方法。FY工程咨询有限公司对年度运营成本和使用者付费各自的调价边界进行界定，使公共服务政府补贴控制在合理范围内。

（1）年度运营成本中的第一部分外购成品水成本，项目公司作为BD区现有供水企业的用水大用户，根据与其签订供用水协议向供水企业支付费用。运营期间，外购成品水成本根据政府相关文件及供水协议的调整而调整。

（2）年度运营成本的第二部分村内供水管网维养管理服务费，将根据运营维护期间的通货膨胀情况（主要是指人工、原材料、管理费等），设定相应的调价周期及触发机制，即在运营期内以每两年为一个周期，则项目公司可向项目实施机构申请启动调价程序，由BD区水务局或区政府指定机构组织相关政府部门审核通过后调价；实施机构或区政府指定机构亦可在符合调价程序启动条件的情况下启动调价程序。村内供水管网维养管理服务费调价周期为两年，本项目进入运营维护期所在的当年不予计算，自第一个完整财务年度（本项目指自运营维护期所在年度的下一年的1月1日至12月31日）开始计算，每两个财务年度调整一次。每一个调价周期届满后3个月内启动调价公式。如发生调价的，新的村内供水管网维养管理服务费自调价当年的1月1日起执行，由此造成的已支付管理维护服务费与应付管理维护服务差额，在调价完成后予以支付或返还。按下述调价公式进行管理维护服务费的调整：

村内供水管网维养管理服务费在第$n$个财务年度12月31日进行调价公式：

$$P_n = P_{n-2} \times K_1$$

$$K_1 = C_1 \times \left(\frac{S_n}{S_{n-2}}\right) + C_2 \times \left(\frac{M_n}{M_{n-2}}\right) + C_3 \times \left(\frac{CPI_n}{CPI_{n-2}}\right) + C_4$$

参数说明：$P_n$——调整后执行的年村内供水管网维养管理服务费；

$P_{n-2}$——第$n-2$个财务年度起适用的年村内供水管网维养管理服务费；

$K_1$——村内供水管网维养管理服务费调价系数；

$S_n$——第 $n$ 个财务年度TJ市统计局编制的《TJ市统计年鉴》中公布的"水生产和供应业"行业在岗职工平均工资;

$S_{n-2}$——第 $n-2$ 个财务年度TJ市统计局编制的《TJ市统计年鉴》中公布的"水生产和供应业应"行业在岗职工平均工资;

$M_n$——第 $n$ 个财务年度项目公司巡检、零星维修支出成本;

$M_{n-2}$——第 $n-2$ 个财务年度项目公司巡检、零星维修支出成本;

$CPI_n$——第 $n$ 个财务年度由TJ市统计局公布的第 $n-1$ 个财务年度TJ市居民消费物价指数/100;

$CPI_{n-2}$——第 $n-1$ 个财务年度由TJ市统计局公布的第 $n-2$ 个财务年度TJ市居民消费物价指数/100;

$C_1$——人工成本占管理维护服务费的比例;

$C_2$——巡检、零星维修支出占管理维护服务费的比例;

$C_3$——管理费用占管理维护服务费的比例;

$C_4$——不调整系数,取值=$1-C_1-C_2-C_3$。

**3. 界定履约保障边界**

(1) 保险方案

项目建设和运营期间可能遇到不可预期或不可控制的风险,项目公司应按行业的国家管理规定办理和维持合理的建设和运营保险,保险单上的受益人包括但不限于区政府或项目实施机构和项目公司。FY工程咨询有限公司根据本项目的特殊性(产品自来水,对设备保险尤为重要)和目前保险业市场的险种设置,选择的险种主要有:建筑/安装工程一切险及第三者责任险、财产一切险、人身意外险等。

(2) 履约担保体系

关于印发《政府和社会资本合作模式操作指南(试行)的通知》(财金〔2014〕113号)指出,"履约保障边界主要明确强制保险方案以及由投资竞争保函、建设履约保函、运营维护保函和移交维修保函组成的履约保函体系",结合《政府和社会资本合作项目政府采购管理办法》的规定,实务中,基本已经形成投标保函、建设期履约保函、运营维护保函和移交保函组成的保函体系。

FY工程咨询有限公司针对本项目制定的履约保函体系也是由四部分组成。投标保函担保事项为投标文件承诺的履行、合同签署、项目公司设立及建设履约保函提交等;建设履约保函担保事项为项目建设资金到位、开工节点、竣工验收节点、重大工程质量事故或安全责任事故等;运营维护保函担保事项为项目运营维护及管理服务质量等。移交保函担保事项为项目设施恢复性大修、项目设施存在隐蔽性缺陷等。各类履约保函的具体内容如表11-20所示。

履约保函体系　　　　　　　　　　　表11-20

| 条款 | 投标保证金 | 建设履约保函 | 运营维护保函 | 移交保函 |
|---|---|---|---|---|
| 提交主体 | 投标人 | 项目公司 | 项目公司 | 项目公司 |
| 提交时间 | 递交投标文件之前 | 正式签署PPP项目合同的同时 | 项目工程进入运营之时 | 最后一个经营年开始前 |
| 退还时间及方式 | 签订PPP合同5日内并提交履约保函后 | 竣工验收完成且工程完工投入用后；并提交运营维护保函 | 运营期满或移交完毕且保修责任完成；并提交移交保函 | 移交完毕且质量保证期满后 |
| 受益人 | 政府 | 政府 | 政府 | 政府 |
| 保函金额 | 200万人民币 | 2500万人民币 | 2500万人民币 | 1000万人民币 |
| 担保事项 | 投标文件承诺的履行、合同签署、项目公司设立及建设履约保函提交等 | 项目建设资金到位、开工节点、竣工验收节点、重大工程质量事故或安全责任事故等 | 项目运营维护及管理服务质量等 | 项目设施恢复性大修、项目设施存在隐蔽性缺陷等 |

为了维持履约担保的效力，FY工程咨询有限公司在PPP项目合同中约定在政府方提取履约保证金以后，项目公司限期补足履约担保金额的义务，否则政府方有权从政府付费中予以扣除；各项保函在保证期间保持足额且持续有效，项目公司及社会资本方对此承担连带责任。

**4. 界定调整衔接边界**

FY工程咨询有限公司界定本项目的调整衔接边界，主要包括应急处置、临时接管、违约处理、争议解决、合同变更、改扩建或提标、股权转让限制、项目设施期满移交、提前终止九方面内容。其中，提前终止条款指的是在PPP项目的生命周期内，由于某些事项的发生导致PPP项目合同提前解除。提前解除条款在财政部及发展改革委的PPP合同指南中都作为示范条款，发展改革委的PPP合同指南中将提前终止条款称为"合同解除"条款，并归类为"项目合同的必备篇章"。以FY工程咨询有限公司界定提前终止边界为例，从终止事由及终止后处理机制两部分进行说明。

（1）终止事由

在PPP项目进行提前终止谈判的过程中，准确识别项目提前终止的事由是界定提前终止责任、确定合理补偿的基础，往往将政府违约、项目公司违约、政府方选择终止以及不可抗力等事项作为PPP项目提前终止的事由予以规定。在本PPP项目合同中，可能导致项目提前终止的事由包括以下四方面：

1）政府方违约事件

在约定政府方违约事件时，需明确什么情形构成政府违约，应谨慎考虑这些事件是否处于政府方能够控制的范围内并且属于政府应当承担的风险。

①违反合同约定转让项目合同项下义务；

②发生政府方可控的对项目设施或项目公司股份的征收或征用的（是指因政府方导致的或在政府方控制下的征收或征用，如非因政府方原因且不在政府方控制下的征收征用，则可以视为政治不可抗力）；

③发生政府方可控的法律变更导致项目合同无法继续履行的；

④其他违反项目合同项下义务，并导致项目公司无法履行合同的情形。

发生政府方违约事件，政府方在一定期限内未能补救的，项目公司可根据合同约定主张终止PPP项目合同。

2）项目公司违约事件

项目公司违约情形的设定应在促进合同履行和制裁违约之间寻找一种平衡，政府扩充项目公司违约事件的清单无形中会提升社会资本的感知风险，并转化为更高的合同价格，原则上项目公司违约事件应当属于该项目项下应当承担的风险。常见的项目公司违约事件包括但不限于：

①项目公司破产或资不抵债的；

②项目公司未在约定时间内实现约定的建设进度或项目完工，且逾期超过一定期限的；

③项目公司未按照规定的要求和标准提供产品或服务，情节严重或造成严重后果的；

④项目公司违反合同约定的股权变更限制的；

⑤未按合同约定为PPP项目或相关资产购买保险的。

发生项目公司违约事件，项目公司和融资方或融资方指定的第三方均未能在规定的期限内对该违约进行补救的，政府方可根据合同约定主张终止PPP项目合同。

3）政府方选择终止

由于PPP项目涉及公共产品或服务供给，PPP合同实质上是兼具民事同行政合同的性质的一种合同，关系社会公共利益，因此项目合同中，政府方应当享有在特定情形下单方面决定终止项目的权利。财政部的合同指南中也明确指出，"政府方的此项权利应当予以明确限定，以免被政府方滥用，打击社会资本参与PPP项目的积极性。"当政府公共主管部门签订PPP合同的前提假设发生了根本性的改变，政府所能做得最好的事情就是终止合同。

4）不可抗力事件

发生不可抗力事件持续或累计达到一定期限（这个时期通常定义为持续6至12个月，如果项目情况不太可能恢复正常，双方都有权在一段时间后终止合同），任何一方可主张终止PPP项目合同。

（2）终止后处理机制

鉴于PPP项目合同标的大，生命周期长，涉及公共利益，随意终止一个PPP项目无疑会给公共服务的提供造成巨大的冲击。即便发生了可能导致PPP项目提前终止的情形，PPP项目也不当轻易地终止，因而FY工程咨询有限公司在拟定提前终止条款时，应当加入了一定的履行程序性条款，包括接受义务和接受补偿两方面事项，基于不同事由导致的终止，在终止后的处理上也会有所不同。

1）接收义务

在PPP项目终止后，只有在项目公司违约导致项目终止的情形下，政府才不负有接收的义务而是享有接收的选择权，即政府可以选择是否接收该项目。但对于一些涉及公共安全和公众利益的、需要保障持续供给的PPP项目，也可能在合同中约定即使在项目公司违约导致项目终止的情形下，政府仍有接收的义务。

2）接收补偿

FY工程咨询有限公司在明确PPP项目提前终止原因和责任分担划分的基础上，进行PPP项目提前终止补偿条款进行设置。这是公私合作双方在PPP合同订立和提前终止谈判时所面临的一个根本的核心利益问题，也是PPP项目风险分担考量的一个关键因素，将直接影响政府和社会资本方是否发生道德风险和项目可融资性。

①政府方违约事件、政治不可抗力以及政府方选择终止。

对于因政府方违约事件、政治不可抗力以及政府方选择终止所导致的项目合同终止，补偿原则是确保项目公司不会因项目提前终止而受损或获得额外利益（即项目公司获得的补偿等于假设该PPP项目按原计划继续实施的情形下项目公司能够获得的经济收益）。

补偿的范围一般可能包括：项目公司尚未偿还的所有贷款（其中可能包括剩余贷款本金和利息、逾期偿还的利息及罚息、提前还贷的违约金等）；项目公司股东在项目终止之前投资项目的资金总和（必要时需要进行审计）；因项目提前终止所产生的第三方费用或其他费用（例如支付承包商的违约金、雇员的补偿金等）。

②项目公司违约事件。

实践中，对于因项目公司违约事件导致的项目合同终止，如果政府有义务接收或者选择进行接收时，政府需要就接收提供的相应补偿，这种补偿一般包括扣除履约保函、赔付违约金。本项目暂采用账面价值法进行接收补偿计算。

③自然不可抗力。

由于自然不可抗力属于双方均无过错的事件，因此对于自然不可抗力导致的终止，一般的原则是由双方共同分摊风险。

通常来讲：补偿范围一般包括未偿还融资方的贷款、项目公司股东在项目终止前投入项目的资金以及欠付承包商的款项；补偿一般会扣除保险理赔金额，且不包括预期利润损失。政府与中选社会投资人均有权获得由于违约方未遵守相关全部或部分约定终止合作而使其遭受的损失、支出和费用的补偿，该补偿由违约方支付。

【经验总结】 PPP项目合同体系——恪守项目"四大边界条件"基本底线，保障项目如约履行。

权利义务边界泾渭分明。权利义务边界需要明确项目关键性、实质性问题，对政府与社会资本的长期合作关系具有重大影响。FY工程咨询有限公司界定本PPP项目权利义务边界的主要内容包括项目资产权属、政府和社会资本承担的公共责任、政府支付方式和风险分配结果这四部分，通过准确界定政府和社会资本之间的权利义务边界，合理分配风险，有效避免了合同履行中可能会发生的各种纠纷和矛盾，保障了PPP项目的顺利实施。

观点支持：杨学平（泗洪县PPP办公室），金融经济，2019，《PPP项目运作政企责权界定探析》文中提及，PPP项目运作中，需以合同形式明确政企双方责权利关系。社会资本应承担项目具体实施责任；政府方重点承担绩效考核、行业监管、帮办服务等，尽量减少对项目具体实施的直接干预，防止政府职能错位、越位。通过合同界定政企风险分配、履行义务和主张权利，是双方友好合作的基础和项目顺利实施的有效保障。

交易条件边界层层界定。作为一个政府与社会资本合作的投资数巨大、期限很长、涉及面很广的PPP项目，在一开始设定好合作的原则、明确好交易的底线，对整个PPP项目来说应该非常重要，也是应当引起项目各参与主体高度重视的主要问题。PPP项目交易边界确立主要包含内容：一、与项目建设相关的边界，其中包括合作范围、合作期限、项目建设及变更；二、与项目运营有关的边界，包含项目运营维护；三、与项目支付有关的边界，主要有政府补贴支付方式、绩效考核体系、调价机制。以FY工程咨询有限公司界定调价机制为例进行说明，如何层层界定保证项目合同的完整、细致：(1)本项目以投标方报价的村内供水管网维养管理服务费为基础，并根据物价因素进行定期调价，即年度运营成本不是根据项目公司的实际发生额，而是以报价为基础再引入调价机制，承担了通货膨胀的主要经济风险，符合PPP"风险共担"的要点。(2)本项目的产品是具有竞争程度较高、市场化程度较高的农村生活用水与维养服务，可以制定较短周期（两年）的调价模式，从而有效避免政府补贴单次调整周期长而引起的价格过于滞后而产生的价格信号失真问题。目前，常见的动态调价机制包括三种：公式调价机制、基准比价机制、市场测试机制。其中，公式调价机制是通过公式形式将主要定价影响因素与价格之间建立联动关系。公式调价机制具体又细分为两类：一是约定调价触发条件，当特定因素变动幅度超过约定的触发条件时，启动调价程序（如约定CPI累计变动幅度超过5%时，启动调价）；二是约定调价周期，即无论特定因素变动幅度大小，均按照约定周期进行调价（如污水处理项目按照固定周期，约定每2~3年进行一次调价）。通常的项目实践中为便于操作，绝大多数PPP项目都采用了公式调价机制，且一般都采用公式调价中按照约定的调价周期进行调价。(3)价格的调整规范有序进行，社会资本方将项目产品和服务价格调整方案及其书面申请递交给所在地行业主管部门和价格主管部门，价格主管部门依据社会资本方提交的价格调整方案组织相关专家对方案进行论证等相关程序予以执行。最后将修改完善的价格调整方案报项目所在地政府部门批准，并报上一级行业主管部门和价格主管部门进行备案。

观点支持：王洪强（上海大学），价格理论与实践，2017，《PPP项目动态调价机制与利益相关方敏感性研究——以污水处理PPP项目为例》文中认为，为了保障PPP项目合同的顺利履行、保护社会资本的利益以及维持社会资本对于PPP项目的积极性，当不确定因素的变化在相对比较合理的范围内和政府资金比较充裕的条件下，可采取调整价格的方式解决不确定因素变化带来的弊端，调价机制的加入使得合同的制定能更加适用现实情况的变化，是对合同中价格机制的完善。

履约保障边界环环相扣。根据《关于印发政府和社会资本合作模式操作指南（试行）的通知》（财金〔2014〕113号）规定，履约保障边界条件是项目边界条件之一，由于本PPP项目投资大、周期长的特点决定了其风险相对较大，FY工程咨询有限公司进行履约保障界定时，考虑到履约担保中存在的风险所采取的防范措施如下：(1)履约担保以保函为主，方便、保险；(2)投标人或项目公司作为本项目出具保函的机构，具备偿付能力；(3)履约担保足额。确保担保额能够覆盖风险，使担保措施起到威慑与补偿相结合的作用；(4)明确退还时间、方式。当社会资本依照合同规定，履行了合同义务，履约担保期间结束后，政府方应当及时将履约保证金退还给社会资本，对履约担保的退还设置如下前提条件：1)所担保的履约期限届满；2)下一阶段的履约保函提交后的一定期限内（移交维修保函除外)。履约保函按照PPP项目全生命周期管理的特点,前期、建设期、运维期、移交期首尾相连,"一环扣一环",履约保障的合理界定既给政府和社会资本方一剂"定心丸",同时也使项目的可行性增加,为项目保驾护航,最终使之顺利实施。

　　调整衔接边界张弛有度。FY工程咨询有限公司进行调整衔接边界,主要明确应急处置、临时接管和提前终止、合同变更、合同展期、项目新增改扩建需求等应对措施,这些方面的约定是减少合同纠纷的关键因素。鉴于本PPP项目的合作周期长,FY工程咨询有限公司在合同订立时既充分考虑了项目合作周期内的实际需求,保证合同内容的完整性和相对稳定性,也要确保机制灵活调整。提前终止条款实质上是出于维护社会公共利益的需要而在PPP项目合同中约定的一种介入机制,常见的提前终止接收补偿计算方法包括:(1)市场价值方法,即按照项目终止时合同的市场价值(即再进行项目采购的市场价值)计算补偿金额。这种计算方法保护了政府的利益,同时确保政府不会从项目公司的违约中受益,此种方法相对比较公平,并且在项目接收后政府必须要在市场中重新进行项目采购,因此,通常适用于PPP市场相对较为成熟的国家。(2)账面价值方法,即按照项目资产的账面价值计算补偿金额。与市场价值方法不同,该计算方法主要关注资产本身的价值而非合同的价值。这种计算方法比较简单明确,可避免纠纷,但有时可能导致项目公司获得的补偿与其实际投资和支付的费用不完全一致。依据这种方法,按照项目资产的账面价值计算补偿金额,补偿是根据项目建设实际投入的费用来确定的,这种方法主要由大陆法系国家所采用。由于我国的PPP市场发展相对不太成熟,为避免后期合同纠纷,而且侧重于考虑项目资产的价值,而不是合同的价值,因此本项目暂采用账面价值法。通过明确和客观界定双方违约的情形,可以提升公共和项目公司双方对合同的可预测性和执行性,合理地分担风险,平衡双方利益,提高项目融资的可获得性,促使政府和社会资本方长期稳定合作。

　　**【改进余地】** 提前终止条款中政府违约情形需进一步具体明确。

　　为了减少不确定性并避免合同纠纷,政府和社会资本都应针对政府违约情形列出详细的清单。社会资本一般都倾向于以逐项列表的方式定义/列明所有政府的违约情形,并将寻求兜底条款。在政府拨款的PPP项目中,社会资本首先关注政府不愿意或无力支付使用费的违约。通常情况下,政府从自身利益出发更愿意接受一个违约情形设定明确具体的清单,以便更准确地知道要采取或者不采取什么来履行其合同义务。在设定政府违约的列表事项时,政府会仔细考虑真正受其控制的事件,并在政府应该承担的责任和可以转移给社会资本的风险之间划清界限。

## （七）绩效考核测算政府付费中的策划先行

### 1. 编制绩效考核工作方案

为加强对BD区农村村内供水管网PPP项目建设和项目公司的监管，科学评价各项工作并与补贴费支付相挂钩。FY工程咨询有限公司扩展了原定的咨询服务范围，按照双方已签署的《BD区农村村内供水管网建设PPP项目合同》的相关规定，制定2019年度运营期定期考核工作方案，具体如下：

（1）成立绩效考核小组

根据本项目实施开展情况、PPP项目合同要求及PPP项目绩效考核管理办法的相关规定，FY工程咨询有限公司组织项目相关人员成立考核小组，进行相应的职责与分工。

（2）组织沟通会议

组织BD水务局与项目公司的沟通会议，结合项目实际情况、明确本次运营期绩效考核各个环节以及各项工作的时间节点与工作计划，进行任务分解与时间安排。

（3）通知项目公司绩效考核实施

组织沟通会议后，FY工程咨询有限公司负责通知项目公司绩效考核工作开始实施，协调各方工作，推进绩效考核工作的实施。

（4）收集整理绩效考核资料数据

1）国家、TJ地区相关法律、法规、规章、制度以及BD区发展规划和行业标准；

2）本项目执行过程中的文件和报告：包括但不限于可行性研究报告、项目实施方案、物有所值评价报告、财政承受能力论证报告，项目执行过程中的贷款协议、各项审批手续证书、项目进度报告、财务会计资料、项目验收报告；相关评估机构出具的相关研究、分析和检测报告等。

3）项目资料的直接收集：通过相关利益者座谈会、相关人员面访、实地调研等方法收集项目运营信息，将不同来源的资料数据进行交叉验证，剔除错误资料数据，最终确定用于绩效分析和评价的资料数据。

（5）组织绩效考核评分会议

绩效考核评价小组在规定的考核现场对项目设施设备、运营服务、资料信息等情况进行检查，并依据绩效考核项目组收集整理的资料数据，结合绩效考核框架中的评分标准对各项考核指标逐项进行评价打分，形成考核意见。

(6) 初步考核结果反馈

初步考核评分结果达到预期合格标准，并将考核评分结果反馈项目公司，在规定时限内，项目公司未对本次运营期绩效考核结果有异议。

(7) 编写绩效考核报告

根据项目绩效考核评价结果，项目绩效考核项目组编写项目绩效考核报告，并组织内部评审。

2.运营期绩效考核分析

因本项目的竣工结算正在进行第三方审计且于近期内完成，为保证可用性付费计算的准确性并减少付费计算重复工作量，本次绩效考核暂不进行建设期考核。FY工程咨询有限公司依据《政府和社会资本合作项目财政管理暂行办法》（财金〔2016〕92号）第二十七条："各级财政部门应当会同行业主管部门在PPP项目全生命周期内，按照事先约定的绩效目标，对项目产出、实际效果、成本收益、可持续性等方面进行绩效评价，也可委托第三方专业机构提出评价意见。"根据《BD区2017年农村村内供水管网PPP项目实施方案》《BD区2017年农村村内供水管网PPP项目合同》约定的资产可用性、服务高效性、系统安全性、用户满意性四项考核指标进行考核，逐项对项目公司进行考核。本项目运营期考核分为定期考核和临时考核，运营期定期考核每六个月进行一次，本次以2019年末考核为例（本年度仅进行一次运营期考核）。四项考核指标的权重及主要内容如下：

(1) 资产可用性（30%）。考核项目资产在管理维护期内的持续可用性，主要包括设施设备运维与保养服务；

(2) 管理完善性（30%）。考核项目公司的管理团队，健全设备运行、维护、应急、台账管理等各项制度；

(3) 系统安全性（20%）。监测部门抽检合格率、主要技术指标合格率、突发事件应急管理、重大设备、人身等的事故率；

(4) 用户满意度（20%）。考核设施使用者、周边群众对该项目的接受度与满意度、对投诉的处理应对。

经绩效考核评价小组核查项目公司提供项目运营期间相关资料，主要存在记录资料不全，记录资料填写不规范，部分制度文件缺少等问题，并且经了解，项目公司现有微信公众号对办事流程、水价、热线电话进行公示，但营业厅内部分要求公示信息目前公示不全，具体如表11-21所示。对照项目运营期绩效考核表，逐项对指标进行赋分，2019年运营期绩效考核总分为93.30分。

经绩效考核可得，本项目总体处于良好的运行水平，项目公司能按照《BD区2017年农村村内供水管网建设PPP项目合同》的相关约定建设、运营本项目，并向运营范围内的农村居民生活用水用户提供良好的供水服务。

项目绩效考核评分表　　　　　　　　　　表 11-21

| 项目名称 | | | BD 区农村村内供水管网建设 PPP 项目 | | |
|---|---|---|---|---|---|
| 绩效指标 | | 分值 | 执行情况描述 | 得分 | 扣分原因 |
| 资产可用性（30分） | 管网档案 | 12 | 1.针对已开卡用户建立了档案信息记录表和用户查询记录表；<br>2.建立了智能水表管理平台；<br>3.运营管网档案已备存（管网竣工图纸） | 12 | — |
| | 管网维护 | 18 | 1.建立了管网运营维护制度、管网养护管理办法；<br>2.具有管网巡检记录表（记录日期：2019.4.28~2019.9.21）<br>3.经了解，运营时间较短未见坏表、冻表 | 17 | 表格填写不规范、不完整，巡检记录不齐全扣1分 |
| …… | …… | …… | …… | …… | …… |
| 用户满意度（20分） | 服务窗口 | 7 | 略 | 7 | — |
| | 满意度 | 5 | 略 | 5 | — |
| | 经营与服务 | 8 | 1.通过微信渠道缴费、营业厅缴费、自助缴费系统等；<br>2.用户签订了用户用水协议；<br>3.营业厅已公示事项：服务承诺、公司组织架构、供水服务热线管理办法 | 7 | 营业厅（站）未按规定公开业务受理事项扣1分 |
| 得分合计 | | 100 | — | 93.3 | — |

### 3.政府付费测算

根据《BD区农村村内供水管网PPP项目合同》第十五条之约定，本项目回报机制为"可行性缺口补助"，在项目公司获得使用者付费的同时，政府方向项目公司支付可行性缺口补助，使得项目公司能够收回本项目的建设和运营成本，并获得合理回报，因此FY工程咨询有限公司根据运营期绩效考核结果对本项目政府付费进行测算（计算公式为：可行性缺口补助=可用性服务费+运营维护服务费-使用者付费）。

（1）可用性服务费

根据PPP项目合同第十五条之规定："可用性服务费：主要包括项目总投资及融资成本（即考虑了建筑安装工程费下浮的项目总投资及融资成本）。"

因本项目的竣工结算正在进行第三方审计且于近期内完成，本次绩效考核暂不进行建设期考核，项目总投资暂按已批复的财政承受能力测算数值计入，且可用性服务绩效考核系数暂定为1，待审计完成后进行建设期考核并确定可用性服务绩效考核系数后，重新核算运营期可用性服务费，多退少补。

1）项目总投资

根据PPP项目合同第10.1条之约定：

项目总投资＝建设投资＋建设期利息

建设投资＝工程费用＋工程建设其他费用＋预备费

工程费用＝建筑安装工程费＋设备购置费

本项目建设工程部分已于2018年5月2日进行公开招投标，根据中标价下浮率0.24%，建筑安装工程费最终确定为人民币49009.3646万元。

因本项目未完成竣工结算第三方审计，工程建设其他费和预备费暂时参照已批复的财政承受能力测算数值计入金额分别为5382.66万元和3410.6万元。

建设投资＝49009.3646＋5382.66＋3410.6＝57802.6246万元

本次政府付费暂不计算建设期利息，项目总投资为57870.2246万元，待竣工结算第三方审计完成后调整项目总投资。

2）可用性付费及参数

根据PPP项目合同第15.5条之约定，政府付费金额在考虑绩效考核机制后的计算：

可用性付费＝[70%×项目总投资×$\frac{i\times(1+i)^n}{(1+i)^n-1}$×可用性服务费绩效考核系数]

其中，项目总投资：57802.6246万元；$n$：运营期年限19年（项目实施方案和协议中，暂定建设期是两年，运营期18年；同时约定合作期20年保持不变。后在项目实际实施过程中，建设期为一年，运营期变为19年，因此计算可用性付费的运营期年限参照实际取为19年）；$i$：中标年度收益率6.7%；可用性服务费绩效考核系数：未进行建设期绩效考核，暂定为1。

经测算，可用性服务费金额为3827.1747万元。

（2）运营维护服务费

根据PPP项目合同第十五条之规定："运营维护服务费：主要为本项目的运维养护及管理产生的运营成本，包括外购成品水成本和村内供水管网维养管理服务费，即乙方为提供BD区农村村头水表井至村民各户庭院前主管网巡检、零星维修工作和提供农村居民生活用水收费运营服务发生的管理成本，含工资及福利费、车辆购置、修理费、管理费和其他费用等"。

1）外购成品水

根据PPP项目合同第15.5条之约定："外购成品水成本＝居民生活供水总量×BD区居民生活用水价格，其中，居民生活供水总量＝居民生活用水量/（1－漏损率）。"

居民生活供水总量是区水务局与项目公司结算的，计入外购成品水成本的结算用水量。

在合作运期内漏损率超过8%部分产生的费用由项目公司承担，漏损率低于8%（含8%）据实结算，最终政府审计机构或第三方审计机构审核确认的金额为准。

居民生活用水量是在供水运营公司登记注册的本项目范围内的农村居民用户生活用水计费用水量。

目前，项目公司尚未与BD区现有供水企业签订用水大用户供水协议，收取居民生活用水水费尚未向供水企业支付。因此，本次外购成品水暂不计取，待项目公司与BD区现有供水企业的签订用水大用户供水协议后另行测算，多退少补。

2）村内供水管网维养管理服务费

根据PPP项目合同第1.2.4条之约定，村内供水管网维养管理服务费为418万元/年，运营期合理利润率5.39%。第15.3条下的第3款"运营期间，因政策或规划要求，运营范围户数发生变化的，村内供水管网维养管理服务费的调整由甲乙双方另行协商确定。"目前，运营范围村数发生变化的较小，综合考虑项目公司的实际运营支出，村内供水管网维养管理服务费为418万元/年不作调整。

运营维护费＝村内供水管网维养管理服务费×（1+运营期合理利润率）＝418×（1+5.39%）=440.5302万元。

经测算，运营维护服务费测算金额为440.5302万元。

（3）使用者付费

根据PPP项目合同第十五条之规定："使用者付费：指本项目在运营过程中的由第三方使用者支付给乙方的作为乙方的经营收入，即乙方在执行BD区政府的用水价格前提下，实际获得的农村居民用水运营收入。"

目前，项目公司尚未与BD区现有供水企业签订用水大用户供水协议，收取居民生活用水水费尚未向供水企业支付。因此，本次使用者付费暂不扣除，待项目公司与BD区现有供水企业的签订用水大用户供水协议后另行测算，多退少补。

经测算，使用者付费测算金额为0元。

（4）政府付费结果

根据PPP项目合同第15.4.3条之约定："可用性服务费的30%与运营维护常规考核结果挂钩，与运营维护服务费一并支付。"

根据表11-21项目绩效考核评分表，考核得分93.30分；另外，根据PPP项目绩效管理办法之规定，运营期绩效考核得分与政府支付的补贴费用挂钩，运营期绩效考核付费办法如表11-22所示，得分93.30分，位于得分区间中的"≥90"一档，因此，本年度可一次性获得运营维护服务费的100%即440万元和与运营维护常规考核结果挂钩的可用性服务费的30%，即测算金额为1640.2177万元。

**绩效考核付费表**　　　　　　　　　　　　　　　　　　　　　　　　　表 11-22

| 得分区间 | 付费办法 |
| --- | --- |
| ≥90 | 一次性获得年度运营维护服务费的 100% |
| 80（含）—90 | 一次性获得年度运营维护服务费的 90% |
| 70（含）—80 | 一次性获得年度运营维护服务费的 80% |
| <70 | 不立即付费，先根据常规考核的反馈意见进行强制整改，在反馈意见一个月内完成整改，根据整改成果重新进行常规考核。按照常规考核重新打分，高于 70 分后才可获得年度运营维护服务费，最高不超过年度运营维护服务费的 80%；仍低于 70 分时，视为触发政府临时接管机制 |

因此，2019 年度本项目政府付费金额＝可用性服务费＋运营维护服务费－使用者付费＝3827.1747＋（1640.2177＋440）－0＝5907.3924 万元。

【经验总结】 运营期绩效考核——扩展服务范围提升项目附加价值，履约监管运营维护效率质量。

在政府与社会资本合作（PPP）领域推行绩效考核制度，其目的在于通过引入一种微观层面的，且具备较强可操作性的履约监管措施，来提升项目运营维护的效率与质量。《关于规范政府和社会资本合作（PPP）综合信息平台项目库管理的通知》财办金〔2017〕92 号文对运营期绩效考核与项目全部建设成本进行了量化挂钩，充分肯定了绩效考核对于"防止财政支出责任固化"的重要意义。

考核数据收集真凭实据。BD 区政府为科学合理确定政府付费支出、监督社会资本方切实履行相关职责和义务，由 FY 工程咨询有限公司作为第三方专业机构协助项目实施机构对社会资本进行绩效考核。FY 工程咨询有限公司通过成立考核小组，确定考核组织形式及考核方式，确定运营维护期内，政府方通过定期考核与随机考核相结合的方式，对项目公司运维管理情况进行考核。数据收集方式包括现场检查、资料核查和外部调查三个方面，现场检查主要指通过现场对供水设备设施等的检查，对设备设施现有状态及运作状况、人员工作情况、工作环境等进行直观检查并打分；资料核查主要指通过对制度文件、工作记录和采购清单等的审查，了解其运维管理情况；外部调查主要指通过调查问卷、访谈、新闻报道等形式了解村民对于供水运维管理工作的看法。同时与项目实施机构、项目公司充分交流、调研、谈判等编制适合特定 PPP 项目的绩效考核方案。工作方案细致缜密，有效保证了组织中各种活动有条不紊地实施。

两级指标体系作为基本框架。FY 工程咨询有限公司进行运营期绩效考核，考虑到本项目属于农村村内供水有别于城市供水，并且采用 PPP 模式进行运作，结合农村供水特点，设计了基本涵盖农村供水全部内容的考核指标，运营期不仅关注供水水质，同时在资产可用性、管理完善性、系统安全性、用户满意度方面对农村供水进行全方面绩效考核，并且设置了各指标权重，制定了评分标准（"指标/细则-权重-评分标准"绩效考核的基本架构），具备较强可执行力。同时利用项目将可用性付费和绩效考核进行综合评估，倒逼社会资本提高运营质量，将项目的"可用性"延伸至运营期，防止社会资本出现重建设、轻运营的状况。可用性付费与绩效评估比例为30%，其中70%要参与项目建设期绩效考核。

观点支持：贾康（中国财政科学研究院），财贸经济，2020，《PPP财政支出责任债务属性问题研究——基于政府主体风险合理分担视角》文中认为，按效付费是挤出财政支出"超额水分"、降低PPP隐性债务的重要举措。应合理设计项目考核指标，将财政付费责任与绩效结果完全挂钩，强化社会资本联合体对政府负责的机制，减少联合体成员内部的扯皮推诿。

科学合理、及时有效"按效付费"。PPP项目涉及不同产业，规模、付费方式、期限、政府层级、利益诉求都存在差异，需要因地适宜，综合考虑项目特点和利益主体方要求，既坚持政策和财务的原则，不能突破相关底线，又有针对性地量身定做假设前提条件、指标口径、逻辑关联等。由于本项目是可行性缺口补助项目，政府补贴包括固定补贴和变动补贴两种模式，本项目采用的是变动补贴中的服务水平挂钩补贴模式。FY工程咨询有限公司为政府编制的实施方案中就严格执行政府付费的规定，使PPP项目合同约定以及实际中对总投资的确认，对运营成本、使用者付费等计算的口径和计算公式保持一致，促进了政府中长期财政可持续发展，是统筹安排公共资金、资产和资源，平衡好公众负担和社会资本回报的诉求。

观点支持：苏雅（中国中元国际工程有限公司），中国工程咨询，2017，《浅谈PPP项目常见的政府补贴模式及测算》一文，在服务水平挂钩补贴模式下，PPP投资人从政府获取的补贴与其所提供的服务水平和质量挂钩。政府和PPP投资人在合同中约定基准服务水平或运营标准，以及其所对应的补贴金额。

## 五、实践成效

### （一）经济效益

（1）本项目通过策划整体捆绑打包成一个PPP项目进行运作，解决了项目因分散在BD区各个村内致使个体体量较小、难以发挥规模效应的困境，准备阶段实行物有所值评价和财政承受能力论证，可行性研究投资估算为32511.26万元（表11-23），实现了良好的投资控制。

BD区农村村内供水管网建设工程投资估算与初步设计概算表　　　　表11-23

（单位：万元）

| 序号 | 工程名称 | 单位 | 估算投资 |
|---|---|---|---|
| 一 | 工程费用 | 项 | 27747.90 |
| 二 | 工程建设其他费用 | 项 | 2355.12 |
|  | 一、二类合计 | 项 | 30103.02 |
| 三 | 基本预备费 | 项 | 2408.24 |
| 四 | 合计 | 项 | 32511.26 |

（2）本项目由于铺设给水管网属社会公用设施，非营利性项目，本身不能产生很大的直接经济效益。采用PPP模式将项目的融资、设计、建设、运营与维护都由项目公司来完成，为量化BD区短期财政压力以及激励社会资本从项目整个生命周期考虑资金价值，经物有所值评价和财政承受能力论证报告推算的项目全生命周期利润及利润分配表如表11-24所示。

利润及利润分配表　　　　表11-24

（单位：万元）

| 序号 | 项目 | 2018年 | 2019年 | 2020年 | 2021年 | …… | 2036年 | 2037年 |
|---|---|---|---|---|---|---|---|---|
| 1 | 营业收入 | 0 | 0 | 1071 | 1175 |  | 2439 | 2435 |
| 2 | 增值税金及附加 | 0 | 0 | 0 |  |  |  |  |
| 3 | 总成本费用 | 0 | 0 | 8306 | 8201 |  | 7355 | 7139 |
| 4 | 补贴收入 | 0 | 0 | 7217 | 7106 |  | 7290 | 7290 |
| 5 | 利润总额（1-2-3+4） | 0 | 0 | -18 | 80 |  | 2374 | 2586 |
| 6 | 弥补以前年度亏损 | 0 | 0 | 0 | 18 |  |  |  |
| 7 | 应纳税所得额 | 0 | 0 | -18 | 62 |  | 2374 | 2586 |
| 8 | 所得税25% | 0 | 0 | 0 | 16 |  | 593 | 646 |
| 9 | 净利润 | 0 | 0 | -18 | 47 |  | 1780 | 1939 |

（二）社会效益

（1）完善农村饮水提质增效工程和提升居民幸福度。长期以来，村镇供水水源基本为地下水，很多农村都存在着水的含氟量超标，水量供应不足，以及供水时间不固定等问题，项目实施后，实现了农村供水城市化和城乡供水一体化，提高了农村饮水质量，让农村居民喝上放心水，实现由原来的"定时供水"向"24小时供水"的转变，改善了广大农村居民的物质生活水平和健康水平，促进农村精神文明建设和农村稳定大局，推动农村经济的快速发展和农村社会化体系的建设，充分体现出社会主义制度的优越性，有利于国家的经济建设和社会的可持续发展。

（2）提升区域形象和建立资源节约型城市。水资源短缺和水质不达标已成为目前城市水资源可持续利用的重大问题，水环境问题已经引起各级政府和领导的高度重视。BD区农村饮水提质增效工程的实施，节省远距离运水的人力、物力、财力费用，解放了农村劳动力，具有节水、省工等社会效益，有利于BD区经济社会的可持续发展。BD区城市建设处于快速发展阶段，区委、区政府高度重视民生工程建设，各乡镇及相关职能部门通力合作，积极与项目对接，做好各方协调，为工程建设提供了保障。

（三）环境效益

（1）有利于改善生态环境。本工程实施后，水质的保证既保障了农民的身体健康，又可以涵养地下水源，优化水土结构，改善田间小气候条件，使经济林木和农作物得到良好发展；工程完成后，供水能力、供水保证率的提高，不仅实现了平原区农村联片管网集中供水，而且新建地表水厂，合理运用现状地表水，供水水源由地下改为地上，使有限的水资源得到合理的管理与调配，区域内水资源综合调度，能够缓解当地水资源供需矛盾；同时减少自备井对地下水的无序开采，有利于保护水资源，实现水资源的可持续开发利用。为村内的美化绿化提供了水的保证，从而能够绿化、美化环境，改善生态环境。

（2）有利于提高社会环境供水水平。本工程的实施，为区域内供水系统的一体化管理奠定基础，将改善居民生活用水现状，大幅度提高供水保证率，供水工程将在水量、水质、水压、水费及服务等方面得到提高。

（四）推广价值

（1）据查政府和社会资本合作中心PPP项目库，供水类PPP项目多为水厂以及城市管网类，关于农村供水管网PPP项目较少，并且TJ地区无可借鉴案例。作为TJ地区第一个农村村内供水管网建设PPP项目，运营维护范围仅限村内供水管网，相较于财政部PPP项目库中广泛的水厂加管网模式有很大程度上的区别，加之，本项目服务对象为BD区农村居民，相较于城镇居民对于生活用水水量的需求较小，且收费价格不宜过高，项目采用PPP模式于行业而言具有很强的行业示范性，同时对于TJ地区开展农村供水设施建设提供了新思路。

（2）FY工程咨询有限公司积累了供水类PPP项目咨询服务的经验，从PPP项目物有所值评价编制、财政承受能力论证编制、项目实施方案编制、PPP项目社会资本采购到PPP项目合同拟定，另附加运营期绩效考核，是较为全面的PPP项目咨询服务内容，具有一定的参考性和借鉴性；同时项目组织结构完整，工作职责明确；服务内容全面；管理措施合理、有效；操作程序规范，符合PPP政策相关要求，尤其是PPP项目实施方案和PPP项目合同内容结合项目特点和难点设计，包括回报机制的设计、绩效考核方案设计、项目整体打包设计、限制原始股东股权转让等，项目被评为"2020年度TJ市工程咨询协会优秀咨询一级成果"及"2020年度全国优秀工程咨询成果奖"。FY工程咨询有限公司锻炼了团队、提升了咨询服务能力，为后续开展类似项目咨询奠定了基础。

## 六、思考总结

PPP模式在运作过程中涉及的部门（内部和外部）相对较多；知识领域相对广泛，产业、政策、投融资等都有所涉及；项目的整个过程复杂漫长，政府部门或者社会资本本身可能并不具备实施管理工程项目的经验和相应的人才。FY工程咨询有限公司在咨询服务过程中以"策划先行"理念为核心，组建项目组，组内配备招标、工程、采购、法律、财务等各方面专业人员，根据咨询服务范围进行人员精确分工服务内容，提高项目决策的科学性、项目管理的专业性和项目实施的有效性。

（1）项目识别阶段

随着新型城镇化建设的不断推进，基础设施与公共服务领域的市场化范围正逐步扩大，以片区整体打包推行PPP模式成为重要方向，这类项目有投资规模大、建设周期长、影响因素众多等主要特征，极大地考验着决策者的综合决策能力。FY工程咨询有限公司在项目识别阶段的关键性问题就是如何科学遴选项目，并对计划开发项目开展必要的前期工作，防止项目日后难以落地。

一是，项目进行需求分析。根据区域内供水水厂、农村供水现状及其他区域供水实践实地考察确定功能定位、发展需求、主要目标，收集相关资料、量化供水价格，为保障PPP项目的顺利开展及编写其他文件提供数据参考。

二是，结合"两评"对采用PPP模式必要性和政府自身综合能力做出决策。物有所值评价是在通过定性评价基础上创新性定量评价分析，谨慎取值相关参数，帮助政府进行科学决策，实现资金效用最大化，促进公共产品和服务的提质增效；财政承受能力论证主要通过测算财政支出以及均衡性评估，采用优化测算公式和制定顺应本区域经济发展状况的预测方法，严控财政支出上限，控制财政风险，合理统筹财政年度预算及中期财政规划，保障了项目的建设、运营具有可持续性。

（2）项目准备阶段

项目实施方案作为"两评"的结果性文件，FY工程咨询有限公司编制时对项目运作方式、融资结构、采购方式、风险分配框架、监管架构和财务测算数据等根据项目实际情况进行策划，明确了经济技术指标、经营服务标准、投资回报方式、价格确定及调价方式、财政补贴等核心事项，编制严谨科学、合理有效，可作为PPP项目的执行方案。

（3）项目采购阶段

在采购阶段，FY工程咨询有限公司具备自身擅长、有经验的工作内容，即招标过程采购文件的编制，主要包括资格预审文件、招标文件、评标文件、项目合同草案文本等的编制和起草工作。与非PPP项目不同，竞价标的的设置，即投资额和财务指标要体现政府的采购需求又需兼顾社会效益；PPP项目评审细则应着重说明：财务方案（含融资方案）和法律方案的评审细则；在起草招标文件时，对项目的实质性要求和条件，即合同的"四大边界条件"进行准确界定，如明确规定设施项目交付期限和提供服务的时间、明确规定政企双方权利义务、明确规定是否允许价格调整及调整方法、明确规定合理的风险分配原则、明确提前终止的事由及处理机制等。作为政府和社会资本沟通的桥梁，FY工程咨询有限公司拟定PPP项目合同更是体现了第三方专业机构前期合同文本策划和后期谈判协调能力。

（4）项目执行阶段

绩效考核是PPP项目中政府向社会资本付费的主要依据，是评价社会资本提供公共服务质量及效率的依据，是PPP项目中利益和风险分配的核心。本项目为可行性缺口补助项目，绩效考核采用"可用性+绩效付费"的回报机制，FY工程咨询有限公司制定的评价指标体系不仅包括指标框架，还包括指标权重及评价标准，设置有针对性的个性指标，体现了投资回报与项目服务水平和服务绩效相匹配。根据本项目功能、目标要求、边界条件、技术参数，以数据为基础，对大量项目合同中履约条款的识别和汇总，整理不同类型、不同区域、不同行业的项目履约条款中的绩效要求，运用科学合理的绩效评价指标和评价方法，优化履约绩效考核方法，确保预算政府支出的经济性、效率性、效益性。

# 第十二章 以"施工阶段项目管理"为核心的某金融区新金融工程项目全过程工程咨询

## 一、项目概况

某金融区项目由T市某投资有限责任公司投资兴建,共分为9个地块,分别由T市某投资有限责任公司的七家全资子公司投资建设,由03-11地块、03-14地块、03-15地块、03-16地块、03-18地块、03-21地块、03-22地块、03-26地块、03-30地块工程等共同组成。

(一)某金融区03-11地块工程

项目性质为公建,投资额约6.8亿元,建筑面积为119952$m^2$,其中能源中心建筑面积为9952$m^2$,结构形式为框架结构,地下2层(含部分夹层)、地上1层;公共配套(地下车库)建筑面积110000$m^2$,结构形式为框架结构,地下4层,地上1层(地上楼梯间)。软土地区深基坑,基坑面积约为31100$m^2$,基坑周长793m,基坑开挖深度17.3~18.1m。

(二)某金融区03-14地块工程

主体结构形式为框架剪力墙结构,地下3层、地上31层,总建筑面积107125$m^2$,其中地上80153$m^2$、地下26972$m^2$;建筑基底面积6153.7$m^2$;建筑层数和建筑高度分别为31层和142.45m;投资额约5.78亿元。

其中6~29层设计为公共办公区,30、31层为招商中心,8层为T市自贸区管委会,裙房1~4层为T市BH区行政审批中心,地下1~3层为地下停车场(图12-1)。

【点评】 新金融项目难点——建设规模大,工期严峻,施工的难度和风险较大。设计质量要求高,参建单位多。

难点一:建设规模大,工期严峻。项目总建筑面积达227077$m^2$,而03-11地

图12-1 规划效果图

块工程的合同工期仅16个月,03-14地块工程的合同工期为21个月。

难点二:施工难度大,风险高。03-11地块工程为纯地下结构,基坑面积大,开挖深度最深为18.1m,属于超深基坑,支护难度大,而施工场地狭小,地理环境复杂,对土方开挖的进度控制和安全管理提出了较高要求。

难点三:设计质量要求高。本项目定位于国家级金融商务中心,建筑品质应具备国际标准,建成后将成为T市的标志性建筑群。

难点四:参建单位数量多。两个项目的施工单位达到15家,分包单位共有12家,管理难度大,对组织整合和工作协调能力要求高,需串联建设涉及的所有部门,对操作流程进行完善,重视每个步骤的发展,将所有步骤视作有机整体。

## 二、咨询服务范围

FY工程咨询有限公司受建设单位委托,主要提供了设计与技术管理、现场施工管理、工程验收、保修期管理等咨询服务。

(1)设计与技术管理:主要包括配合建设单位完成主体的施工图、专业顾问设计图纸审核及进度协调等。

(2)现场施工管理:主要包括进度控制、投资管理、文明施工及现场安全管理、合同管理、信息管理、现场协调管理等。

(3)工程验收:主要包括组织相关分项验收,协助建设单位牵头组织竣工验收。

(4)保修期管理:同时督促监理单位、总包单位及相关专业分包单位履行保修期内职责。

【经验总结】 借助全过程工程咨询服务模式，实现资源整合。

以施工阶段为核心开展项目管理工作，统筹协调各类参建单位的优势资源。由于参建单位多，组织协调工作量大，本项目采用了全过程工程咨询管理模式。

观点支持：巨志剑，师永健，刘涛（中国市政工程西北设计研究院有限公司），建筑经济，2020，《全过程工程咨询之实践与思考》一文提及全过程工程咨询由于采取了一家单位对全过程负责的模式，项目建设的目标得到了最大程度的统一，从而引导各级分包单位与供货商按照咨询统一的技术条件实施，避免了传统模式下分包零散、管理层级多、合作协调难度大的缺点。

《关于推进全过程工程咨询服务发展的指导意见》（发改投资〔2019〕515号）文件提出："在房屋建筑、市政基础设施等工程建设中，鼓励建设单位委托咨询单位提供招标代理、勘察、设计、监理、造价、项目管理等全过程咨询服务。"其中，项目管理主要包括合同管理、投资管理、安全生产管理、收尾管理等。根据上文论述的咨询服务业务范围可见，FY工程咨询有限公司承担总咨询协调方，按照合同约定，主要为本项目的施工阶段提供了项目管理咨询服务。

## 三、咨询服务组织建设

（一）组织模式

建设单位通过公开招标的形式确定了FY工程咨询有限公司为本项目的项目管理单位，FY工程咨询有限公司项目管理分公司新金融项目部组建了项目管理组织机构，组织机构如图12-2所示。

（二）职责分工

合约负责人的工作职责主要包括：参加合同条款特别是专用条款与补充条款的审查，对各参建方合同履约情况进行考核等。

进度负责人的工作职责主要包括：项目的工期管理、组织编制总工期计划并组织实施、检查计划执行情况等。

设计负责人的工作职责主要包括：施工图设计管理服务、设计变更控制等。

质量负责人的工作职责主要包括：协调施工现场出现的质量问题等。

信息负责人的工作职责主要包括：项目各阶段的信息档案资料和项目移交工作的管理等。

【经验总结】 策划先行，组建适配的组织架构，保障项目的顺利开展。

构建项目组织模式，明晰各方职责和业务内容。FY工程咨询有限公司结合

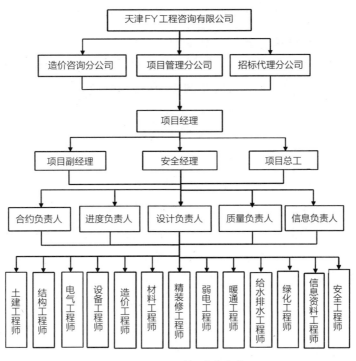

图 12-2 项目管理组织机构

项目特点和咨询服务范围开展前期策划,进行了工程咨询组织的设计工作,采用本书中第一篇(第四章第一节)提到的组织结构图这一策划工具,建立项目管理组织机构,充分发挥了一体化服务优势。按照合约组、进度组、设计组、质量组、信息组的构架进行部署,根据项目实施和专业技术要求配备了专业咨询人员对本项目进行合约造价管理、施工现场协调、信息档案资料管理等。健全的项目管理组织机构和明确的职责要求极大地提高了服务质量和项目品质,为本项目的顺利开展打下坚实基础。

观点支持:《关于推进全过程工程咨询服务发展的指导意见》(发改投资〔2019〕515号)文件指出:"全过程工程咨询单位应当建立与其咨询业务相适应的专业部门及组织机构,配备结构合理的专业咨询人员,提升核心竞争力,培育综合性多元化服务及系统性问题一站式整合服务能力。"

## 四、咨询服务运作过程

(一)设计管理

**1. 施工图设计**

FY工程咨询有限公司协助、配合建设单位设计完成主体的施工图,主要进行设计协调管理，确保该施工图设计全面完整。

### 2.组织设计交底与图纸会审

为使施工单位等工程项目各参与方充分了解设计意图和对设计图纸中出现的质量等问题，在施工前及时解决施工图中问题，进行修正变更，由FY工程咨询有限公司协助建设单位组织设计单位、总包单位、监理单位共同进行设计交底与图纸会审。

**【改进余地】** 扩大设计管理的工作范围。

全过程工程咨询模式下的设计管理涵盖项目建设全过程，从项目决策、方案设计到整个施工过程，并延伸到竣工验收等阶段，着眼于设计价值的创造。然而受到五方责任主体相对割裂、专业能力等因素的影响，传统项目管理单位对项目决策和设计阶段缺少有效的控制与协调。在本项目中，FY工程咨询有限公司的设计管理侧重于施工阶段，发挥了协助、配合的作用，对设计管理的重视程度不足。设计管理工作贯穿于项目的全过程，重视设计管理对整个项目的质量、投资、进度控制等均有着积极的影响，因此FY工程咨询有限公司要向技术加管理方向发展，以便促进项目价值目标的实现。

观点支持：(1) 闫学良、常彬杰（北京低碳清洁能源研究院），项目管理技术，2020，《业主方的建设工程项目设计管理》文中指出，当前，业主方建设工程项目管理的重心主要在施工管理，对设计管理的重视不够。设计管理工作在整个项目中的指导作用弱化，导致项目在执行过程中存在较多问题，包括项目设计成果质量不高、存在使用方意见未充分体现、各专业衔接不清冲突较多、施工图与现场不对应等，造成工程实施阶段形成大量的变更、洽商甚至返工等，影响工程质量目标的控制。(2) 杨学英（上海建科工程咨询有限公司），工程经济，2019，《全过程工程咨询模式下的设计管理研究》文中提及设计管理应贯穿整个项目建设的全过程，除了设计阶段的管理工作以外，在项目的前期策划、现场施工配合、项目收尾和运营过程都需要参与，以此减少和避免错漏碰缺等问题。

## （二）合同管理

### 1.审核合同条款

依据招标文件、中标通知书等审核合同条款，就合同中的专用条款内容与施工单位达成一致后报建设单位审批。

### 2.协商修改内容

施工单位合同修改内容达成一致后报送建设单位继续合同审核，合同审批会签表如图12-3所示。

合同审批会签表

（指挥部）

合同编号

| | | | |
|---|---|---|---|
| 指挥部名称 | 楼宇指挥部 | 经办人员 | |
| 合同名称（附合同文本） | 金融区起步区 03-14 地块施工总承包合同补充协议（低区电梯提前用梯） | | |
| 合同方 | 建筑工程有限公司 | | |
| 指挥部意见：<br>签署/日期： 2015.1027 | | | |
| 合同预算部意见：<br>签署/日期： 1027 | | | |
| 审计部意见：<br>签署/日期： | | | |
| 财务资金部意见：<br>签署/日期： | | | |
| 法务风控部意见：<br>签署/日期： | | | |
| 分管副总意见：<br>签署/日期： | | | |
| 总经理意见：<br>签署/日期： | | | |
| 董事长意见：<br>签署/日期： | | | |

图12-3　各方合同审批会签表

### 3.建立合同管理目录

建立合同管理体系，配合协调合同履约过程中设计单位、监理单位、施工单位、设备材料供应单位及其他相关部门的关系，在公开、公正、公平的基础上维护各方的合法权益。负责组织协调设计会审、设计文件的报批及设计交底；对重大设计变更和工程变更实施监控；配合确认合同价款的支付条件，对各种合同违约行为进行调查。负责解释合同条款，处理合同纠纷，解决合同争议，判定合同的生效、终止和失效条件。

### 4.建立合同台账

建立合同进展情况表、合同台账，并及时将合同进展、合同争议、特殊事件等进行了特殊说明，如图12-4和图12-5所示。

### 5.管理合同资料

合同签订过程中督促施工单位进行合同的盖章手续，合同签订完成后，扫描存档。合同汇总表如表12-1所示。

## 合同签订情况跟踪表

| 序号 | 合同名称 | 目前进展情况 | 备注 |
|---|---|---|---|
| 1 | 遮阳帘合同 | 合同签署完成 | |
| 2 | 总包补充协议（燃气地下调压箱） | 2015.07.20合同签署完成 | |
| 3 | 幕墙解除协议及重新签订三方合同 | 2015.07.10合同签署完成 | 有两份原件 |
| 4 | 智能照明系统补充协议 | 合同签署完成 | |
| 5 | 消防电梯临时用梯补充协议(X1X2) | 合同签署完成 | |
| 6 | 中庭钢结构补充协议 | 2015.06.24合同签署完成 | 有两份原件 |
| 7 | 中庭钢结构监测合同 | 2015.06.12合同签署完成 | 存一份原件 |
| 8 | 电梯改造及装饰合同（两方合同） | 2015.06.15合同签署完成 | 存两份原件 |
| 9 | 总包补充协议（通风空调三） | 2015.06.15合同签署完成 | |
| 10 | 总包补充协议（旋转门采购与安装工程） | 2015.06.15合同签署完成 | |
| 11 | 行政审批中心家具采购及安装合同 | 2015.07.03合同签署完成 | |
| 12 | 行政审批中心LED采购及安装合同 | 2015.07.13合同签署完成 | |
| 13 | 行政审批中心监理合同 | 2015.07.28合同签署完毕 | |
| 14 | 招商中心精装修工程合同 | 2015.08.22履行甲方审批流程—废止（进行公开招标） | 废止重新招标 |
| 15 | 扶梯采购补充协议 | 2015.08.17合同签署完成 | 存两份原件 |
| 16 | 扶梯安装合同 | 2015.08.25合同签署完成 | 存两份原件 |
| 17 | 行政审批中心精装修（一标段）合同 | 2015.10.20合同签署完成 | 存两份原件 |

图12-4 合同签订情况

金额单位：元

| 序号 | 合同编号 | 签订单位 | 合同名称 | 合同起止时间 | 合同金额 | 备注 |
|---|---|---|---|---|---|---|
| | 03-14地块-htys-2010-022-613 | 开发有限责任公司 筑工程有限公司 | 03-14地块施工总承包合同 | 2010-09-06至 2012-05-31 | 577672859 | |
| | 03-14地块-htys-2010-022-613(BC-01) | 开发有限责任公司 资担保有限公司 | 03-14地块工程施工总承包合同业主支付委托担保合同 | | 30809 | |
| | 03-14地块-htys-2010-022-613(BC-02) | 开发有限责任公司 资担保有限公司 | 03-14地块工程施工总承包合同业主支付委托担保合同 | | 15000 | |
| | 03-14地块-htys-2010-022-613(BC-03) | 开发有限责任公司 工程有限公司 | 03-14地块施工总承包合同补充协议 | | 567225220 | 从原合同中扣除配电箱、水泵等价款后重新约定合同额 |
| | 03-14地块-htys-2010-022-613(BC-04) | 开发有限责任公司 工程有限公司 | 总包补充协议（空调工程） | 2013-06-10至 2014-12-31 | 31488125 | 原为暂定金额在总包合同中，此次重新约定空调工程合同金额 |
| | 03-14地块-htys-2010-022-613(BC-05) | 开发有限责任公司 工程有限公司 | 总包补充协议（自行完成工程） | 2012-06-01至 2014-12-31 | 567225220 | 合同延期及相关条款变更，并约定总包自行完成合同额为207422693元 |
| | 03-14地块-htys-2010-022-613(BC-06) | 开发有限责任公司 工程有限公司 | 总包补充协议（弱电桥架） | 2014-08-10至 2014-12-31 | 2091600 | |
| | 03-14地块-htys-2010-022-613(BC-07) | 开发有限责任公司 工程有限公司 | 总包补充协议（空调界面变更） | 2014-07-01至 2014-10-01 | 5626460 | 原空调工程合同扣减410112元，第二次空调合同新增6036572元，本次合同约定合同增加值5626460 |

图12-5 2016合同台/账（示例）

03-11地块合同汇总表　　　　　　　　　　　　　　　表12-1

| 序号 | 合同名称 | 签订合同单位 | 合同内容 |
|---|---|---|---|
| 1 | 项目管理委托合同 | FY工程咨询有限公司 | 项目管理服务 |
| 2 | T市建设工程委托监理合同 | 监理公司 | 监理 |
| 3 | T市建设工程施工合同 | 总包单位 | 工程总承包 |
| …… | …… | …… | …… |
| 12 | 电梯采购与安装工程——电梯设备采购合同 | 电梯安装单位 | 电梯设备采购 |
| 13 | 电梯采购与安装工程——电梯安装合同 | | 电梯安装 |
| 14 | 电梯采购与安装工程——电梯装修合同 | | 电梯装修 |
| 15 | 配电箱设备采购合同 | 配电箱供货单位 | 配电箱采购 |
| 16 | 人防工程质量检测合同 | 人防工程质量检测单位 | 人防工程质量检测 |
| 17 | 人防设备安装工程合同 | 总包单位 | 人防设备安装 |
| 18 | 10kV变电站施工合同 | 10kV变电站施工单位 | 10kV变电站施工 |
| 19 | 沉降观测合同 | 沉降观测单位 | 沉降观测 |
| 20 | 人防工程质量检测委托合同（补充协议） | 人防工程质量检测单位 | 人防工程质量检测 |

续表

| 序号 | 合同名称 | 签订合同单位 | 合同内容 |
|---|---|---|---|
| 21 | 10kV进线委托合同（补充协议） | 10kV变电站施工单位 | 10kV变电站进线 |
| 22 | 10kV火灾报警模块委托合同（补充协议） | 总包单位 | 10kV火灾报警模块 |
| 23 | 10kV二次线缆深化设计委托合同（补充协议） | | 10kV二次线缆深化设计 |
| 24 | 弱电工程三方协议 | 总包单位<br>弱电智能化施工单位 | 弱电工程 |
| 25 | 变电站运行维护 | 变电站运维单位 | 变电站运行维护 |
| 26 | 幕墙工程三方协议 | 总包单位<br>出地面构筑物幕墙施工单位 | 幕墙工程 |

【经验总结】 组织与策划并举，保障合同的规范履行。

组织整合，减少合同争议。合同管理涉及工程建设的诸多方面，它与工程建设全过程中的每个环节紧密相连。工程建设活动中的"进度管理、投资管理、质量管理、安全管理"都是在合同约束下进行的，通过有效的合同管理也能进一步对本项目的进度、投资、安全进行控制。由于本项目分包单位较多，FY工程咨询有限公司从合同订立前与合同订立后两部分对合同的履行实施了全过程管理。在合同订立前，FY工程咨询有限公司重点关注合同内容，重视合同界面的划分。按管理制度逐级审核和会签，从流程上控制合同的订立，就合同修改内容与总包及专业分包单位协商，为履行合同打好基础。

策划先行，动态监控合同的履行。在项目施工过程中，FY工程咨询有限公司强调事中的"动态性"管理，以策划先行理念为核心，采用本书在第一篇（第四章第一节）论述的总体策划常用工具：台账管理，建立了健全的合同管理体系和合同台账，展现合同履行情况进行动态管控和纠偏，动态反映合同的履约情况。

观点支持：(1) 谭旭萍（广西建工集团基础建设有限公司），中国住宅建设，2020，《论述合同管理在建筑工程建设管理中的应用》一文论述了在合同交底后，相应合同管理人员同样也需要在合同履行方面具备较高精细化意识，要求严格按照各个条款的要求规范履约，杜绝任何违约现象。(2) 梁文国（东北财经大学网络教育学院），财经问题研究，2014，《我国工程项目合同管理研究》一文提出了加强工程项目合同管理的对策，跟踪合同实施情况。在工程实施过程中，由于实际情况的复杂性，可能导致合同实施与预定目标偏离。这就需要合同实施情况跟踪，以便尽早发现并纠正偏离。

**【改进余地】** 从程序和技术两方面优化合同管理。

总结合同管理经验，使合同管理程序完整化。《江苏省全过程工程咨询服务导则（试行）》提出的合同管理程序中还包括合同管理总结。因此FY工程咨询有限公司可根据《江苏省全过程工程咨询服务导则（试行）》的要求进行项目合同管理评价，总结合同订立和执行过程中的经验和教训，提出总结报告。

利用现代信息技术辅助合同管理，规避合同管理风险。在当今大数据时代的背景下，FY工程咨询有限公司可以采用信息化管理方法规划已有信息，能够避免人为因素的影响，从而提高建设工程合同管理质量效果，并且能全面了解到合同管理的过程。

## （三）进度管理

### 1.制定进度计划

在项目施工过程中，FY工程咨询有限公司建立了三级进度计划控制系统，如图12-6所示。

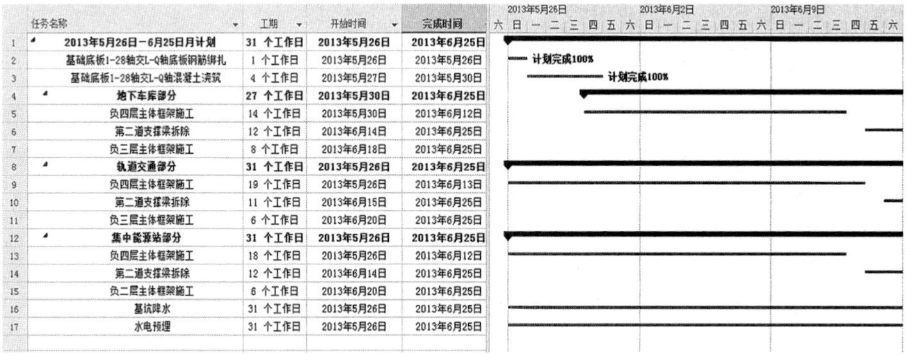

| | 任务名称 | 工期 | 开始时间 | 完成时间 |
|---|---|---|---|---|
| 1 | 2013年5月26日－6月25日月计划 | 31 个工作日 | 2013年5月26日 | 2013年6月25日 |
| 2 | 基础底板1-28轴交L-Q轴底板钢筋绑扎 | 1 个工作日 | 2013年5月26日 | 2013年5月26日 |
| 3 | 基础底板1-28轴交L-Q轴混凝土浇筑 | 4 个工作日 | 2013年5月27日 | 2013年5月30日 |
| 4 | 地下车库部分 | 27 个工作日 | 2013年5月30日 | 2013年6月25日 |
| 5 | 负四层主体框架施工 | 14 个工作日 | 2013年5月30日 | 2013年6月12日 |
| 6 | 第二道支撑梁拆除 | 12 个工作日 | 2013年6月14日 | 2013年6月25日 |
| 7 | 负三层主体框架施工 | 8 个工作日 | 2013年6月18日 | 2013年6月25日 |
| 8 | 轨道交通部分 | 31 个工作日 | 2013年5月26日 | 2013年6月25日 |
| 9 | 负四层主体框架施工 | 19 个工作日 | 2013年5月26日 | 2013年6月13日 |
| 10 | 第二道支撑梁拆除 | 11 个工作日 | 2013年6月15日 | 2013年6月25日 |
| 11 | 负三层主体框架施工 | 6 个工作日 | 2013年6月20日 | 2013年6月25日 |
| 12 | 集中能源站部分 | 31 个工作日 | 2013年5月26日 | 2013年6月25日 |
| 13 | 负四层主体框架施工 | 18 个工作日 | 2013年5月26日 | 2013年6月12日 |
| 14 | 第二道支撑梁拆除 | 12 个工作日 | 2013年6月14日 | 2013年6月25日 |
| 15 | 负二层主体框架施工 | 6 个工作日 | 2013年6月20日 | 2013年6月25日 |
| 16 | 基坑降水 | 31 个工作日 | 2013年5月26日 | 2013年6月25日 |
| 17 | 水电预埋 | 31 个工作日 | 2013年5月26日 | 2013年6月25日 |



图12-6　03-11地块月进度计划

### 2.召开日例会

在主体施工阶段每日下午组织监理、总包及劳务分包队伍召开施工进度日例会，会上听取施工单位本日施工完成情况及明日工作计划情况汇报，并到现场复核工作完成情况，会后出具会议纪要。

### 3.召开进度协调会

定期组织总包及各专业承包单位召开施工进度协调会，对现场发生的交叉施工存在的问题进行协调解决。

### 4.建立奖惩措施

奖励措施：在保质保量超前完成工期且现场安全文明施工较好的单位将对其进行通报表扬并视情况给予现金或物质奖励，奖金由建设单位从结余罚金中支出。

惩罚措施：监理、FY工程咨询有限公司对比分析各单位施工计划完成情况，对首次工期滞后的单位进行警告和通报处理。若持续出现滞后情况，依据滞后程度决定对周计划工期滞后单位处以500～1000元的罚金，对月计划工期滞后单位处5000～10000元的罚金；如屡次未完成计划节点则对其罚金加倍。

### 5. 制定进度考核检查表

在主体施工阶段每周、每月由现场专业工程师、项目经理共同检查施工进度完成情况，出具周、月进度定期检查表，如表12-2和表12-3所示。

周进度定期检查表（示例）　　　　　　　表12-2

工程名称：某金融区03-11地块工程　　　　　　　　　编号：JC20150104

| 检查周期 | 2014年12月29日至2015年1月4日 | | |
|---|---|---|---|
| 检查人员 | | | |
| 施工部位及内容 | 地下车库配电箱安装施工，累计完成75% | 与周进度计划比较（提前/滞后） | 滞后 |
| | 地下车库出屋面楼梯间钢结构施工，累计完成90% | | 滞后 |
| | 地下车库出屋面电梯间砌筑，累计完成100% | | 滞后 |
| | 地下车库负一层消防管道保温安装，累计完成100% | | 滞后 |
| 原因分析 | 1. 由于XS环能公司不能提供相应条件，导致能源中心部分土建、机电工程施工内容无法进行；<br>2. 地下车库精装修方案及交工标准确定进度十分缓慢，导致总包单位无法进行后续土建相关施工；<br>3. 部分设计变更文件落实进度较缓慢；<br>4. 常规机电设备采购受资金压力影响；<br>5. 消防、人防分包单位工程款垫付能力不足，无法进行设备采购 | | |
| 应对措施 | 1. 总包单位根据现场实际情况应尽可能合理利用好人力、物力、财力等资源，合理安排工序；<br>2. 总包单位应该充分协调好各专业施工单位，针对施工进度问题定期进行汇报，定期对每日实际施工进度与计划进度进行核查校对，出现偏差及时纠正；<br>3. 积极协调督促设计单位及时解决图纸中存在的疑问问题；<br>4. 加强现场施工过程中安全文明施工管理工作，要求总包单位在确保质量安全的前提下追赶工程进度；<br>5. 协调相关方尽快确定地下车库精装修方案及电梯内部装修做法，为既定进度目标做好铺垫 | | |

编制：　　　　　　审核：

FY工程咨询有限公司

第二十项目部

针对施工过程中现场施工单位不能满足进度要求时，现场专业工程师上报项目经理出具相关进度联系单，如表12-4所示，并下发给相应的施工单位，督促其加快现场施工进度。

## 月进度定期检查表（示例）

表12-3

工程名称：某金融区03-11地块工程　　　　　　　　　　　编号：Y-JC20141225

| 检查周期 | 2014年11月26日至2014年12月25日 | | |
|---|---|---|---|
| 检查人员 | | | |
| 施工部位及内容 | 地下车库防火门安装 | 进度比较（提前/滞后） | 滞后 |
| | 地下车库配电箱安装 | | 滞后 |
| | 地下车库出屋面钢结构 | | 滞后 |
| 原因分析 | 1.总包单位对工期形势认识不足且有多工种交叉作业情况，导致个别工序倒置；<br>2.总包单位自身原因——防火门不能及时进场，导致各功能房间地砖施工不能展开；<br>3.施工单位在施工过程中个别工序未按照规范及设计图纸要求进行施工，造成返工现象；<br>4.车库出屋面坡道、风井、电梯前室等相关变更图纸下发缓慢；<br>5.由于XS环能公司不能提供相应条件，导致能源中心部分工程无法展开施工；<br>6.弱电设计单位迟迟不能确定，相关施工无法展开；<br>7.地下车库精装修方案及交工标准确定进度十分缓慢，导致总包单位无法进行后续土建相关施工；<br>8.总包、分包单位垫付工程款能力不足，常规机电、消防、人防设备采购进度缓慢；<br>9.10kV变电站施工单位TBH电力有限公司随意性较大，不能及时进场展开施工 | | |
| 应对措施 | 1.总包单位应尽可能合理利用好人力、物力、财力等资源，合理安排工序，避免交叉作业；<br>2.总包单位尚应针对施工进度定期进行汇报，定期对每日实际施工进度与计划进度进行核查校对，出现偏差及时纠正；<br>3.督促10kV变电站施工单位抓紧协调供货单位进行图纸深化设计并与总包单位针对现场实际施工情况进行沟通，尽快进场展开施工；<br>4.督促总包单位抓紧进行出屋面楼梯间钢结构施工，切勿延误电梯设备进场安装；<br>5.现场参建各方应注重与相邻地块的沟通协调工作，为现场施工提供便利条件；<br>6.总包单位应加强与各分包单位之间沟通交流，仔细核对施工图纸，提前解决各类技术问题以免造成不必要的返工现象；<br>7.加强现场施工过程中安全文明施工管理工作，要求总包单位在确保质量安全的前提下追赶工程进度；<br>8.建设单位相关部门应积极协调督促设计单位及时解决图纸中存在的疑问问题；<br>9.建设单位相关部门应尽快确定地下车库精装修方案为既定进度目标做好铺垫 | | |

编制：　　　　　　　　　　　审核：

FY工程咨询有限公司

第二十项目部

### 6.管理基坑施工的进度

03-11地块工程基坑面积大，开挖深度深，土方开挖总量约60万$m^3$。为保证土方开挖进度，FY工程咨询有限公司要求土方开挖单位编制详细的土方开挖方案，确保现场有足够的施工机械，土方开挖方案编制完成后由施工单位技术负责人进行审核，审核无误后送至监理单位进行审核，最后送至FY工程咨询有限公司进行审核，并将审核后的施工方案送至建设单位业主代表。

项目管理联系单（示例） 表12-4

工程名称：某金融区03-11地块工程　　　　　　　　　　　　　　　　　　　　编号：SG-029

### 关于加快施工进度事宜

致：总包单位

　　目前，在贵司项目部管理核心共同努力下，克服种种困难，现场施工进度有一定改观。为了满足建设单位制定的工程建设（楼宇工程）总控计划及任务分解之03-11项目节点工期要求，同时根据以下两次会议：

　　1.建设单位于2013年1月8日主持召开的关于某金融区XH路车行系统及共同沟工程施工安排事宜会议；

　　2.2013年1月10日，建设单位业主代表给施工单位相关领导召开的关于加快施工进度方面的座谈会；

　　根据以上两次会议精神要求，同时结合现场实际施工情况，现要求贵单位于2013年1月20日开始基坑第三步土方开挖工作，年前至少完成至第三步土方量的40%。请贵单位从即日起精心组织，严格按照规范及设计要求以及施工组织设计内容，合理安排工序，抓住关键线路，增加劳动力及施工机械，确保材料供应，进一步加快基坑第二道支撑体系钢筋加工、安装、模板支撑、混凝土浇筑以及保温养护等工作，同时加强施工过程管理，严格执行三检制，杜绝出现返工现象，保证施工进度满足新金融公司总控计划要求。

抄送：监理单位

编制（签字）：

审核（签字）

2013年1月10日

| 建设单位 | 签字 | 监理单位 | 签字 | 施工单位 | 签字 |
|---|---|---|---|---|---|
| | 日期 | | 日期 | | 日期 |

FY工程咨询有限公司

第二十项目部

【经验总结】　策划先行，规划与控制措施双管齐下。组织整合，协同信息，为信息传递提速。

　　制定进度规划和进度控制措施。建设规模大，工期紧张是本项目的主要难点之一，因此FY工程咨询有限公司依照PDCA循环管理原则，即进度计划表的编制（Plan）、进度的管控（Do）、进度的差异性检查（Check）、进度纠偏（Action），对项目过程实行动态管理、循环建设。在进度规划方面，施工过程中，FY工程咨询有限公司以策划先行理念为核心，采用本书在第一篇（第四章第一节）提到的甘特图策划工具来制定月进度计划，形成直观的项目进度计划控制体系，以节点计划的落实，保证总体计划的实现。在进度控制方面，FY工程咨询有限公司遵循动态控制原理，定期跟踪与检查进度计划的执行情况，实时跟进工程动态，对实际进度与计划进度进行对比分析，发现问题后，及时采取措施加以解决，并设定了工期奖惩措施提高施工单位进度控制的积极性。此外，由于基坑工程存在工程量大、工期长等诸多问题，而本项目工期紧张，为了控制土方开挖进度，FY工程咨询有限公司通过提前策划，合理规划各道工序，在不同施工工序间进行合理的穿插施工并组织平行施工，同时制定针对性的保护措施以及应急预案，使基坑土方开挖如期完成。

观点支持：闫媚媚（山东大学硕士学位论文），2020，《T酒店建设工程项目进度管理研究》一文提及进度管理可以依据工程项目的总体工期目标，采用科学的方法编制合理的项目进度计划，并在进度计划实施过程中进行实时监测，发现实际进度与计划进度有偏差时，通过甘特图、增值分析、帕累托图等研究方法，找出成本和质量等因素对进度的影响，然后遵循PDCA循环，对原有的计划进行有效调整，再遵照优化后的计划继续执行，如此循环往复。

多方共同推进项目进度。由于本项目参建单位多，相关参与方的信息同步难度大，FY工程咨询有限公司以组织整合理念为核心，定期召开施工进度协调会，通过多方人员面对面交流，使各方协同参与、整体推进，缩短了信息传递的流程，促进了工程进度。

### （四）投资管理

#### 1. 审核图纸会审、工程洽商记录

对施工单位提出的土建及专业的图纸会审、洽商记录等进行审核确认，并汇报建设单位业主代表，如果存在增加造价风险必须汇报建设单位决策。

#### 2. 把关经济签证

对于实行设计变更发生的现场签证严格把关，依据合同约定进行分析是否符合条件，依据施工招标投标文件约定，组织监理进行核实确认无误后落实完善签字流程。

#### 3. 建立工程款支付台账

详细记录现场发生的工程款请款及支付情况，合同付款汇总情况如图12-7所示。

#### 4. 建立工程动态成本分析表

本项目的动态成本情况如图12-8所示。

#### 5. 审核竣工结算资料和造价

初步审核施工单位上报的竣工结算资料电子版，提出修改意见。施工单位提交纸质版的竣工结算资料并加盖公章及骑缝章，送至监理单位进行审核。监理单位审核无误后在《结算申请单》上签字、盖章。FY工程咨询有限公司专业工程师审核施工单位上报的结算资料无误后，提请项目经理在《结算申请单》上签

D08-09　　合同付款汇总表

工程名称：金融区起步区03-11地块 工程

| 序号 | 合同名称 | 合同实施主体单位名称 | 合同价款（元） | 结算价款（元） | 累计应付款（元） | 累计已付款（元） | 尚需支付（元） | 预留款（元）（注明百分比） | 余款（元） | 付款方式 | 备注 |
|---|---|---|---|---|---|---|---|---|---|---|---|
| 1 | 项目管理委托合同 | 工程咨询有限公司 | 6861600 | | 6818520 | 6089270 | 729250 | 343080（5%） | 43080 | 季付 | |
| 1 | 项目管理委托合同补充协议 | 工程咨询有限公司 | 3551887 | | 2841508 | 2841508 | 0 | 177594（5%） | 710379 | 季付 | |
| 1 | 项目管理委托合同补充协议二 | 工程咨询有限公司 | 2583190 | | 2066551 | 2066551 | 0 | 129159.6（5%） | 516639 | 季付 | |
| 1 | 项目管理委托合同补充协议三 | 工程咨询有限公司 | 1937388 | | 1549910 | 1549910 | 0 | 96869.4(5%) | 387478 | 季付 | |
| 1 | 项目管理委托合同补充协议四 | 工程咨询有限公司 | 1937388 | | 1549910 | 1549910 | 0 | 96869.4(5%) | 387478 | 季付 | |
| 1 | 项目管理委托合同补充协议五 | 工程咨询有限公司 | 1684704 | | 1516234 | 1516234 | 0 | 84235（5%） | 168470 | 季付 | |
| 2 | 建设工程委托监理合同 | 建设监理公司 | 4440000 | | 3995890 | 3995890 | 0 | 222000（5%） | 444110 | 月付 | |
| 2 | 监理合同补充协议 | 建设监理公司 | 2732308 | | 2459077.2 | 2459077.2 | 0 | 136615（5%） | 273230.8 | 月付 | |
| 2 | 监理合同补充协议二 | 建设监理公司 | 1366154 | | 1229538.6 | 1229538.6 | 0.0 | 68307.7（5%） | 136615.4 | 季付 | |
| 2 | 监理合同补充协议三 | 建设监理公司 | 1639386 | | 1311508.8 | 1311509 | 0.0 | 81969.3（5%） | 327877.2 | 季付 | |
| 2 | 监理合同补充协议四 | 建设监理公司 | 1639386 | | 1475447.4 | 1475447 | 0.0 | 81969.3（5%） | 163938.6 | 月付 | |
| 2 | 监理合同补充协议五 | 建设监理公司 | 876300 | | 788670.0 | 788670 | 0.0 | 43815（5%） | 87630 | 季付 | |
| 3 | 建设工程施工合同 | 工程有限公司 | 574693334 | | 468638005 | 466961594.8 | 1676410 | 28734667（5%） | 106055329.2 | 月付 | 合同价款中已扣除前期分包合同价款 |
| 4 | 建设工程施工合同 | 工程有限责任公司 | 29551370 | 29339750 | 29339750 | 29339750 | 0 | 0 | 0 | 节点付 | 已与总包单位签订分包合同 |

图12-7　合同付款汇总表（示例）

| | | | | | | | | | | | |
|---|---|---|---|---|---|---|---|---|---|---|---|
| 1 | 金融区起步区 03-11地块（北车库）动态成本情况表 | | | | | | | | | | |
| 2<br>3 | 科目代码 | 合同对象 | 分项工程 | 控制指标（元/m2） | 目标成本（A） | 合同金额（B） | VO（C） | PVO（D） | 尚需支出（E） | 预结费用（F=B+C+D+E） | 差额（G=A-F） | 分析预警 |
| 4 | | 建安总投资 | | 8367 | 81701 | 59483 | 293 | 0 | 13009 | 72785 | 8916 | |
| 5 | 一、 | 基坑支护及土方工程 | 概算面积 | 97649 | | | | | | | | |
| 6 | 3.1.1 | | 支护桩及止水帷幕工程 | 402 | 3921 | 2955 | -21 | 0 | 0 | 2934 | 987 | 可控 |
| 7 | 3.1.2 | | 基坑支护及挖土方工程 | 868 | 8479 | 6389 | -21 | 0 | 347 | 6716 | 1763 | 可控 |
| 8 | 二、 | 车库及商业 | 概算面积 | 85697 | | | | | | | | |
| 9 | | | 其中：车库面积 | 76211 | | | | | | | | |
| 10 | | | 商业面积 | 9486 | | | | | | | | |
| 11 | 3 | | 建安工程费 | 6876 | 58925 | 42455 | 269 | 0 | 12352 | 55076 | 3849 | |
| 12 | 3.1 | | 土建（车库及商业） | 5439 | 46614 | 34074 | 267 | 0 | 6903 | 41244 | 5370 | 可控 |
| 13 | 3.1.1 | | 桩基工程 | 972 | 8328 | 6108 | 267 | 0 | 0 | 6375 | 1953 | |
| 14 | 3.1.2 | | 建筑工程 | 3575 | 30634 | 23230 | 0 | 0 | 5189 | 28419 | 2215 | |
| 15 | 3.1.3 | | 装饰装修工程 | 893 | 7652 | 4736 | 0 | 0 | 1714 | 6450 | 1202 | |
| 16 | 3.2 | | 机电安装工程（车库） | 917 | 6991 | 6652 | 0 | 0 | 1390 | 8042 | -1051 | 超成本 |
| 17 | 3.2.1 | | 给排水工程 | 31 | 236 | 206 | 0 | 0 | -24 | 182 | 54 | |
| 18 | 3.2.2 | | 通风空调工程 | 139 | 1056 | 506 | 0 | 0 | 34 | 540 | 516 | |
| 19 | 3.2.3 | | 电气设备安装工程 | 405 | 3088 | 3273 | 0 | 0 | 1045 | 4317 | -1229 | |
| 20 | 3.2.4 | | 消防总包预埋 | 26 | 200 | 269 | 0 | 0 | -36 | 233 | -33 | |
| 21 | 3.2.5 | | 智能化总包预埋 | 26 | 200 | 246 | 0 | 0 | -78 | 168 | 32 | |
| 22 | 3.2.6 | | 智能化工程 | 111 | 846 | 858 | 0 | 0 | -1 | 857 | -12 | |
| 23 | 3.2.7 | | 消防工程 | 140 | 1065 | 1095 | 0 | 0 | 351 | 1446 | -381 | |

图12-8　动态成本情况表（示例）

字、盖章，同时提交竣工结算资料的可修改电子版。建设单位在《结算申请单》签证同意后，FY工程咨询有限公司、监理、造价咨询单位三方造价人员对竣工结算资料进行造价初步审核，各专业审核明细表如图12-9所示，并汇总图纸洽商、签证变更、图纸变更中的疑问，反馈给施工单位。FY工程咨询有限公司联合监理、造价咨询单位、施工单位各方造价人员对变更工程量、单价存在的问题进行核对。

## 6.出具结算审核报告

各方对结算金额达成一致后，由FY工程咨询有限公司、监理、造价咨询单位出具审核报告，送至建设单位进行最终审计。

**【经验总结】** 策划先行，避免超付工程款现象发生。

### 工 程 结 算 审 查 总 价 汇 总 对 比 表

项目名称：金融区起步区03-11地块（能源中心、公共配套）项目工程　　　　金额单位：元

| 序号 | 项 目 名 称 | 报 审（A） | 审 查（B） | 调整金额（A-B） | 备 注 |
|---|---|---|---|---|---|
| 一 | 总包自施合计 | 617996491 | 617996492 | -1 | |
| （一） | 土建专业报审金额小计 | 556213485 | 556213485 | 0 | |
| 1 | 土建清标部分 | | | | |
| 1.1 | 土建清标额 | 543951596 | 543951596 | 0 | |
| 1.2 | 扣除土建清标额中桩基工程金额 | -74225442 | -74225442 | 0 | |
| 1.3 | 扣除土建清标额中支护桩及止水帷幕工程金额 | -29551370 | -29551370 | 0 | |
| 1.4 | 扣除土建清标额中基坑降水金额 | -1652728 | -1652728 | 0 | |
| 2 | 过程结算部分 | | | | |
| 2.1 | 桩基工程 | 77552798 | 77552798 | 0 | |
| 2.2 | 中支护桩及止水帷幕工程 | 29339750 | 29339750 | 0 | |
| 2.3 | 基坑降水工程 | 1652728 | 1652728 | 0 | |
| 2.4 | 地下停车场交通设施 | 2274931 | 2274931 | 0 | 2016.3.29过程结算 |
| 2.5 | 水泥基自流平地面 | 12147305 | 12147306 | -1 | 2015.8.3过程结算 |
| 2.6 | 地下车库室内精装修 | 2170681 | 2170681 | 0 | 2015.10.29过程结算 |

图12-9　工程结算审查总价汇总对比表（示例）

建立结构合理的管理体系。由于本项目建设规模大，需要大量的资金投入，因此FY工程咨询有限公司充分重视投资管理，建立了以项目经理为首和现场管理工程师为主，有关人员相互配合的投资控制管理体系，并配备了懂业务、会管理的专职经济技术人员。投资管理工作从施工阶段开始进行工程造价跟踪审计，一直持续到项目竣工阶段出具工程竣工结算报告。施工过程中运用了本书在第一篇（第四章第一节）提到的台账管理策划工具来建立工程款支付台账，规范付款，确保付款的准确性。

**【改进余地】**　强调前期阶段投资管理的重要价值，使投资管理立足于事前控制和主动控制。

投资管理是对建设工程全过程的投资进行控制的一项管理工作，不是只对某一阶段、某个项目进行投资管理，只有确保建设工程的全过程投资得到了有效的控制，才能够更好地提高投资管理的有效性。虽然工程投资管理贯穿项目建设全过程，但也必须突出重点。项目前期投资决策是投资行动的准则，其正确与否直接关系到项目建设的成败、工程造价的高低及投资效果的好坏。FY工程咨询有限公司则是将投资管理的重点放在了项目施工阶段和工程结算阶段，对项目建设前期阶段的投资管理关注较少。因此FY工程咨询有限公司应将投资管理的重点阶段前置到项目前期。

观点支持：（1）邹晶晶（广西宝钻投资咨询有限责任公司），建筑工程技术与设计，2017，《浅谈项目投资控制的重要性》一文提到，随着我国市场经济体制改革的深入和建筑业的迅速发展，投资控制已成为建筑业工程建设健康发展中的

一个突出问题，然而目前大多数的项目建设单位对于投资控制的理解往往只停留在工程结算上，致使工程投资控制缺乏全面而系统的定位，缺乏全过程、全方位动态的管理。(2) 袁佳成（中荣国誉集团有限公司），工程技术研究，2021，《全过程投资控制的各阶段风险管理》一文提到，在对建筑工程开展全过程投资控制的过程中，投资决策阶段是至关重要的风险管理环节，该环节是项目整体的基础阶段，同时也是风险较大的阶段，对工程项目投资以及实际收益有着重要影响，因此相关人员有必要对其加强重视。在正式开展投资决策之前，需要重点关注其所能产生的价值以及可行性，完成好充分的调研工作，用实践来证明。

### （五）安全管理

#### 1. 安全生产管理组织机构

建设单位业主代表为组长，是安全生产小组的第一负责人，负责紧急情况处理的指挥工作；副组长为FY工程咨询有限公司、监理单位、总包单位项目负责人，是应急救援协调的执行人，负责所属责任区域的具体实施和组织工作。副组长定期组织组员进行安全应急救援演习，熟悉紧急事件发生时应做好的工作和程序；负责定期组织小组成员对办公区及施工现场环境管理应急及响应工作的实施情况进行检查，定期分析施工人员的思想状况。

#### 2. 风险登记

FY工程咨询有限公司建立《危险源辨识与风险评价调查表》，对现场的各种工种、施工进行风险登记。

#### 3. 安全生产检查制度

安全生产小组的各成员定期（每周一、周五以及每月）对现场及各自负责区域进行检查，并形成书面的周、月安全检查会议纪要，发现问题及时纠正；不定期检查消防器材、用电设备，以保证其可靠性；经常检查施工现场环境、职业健康安全管理及消防、安全规定执行情况，发现问题及时纠正。

FY工程咨询有限公司建立定期分级安全检查制度，每周、每月由建设单位安技部相关领导组织有关单位对各施工现场进行一次安全检查，管理单位出具安全检查会议纪要，如表12-5所示。

#### 4. 制定安全考核细则

（1）分级考核总包单位安全管理目标

对总包单位项目经理、项目安全技术负责人、现场安全管理人员进行考核。以项目经理的考核为例，考核记录如表12-6所示。

周安全检查会议纪要（示例）　　　　　　　　　　　　　　　表 12-5

编号：AJ130312

| 工程名称 | 某金融区 03-14 地块工程 | | |
|---|---|---|---|
| 检查内容 | 03-14 地块施工现场安全检查 | 检查时间 | 2013 年 3 月 12 日 |
| 主持人 | | 参加代表签字 | |
| 参加人员 | | | |
| 抄送 | 监理和总包单位 | | |
| 检查过程 | 2013 年 3 月 12 日，FY 工程咨询有限公司组织监理和总包单位相关安全负责人对 03-14 地块工程现场进行安全检查 | | |
| 检查内容 | 1. 对现场外挂电梯是否进行安全月检的安全检查；<br>2. 对各楼层预留洞口及临边防护的安全检查；<br>3. 对临时用电设备及闸箱柜的接地遥测检查；<br>4. 对现场消防设施与灭火器具的安全检查；<br>5. 对现场文明施工、责任区卫生清理进行检查；<br>6. 对现场其他安全问题进行检查 | | |
| 会议要求 | 2013 年第一次安全周联检（施工前安全检查），本次周联检发现需整改问题如下：<br>1. 施工用吊兰已进场安装，但检验合格证、备案资料等相关资料未上报；<br>2. 现场部分洞口临边防护缺失。<br>　　就上述问题 FY 工程咨询有限公司要求监理单位下发"监理通知单"，要求总包单位限期上报吊篮安装所需资料。要求总包单位尽快组织施工人员恢复所有临边、洞口的防护，真正做到"安全第一、预防为主" | | |

编制（签字）：　　　　　　审核（签字）：

FY 工程咨询有限公司

第八项目部

项目经理安全生产责任制考核记录　　　　　　　　　　　　表 12-6

单位名称：

| 序号 | 考核项目 | 扣分标准 | 应得分 | 扣减分 | 实得分 |
|---|---|---|---|---|---|
| 1 | 贯彻安全生产制度规程、规定 | 上级有关的安全生产规程制定未传达扣 15 分；<br>未及时传达的扣 10 分 | 15 | | |
| 2 | 项目安全技术审查与贯彻 | 项目的安全技术措施未组织审查扣 5 分；<br>未呈报批准的扣 4 分；<br>未负责贯彻实施的扣 10 分 | 10 | | |
| 3 | 安全制度落实 | 未按计划、布置安全生产工作的扣 15 分；<br>未按计划检查的扣 5 分；<br>未按计划总结评比的扣 5 分 | 15 | | |
| 4 | 安全专业会议 | 未按计划召开会议的扣 10 分；<br>未及时解决安全生产中的问题扣 15 分 | 15 | | |

续表

| 序号 | 考核项目 | 扣分标准 | 应得分 | 扣减分 | 实得分 |
|---|---|---|---|---|---|
| 5 | 三级教育日常教育 | 未进行三级安全教育的扣15分；未进行日常安全教育的扣5分；惩罚未兑现的扣5分 | 15 | | |
| 6 | 工伤事故处理 | 发生事故未及时上报的扣10分；发生事故未保护好现场的扣5分；未能提出整改措施的扣10分；未对责任人进行处理的扣10分 | 10 | | |
| 7 | 隐患整改 | 未能及时整改安检部门提出的问题扣10分；对检查出现的隐患未按"三定"原则解决的扣8分 | 10 | | |
| 8 | 安全经费 | 安全经费未计划保证的扣10分；安全经费提取不足的扣5分 | 10 | | |
| 考核项目合计 | | | 100 | | |
| 考核结果 | | | 处理意见 | | |
| 被考核人签字 | | | 考核人签字 | | |

（2）整体考核监理单位安全考核目标

监理单位安全生产管理考核评定表如表12-7所示。

**监理单位安全生产管理考核评定表** 表12-7

| 工程名称 | | | |
|---|---|---|---|
| 监理单位 | | | |
| 评定单位 | | 评定时间 | |
| 内容序号 | 月安全生产管理考核内容（执行情况） | 标准分 | 实得分 |
| 1 | 是否全面贯彻"安全第一、预防为主、综合治理"的安全生产方针，对本工程实施全面的安全监控 | 10 | |
| 2 | 是否审查总包与劳务队的安全资质，审查安全管理及监督体系的建立及完善情况，监督总包各级安全责任制执行情况 | 10 | |
| 3 | 是否审查施工组织设计中的安全文明（环境保护）施工措施和专项安全措施并监督实施 | 10 | |
| 4 | 参加技术交底会，并提出监理意见（会议纪要） | 5 | |
| 5 | 是否检查安全文明施工设施、机具的完善情况，并督促完善 | 5 | |
| 6 | 是否对各种进场机械、设备进行检查 | 10 | |
| 7 | 是否进行日常巡视，对违章、违规行为及时制止，根据实际情况适时发出书面通知，并监督整改 | 5 | |

续表

| 8 | 是否对重要工序和重大吊装作业及主要施工机械的拆、装进行跟踪监视或旁站,并有内容翔实的旁站记录 | 10 | |
|---|---|---|---|
| 9 | 是否对消防工程进行监控,参与验收工作 | 10 | |
| 10 | 是否定期组织或参加安全文明施工联合检查活动、现场安全大检查等工作,提出要求、建议并有会议纪要 | 10 | |
| 11 | 能够在项目监理例会上,组织学习安全文明施工方面有关文件、规定,提出监理工作中应当重点监控的安全工作意见 | 10 | |
| 12 | 是否负责收集、汇兑及整理总包安全、安全监理方面的资料,参与编写监理月报,并保证安全资料的完整性 | 5 | |
| 考核评语 | | 总分 | |

**5. 基坑施工**

(1) 对支护结构进行渗漏检测

土方开挖前,FY工程咨询有限公司及时督促建设单位委托具有相应资质的检测单位,对基坑支护结构的隔水封闭效果进行检测。

(2) 对土方开挖方案、降水方案、基坑变形监测方案进行论证

FY工程咨询有限公司及时督促总包单位编制基坑土方开挖、降水施工及基坑监测变形方案,同时落实塔吊及出土口栈桥施工方案,总包单位方案编制完成后上报监理单位进行审核,然后上报FY工程咨询有限公司人员进行审核。其后FY工程咨询有限公司人员督促建设单位和T市科学技术委员会沟通,对基坑土方开挖及降水施工方案进行论证后取得相关批件。在正式开挖前,FY工程咨询有限公司与建设单位、监理单位等共同参加了土方开挖条件验收。

(3) 基坑支撑爆破

现场基坑支撑体系爆破之前,FY工程咨询有限公司协助建设单位对施工单位编制的爆破方案组织专家、消防公安局人员进行方案论证。爆破过程中,督促施工单位做好周边的安全保卫工作,疏散一切设备及人员。

(4) 基坑监测

基坑在施工过程中必然会产生一定的变形,变形超过一定的警戒值时会造成坍塌等重大安全事故。为使基坑变形是可控的,施工过程中,FY工程咨询有限公司及时进行监测元件的埋设,反馈各种数据。在出现异常时,加大观测次数并及时上报,准确地采取措施,以避免基坑发生危险。

**6. 塔吊多塔作业**

03-14地块工程主楼为高层建筑,且外檐大面积采用钢结构玻璃幕墙,为保证主体施工及外檐装修施工要求采用TC6013型塔吊,塔吊立塔高度为155m。垂

直运输平面布置图如图12-10所示。

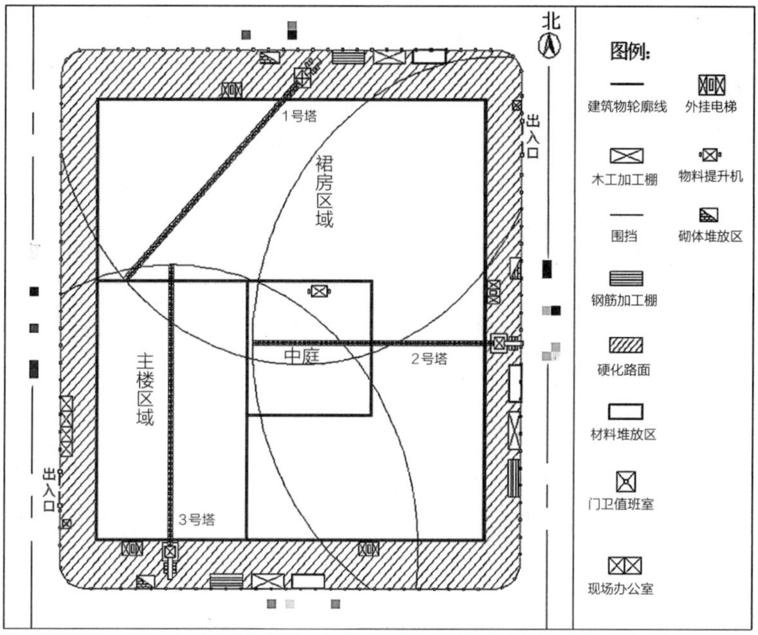

图12-10 垂直运输平面布置图

FY工程咨询有限公司对塔吊作业施工，主要对塔吊的安全作业进行重点把控，主要有以下几方面：

（1）塔吊在顶升过程中严禁回转起重臂，并在使用过程中严禁塔吊间及塔吊与建筑物之间发生碰撞。

（2）塔吊由专职人员操作和管理，严禁违章作业和超载使用，机械出现故障或运转不正常时，应立即停止使用，并及时予以解决。

（3）塔臂前端设置明显标志，塔吊在使用过程中塔与塔之间回转方向必须错开，严格控制楼和楼之间的操作高度和作业时间。

（4）从施工流水段上考虑两塔作业时间尽量错开，避免在同一时间、同一地点两塔同时使用时发生碰撞。

（5）塔吊在起吊过程中，尽量使小车回位，当塔吊运转到施工需要地点时，再将材料运到施工地点。

（6）塔吊达到起升高度之前，1号塔吊要始终比2号塔吊高出两节塔身的高度。3号楼塔吊要始终比1号、2号塔吊高出两节塔身的高度。

（7）塔吊同时作业必须照顾相邻塔吊作业情况，其吊运方向、塔臂转动位置、起吊高度、塔臂作业半径内的交叉作业，并由专业信号工设立限位哨，以控制塔臂的转动位置及角度,同时控制器具的水平吊运。

(8)禁止相邻塔吊同时向同一方向吊运作业,严防吊运物体及吊绳相碰,确保交叉作业安全。

#### 7. 室外幕墙装修

(1)构建安全保障体系

FY工程咨询有限公司要求施工单位建立、健全安全保障体系,明确安全责任目标,对施工人员经常进行安全生产教育,定期开展安全活动。

(2)召开安全质量会议

定期举行安全质量会议,对工程的各个方面进行协调、沟通,以便整体安排。

【经验总结】 策划先行,保证项目安全实施。

建立完备的制度防控安全风险。由于本项目所处地区的周边环境复杂及施工难度大,安全管理点多面广,为完成安全生产管理目标,FY工程咨询有限公司针对项目安全管理的组织和制度展开策划工作。制定了全面完善的安全管理制度,主要包含:安全教育培训制度、安全检查、隐患排查制度、安全生产考核制度,以此预防安全风险。采用了定期检查方式,减少建设工程施工过程中可能出现的不良行为及安全事故的发生。

重点关注危大工程,严控爆破对周边环境的影响性。本项目基坑最大深度为18.1m,是超深基坑,属于超过一定规模的危险性较大的分部分项工程,需要特别加强对其的安全管理工作。因此FY工程咨询有限公司按照深基坑施工相关文件的规定,同时依据《危险性较大的分部分项工程安全管理规定》(住房城乡建设部令第37号)的要求,协调组织方案论证会议,重点关注了专项施工方案的审查和方案实施全程的监督。相较于传统的机械拆除、人工拆除,爆破拆除在工期和投入方面均有较大的优势。但爆破安全是施工中特别关注的问题,主要有两方面担忧:一是爆破对基坑稳定性的影响;二是对基坑内半成品、周围建筑物和人员的影响。为了缩短本项目的工期,FY工程咨询有限公司对支撑采取爆破拆除方式,将安全作为首要任务,精心设计爆破网路分段及起爆顺序,以策划先行理念为核心,运用本书中第一篇(第四章第一节)阐述的可施工性分析策划工具,组织专家论证。爆破过程中,FY工程咨询有限公司采取了分区域、逐段、换撑的技术措施和相应的保护措施,将爆破对周边环境、居民生活造成的影响控制在最小范围内,达到了快速、高效拆除支撑梁的目的。

【改进余地】 创新咨询手段,实施全过程的跟踪、监测。

应用BIM技术掌握基坑变形情况。受到复杂地质条件的影响,本项目基坑工程施工风险较高,需要控制和监测的点位相对较多,监测数据庞大且不能直观反映基坑变形情况，而BIM技术可以将基坑变形情况进行三维可视化呈现，便于采取措施控制基坑变形。在今后的项目实践中，FY工程咨询有限公司可以依托BIM技术，将基坑监测数据实时导入BIM模型中，通过可视化转换便于各责任主体和有关部门动态掌握各监测点实况，有针对性地预先制定突发安全事件应急响应方案。

观点支持：张立天（甘肃第七建设集团股份有限公司），建筑经济，2020，《深基坑工程的安全管理风险分析及对策》一文提及要善于引进依托BIM技术和利用其他信息化手段，对深基坑工程施工作业以及各项潜在安全风险实施全程动态跟踪监测和监理，确保监测预警及时到位、监理责任落实到位，实现深基坑工程施工作业安全监测和监理全方位、无死角的覆盖。

依托BIM技术进行预碰撞检查，做到有前瞻性的事前预防，保证多塔作业的安全性。本项目施工现场存在多塔作业现象，既要考虑正常的塔吊施工安全，还要顾及多塔之间的相对关系，为了有效防止塔吊碰撞安全事故的发生，杜绝人身伤害和设备损毁，FY工程咨询有限公司认真分析塔吊作业危险源，提前策划，制订了有效的防碰撞措施，规定交会避让措施。相较传统方法，在大型复杂项目中运用BIM技术对多塔作业进行模拟碰撞检测，更加简便直观，且结果更可靠安全。因此FY工程咨询有限公司可以利用BIM的三维模型进行预碰撞检查，若有碰撞，就可以根据软件生成的检测结果去处理存在的碰撞问题，对塔吊臂高度进行针对性的调整，通过反复碰撞检测，解决所有碰撞问题。另外，虽然FY工程咨询有限公司已经制定了各种防碰撞措施，但在实际工程中可能会存在突发状况，因此有必要通过策划来制定应急救援预案，一旦有事故发生，就能够准确应对，实现事中控制。

（六）质量管理

在施工阶段，FY工程咨询有限公司按照项目管理合同规定的要求，代表建设单位业主代表对工程实行质量监控，其主要工作有以下几方面：

#### 1.检查总包及分包单位的资质等级和质量管理体系

核查总包单位（包括分包单位）的资质等级；监控总包单位项目管理层与作业劳务层的素质水平；监控总包单位（包括分包单位）质量管理体系的组织与实施状况。

#### 2.审批监理单位报送的监理规划与监理细则

按照《建设工程监理规范》GB 50319—2013的规定与监理合同的要求，结合工程实际情况编制的监理规划与监理细则，FY工程咨询有限公司应组织成员进行审批,并将审核修改意见与要求以书面方式回复监理单位进行修订。并督促监理工程师在工程实施过程中认真贯彻执行"三控""三管""一协调"工作。

### 3.审批总包单位报送施工组织设计或施工方案

施工组织设计应先由总监理工程师负责组织审核,提出审核意见,然后FY工程咨询有限公司项目经理代理建设单位提出审批意见,审批意见经建设单位相关领导批示后以书面方式回复总包单位,并进行修改,符合要求后执行。

### 4.严格控制设计变更

设计变更的要求可能来自建设单位、设计单位或总承包单位。为确保工程质量,设计变更均按规范规定的一定程序进行,对于重大工程变更或变更涉及经济问题,FY工程咨询有限公司在与建设单位商议确认后,由设计单位相关负责人出具设计变更书面文件。

### 5.协调施工过程中的质量问题

在施工过程中或工程质量保修期限内发生的重大质量问题或事故,FY工程咨询有限公司协调督促有关方及时进行调查、分析、提出处理方案,经参与各方审核后进行处理。对工程实施过程中工程质量状况,按月或分阶段向建设单位进行书面汇报。

### 6.组织工程验收

按照现行建筑工程有关法规要求,FY工程咨询有限公司协调建设单位业主代表组织建设工程的地基、基础、主体的阶段验收及工程竣工验收工作。在分部分项工程验收前检查验收准备工作,组织实施工程各阶段验收工作。

以消防验收为例进行说明:FY工程咨询有限公司与建设单位、设计单位、监理单位等共同参加了消防验收。根据建设单位建设规划及使用要求标准,同时根据建设单位与T市公安局、消防局接洽沟通,将03-14地块工程消防分5个阶段进行验收,即裙楼1~4层、塔楼6~29层、塔楼30~31层、地下室1~3层、塔楼与裙楼整体消防验收,验收成果文件如图12-11所示。

### 7.基坑工程的质量管理

(1)基坑支护桩

1)FY工程咨询有限公司协调建设单位业主代表提供工程前期阶段包括区域内高程控制点、现场坐标控制点方面的《测绘报告》。

2)检查施工单位上报经监理单位对现场的施工仪器鉴定报告的检查记录,工程混凝土三家供货单位的营业执照资质等文件,组织建设、监理、施工单位进行实地考察,重点核定供货厂家供应能力、质量保证体系等,并督促监理、施工单位按照区域要求选定合适合格的第三方检测机构。

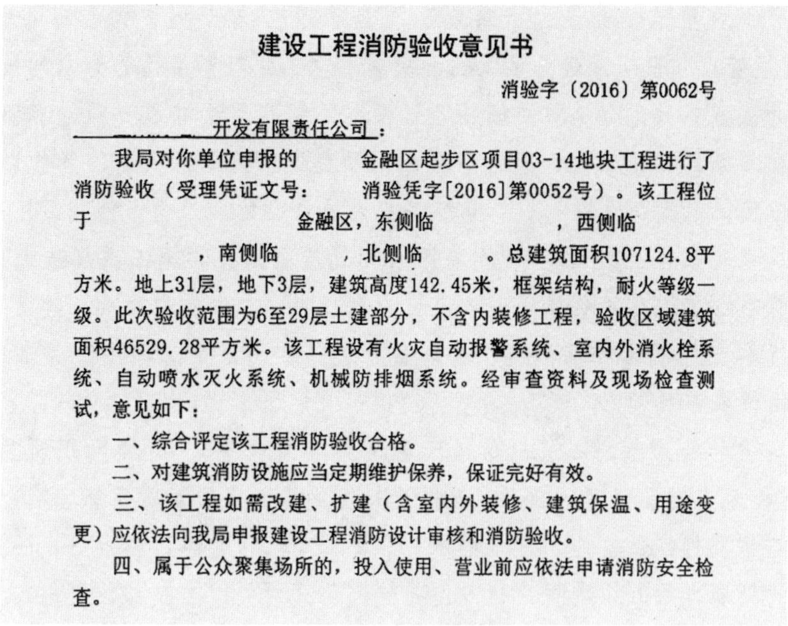

> **建设工程消防验收意见书**
>
> 消验字〔2016〕第0062号
>
> _____开发有限责任公司：
>
> 我局对你单位申报的_____金融区起步区项目03-14地块工程进行了消防验收（受理凭证文号：消验凭字[2016]第0052号）。该工程位于_____金融区，东侧临_____，西侧临_____，南侧临_____，北侧临_____。总建筑面积107124.8平方米。地上31层，地下3层，建筑高度142.45米，框架结构，耐火等级一级。此次验收范围为6至29层土建部分，不含内装修工程，验收区域建筑面积46529.28平方米。该工程设有火灾自动报警系统、室内外消火栓系统、自动喷水灭火系统、机械防排烟系统。经审查资料及现场检查测试，意见如下：
>
> 一、综合评定该工程消防验收合格。
>
> 二、对建筑消防设施应当定期维护保养，保证完好有效。
>
> 三、该工程如需改建、扩建（含室内外装修、建筑保温、用途变更）应依法向我局申报建设工程消防设计审核和消防验收。
>
> 四、属于公众聚集场所的，投入使用、营业前应依法申请消防安全检查。

图12-11 消防验收意见书

3）对施工单位提供的经监理单位见证取样送检的钢材等材料复试报告进行检查，确保合格后再用于工程中。

4）组织监理单位、施工单位按照《测绘报告》中的相关数据对现场开始施工前桩位进行复核。

（2）桩基

在桩基施工中，除了重复上述对基坑支护桩的管理工作外，FY工程咨询有限公司的工作还包括：

1）会同监理单位现场工程师每日到现场进行查看，确保钢筋笼规格与设计相符，重点检查主筋间距、箍筋间距及每两米设的一组（4根）耳筋，其高度应不小于6cm。钢筋笼吊放前必须认真检查外观质量，验收合格后才能下钢筋笼。会同监理单位现场工程师每日到现场进行查看桩孔成孔情况，并及时协调施工单位督促检测单位按照设计要求进行成孔质量检测。

2）督促桩基施工单位在进行现场混凝土浇筑之前，要对桩孔的沉渣厚度进行检测，确保达到设计要求后才能进行混凝土浇筑施工。新进场的混凝土要进行坍落度试验的测试，确保达到合格标准后才能进行使用，用于检测的混凝土试块其留置数量必须满足验收规范要求。现场工程桩的强度达到设计要求的强度后，督促桩基施工单位配合建设单位委托地基检测中心进行检测。

【经验总结】 策划先行，转化思路，变被动为主动。

以过程质量控制为主，开展全面质量管理。FY工程咨询有限公司引入了"全面质量管理"理论，避免了以往的质量管理工作以事后检验为主的被动问题。本项目的桩基础采用了AM扩底钻孔灌注桩，钻孔灌注桩是一项施工环节较多，工艺比较复杂的隐蔽工程，无法直观地对质量进行控制，人为因素的影响较大，若稍有疏忽，很容易造成病桩、断桩等重大质量事故。为确保钻孔灌注桩施工的安全性以及可靠性，FY工程咨询有限公司从质量预控和施工现场技术工艺控制两方面着手，推行全面质量管理。通过策划，明确工序质量标准，建立了严格的施工管理和工序质量检查制度，将质量管理落实到每个工序中，以工序过程控制，来保证成桩质量。

观点支持：谢世伟（东北财经大学网络教育学院），财经问题研究，2015，《建筑工程项目质量管理研究》一文提及解决建筑工程项目质量管理问题的对策：对关键部位实行强化管理、重点控制。这是提高工程整体质量水平，防止质量事故发生的必要方法。应综合分析确定关键部位并对关键控制部位提出质量目标控制值，制定强化管理的具体措施落实关键部位的责任人。

【改进余地】 质量管理措施与技术方法并行开展，使质量管理的形式多样化。

实施质量管理的方法主要包括管理措施和技术方法，其中管理措施注重对人进行管理，通过实行管理措施以优化管理组织、促进管理体系的建设。而技术方法是明确项目质量的主要影响因素，能够为制定质量管理措施提供依据。因此除了制定管理措施，FY工程咨询有限公司还可以利用排列图法、因果分析图法等对影响项目质量的各类因素进行事中管控。

## （七）信息管理

### 1.审核施工单位文件

施工单位进场施工前将施工人员组织机构、施工组织设计及相应的进场物资等文件上报监理单位进行审核，监理审核完成后上报FY工程咨询有限公司进行审核确认。

### 2.建立通讯录和邮件往来信箱

根据各单位上报的人员情况，建立项目部通讯录，下发给各相关单位；建立统一的邮件往来信箱。

### 3.审核进场物资等文件

督促施工单位将进场物资等文件上报监理单位进行查验，监理单位审核完成后上报FY工程咨询有限公司人员进行审核，确保施工单位的进场物资是按照招标投标文件中的品牌约定进行上报的。

### 4.整理、归档资料

FY 工程咨询有限公司按照信息资料管理的制度，将施工过程中的相关资料进行分类整理，整理完成后归档保存，并建立电子版目录。

### 5.沟通协调

（1）范围包括：建设单位、设计单位、监理单位、承包单位、供货商等参与项目部各方之间的协调；政府相关建设主管部门的协调；项目团队内部的协调；项目实施过程中各个专业之间的协调。

（2）内容包括：协调包括办理各种建设许可手续、工程设计、工程进度、工程质量、工程造价、中间验收、竣工验收以及工程保修管理等；协调建设单位处理好项目实施过程中的各种问题；建立沟通协调管理定期汇报职责分工表，如表12-8所示。

沟通协调管理定期汇报职责分工　　　　　表12-8

| 汇报对象 | 项目角色 | | | |
| --- | --- | --- | --- | --- |
| | 项目经理 | 项目工程师 | 合约造价工程师 | 信息资料工程师 |
| 建设单位 | 每周口头汇报、每月月报、阶段报告、完工总结、紧急报告 | 项目日报、周报、会议纪要 | | |
| 建设单位业主代表 | 每周口头汇报、阶段报告、每周工作总结、每月工作总结、完工总结、紧急报告 | 项目日报、周报、会议纪要 | | |
| 项目经理 | | 每周口头汇报、项目周报、会议纪要、每月工作总结、完工总结、紧急报告 | 每月工作总结、项目工作总结、现金流量、概算审核报告、每月预算审核报告、紧急报告 | 每月工作总结、完工总结 |
| 项目工程师 | | 每日记录、每周工作总结、每月工作总结、紧急报告 | 每日记录、每周工作总结 | 每日记录、每周工作总结、紧急报告 |

### 6.移交资料

（1）移交城建档案馆

FY 工程咨询有限公司协调总包单位牵头汇总各专业分包单位的资料，做好详细的目录，并移交给第三方单位，由第三方单位移交给 T 市 BH 区城建档案馆，并取得城建档案馆资料接收证明。整理建设单位需要移交档案馆的相关资料，协同监理单位、总包单位分别将资料移交给相关单位存档，并做好移交资料记录。

（2）移交建设单位

总包单位按照 FY 工程咨询有限公司、监理、总包单位的顺序整理好资料移交目录，作为各方单位移交建设单位的资料。

1）FY工程咨询有限公司资料移交。FY工程咨询有限公司按照工程性质，对公司规定的20卷资料进行了选择性整理，移交建设单位的资料包括：项目设计、勘察、测绘管理文件、项目合同管理文件等，移交目录如图12-12所示。

图12-12 FY工程咨询有限公司资料移交目录

2）监理单位资料移交。移交目录如图12-13所示。

图12-13 监理单位资料移交目录

3）总包、分包单位资料移交。移交目录截取如图12-14所示。

（3）移交物业单位

2017年5月14日开始，工程交由物业管理公司进行管理，各工程相关资料需要移交物业公司。总包单位及各专业分包单位将相应的资料移交物业单位，并做好资料移交单，如图12-15所示。由总包单位/各专业分包单位、监理单位、FY工程咨询有限公司、物业单位、建设单位签字盖章完成接受手续。

建设工程档案移交目录

| 序号 | 项目名称 | 案卷题名 | 卷内页数 | | | |
|---|---|---|---|---|---|---|
| | | | 图纸 | 文件 | 照片 | 电子文件 |
| 1 | 金融区起步区03-11地块（能源中心、公共配套）项目 | 施工质量控制资料（施工测量、钢筋保护层厚度、结构实体检测） | | 50 | | |
| 2 | 金融区起步区03-11地块（能源中心、公共配套）项目 | 施工物资资料（钢筋原材进场及复试一） | | 321 | | |
| 3 | 金融区起步区03-11地块（能源中心、公共配套）项目 | 施工物资资料（钢筋原材进场及复试二） | | 225 | | |
| 4 | 金融区起步区03-11地块（能源中心、公共配套）项目 | 施工物资资料（钢筋原材进场及复试三） | | 292 | | |
| 5 | 金融区起步区03-11地块（能源中心、公共配套）项目 | 施工物资资料（钢筋原材进场及复试四） | | 216 | | |
| 6 | 金融区起步区03-11地块（能源中心、公共配套）项目 | 施工物资资料（钢筋原材进场及复试五） | | 256 | | |
| 7 | 金融区起步区03-11地块（能源中心、公共配套）项目 | 施工物资资料（混凝土进场一） | | 190 | | |
| 8 | 金融区起步区03-11地块（能源中心、公共配套）项目 | 施工物资资料（混凝土进场二） | | 213 | | |
| 9 | 金融区起步区03-11地块（能源中心、公共配套）项目 | 施工物资资料（防水材料及复试） | | 108 | | |
| 10 | 金融区起步区03-11地块（能源中心、公共配套）项目 | 施工试验资料（地库及商业混凝土抗渗报告） | | 225 | | |
| 11 | 金融区起步区03-11地块（能源中心、公共配套）项目 | 施工试验资料（地库及商业混凝土600度报告） | | 59 | | |
| 12 | 金融区起步区03-11地块（能源中心、公共配套）项目 | 施工试验资料（地库及商业混凝土标样报告一） | | 199 | | |
| 13 | 金融区起步区03-11地块（能源中心、公共配套）项目 | 施工试验资料（地库及商业混凝土标样报告二） | | 229 | | |

建设工程档案移交目录

| 序号 | 项目名称 | 案卷题名 | 卷内页数 | | | |
|---|---|---|---|---|---|---|
| | | | 图纸 | 文件 | 照片 | 电子文件 |
| 14 | 金融区起步区03-11地块（能源中心、公共配套）项目 | 施工试验资料（地库及商业混凝土标样报告三） | | 234 | | |
| 15 | 金融区起步区03-11地块（能源中心、公共配套）项目 | 施工试验资料（地库及商业机械连接报告一） | | 258 | | |
| 16 | 金融区起步区03-11地块（能源中心、公共配套）项目 | 施工试验资料（地库及商业机械连接报告二） | | 236 | | |
| 17 | 金融区起步区03-11地块（能源中心、公共配套）项目 | 施工试验资料（地库及商业机械连接报告三） | | 168 | | |
| 18 | 金融区起步区03-11地块（能源中心、公共配套）项目 | 施工质量控制资料（地下车库及商业街隐蔽工程验收记录） | | 115 | | |
| 19 | 金融区起步区03-11地块（能源中心、公共配套）项目 | 施工质量控制资料（地下车库及商业街装饰装修分项验收记录） | | 43 | | |
| 20 | 金融区起步区03-11地块（能源中心、公共配套）项目 | 施工质量控制资料（地下车库及商业街分部分项验收记录） | | 129 | | |
| 21 | 金融区起步区03-11地块（能源中心、公共配套）项目 | 施工质量控制资料（地下车库及商业街检验批质量验收记录一） | | 148 | | |
| 22 | 金融区起步区03-11地块（能源中心、公共配套）项目 | 施工质量控制资料（地下车库及商业街检验批质量验收记录二） | | 152 | | |
| 23 | 金融区起步区03-11地块（能源中心、公共配套）项目 | 施工方案一 | | 415 | | |
| 24 | 金融区起步区03-11地块（能源中心、公共配套）项目 | 施工方案二 | | 267 | | |
| 25 | 金融区起步区03-11地块（能源中心、公共配套）项目 | 施工方案三 | | 384 | | |
| 26 | 金融区起步区03-11地块（能源中心、公共配套）项目 | 施工方案四 | | 107 | | |

图12-14 总包和分包单位资料移交目录（一）

建设工程档案移交目录

| 序号 | 项目名称 | 案卷题名 | 卷内页数 | | | |
|---|---|---|---|---|---|---|
| | | | 图纸 | 文件 | 照片 | 电子文件 |
| 27 | 金融区起步区03-11地块（能源中心、公共配套）项目 | 施工现场质量管理 | | 41 | | |
| 28 | 金融区起步区03-11地块（能源中心、公共配套）项目 | 安全功能资料 | | 15 | | |
| 29 | 金融区起步区03-11地块（能源中心、公共配套）项目 | 装饰装修物资进场及复试报告 | | 244 | | |
| 30 | 金融区起步区03-11地块（能源中心、公共配套）项目 | 施工试验资料（能源中心复试报告一） | | 213 | | |
| 31 | 金融区起步区03-11地块（能源中心、公共配套）项目 | 施工试验资料（能源中心复试报告二） | | 108 | | |
| 32 | 金融区起步区03-11地块（能源中心、公共配套）项目 | 质量控制资料（能源中心） | | 167 | | |
| 33 | 金融区起步区03-11地块（能源中心、公共配套）项目 | 施工物资材料（能源中心） | | 174 | | |
| 34 | 金融区起步区03-11地块（能源中心、公共配套）项目 | 出屋面钢结构 | | 163 | | |
| 35-36 | 金融区起步区03-11地块（能源中心、公共配套）项目 | 图纸会审及变更 | | 55 | | |
| 37 | 金融区起步区03-11地块（能源中心、公共配套）项目 | 给水排水及电气材料进场 | | 184 | | |
| 38 | 金融区起步区03-11地块（能源中心、公共配套）项目 | 通风与空调材料进场 | | 187 | | |
| 39 | 金融区起步区03-11地块（能源中心、公共配套）项目 | 严密性试验、管道隐蔽及安全功能性试验 | | 129 | | |
| 40 | 金融区起步区03-11地块（能源中心、公共配套）项目 | 工程质量控制资料（电气） | | 316 | | |

建设工程档案移交目录

| 序号 | 项目名称 | 案卷题名 | 卷内页数 | | | |
|---|---|---|---|---|---|---|
| | | | 图纸 | 文件 | 照片 | 电子文件 |
| 41 | 金融区起步区03-11地块（能源中心、公共配套）项目 | 低压电气电阻测试 | | 292 | | |
| 42 | 金融区起步区03-11地块（能源中心、公共配套）项目 | 给水排水电气通风检验批 | | 153 | | |
| 43 | 金融区起步区03-11地块（能源中心、公共配套）项目 | 隐蔽及检验批 | | 207 | | |
| 44 | 金融区起步区03-11地块（能源中心、公共配套）项目 | | | | | |
| 45 | 金融区起步区03-11地块（能源中心、公共配套）项目 | 给水排水电气通风试运行记录 | | 162 | | |
| 46 | 金融区起步区03-11地块（能源中心、公共配套）项目 | 建筑竣工图（1） | 30 | | | |
| 47 | 金融区起步区03-11地块（能源中心、公共配套）项目 | 建筑竣工图（2） | 30 | | | |
| 48 | 金融区起步区03-11地块（能源中心、公共配套）项目 | 建筑竣工图（3） | 26 | | | |
| 49 | 金融区起步区03-11地块（能源中心、公共配套）项目 | 建筑竣工图（4） | 25 | | | |
| 50 | 金融区起步区03-11地块（能源中心、公共配套）项目 | 结构竣工图（1） | 26 | | | |
| 51 | 金融区起步区03-11地块（能源中心、公共配套）项目 | 结构竣工图（2） | 29 | | | |
| 52 | 金融区起步区03-11地块（能源中心、公共配套）项目 | 结构竣工图（3） | 29 | | | |
| 53 | 金融区起步区03-11地块（能源中心、公共配套）项目 | 结构竣工图（4） | 27 | | | |

图12-14 总包和分包单位资料移交目录（二）

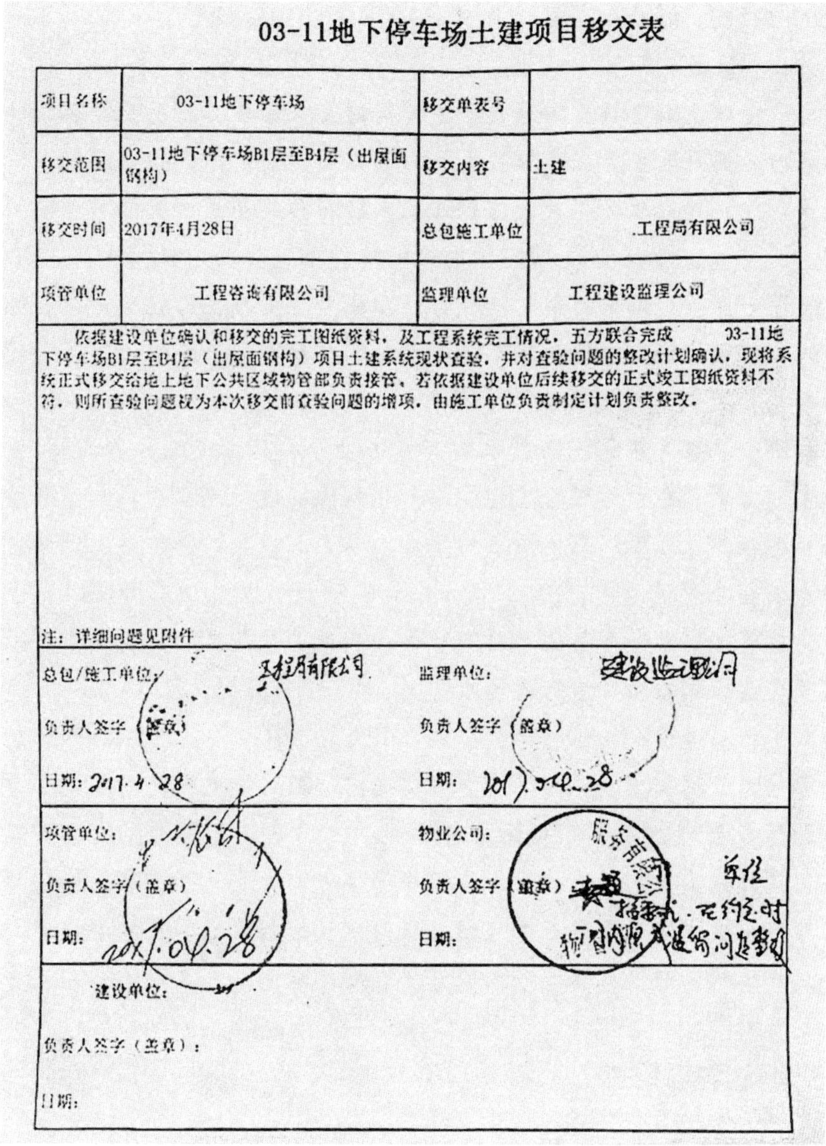

**03-11地下停车场土建项目移交表**

| 项目名称 | 03-11地下停车场 | 移交单表号 | |
|---|---|---|---|
| 移交范围 | 03-11地下停车场B1层至B4层（出屋面钢构） | 移交内容 | 土建 |
| 移交时间 | 2017年4月28日 | 总包施工单位 | .工程局有限公司 |
| 项管单位 | 工程咨询有限公司 | 监理单位 | 工程建设监理公司 |

依据建设单位确认和移交的完工图纸资料，及工程系统完工情况，五方联合完成 03-11地下停车场B1层至B4层（出屋面钢构）项目土建系统现状查验，并对查验问题的整改计划确认，现将系统正式移交给地上地下公共区域物管部负责接管，若依据建设单位后续移交的正式竣工图纸资料不符，则所查验问题视为本次移交前查验问题的增项，由施工单位负责制定计划负责整改。

注：详细问题见附件

总包/施工单位：

负责人签字（盖章）

日期：2017.4.28

监理单位：

负责人签字（盖章）

日期：2017.04.28

项管单位：

负责人签字（盖章）

日期：2017.04.28

物业公司：

负责人签字（盖章）

日期：

建设单位：

负责人签字（盖章）：

日期：

图12-15 资料接受单

**【经验总结】** 组织整合，实现信息的有效联通。

信息管理提升沟通效率。在全过程工程咨询项目中，需要对项目实施各个阶段统筹管理，并对各个工作界面合理管控。随着项目的不断进展，信息数量逐级增长，实施过程中的沟通与协调工作量异常庞大，给信息的收集和整理带来挑战。在本项目中FY工程咨询有限公司以组织整合理念为核心，建立了信息定期汇报制度，以口头和书面形式进行多方工作协调，将实际工作中的问题全方面反映出来，及时解决，使各相关方实现高度整合。

**【改进余地】** 积极响应国家政策的号召，以BIM技术为支撑，促进多专业的信息交互和反馈。

目前，在建设工程项目信息管理中，沟通方式落后、信息不能有效集成等问题仍然突出。其原因主要在于项目纵向沟通方式、缺乏先进的信息技术、缺少协同工作平台等，其中缺乏高效的信息技术来管理和共享是造成信息管理问题的根本原因。近年来，建筑业领域信息化技术发展迅速，其中BIM技术在工程项目技术、管理方面与生俱来的信息集成与处理能力与全过程工程咨询综合性、跨阶段、一体化的服务特点有较高的契合度。国家在政策中不断提出推行全过程工程咨询时要提高对信息化建设的重视程度。在国家政策的引导下，各试点在工作方案中均提到"推行基于BIM技术的信息平台开展全过程工程咨询"，旨在运用BIM技术建立项目全过程工程咨询的信息化系统，进行流程管理和信息共享，为工程项目各参与方提供一个协同工作平台。鉴于此，在以数字化、网络化、智能化为特点的信息化浪潮中，FY工程咨询有限公司可以充分应用BIM技术进行信息管理，对管理要素进行集成和动态整合，实现项目信息的交互共享，以提升全过程工程咨询模式的项目信息管理水平。

观点支持：罗卫（重庆大学硕士学位论文），2019，《基于BIM的全过程工程咨询服务信息管理需求及应用研究》一文提出，BIM技术的使用实现了工程的跨专业和跨阶段管理，基于BIM的信息管理在方式方法上简化、优化具体作业过程，在信息的采集、加工、共享、存储等管理方面也进行了流程上的优化。而全过程工程咨询模式本身便具备跨组织、跨阶段和流程再造的特点。因此，BIM技术在全过程工程咨询信息管理方面能够很好地匹配。

## 五、咨询服务实践成效

### （一）投资得到有效控制

FY工程咨询有限公司重点从过程结算、竣工结算阶段开展投资管理工作，采取了一系列措施，主要包括：审核施工单位提出的工程洽商、图纸会审记录，向建设单位汇报存在的造价增加风险。严格把关实行设计变更发生的现场签证，依据合同约定分析是否符合条件等。最终为本项目节省了一定造价，如表12-9所示。

### （二）取得良好的经济社会效益

由于T地区地下水位埋深较浅，高层建筑裙房和纯地下室区域的结构自重荷

某金融区03-11地块项目造价对比表金额 表12-9

（单位：元）

| 费用科目 | 合同额 | 结算额 | 差额 |
| --- | --- | --- | --- |
| 建设工程一类费用 | 748036125 | 659721137.6 | 88314987 |
| 桩基检测 | 562730 | 545920 | 16810 |
| 变电站运营维护 | 42000 | 105000 | 63000 |

载往往小于作用在基础底板上的水浮力，抗浮问题异常突出。目前，软土地区解决抗浮问题的常用方法是抗拔桩，包括钻孔灌注桩、钢筋混凝土预制方桩等形式。FY工程咨询有限公司通过开展试验，得出扩底抗拔桩和桩侧后注浆抗拔桩均适用于本项目，但扩底抗拔桩的极限承载力比桩侧后注浆抗拔桩极限承载力高而且变形控制较优，因此FY工程咨询有限公司最终选择了扩底抗拔桩。采用扩底抗拔桩后，抗拔桩的桩长从29m减小至19m，降低了材料用量和泥浆排放量，并节约了造价。在本项目所处地区，扩底抗拔桩的实际工程案例并不多见，其在本项目中的成功应用，具有较高的工程示范价值。

传统的钻孔灌注桩施工工艺速度慢、质量难以保证，而且对环境污染大。而本项目采用的AM工法：全液压、可视可控旋挖扩底灌注桩施工技术，能大大加快施工进度，质量高、成本低、智能化程度高，同时符合现代社会建设工程中对环境保护的要求，经济和社会效益显著。

## 六、思考总结

本项目为T市某金融区新金融项目，FY工程咨询有限公司从业主在整个项目全过程中的需求出发，主要为本项目的施工阶段提供了高质量的项目管理咨询服务，业务范围主要包含设计管理、合同管理、进度管理、投资管理、安全管理、质量管理、信息管理等。在咨询服务过程中，针对本项目的各项难点，FY工程咨询有限公司深入把握了本书在第一篇（第三章第二节）论述的全过程工程咨询的三个核心要点：策划先行、信息集成及组织整合。

（1）策划先行

策划咨询是全过程工程咨询的首要工作，对项目实施起到指导和控制作用。工程咨询企业近年来已围绕全过程工程咨询开展了大量探索，但在具体过程中，很多工程咨询企业开始发现自身存在的劣势，在咨询业务不断整合的背景下，越来越多的企业对自身发展有了更加清晰的定位，确定了需要重点强化的能力，如项目策划、管理策划，以此保证其咨询服务能力可以真正覆盖全过程工程咨询业务内容。鉴于此，FY工程咨询有限公司综合运用了本书中第一篇（第四章第一节）提出的相关策划工具，为项目赋予前瞻性视野：基于各阶段的咨询内容，FY工程咨询有限公司首先采用组织结构图策划项目的组织模式，明确相关职责权限。基坑施工过程中，利用了可施工性分析策划工具，组织专家论证，保证基坑爆破的安全。在信息管理方面，借助全过程集成档案管理这一策划工具，确保项目信息流畅通、准确、具有可追溯性。作为专业的咨询团队，FY工程咨询有限公司具备主动思维、系统思维，切实做到了转变咨询思路，变过去的任务型、程序型咨询为价值型咨询，变被动咨询为主动咨询，从而提升项目的总体价值。

（2）信息集成

近年来，随着全过程工程咨询模式的不断推进，全国各地全过程工程咨询项目需求持续上涨，项目成交数量及资金数额不断增大，但在全过程工程咨询不断应用的过程中也显露出了一系列问题。现阶段，建设项目越来越呈现业态多、范围广及投资额巨大等特点，对新技术、新工艺的应用也提出了更高的要求，往往需要多家参建单位共同协作才能完成。然而项目建设各阶段相对独立、相关参与方各自为政，信息断层等现象频发，使得全过程工程咨询项目管理的效率低下，因此迫切需要提高项目管理的集成度、协调性，加快信息化手段的有机融合，最终提高全过程工程咨询项目信息管理水平。在本项目中，为了避免基坑施工中彼此之间的信息闭塞和现场作业衔接不紧密等问题对施工安全管理产生的不利影响，FY工程咨询有限公司以信息集成理念为核心，对基坑进行信息化管理，监测数据的及时反馈，充分发挥出全过程工程咨询集成和协同管理的优势，保证了基坑安全施工。运用信息化整合、数据化分析，为工程顺利实施提供了保障。但是在本项目中，FY工程咨询有限公司提供的咨询服务仍存在改进空间：可以结合项目特点，探索智能化咨询的方法。借助BIM技术，结合大数据、云服务、物联网等进行信息管理，实现项目信息的交互共享，使全过程工程咨询的服务紧跟时代步伐，简化服务路径。同时，以信息化技术为支撑，建立企业的管理体系和标准，为提供优质的咨询服务、建成智慧的项目打下坚实的基础，同时为企业发展和业务开拓提供保障。

（3）组织整合

在全过程工程咨询模式下，各咨询模块均对项目有其特定作用和价值，但如果没有项目管理对各咨询模块进行整体规划、过程协调和管理监督，使各参与方成为以项目目标为共同目标、以项目风险为共同风险的有机融合共同体，则会造成工程咨询服务产业链整体性不足，不能发挥合力优势，更难以体现全过程工程咨询模式的核心价值。因此，在全过程工程咨询项目中，包含并以项目管理服务为核心内容,才能真正发挥全过程工程咨询模式在实现项目咨询范围边界与责任边界、咨询专业人员与专业机构、技术与管理、项目全生命周期的有机整合方面的价值。在本项目中,FY工程咨询有限公司采用的全过程工程咨询模式就是以项目管理为核心,整合项目边界范围、责任范围和资源,将各咨询业务系统地融合在一起,着眼于建设项目的整体价值,使管理相对高效。

观点支持:沈柏,吴丽萍(北京国金管理咨询有限公司),中国工程咨询,2020,《论项目管理服务在全过程工程咨询项目中的核心作用》一文提及项目管理服务与建设单位自行管理在管理周期、管理范围和内容方面均是高度一致或契合的。建设单位进行全过程咨询服务委托时,将项目管理服务作为全过程咨询的核心内容和首要内容,能够实现项目在最早阶段、最长过程、最大范围和最全内容上得到最贴近建设单位自身立场的专业咨询服务,保证项目管理工作的整体性、连贯性、稳定性、专业性和全面性。

# 附 录

## 附录1 制度建设

### 1.合同签署流程

（1）招标代理公司根据招标文件等相关资料起草合同及安全协议。

（2）项目管理单位组织建设单位、监理单位及造价咨询单位召开专题会议，对招标代理公司起草的合同、安全协议进行审核，提出审查意见。

（3）项目管理单位组织合同主体就合同主要内容进行谈判并出具《合同谈判记录》。

（4）项目管理单位根据《合同谈判记录》对合同进行修改，并组织合同主体进行合同签署工作，需进行合同备案的由招标代理公司办理相应合同备案手续。

（5）合同签署过程中，合同另一方主体应提供如下资料：营业执照、资质证书、安全生产许可证、税务登记证、组织机构代码证、开户许可证、法人代表证明书、授权委托书。

### 2.工程变更签证管理流程

（1）目的

为了加强设计变更管理，规范工作流程，有效地控制投资，确保工程质量和工程进度，特制定本程序。通过对设计变更申报资料进行审查、审批，确保设计变更的及时性、合理性和经济性，消除设计变更对工程成本和进度带来的消极影响。

（2）单位及部门解释

1）建设单位是SY集团钻探工程有限公司，下设某大厦工程经理部，负责某大厦建设管理工作。

2）项目管理公司为FY工程咨询有限公司。

3）造价咨询公司为WH工程咨询有限公司。

4）监理公司为TJ建设工程监理公司。

(3) 程序内容

1) 工程变更的分类

① 工程变更按照内容及金额分为两大类,包括一般设计变更和重大设计变更。

a. 一般设计变更是指不改变设计原则,不影响使用功能,不影响工程的质量和安全,不影响美观,变更发生费用在10000元(含)人民币以下的;

b. 重大设计变更是指对原方案、原系统、主要结构布置、主要尺寸、坐标、主要标高、主要设备及主要使用功能改变及变更发生费用在10000元以上的。

② 工程变更按照提出主体单位分为四大类,包括建设单位提出、设计院提出、监理单位提出、施工单位提出的工程变更。

a. 建设单位提出的工程变更是指审图阶段提出的修改要求,工程实施阶段建设单位提出的修改要求、会议决议的内容,政府和其他相关部门提出的要求及内容,项目管理公司建议并经建设单位批准同意的内容;

b. 设计院提出的工程变更是指由设计人要求的变更,对施工图中的错误和漏洞进行完善和修改,包括变更图纸和变更文件;

c. 监理单位提出的工程变更是指监理单位要求变更,对实施中问题解决的合理化建议,有利于工程建设;

d. 施工单位提出的工程变更是指施工单位要求变更,由于图纸中错误、漏洞或设计深度不到位影响实施,以及某些需要调整工艺、做法而发生的变更。

2) 工程变更签证审批流程

① 各单位如有变更意向,需要备齐相关原始资料后,报送项目管理公司填写《工程变更申请单》。设计变更应将工程变更内容描述清楚。如工程名称、变更原因、变更时间、变更部位、规格型号、材料材质等,应达到根据变更单可准确计算工程量。《工程变更申请单》由项目管理公司分专业依发生先后顺序进行编号,并转交监理单位。

② 监理单位接到《工程变更申请单》后,24小时内对变更的合理性及其影响(质量、安全、进度、费用等)作出综合评价,签署相应意见后转交造价咨询单位。

③ 造价咨询单位在收到《工程变更申请单》后,24小时内严格按照合同相关约定,对变更产生的费用进行准确测算,并对是否会影响工程结算造价给予相关建议和意见后,转交项目管理公司。

④ 项目管理公司接到造价咨询单位审核后的《工程变更申请单》24小时内签署审核意见后,报建设单位项目经理部审批。

⑤ 建设单位项目经理部根据监理单位、造价咨询单位、项目管理公司的审核意见,提出审批意见。单项变更造价超过1万元的经项目经理部审批后,还须由

项目管理公司填写《重大工程变更审批单》，经项目经理部报公司主管领导审批。

⑥工程变更申请批准后，项目管理公司根据《工程变更申请单》的内容，出具相关联系单发至设计单位，由设计单位出具设计变更文件和图纸。

⑦经设计院出具的设计变更文件，由项目管理公司发放至各相关单位。

⑧施工单位自接到设计变更文件，于24小时内编制设计变更预算，并填报《设计变更造价审批表》。申报表需经过造价咨询单位、监理单位、项目管理单位和建设单位逐级审核确定。

### 3.工程款审批流程

（1）工程款申请单位在申报工程款申请前，申报《工程形象部位确认单》，由监理单位、项目管理单位、建设单位签署意见。

（2）工程款申请单位根据各方签字确认的《工程形象部位确认单》，填写《工程款支付审批表》，并上报《工程款支付申请》《工程形象部位确认单》及《工程量清单及计算方法》。

（3）监理单位接到工程款申请单位的工程款申请材料后两天内审核完毕，审核内容包括：

①工程款申请材料的完整性；

②在《工程款支付审批表》上签署意见，并出具《工程款支付申请表》。

（4）造价咨询单位接到经监理单位审核的工程款申请材料后3天内审核完毕，审核内容包括：

①工程款申请材料的完整性；

②在《工程款支付审批表》上签署意见，并出具建设工程造价管理审核报告。

（5）项目管理单位接到造价咨询单位审核的工程款申请材料后两天内审核完毕，审核内容包括：

①工程款申请材料的完整性；

②进度计划执行情况；

③承包合同的相关付款条件；

④出具《项目用款支付审批表》。

（6）建设单位经办人收到工程款申请材料签署意见后报领导审批。

### 4.工程延期审批程序

（1）施工单位根据实际情况提出延期申请，申报《工程延期申请表》，阐明延期申请的事由及原因，并附相关证明文件。

（2）监理单位接到施工单位提出的延期申请24小时内对延期申请事由及内容提出办理意见上报建设单位同意后并回复申请单位。

(3)项目管理公司收到《工程延期申请表》后24小时内完成审核并签署意见。

(4)建设单位经办人收到《工程延期申请表》签署意见后报领导审批。

**5.工程例会制度**

(1)项目管理例会

会议由项目管理公司执行经理主持。

1)会议时间:每周一下午14:30。

2)会议地点:建设单位现场会议室。

3)参会人员:

建设单位:大厦项目经理部全体管理人员。

管理公司:项目经理、执行经理、专业工程师、资料工程师。

监理单位:总监理工程师、总监代表、安全总监。

施工单位:项目经理、技术负责人、安全经理。

造价咨询及招标代理单位:项目负责人。

4)会议内容:通报上周工作的完成情况,并对上周工程进度与计划进行对比分析,汇报下周的工程进度计划、重点工作安排及存在问题。

5)会议议程:

①项目管理公司通报上周工作的完成情况,并对上周工程进度与计划进行对比分析。汇报下周的工程进度计划、重点工作安排及存在问题。

②施工单位项目经理对工程完成、下步计划安排情况及存在问题进行补充说明。

③监理、造价咨询、招标代理各参建单位对工作进行补充汇报。

④建设单位领导进行总结发言。

6)会议记录:会议内容记录由项目管理公司资料工程师负责,3天内形成《会议纪要》,发送各与会单位。

7)会议纪律:与会人员不得迟到;与会人员必须签到;有事提前向会议组织者请假;会议期间接听电话请到室外;会场内严禁大声喧哗;会场内严禁吸烟。

8)紧急会议制度:当建设单位、监理、总包单位任何一方预见或发现工程有质量、进度、安全等重大隐患时,都有权利要求各方单位负责人立即召开紧急会议协调、处理。

(2)工程监理例会制度

会议由总监理工程师执行经理主持。

1)会议时间:每周一下午15:30。

2)会议地点:建设单位现场大会议室。

3）参会人员：

①建设单位：相关管理人员。

②管理公司：项目经理、专业工程师。

③监理单位：总监理工程师、总监代表、安全总监、专业监理工程师。

④施工单位：项目经理、安全经理、技术负责人、生产负责人。

⑤造价咨询及招标代理单位：视情况而定。

4）会议内容：落实并总结上周会议确定的具体事项，并对过去一周施工情况、存在问题进行统一协调，提出未来一周计划、工作要点及注意事项。

5）会议议程：

①施工单位项目经理汇报过去一周施工情况、未来一周施工计划及急需解决的问题。

②监理单位总结施工监理情况，对工程安全、文明施工、质量、进度等方面存在的问题提出处理意见。

③项目管理公司对过去一周施工检查情况、整改情况及需解决问题提出的意见。

④建设单位进行总结发言。

6）会议记录：会议内容记录由监理单位委派专人负责，3天内形成《会议纪要》，发送各与会单位。

7）会议纪律：与会人员不得迟到；与会人员必须签到；有事提前向会议组织者请假；会议期间接听电话请到室外；会场内严禁大声喧哗；会场内严禁吸烟。

### 6.分包商、供货商考察制度

（1）专业分包、供货

1）专业分包、供货的考察由招标代理公司组织，建设单位、管理公司、监理单位共同参加。

2）考察前制定详细的考察计划及考察线路以节省时间。

3）各单位参加考察人员由各单位自定。

4）考察过程中由招标代理公司负责收集所需资料。

5）考察结束招标代理公司起草考察报告。

（2）总包单位分包、供货

1）总包单位分包、供货的考察由监理单位组织，建设单位、管理公司、施工单位共同参加。

2）各单位参加考察人员由各单位自定。

3）考察过程中由监理公司负责收集所需资料。

4）考察结束由监理公司起草考察报告。

（3）考察纪律

考察期间不得与被考察单位共餐；考察期间不得接受被考察单位礼金、礼品。

### 7.施工现场值班管理制度

为了对施工单位的施工进度工程质量、安全等进行更好地督促和管理，协调和解决施工中临时出现的问题，现制定施工现场值班管理制度，要求各参建单位严格遵守项目部值班管理制度。

（1）从工程开始实施起，各相关单位人员必须轮流参加值班，值班人员由项目部的管理人员组成。

（2）值班人员在值班期间要填写好"值班记录"，严格执行值班时间规定，严禁迟到、早退、无故脱岗或酒后上岗。

（3）值班人员在值班时间内必须对施工现场的一切事物负责管理，严禁在岗时间睡觉、从事各种赌博活动。

（4）在值班期间，发生不安全或非法行为，应及时上报项目部领导，同时拨打报警电话"110"。

（5）在值班期间，值班人员应对施工现场的机械、电气、职工工作、生活区等情况全面负责检查，消除不安全因素，杜绝任何安全事故的发生。

（6）值班人员因有事离岗时，需提前向项目部负责人请假，并由项目部负责人重新安排人员值班。

### 8.营地管理制度

（1）项目部营地应进行封闭管理，设立值班人员，禁止闲散人员进入。

（2）营地应设置生活垃圾分类堆放设施，集中回收处理。营地应保持清洁卫生，每天打扫室内外环境卫生，定期消毒，防止传染病的发生。

（3）营地卫生间，要及时进行清理，保持卫生清洁，消灭蚊蝇，避免由于地表水冲刷对下游水体造成污染及疾病的传播。

（4）营地要建立消防及防雷避电设施，包括消防给水类、移动式灭火器材、防雷避电设施，要定期检查。

### 9.廉政建设规章制度

（1）严格遵守国家及企业关于"工程项目招标投标、市场准入、工程建设"等有关法律法规及相关政策的各项规定。

（2）在大厦项目部的业务活动中，坚持公开、公平、公正、诚信、透明的原则。不损害国家、企业利益，不违反工程建设管理、施工安装的规章制度。

（3）不向承包人和相关单位索要或接受回扣、礼金、有价证券、贵重物品和好处费等。

不向承包人介绍与项目工程合同有关的设备、材料、工程分包、劳务等经济活动。

## 附录2　某大厦初步设计专家审查意见

1.建筑

（1）补充说明总图中停车、场地、大门、围墙、门卫等工程做法。

（2）核实总平面图西北侧车库入口与地下1层平面入口的位置。

（3）地面停车位较多，环境效果较差，建议考虑设置绿化停车场，进一步研究增加地下立体停车位的可能性。

（4）3、4层数据机房和档案库房与餐厅食堂布置在同一区域，不符合其安全环境要求，建议调整；数据机房和档案库房平面布置不合理，应明确机柜数里、机房等级、防火等级等，明确档案库房规模，适当配套技术用房、辅助用房等，按相关专业标准规范要求设计。

（5）主楼标准层强电间不宜布置在两个卫生间之间；建议前室至疏散楼梯间1.5m防火门采用大小扇，以利于人员疏散。

（6）卫生间应分设前室；主楼不宜每层设置无障碍专用卫生间，西侧裙楼考虑设置无障碍卫生间，地下2层增设卫生间；建议1层健身房的卫生间与文体活动室共用。

（7）论证东侧裙房内庭院设置室外楼梯的必要性；2层棋牌室前走廊过宽；2层600人餐厅大量人流主要从包间门口过道通过，但通道宽度狭窄，建议核实调整。

（8）应根据交通流量计算主楼电梯数里，并考虑分区运行；研究电梯全部通往地下室的必要性；信息机房和档案库考虑客货两用电梯。

2.结构

（1）补充本工程弹塑性分析的计算结论。

（2）增加主楼中庭挑空处二层楼面板宽度，使其总宽度不小于规范规定的最小值5m；建议在对应南入口雨篷处设置纵向框架梁。

（3）建议辅楼A、B角柱在水平方向加腋，以减少柱的扭转效应。

（4）根据震害经验，建议将辅楼A、B楼梯间踏步板设为滑动支座，以确保地震时疏散通道的正常使用。

(5)补充本工程主、辅楼及纯地下室部分沉降量的计算控制值,必要时加强交接部位构件刚度。

(6)建议减小纯地下室基础的桩身直径,以节约投资。

**3.电气**

(1)补充说明外电源的供电能力、电压等级、可靠性等内容,尽快落实与当地供电部门签署的供电协议书,核实外电工程费用。

(2)补充电气专业计算书,包括用电负荷计算、变压器选型计算、无功补偿容量计算、照度计算等内容。

(3)核实计算机房、消防用电、主要办公室、会议室等用电负荷等级标准,分别列出重要、一级、二级、三级负荷容量。

(4)核实软启动电机,根据电动机启动时电压下降的计算结果,确定电机启动方式,建议30kW电机直接起动。

(5)变电所平面布置图中应补充母线、发电机控制屏、地沟或电缆桥架的位置;优化设备平面布置,建议高压配电室与变配电所合并布置,核减(SM6)高压开关柜数里。

(6)优化低压进线断路器与母联断路器配合,故障时应先断母联断路器,后断低压进线断路器。

(7)柴油发电机房中应考虑柴油发电机组运输通道,柴油发电机房上层为VIP贵宾室,应采取降噪、减震措施;明确柴油发电机房烟囱的走向,补充柴油发电机接地方式及要求。

**4.给水排水**

(1)补充依托市政供水、排水、污水处理、消防设施协议和周边社会消防依托条件与协作关系,完善市政给水、雨水、污水接口条件。

(2)用水量表中宜列出消防水池补水区;分区对供水、中水水量进行计算,并依此核实设备选型。

(3)核实地下层潜污泵数量和屋顶消防水箱容积。

(4)建议增加水消防控制原理框图,补充建筑灭火器配置原则及选型。

(5)完善水喷雾灭火系统设计参数和厨房细水雾灭火系统设计技术要求。

(6)完善给水排水消防图例,核实消防水池水位参数。

**5.暖通空调**

(1)从制冷机组主机承压、结构承载、安装等角度考虑,建议冷却塔设置在裙楼屋面。

(2)核实空调冷负荷、冷冻(却)水泵流里是否偏小。

（3）明确制冷机组、换热器、水泵、分集水器、管材、阀门等设备阀件的承压能力。

（4）补充说明机械加压送风系统的设计风里、风口设置要求。

（5）主楼1至3层主门厅排烟筒偏大，满足6次/小时换气即可。

### 6.信息

（1）信息数据中心专业性较强，建议应由机房工程专业设计单位按照《电子计算机机房设计规范》GB 50174—2008、集团公司《数据中心机房建设规范》Q/SY 1336—2010B级标准设计。

（2）信息数据中心规模应满足12家入驻单位的信息化需求，补充确定建筑面积规模的依据。

（3）建议补充机房工程设计说明和图纸，包括位置、层高、承重、楼板下沉、供电容量、备用发电机、管井、室外机平台、货梯、布局等。

（4）辅楼B应考虑设备运输的货梯，货梯的尺寸和承重应根据未来放置的设备确定。

### 7.投资概算

（1）基坑支护投资偏高，应在优化设计的基础上降低投资。

（2）核实地下室聚氨酯地面的工程量和价格。

（3）地上建筑工程中干挂石板用不锈钢骨架制作，投资偏高，建议用镀锌钢材。核实卫生间找平层工程量。

（4）上人屋面单位造价偏高，建议优化设计，以降低投资。

（5）外檐装修单位造价偏高，建议进一步核实钢骨架的工程量和Low-e玻璃的价格。

# 参考文献

[1] 尹贻林，张勇毅.中国工程咨询业的发展与演进[J].土木工程学报，2005（10）：133-137.

[2] 孙桐桐.英国咨询工程师在建筑业中的角色和职责[J].项目管理技术，2006（6）：28-33.

[3] 尹贻林.全过程视角下工程项目竣工结算争议预控研究[J].项目管理技术，2020（18）：56-61.

[4] 邓楠.我国工程咨询行业面临的问题和未来的发展[J].中国招标，2015（3）：35-38.

[5] 张战祥.基于EPC模式推进农田高效节水灌溉项目建设的实践与思考[J].中国水利，2018（2）：66-67.

[6] 张勇毅.中国工程咨询业的发展道路研究[D].天津：天津理工大学，2004.

[7] 方宜忠.全过程工程咨询管理模式探讨[J].建材与装饰，2019（11）：199-200.

[8] 田月.工程咨询企业可持续发展战略研究[J].管理观察，2014（5）：25-30.

[9] 蒋娜，刘君.工程咨询机构牵头全过程咨询优势及发展策略[J].价值工程，2019，38（27）：25-26.

[10] 盛健.全过程工程咨询：将设计做全、做深、做精[N].中国建设报，2017-11-08（5）.

[11] 周涛.新常态下工程招标代理机构的改革方向——融入全过程工程咨询模式[A].中国土木工程学会建筑市场与招标投标研究分会.创新之路——全国建筑市场与招标投标"筑龙杯"创新之路征文大赛优秀论文集[C].北京：中国土木工程学会，2017：5.

[12] 李旭梅.刍议在农业货物采购中使用电子招投标的意义[J].山西农经，2015（5）：49.

[13] 杨浩.对我国建设工程监理行业的若干思索[J].建设监理，2018（6）：5-6，49.

[14] 单宏兰，尉红梅.新形势下工程造价咨询企业的发展思路研究[J].工程造价管理，2019（3）：15-21.

[15] 李阳.建设项目全过程管理背景下工程咨询企业转型升级模式研究[D].四川：西华大学，2018.

[16] 黄丽华.新常态下我国工程造价咨询企业发展对策研究[J].价值工程，2017，36（23）：75-76.

[17] 郭刚.全过程工程咨询勘察设计企业应当怎么做？[J].中国勘察设计，2018（3）：58-61.

[18] 郑琪.全过程工程咨询建筑行业创新发展的新动力[J].中国勘察设计，2019（5）：38-44.

[19] 王宏毅，徐旭东.引入咨询总包模式消除业主方痛点[J].建筑，2018（22）：21-23.

[20] 孔岚，张骏.基于全过程工程咨询的企业转型升级发展策略[J].江苏通信，2019，35（6）：78-80.

[21] 郑碧贞，李杰.基于"1+N+X"全过程工程咨询业务流程再造的设计[J].福建建材，2020（11）：95-97.

[22] 谢东升.全过程工程咨询服务的总体策划工作内涵探讨[J].建设监理，2019（5）：9-12.

[23] 林丽萍，吴志鸿，陈兵，等.施工现场安全管理策划平台中三维模型构建方法[J].福建电脑，2019，35（1）：124-125.

[24] 梁栋芝.项目总监如何做好工程竣工阶段验收工作[J].山西建筑，2017，43（1）：226-227.

[25] 杜治刚.浅析工程造价预结算审核步骤及其审核方法[J].中国新技术新产品，2016（5）：166-167.

[26] 李锴铖.论建设工程造价预结算审核的方法及其策略[J].建材与装饰，2016（23）：178-179.

[27] 李伟才.浅析工程造价预结算审核的步骤及审核方法[J].企业技术开发，2016，35（2）：127，129.

[28] 侯春梅.基于BIM的建设项目全过程造价咨询集成管理研究[J].工程造价管理，2017（1）：24-29.

[29] 高兰芳.BIM技术在全过程工程咨询服务中的应用[J].福建建材，2018（10）：104-105.

[30] 李静，张丽丽.基于BIM的施工信息集成控制模型的设计[J].建筑设计管理，2015，32（12）：70-73，78.

[31] 赵轲.基于BIM的全过程工程咨询集成管理研究[D].天津：天津理工大学，2019.

[32] 田立平.全过程工程咨询组织管理研究[D].哈尔滨：哈尔滨工业大学，2019.

[33] 韩光耀，沈翔.关于全过程工程咨询的再思考[J].中国工程咨询，2019（1）：30-34.

[34] 孟晓华.建筑师负责制在工程管理中的实践与探索[J].建筑施工，2019，41（11）：2102-2104.

[35] 王宏海.建筑师负责制可以这样落地[J].中国勘察设计，2018（1）：58-65.

[36] 孔岚，张骏.基于全过程工程咨询的企业转型升级发展策略[J].江苏通信，2019，35（6）：78-80.

[37] 刘正杰.全过程工程咨询发展驱动因素及激励机制研究[D].郑州：郑州大学，2020.

[38] 张友葩，李丹凤.造价咨询企业开展全过程工程咨询服务的探讨[J].工程经济，2020，30（9）：10-13.

[39] 张红梅.全过程工程咨询应用发展分析[J].建筑技术开发，2020，47（13）：81-82.

[40] 任弢，黄萃，苏竣.公共政策文本研究的路径与发展趋势[J].中国行政管理，2017（5）：96-101.

［41］王海鑫.基于关联网络的我国科技政策体系结构与变迁研究[D].北京：清华大学，2015.

［42］张经纬.辽宁省产学研合作政策研究（1985～2015)[D].沈阳：东北大学，2017.

［43］黄萃，苏竣，施丽萍，等.政策工具视角的中国风能政策文本量化研究[J].科学学研究，2011，29（6）：876-882，889.

［44］孙克进.社会团体监管政策研究[D].上海：华东师范大学，2016.

［45］威廉·N·邓恩.公共政策分析导论：第二版[M].北京：中国人民大学出版社，2002：79-84，366.

［46］陈振明.论作为一个独立学科的公共政策分析[J].中国工商管理研究，2006（10）：60-63.

［47］陈庆云.公共政策分析及其历史沿革[J].行政论坛，1995（3）：7-10.

［48］白彬，张再生.基于政策工具视角的以创业拉动就业政策分析——基于政策文本的内容分析和定量分析[J].科学学与科学技术管理，2016，37（12）：92-100.

［49］陈晓峰.我国现今体育产业政策分析：存在问题与发展趋势[J].北京体育大学学报，2017，40（5）：7-15.

［50］王薇，刘云.基于内容分析法的我国新能源汽车产业发展政策分析[J].科研管理，2017，38（S1）：581-591.

［51］顾智鹏，曹宝明，赵霞.粮食目标价格政策的实施效果分析——基于2015年黑龙江省大豆主产区的调查[J].价格理论与实践，2016（2）：77-80.

［52］徐瑛，张佳伟.我国民办教育分类管理政策文本分析——基于NATO政策工具的视角[J].教育发展研究，2019，39（21）：54-59.

［53］史慕华.政策网络视阈下的中国大学生就业政策分析[D].长春：吉林大学，2014.

［54］杨超.中国大气污染治理政策分析[D].西安：长安大学，2015.

［55］王美华.基于文本分析方法的PPP国家政策评价研究[D].天津：天津理工大学，2019.

［56］敖雪妮.基于内容分析法的网络信息安全管理政策研究[D].成都：电子科技大学，2015.

［57］张顺.多重视角中的公共政策与公共政策分析[J].理论探讨，2004（3）：84-88.

［58］薛澜，陈玲.中国公共政策过程的研究：西方学者的视角及其启示[J].中国行政管理，2005（7）：99-103.

［59］朱正威，石佳，刘莹莹.政策过程视野下重大公共政策风险评估及其关键因素识别[J].中国行政管理，2015（7）：102-109.

［60］王辉.政策工具选择与运用的逻辑研究——以四川Z乡农村公共产品供给为例[J].公共管理学报，2014，11（3）：14-23，139-140.

［61］陈振明，薛澜.中国公共管理理论研究的重点领域和主题[J].中国社会科学，2007（3）：140-152，206.

［62］欧文·E·休斯.公共管理导论[M].彭和平，等，译.北京：中国人民大学出版社，2001.

[63] 朱春奎. 政策网络与政策工具：理论基础与中国实践[M]. 上海：复旦大学出版社，2011.

[64] 陈振明. 政策科学教程[M]. 北京：科学出版社，2015.

[65] 顾建光.公共政策工具研究的意义、基础与层面[J].公共管理学报，2006（4）：58-61，110.

[66] 欧文·E·休斯. 公共管理导论（第二版）[M]. 张成福，译.北京：中国人民大学出版社，2010：96.

[67] 迈克尔·豪利特，M.拉米什. 公共政策研究：政策循环与政策子系统[M]. 庞诗，等，译.上海：三联书店，2006：144.

[68] Rothwell R, Zegveld W. An Assessment of Government Innovation Politics[J]. Review of Policy Research，2008，3（4）：436-444.

[69] 陈振明. 政策科学（第二版）[M]. 北京：中国人民大学出版社，2004：177.

[70] 顾建光，吴明华. 公共政策工具论视角论述[J]. 科学学研究，2007（1）：47-51.

[71] 徐媛媛，严强.公共政策工具的类型、功能、选择与组合——以我国城市房屋拆迁政策为例[J].南京社会科学，2011（12）：73-79.

[72] 胡春艳，周付军.中国PPP政策工具选择及其选择模式研究——基于中央政策的文本分析[J].北京行政学院学报，2019（4）：45-55.

[73] 刘徽.基于政策文本计量的中国PPP政策演化研究[D].天津：天津大学，2017.

[74] 王美华.基于文本分析方法的PPP国家政策评价研究[D].天津：天津理工大学，2019.

[75] 马亮，张敏，乐云，等.我国工程总承包政策综合量化研究——基于文献计量与内容分析[J].建筑经济，2019，40（4）：103-109.

[76] Berelson B. Content Analysis in Communications Research. Glencoe，IL：Free Press，1952.

[77] 张超，官建成.基于政策文本内容分析的政策体系演进研究——以中国创新创业政策体系为例[J].管理评论，2020，32（5）：138-150.

[78] 王欢.全过程工程咨询中重难点分析与发展模式探讨[J].中国住宅设施，2020（10）：101-102.

[79] 赵振宇，高磊.推行全过程工程咨询面临的问题与对策[J].建筑经济，2019，40（12）：5-10.

[80] 曹跃庆.浅析全过程工程咨询推进背景下中小工程咨询企业的发展机遇[J].建筑经济，2020，41（6）：19-21.

[81] 张振华，张胜权.勘察设计企业开展全过程工程咨询探讨[J].交通企业管理，2019，34（6）：52-55.